财务报表分析与商业决策

袁小勇◎著

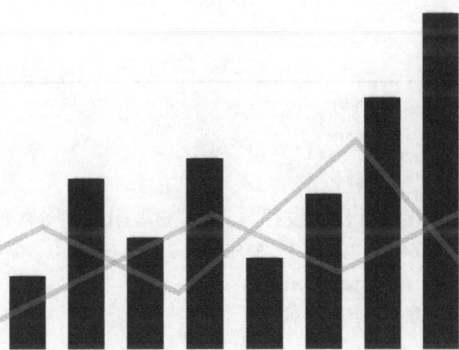

人民邮电出版社
北京

图书在版编目（ＣＩＰ）数据

财务报表分析与商业决策 / 袁小勇著. -- 北京：
人民邮电出版社，2021.7
ISBN 978-7-115-55868-8

Ⅰ. ①财… Ⅱ. ①袁… Ⅲ. ①会计报表－会计分析②
企业管理－经营决策 Ⅳ. ①F231.5②F272.3

中国版本图书馆CIP数据核字(2021)第012824号

内 容 提 要

现代会计把复杂的经济活动及企业竞争的结果转换成以货币为计量工具的会计数字，这就是人们常说的"企业密码"。投资者、债权人、经营者在内的所有管理者都必须意识到，若想在战略上抢占先机，就必须学会如何将这些数据密码变为信息，再由信息转化为知识，最后再由知识付诸于行动，因此学会读懂财务报表至关重要。本书用上市公司 KM 企业数年间的财务报表数据串联起全书的理论知识，建立了一个完整的财务报表分析体系，包括企业战略分析、会计数据分析、基本财务分析、发展能力分析，以及资产的质量、资本结构质量、利润与现金流的质量分析等全面财务分析框架，将案例、理论与实践相结合，深入浅出地阐述了财务报表分析的理论与技能。

本书还为每个章节配套了相关的选择题和案例分析题，有助于读者更好地掌握书中的内容。本书适合想要学习财务报表分析、估值建模以及备考 CVA 考试的读者学习和阅读。

◆ 著　　　　袁小勇
　　责任编辑　恭竟平
　　责任印制　彭志环
◆ 人民邮电出版社出版发行　　北京市丰台区成寿寺路 11 号
　　邮编　100164　　电子邮件　315@ptpress.com.cn
　　网址　https://www.ptpress.com.cn
　　北京天宇星印刷厂印刷
◆ 开本：700×1000　1/16
　　印张：23.25　　　　　　　　　2021 年 7 月第 1 版
　　字数：410 千字　　　　　　　2025 年 7 月北京第 14 次印刷

定价：88.00 元

读者服务热线：(010)81055296　印装质量热线：(010)81055316
反盗版热线：(010)81055315

前言

　　现代会计把复杂的经济活动及企业竞争的结果转换成以货币为计量工具的会计数字，这就是人们常说的"企业密码"。这些密码数量庞大，但它们能被压缩成极简的信息，即使再大型的企业（如美国沃尔玛、微软、中国工商银行、中国石油等），它们在市场竞争中所创造的财富，都能压缩汇总成薄薄的几张财务报表。一方面，财务报表所透露的信息应该是全面充分的，否则，投资人或债权人（如银行）无法决策是否向企业投入资金或贷款；另一方面，这些财务报表所列示的信息又不可能过分透明，否则竞争对手会轻而易举地洞悉企业的商业机密。如何通过企业公开发布的财务报表所披露的这些财务数据信息（即"企业密码"），还原企业真实的财务状况，正确、客观地评价企业的经营活动，这正是本书写作的初衷。

　　现代企业经营日益激烈，包括投资者、债权人、经营者在内的所有管理者（即本书所称的信息使用者）都必须意识到，若想在战略上抢占先机，就必须学会如何将数据变为信息，再由信息转化为知识，最后再由知识付诸于行动。写作本书的主要目的，就是为信息使用者提供"解码本"，帮助信息使用者将企业财务报表所提供的密码数据转换成对特定决策有用的信息，及时发现企业经营管理中存在的问题，采取有效对策，规避财务陷阱，提高投资回报率。这里所说的"解码本"，就是本书提供的财务报表分析的方法。财务报表分析不是简单的机械的比率计算，而是一个定性与定量相结合的分析体系。在一些传统的书籍和实务操作中，财务报表分析往往仅局限于盈利能力、营运能力、偿债能力和增长能力等的简单计算与评述，忽视了对财务报表分析产生影响的经济环境、行业地位、战略决策、日常经营运作等其他因素的分析，忽视了对企业资产的质量、资本结构质量、利润与现金流的质量分析。

本书试图建立一个完整的财务报表分析体系，包括企业战略分析、会计数据分析、基本财务分析、发展能力分析，以及资产的质量、资本结构质量、利润与现金流的质量分析等全面财务分析框架，如图 0-1 所示。

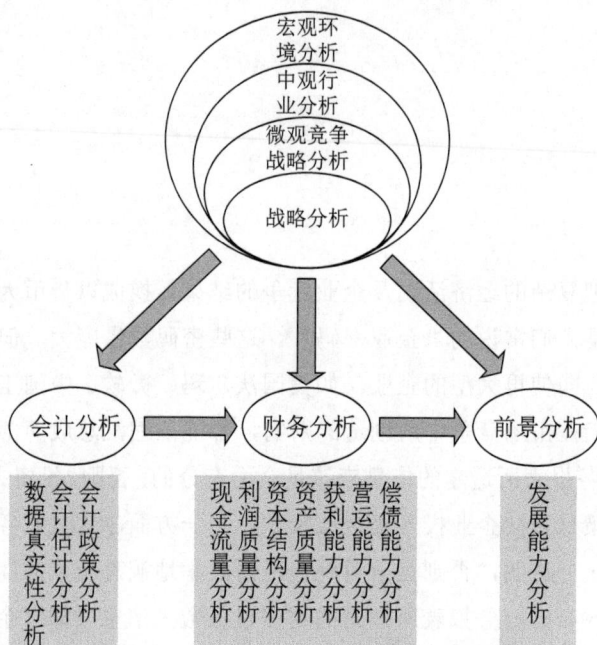

图 0-1　本书建立的财务报表分析框架

依据上述分析框架，本书包括十一章，其基本内容如下。

第一章，财务报表分析概述，主要对财务报表分析的总体认识、起源与发展、信息使用者及其需求、分析的基本方法、分析框架。

第二章，财务报表分析的依据，主要对四大财务报表分析（资产负债表、利润表、现金流量表、所有者权益变动表）及报表附注、审计意见的基本内容及信息含义、四大报表数据之间逻辑关系等进行阐述，为后面的财务报表分析奠定基础。

第三章，企业战略分析。战略分析是企业财务报表分析的逻辑起点。本章主要对宏观环境分析、中观行业分析和微观竞争战略分析的内容进行阐述。

第四章，会计数据分析。会计数据分析主要是对会计信息的真实性和完整性进行分析。会计数据分析是财务比率分析的前提，没有会计信息的真实性分析，单纯进行财务比率分析，是没有任何实用价值的。通过会计数据分析，评价一个企业是否存在财务舞弊及其舞弊的程度，推断一个企业的会计信息对企业经营状况的反映程度及其会计信息的扭曲程度，评价企业会计政策和会计估计的合理性，以便在后面的财务分析中剔除"水分"。设大量篇幅对会计数据的真实性和完整性进行分析，是本书的一个特色和亮点。

第五章，基本财务分析，主要是对偿债能力分析、营运能力分析、获利能力分析等进行阐述。

第六章，资产质量分析。本章在对资产的质量特征及分析要求进行论述的基础上，着重对资产负债表中各主要资产的质量分析进行阐述。

第七章，资本结构分析。资本结构的优劣及其质量决定了企业的发展战略的实现。本章在论述资本结构理论的基础上，对流动负债、非流动负债、表外负债等进行分析，并对股东权益的构成与质量分析进行阐述。

第八章，利润质量分析，主要对利润的质量特征、利润的真实性和稳定性进行分析，并对利润质量恶化问题进行探讨。

第九章，现金流量分析。在论述现金流量分析的理论基础上，对现金流量结构、现金流量质量进行阐述。

第十章，发展能力分析。通过对发展能力指标分析，对企业的发展前景进行预测。

第十一章，财务分析报告。这一部分建设性地给出撰写财务分析报告的基本思路以及如何提高财务分析报告的应用价值，这也是本书的又一亮点所在。

全书理论与实务结合非常紧密。全书按照截止 2020 年财政部最新颁布的《企业会计准则》及其指南，以一个真实的上市公司（KM 公司）2018 年度的财务数据为依据，进行各项财务指标分析与计算，解读指标背后所代表的资产、负债、利润与现金流的含义与质量，揭示 KM 公司可能存在的问题及未来发展前景。全书内容翔实，形式新颖，可操作性强，分析准确，案例丰富。

本书属于 CVA 精品核心教材。因此本书既可供财经院校和社会培训单位教学使用，也可作为广大在职财务工作者提高财务分析技能的参考书。

本书在写作过程中参阅了大量的文献资料，在此特对文献作者表示感谢！当然，最应感谢的是人民邮电出版社社科人文分社的恭竟平社长和刘晓莹编辑，没有她们的大力支持与帮助，本书不会这么快地与大家见面。感谢他们，感谢所有关爱本书的人士，感谢各位读者朋友！

首都经济贸易大学 袁小勇

2020 年 9 月

关于注册估值分析师（CVA）认证考试

CVA 考试简介

注册估值分析师（Chartered Valuation Analyst， CVA）认证考试是由注册估值分析师协会（CVA Institution）组织考核并提供资质认证的一门考试，旨在提高投资估值领域从业人员的实际分析与操作技能。本门考试从专业实务及实际估值建模等专业知识和岗位技能进行考核，主要涉及企业价值评估及项目投资决策。考试分为实务基础知识和 Excel 案例建模两个科目，两科目的内容包括：会计与财务分析、公司金融、企业估值方法、私募股权投资与并购分析、项目投资决策、信用分析、财务估值建模七个知识模块。考生可通过针对各科重点，学习掌握中外机构普遍使用的财务分析和企业估值方法，演练企业财务预测与估值建模、项目投资决策建模、上市公司估值建模、并购与私募股权投资估值建模等实际分析操作案例，快速掌握投资估值基础知识和高效规范的建模技巧。

- 科目一 实务基础知识——是专业综合知识考试，主要考查投资估值领域的理论与实践知识及岗位综合能力，考试范围包括会计与财务分析、公司金融、企业估值方法、私募股权投资与并购分析、项目投资决策、信用分析这 6 部分内容。本科目由 120 道单项选择题组成，考试时长为 3 小时。

- 科目二 Excel 案例建模——是财务估值建模与分析考试，要求考生根据实际案例中企业历史财务数据和假设条件，运用 Excel 搭建出标准、可靠、实用、高效的财务模型，完成企业未来财务报表预测，企业估值和相应的敏感性分析。本科目为 Excel 财务建模形式，考试时长为 3 小时。

职业发展方向

CVA 资格获得者具备企业并购、项目投资决策等投资岗位实务知识、技能和高效规范的建模技巧，能够掌握中外机构普遍使用的财务分析和企业估值方法，并可以熟练进行企业财务预测与估值建模、项目投资决策建模、上市公司估值建模、并购与股权投资估值建模等实际分析操作。

CVA 注册估值分析师的持证人可胜任企业集团投资发展部、并购基金、产业投资基金、私募股权投资、财务顾问、券商投行部门、银行信贷审批等金融投资相关机构的核心岗位工作。

证书优势

岗位实操分析能力优势——CVA 考试内容紧密联系实际案例，侧重于提高从业人员的实务技能并迅速应用到实际工作中，使 CVA 持证人达到高效、系统和专业的职业水平。

标准规范化的职业素质优势——CVA 资格认证旨在推动投融资估值行业的标准化与规范化，提高执业人员的从业水平。CVA 持证人在工作流程与方法中能够遵循标准化体系，提高效率与正确率。

国际同步知识体系优势——CVA 考试采用的教材均为 CVA 协会精选并引进出版的国外最实用的优秀教材。CVA 持证人将国际先进的知识体系与国内实践应用相结合，推行高效标准的建模方法。

配套专业实务型课程——CVA 协会联合国内一流金融教育机构开展注册估值分析师的培训课程，邀请行业内资深专家进行现场或视频授课。课程内容侧重行业实务和技能实操，结合当前典型案例，选用 CVA 协会引进的国外优秀教材，帮助学员快速实现职业化、专业化和国际化，满足中国企业"走出去"进行海外并购的人才急需。

考试专业内容

会计与财务分析

财务报表分析，是通过收集、整理企业财务会计报告中的有关数据，并结合其他有关补充信息，对企业的财务状况、经营成果和现金流量情况进行综合比较和评价，为财务会计报告使用者提供管理决策和控制依据的一项管理工作。本部分主要考核如何通过对企业会计报表的定量分析来判断企业的偿债能力、营运能力、盈利能力及其他方面的状况，内容涵盖利润的质量分析、资产的质量分析和现金流量表分析等。会计与财务分析能力是估值与并购专业人员的重要的基本执业技能之一。

公司金融

公司金融用于考察公司如何有效地利用各种融资渠道，获得最低成本的资金来源，形成最佳资本结构，还包括企业投资、利润分配、运营资金管理及财务分析等方面。本部分主要考查如何利用各种分析工具来管理公司的财务，例如使用现金流折现法（DCF）来为投资计划作出评估，同时考察有关资本成本、资本资产定价模型等基本知识。

企业估值方法

企业的资产及其获利能力决定了企业的内在价值，因此企业估值是投融资、并购交易的重要前提，也是非常专业而复杂的问题。本部分主要考核企业估值中最常用的估值方法及不同估值方法的综合应用，诸如 P/E，EV/EBITDA 等估值乘数的实际应用，以及可比公司、可比交易、现金流折现模型等估值方法的应用。

私募股权投资与并购分析

并购与私募股权投资中的定量分析技术在财务结构设计、目标企业估值、风险收益评估的应用已经愈加成为并购以及私募股权专业投资人员做必须掌握的核心技术，同时也是各类投资者解读并购交易及分析并购双方企业价值所必须掌握的分析技能。本部分主要考核私募股权投资和企业并购的基本分析方法，独立完成企业并购分析，如私募股权投资常识、合并报表假设模拟，可变价格分析、贡献率分析、相对 PE 分析、所有权分析、信用分析、增厚 / 稀释分析等常见并购分析方法。

项目投资决策

项目投资决策是企业所有决策中最为关键、最为重要的决策，就是企业对某一项目（包括有形、无形资产、技术、经营权等）投资前进行的分析、研究和方案选择。本部分主要考查项目投资决策的程序、影响因素和投资评价指标。投资评价指标是指考虑时间价值因素的指标，主要包括净现值、动态投资回收期、内部收益率等。

信用分析

信用分析是对债务人的道德品格、资本实力、还款能力、担保及环境条件等进行系统分析，以确定是否给与贷款及相应的贷款条件。本部分主要考查常用信用分析的基本方法及常用的信用比率。

财务估值建模

本部分主要在 Excel 案例建模科目考试中进行考查。包括涉及 Excel 常用函数及建模最佳惯例，使用现金流折现方法的 Excel 财务模型构建，要求考生根据企业历史财务数据，对企业未来财务数据进行预测，计算自由现金流、资本成本、企业价值及股权价值，掌握敏感性分析的使用方法；并需要考生掌握利润表、资产负债表、现金流量表、流动资金估算表、折旧计算表、贷款偿还表等有关科目及报表勾稽关系。

考试安排

CVA 考试每年于 4 月、11 月的第三个周日举行，具体考试时间安排及考前报名，请访问 CVA 协会官方网站。

CVA 协会简介

注册估值分析师协会（Chartered Valuation Analyst Institute）是全球性及非营利性的专业机构，总部设于香港，致力于建立全球金融投资估值的行业标准，负责在亚太地区主理 CVA 考试资格认证、企业人才内训、第三方估值服务、研究出版年度行业估值报告以及进行 CVA 协会事务运营和会员管理。

联系方式

电话：4006-777-630

E-mail：contactus@cvainstitute.org

新浪微博：注册估值分析师协会

微信公众号：CVAinstitute

目录

第一章
财务报表分析概述

扫码即可观看
本章微视频课程

知识框架

```
                    财务报表分析概述
    ┌─────────┬─────────┬─────────┬─────────┐
  对财务报表  财务报表  财务报表  财务报表  财务报表
  分析的总体  分析的起  分析的信  分析的基  分析框架
  认识        源与发展  息使用者  本方法
                        及信息需求
```

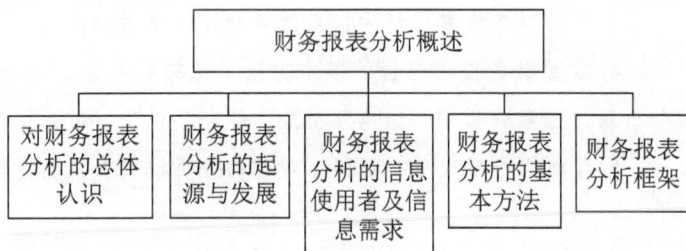

本章知识背景和学习目的

　　财务报表是以数字和文字的方式对企业财务状况、经营成果和现金流量的一种结构性表述。这些数字反映了企业复杂的经济活动及其与外界竞争的结果，即人们常说的"企业密码"。这些密码拥有强大的压缩威力，即使再大型的公司（如通用电气、微软、华为），它们在市场竞争中所创造的财富，也能压缩汇总成薄薄的几张财务报表。这些财务报表透露的信息应该是丰富、充分的，但又不可能是过分透明的，否则竞争对手会轻而易举地洞悉企业的商业机密。因此，财务报表所隐含的信息往往不易了解，而需要我们去深入分析、不断挖掘。本书最主要的目的，就是帮助信息使用者将企业财务报表所提供的"密码数据"转换成对特定决策有用的信息，以满足不同信息使用者的需求。

通过学习本章，学习者应该能够对财务报表分析有一个总体认识；对财务报表分析的起源与发展、财务报表分析的信息使用者及信息需求、财务报表分析的基本方法、财务报表分析框架等有一个基本的了解。

本章学习要点

1. 理解财务报表分析的意义；

2. 了解财务报表分析的起源与发展；

3. 了解财务报表分析的信息使用者及信息需求；

4. 掌握财务报表分析的基本方法（比较分析法、比率分析法、趋势分析法、因素分析法、结构分析法、综合分析法、项目质量分析法等）；

5. 理解财务报表分析框架（即哈佛分析框架）及其逻辑关系。

第一节　对财务报表分析的总体认识

财务报表是以数字和文字的方式对企业财务状况、经营成果和现金流量的一种结构性表述。有"经营之神"美誉的台塑集团董事长王永庆先生认为,企业经营的两大支柱是"计算机系统"和"会计制度"。可见,会计、财务报表对企业经营的重要意义。

现代会计把复杂的经济活动及企业竞争的结果,转换成以货币为计量工具的会计数字,这就是人们常说的"企业密码"。这些密码拥有强大的压缩威力,即使再大型的公司(如通用电气、微软、华为),它们在市场竞争中所创造的财富,也能压缩汇总成薄薄的几张财务报表。这些财务报表透露的信息应该是丰富、充分的,否则投资者或银行不愿意向公司投入资金或提供贷款。但是,这些财务报表又不能过分透明,否则竞争对手会轻而易举地洞悉企业的商业机密。因此,财务报表所隐含的信息往往不易被了解,而需要我们去深入分析、不断挖掘。本书最主要的目的,就是帮助信息使用者将企业财务报表所提供的"密码数据"转换成对特定决策有用的信息,或发现企业经营管理中存在的问题,或挖掘有很好发展潜力的"黑马",提升投资报酬率。

财务报表分析的前提是正确理解财务报表。财务报表分析的过程是对企业财务报表所提供的数据进行加工、分析、比较、评价和解释,了解企业过去经营管理方面的得失,判断企业现在的财务状况,预测企业未来的发展前景。

第二节　财务报表分析的起源与发展

一、财务报表分析的起源

财务报表分析的起源几乎与财务报表的产生是同步的。当财务报表第一次出现时,财务报表使用者必然需要以某种方式对其进行解读,将财务报表信息转化成有用的知识，于是就产生了财务报表分析，但是直到形成了一定的财务报表信息的解读方法之后，财务报表分析这门科学才得以形成。

财务报表的出现晚于复式记账，财务报表是复式簿记系统的延伸和发展。1494 年帕乔利时代的复式记账经过 500 多年来不少国家的若干代人的实践与总结提高，才发展为"会计处理数据、加工信息的特殊系统"。

资产负债表是最早出现的财务报表，人们通常认为它起源于 16 世纪的欧洲。1531 年，德国纽伦堡商人约翰·戈特里布（Johann Gottieb）在其所著的《简明德国簿记》中公布了世界上最早的资产负债表格式。

在 16 世纪，意大利城邦和德州自治城市，为了征得财产税，要求企业编制财务报表。

20 世纪 80 年代末，美国著名信息学家德邦（A.Debons）等提出，"人类的认识过程可以表述为：事件→符号→数据→信息→知识→智慧"。这个连续的统一体中的任一组成部分，都产生于它的前一过程。如果财务报表是通过再确认把以一定的记账规则记录下来的经济数据转换成报表信息，那么，财务报表分析就是对这些信息进行分析和利用，从而形成有用的知识。

二、财务报表分析的发展阶段及特征

财务报表分析的发展与经济的发展密切相关。在不同发展阶段及不同的经济环境下，利益相关者或财务报表使用者对财务信息的需求不同，这使得财务报表分析产生新的目标，或者使已有的旧目标重新进入人们的视野，进而推动财务报表本身和财务报表分析的发展变化。财务报表分析大体上经历了以下几个发展阶段[①]。

（一）以了解企业基本财务状况为目标的资产负债表分析

英国工业革命以后，产业规模日益扩大，以发行股票筹集资金为特征的股份公司迅猛发展，以至出现南海泡沫事件[②]。在南海泡沫事件 100 多年后，1844 年英国颁布了《合股公司法》，要求公司必须向股东公布已审计的资产负债表。而

---

① 本部分内容参考了《财务报表分析的起源与发展》（冯龙飞，原载《财会研究》2014 年第 8 期），有删减。特此对作者表示感谢。

② 南海泡沫事件（South sea bubble）是英国在 1720 年春天到秋天期间发生的一次经济泡沫，它与密西西比泡沫及郁金香狂热并称欧洲早期的三大经济泡沫。经济泡沫一词即源于南海泡沫事件。

这种标准格式的资产负债表不仅仅是总账余额的简单罗列，"而是有分析地对资料加以排列……管理者的首要责任是因为发行股票带来的，因此，报表首先要将出售股票带来的永久性资本和收入产生的永久性资本区分开来"。此外，"这种报表又根据英国古典经济学家的思想将流动资产和流动负债与固定资产和固定负债区分开来"。财务报表使用者阅读和分析财务报表的首要目的就是避免陷入金融诈骗。而这种资产负债表的内容和格式就清晰地说明了19世纪英国股东（或英国政府为了保护投资者）对财务报表的需求以及所使用的分析方法。

（二）以评估企业偿债能力为目标的信用分析

从20世纪初开始，全球经济发展的重心由英国转向美国。随着全球经济重心转移，财务报表和财务报表分析的主要发展也随之转移到了美国。19世纪美国的股份公司大多数是小型的，大部分资本不是通过发行股票而是依靠银行的短期借款筹集的。因此，这个时候的资产负债表主要以银行为直接对象，银行对资产负债表的格式要求和财务报表分析成了美国财务报表分析的特征。19世纪末20世纪初，美国企业在财务报表分析技术方面实现了许多重大的突破，尤其是以银行业为代表的信用分析和以铁路公司为代表的铁路建设投资分析。系统分析方法的出现和一些学者的研究使得财务报表分析方法从一般经验中逐步显现出来形成一门学科。例如，在信用分析方面，出现了沃尔（Wall）的信用分析指标，卡诺（Cannon）1906年出版的《比较财务报表》中出现对"速动比率大致应为2.50∶1.00"作为银行业是否放贷的标准的探讨等。由于银行是企业主要的资金来源，所以这段时期的财务报表分析的重心在信用分析，资产负债表是最主要的财务报表。

（三）以了解企业获利能力为目标的财务报表分析

20世纪30年代爆发的金融大危机，导致了许多企业破产并引发了信用丧失，银行家们看到了仅仅以流动性为基础的贷款政策的局限性，借款公司也认识到仅仅依靠银行的短期贷款会使自己的基础在衰退时期变得薄弱。所以，大量发行股票就成了一般公司扩大规模的资金源泉。当股票发行成了外部资金的主要来源，股东成了财务报表的主要使用者，财务报表分析的重心就从信用分析扩展到了投资分析，主要是获利能力的分析，同时利润表也就成了更为重要的财务报表。

需要注意的是，由以信用分析为重心转变为以投资分析为重心，并非是后者对前者的否定，而是资本市场的发展和企业融资来源构成的变化使得这一时期的财务报表分析呈现出以后者为重心、两者并存的状况。从财务报表分析的起源我们也可以看到，财务报表分析向来就是随着报表使用者对信息需求的变化而变化的。但是，由于获利能力（投资分析的主要方面）的稳定性是企业经营稳定性和财务稳健性的重要方面，同时资产的变现能力与获利能力也有着间接的联系，因此随着人们对财务报表分析的深入理解，信用分析或财务稳健性分析也自然包括了获利能力分析。例如，这时的偿债能力分析不仅仅局限于资产负债之间的对比，而是把资产负债表和利润表结合起来分析。

（四）以预测财务失败为目标的财务预警分析

大量的企业破产引发了人们对财务失败预测的探讨。因此，20世纪30年代后以预测财务失败为目标的研究者将财务报表分析的重心从对历史结果的分析转向对未来的预测——这被称为财务失败预测学派。该学派认为对未来事项的预测是财务报表分析的主要功能。经过长期的实证检验，研究者发现有关偿债能力、获利能力、营运能力、资本结构和发展能力等财务比率能够对企业破产、财务失败、经营失败起到预警作用。1968年10月，威廉·亨利·比弗（William Henry Beaver）在著名的《会计评论》上提出了单一比率模型，首次开始研究财务危机预警模型。他认为单一的财务比率能够预测企业未来的财务状况或财务失败。他提出的最为有效的三个比率包括：现金流量总额与企业的负债总额之比、净收益与企业资产总额的比较——资产利润率或资产收益率、债务总额与企业资产总额的比较——资产负债率。20世纪60年代主要是威廉·亨利·比弗和爱德华·阿特曼（Edward Altman）分别采用单变量判别分析和多变量判别分析进行财务危机预测研究。20世纪中后期，由于单一比率信息含量过少，人们则更加倾向于将单一的财务比率组合成为单一的预测评价指标，由美国财务学家爱德华·阿特曼创立的"Z计分模型"成为这一时期的重要代表，"Z计分模型"通过五项财务比率的加权平均得到的指数对企业的财务失败进行预测。20世纪80年代开始，随着人工智能和机器学习技术的发展，学者们开始将相关的技术引入财务危机预警领域。例如，奥尔森（Ohlson）（1980）首次将Logistic模型应用于财务预警领域。沙尔达（Sharda）、科茨（Coats）、范特（Fant）（1992）利用47家财务危机公司和47家健康公司，采用神经网络模型预测财务危机，模型准确率达91%。弗吕德曼（Frydman）等（1985）将决策树引入财务预警研究中。近来，物联网、移动互联网、云计算技术的发展促使了信息的爆炸式增长，大数据概念也进入了人们的视野。人们把财务数据作为大数据的一部分，开始尝试使用数据挖掘等技术进行财务危机预警研究。

（五）以改善经营管理为目标的内部财务报表分析

企业在接受银行的分析与咨询过程中，逐渐认识到了财务报表分析的重要性，开始由被动地接受分析逐步转变为主动地进行自我分析，分析的结果一方面用于应对银行家们的责难，另一方面用于企业的经营管理。公司制的企业组织形式出现后，经营活动日趋复杂，二战以后，企业规模不断扩大。商业环境的变化促使财务报表分析重心由外部转向企业内部。自 20 世纪 80 年代全球经济进入一体化与知识化阶段以来，企业越来越明显地感受到来自国内外的双重压力，市场环境变幻莫测，经营条件日趋复杂，所有企业都面临着一个难题：如何在激烈的市场竞争中求得生存并力争胜利。于是，专注于企业经营管理的内部分析不断扩大和深化，成为财务报表分析的重心。当然，内部分析的最终目标是服务于企业战略的，一个好的战略是好的设想与好的分析结合的结果。运用价值分析进行投资和管理被称为基于价值的管理。首席财务官的基本任务之一就是协调各种分析用于管理，他的责任就是做出最好的价值分析。因此内部分析的关键也落在了对价值的评估之上，这与下文的资本市场分析有颇多的相似之处①。

（六）以企业价值评估和证券定价为目标的资本市场分析

现代会计是资本市场发展的产物，现代财务报表也是更多地为服务资本市场而建立起来的。资本市场的发展渗透社会经济生活的各个方面，理财学也将其研究的重点转向资本市场。"有效市场假说"（Efficient markets hypothesis，EMH）和"资本资产定价模型"（Capital asset pricing model，CAPM）是在资本市场中研究财务报表分析的两个最重要的假说。"财务报表分析逐渐被应用于解释和预测证券投资报酬及其风险水平。通过研究会计收益的性质及其与证券投资回报之间的统计关系，研究者们发现，非预期的会计收益的变化能够对证券投资的回报产生影响，因而得出的结论是，所有能够预测非预期会计收益变化的财务报表分析方法都是有用的"。尽管利用财务报表分析的手段不能解决企业投资价值评估的全部问题，但西方国家的实践证明，财务报表分析的确是现代投资者和证券分析师等评估企业投资价值的一种基本手段。财务报表分析是证券定价基础

---

① 《财务报表分析的起源与发展》。

分析的重要组成部分，在资本市场日益发达的今天，为企业价值评估和证券定价进行的财务报表分析逐步成为财务报表分析的主要内容。

三、结语

财务报表分析产生于资产负债表分析，形成于美国 20 世纪初的信用分析。财务报表分析方法是在财务报表分析目标的不断变化中发展起来的。现代财务报表分析体系是一个多目标的分析体系，动态地看，从起初的对资产负债表状况的信用分析和一般投资分析到重视利润表的获利能力分析，从资产负债表、利润表和现金流量表结合全面系统的筹资分析、投资分析、内部经营管理分析再到企业价值评估、证券分析、并购与重组分析等，财务报表分析不断扩大分析的目标和内容。有趣的是，财务报表分析起源于对资产负债表基本状况的一般了解，然而随着资本市场的发展和"现金流量""公允价值"等概念的日益重要，如今财务报表分析的重点和难点又回到了资产和负债，只不过要解决的是定价问题，如资产定价、企业价值评估等。

好的分析来源于好的理解，好的理解是建立在有助于分析者理解问题和组织思维的概念框架之上。如今，财务报表分析的方法各式各样，分析的目标也不尽相同。回顾财务报表分析的历史可以帮助我们理解概念框架，了解它是如何走到现在的，并指导我们更加有效地利用信息。

第三节　财务报表分析的信息使用者及信息需求

一般而言，与公司有经济利害关系的方面可以分为现有股东、潜在股东、债权人、供应商、政府管理部门、公司管理人员、公司员工、竞争对手、其他相关利益者等。这些方面构成了公司财务报表的主要使用者。由于与公司经济关系的程度不同，上述方面对公司财务信息的关注点也就不同。

一、现有股东

现有股东又有控股股东和非控股股东之分。不同的股东在企业中的利益不同，因而分析目的不同，分析的内容也不同。

（一）控股股东

居于控股地位的大股东，不仅关心企业当前盈利水平，而且关心企业未来利润增长能力及竞争对手方面的情况和财务行为能力。如果企业当前在盈利情况下，就要进一步分析有无美中不足之处，有无增加盈利的潜力；在亏损情况下，则要分析亏损形成的原因，及时采取相应的补救措施，如经查明亏损系管理不善造成的，应考虑是否需要调整企业管理人员。

对未来利润增长能力，企业需要全方位地综合考察各种财务行为能力，因为任何一个方面出现问题，都有可能影响企业未来利润增长能力。

（二）非控股股东

居于非控股地位的中小股东，既不能在企业董事会中任职或派代表，又不能参与企业的生产经营管理，因而不能有效地保证自己在企业中的利益。他们利益的取得带有一定的偶然性，这迫使其更关心企业当前的盈利水平、利润分配及利润的稳定性，而对竞争对手方面的情况和财务行为能力，一般不予关心。为此，他们进行财务报表分析的重点主要在以下两个方面。

（1）分析企业本年度净利润的分配情况，并结合以往的利润分配情况判断以后的利润分配趋势，据以确定以后的持股政策。他们也知道净利润的分配政策直接关系到企业的长期发展能力，但是他们的持股状况不允许他们以牺牲眼前利益的方式换取长期利益。

（2）分析本年度净利润的形成情况，并结合以往的情况，根据收入、成本费用以及净利润的增减变动情况，判断企业未来的市场竞争能力、获利能力以及在不影响眼前利益前提下的企业发展能力。

二、潜在股东

潜在股东是指正在资本市场上寻找具有投资价值，因而对企业特别关注的那些意向投资者。潜在股东主要关注企业的以下三种报酬：可能获得的股利、特别分配（如配股、认股权）、未来股价的升值空间。当然，最终决定股利和股价的还是利润。利润作为股利和留存收益的来源，获利能力和利润的预期增长是决定股票价格的主要因素。

股票定价的理论基础是现值理论。该理论认为，一种资产的内在价值等于预期现金流量的贴现值。对股票来说，在某一时点 t 的股票价值 V_t 等于所有预期股利以某一个适当利率折现的现值之和。

股票价格模型的公式如下：

$$V=\sum_{t=1}^{\infty}\frac{D_t}{(1+k)^t}$$

其中：

D_t——在未来时期以现金形式表示的每股股票的预期股利；

k——在一定风险程度下的合适的折现率；

V——股票的内在价值。

股票投资净现值（NPV）等于股票的内在价值与股票投资成本之差，即 $NPV=V-P$。

其中：P 是指在 $t=0$ 时购买股票的成本。

$NPV>0$，意味着所有预期的现金流入的现值之和大于投资成本，即这种股票价格被低估，因此购买这种股票可行。

$NPV<0$，意味着所有预期的现金流入的现值之和小于投资成本，即这种股票价格被高估，因此不可购买这种股票。

如果预期股利有固定的增长率 g，则

股票的内在价值：

$$V=D_0\times\frac{1+g}{k-g}$$

内部收益率：

$$K=D_0\times\frac{1+g}{P}+g$$

如果股票股利的预期增长率等于 0，则

股票的内在价值：

$$V=\frac{D_0}{k}$$

内部收益率：

$$K=\frac{D_0}{P}$$

三、债权人

债权人就是对某项债务有收回的权利的人，主要是出借资金或赊销货物给企业的单位和个人，包括两类：一是购买本企业债券的债券持有人、银行等贷款机构；二是与本企业存在经济往来的供货商及其他单位和个人。

对第一类债权人，他们按借款合同的约定把资金出借给企业，按约定的时间和利率收取利息，借款合同期满时，收回本金和利息。此类债权人最关心的是将来到期的债权能否及时足额收回本息。

对第二类债权人，他们已经把货物赊销给了企业，因而最关心的是将来到期的债权能否及时足额收回，并决定是否要与企业保持长期的合作关系。

企业能否偿还即将到期的债务本息主要取决于企业的现金状况和现金管理能力，还涉及企业的营运能力、获利能力和持续经营能力。

四、供应商

这里所说的供应商主要是指将要赊销产品给企业的单位和个人，即潜在的债权人。他们处于一种矛盾的状态中：为了推销产品，他们不得不把产品赊销给企业；可是由于资金被企业占压，又希望尽快收回资金。因此他们也需要关心货物发出后能否安全地收回资金，需要通过财务报表分析评价目标企业的获利能力、市场竞争能力、发展能力、持续经营能力及现金管理能力等。

五、政府管理部门

政府管理部门中对企业财务信息最关注的是税务部门，主要关心以下问题：（1）企业本期收入、成本费用和利润等各项计税基础是否真实；（2）各项应缴税款的计算是否正确；（3）各项税款的缴纳是否及时；（4）各项计税基础未来是否有较大的变动趋势，从而对未来应征税款进行事先控制和管理。这些问题都涉及企业的收入、成本费用和利润的真实性以及获利能力和发展能力。

六、公司管理人员

公司管理人员受公司股东的委托，对股东投入公司的资本的保值和增值负有责任。他们负责公司的日常经营活动，必须确保公司支付给股东与风险相适应的收益，及时偿还各种到期债务，并能使公司的各种经济资源得到有效利用。因此，一般来说，公司管理人员特别是管理层，对公司财务状况的各个方面均感兴趣。他们在做出借款、投资、扩大生产规模等经营决策时，都需要从财务报表分析角度来寻找决策的依据。具体来说，公司管理人员主要关注的财务报表要点如下。

（1）企业的财务状况。资金结构合理性、经营协调性、资产负债率等。

（2）企业的经营成果。经营业务的获利能力（毛利率、销售利润率等）、资产的获利能力（净资产收益率、总资产报酬率等）。

（3）现金流量。现金收入是否充足，现金支出结构是否合理，现金支付压力大小等。

（4）企业经营有无资金潜力可挖，能否通过压缩成本和控制费用增加利润，或者通过扩大销售来提升获利能力。

（5）企业是否需要增加投资、筹资或者转产，如何进行利润分配。

七、公司员工

公司员工通常与公司存在长久、持续的关系。他们关心工作岗位的稳定性、工作环境的安全性以及获取报酬的前景。因而，他们对公司的获利能力和偿债能力感兴趣。

八、竞争对手

竞争对手希望获取关于公司财务状况的会计信息及其他信息，借以判断公司间的相对效率。同时，出于为未来可能出现的公司兼并收集信息，他们对公司财务状况的各个方面均感兴趣。

九、其他相关利益者

其他相关利益者包括顾客、社会公众等。

在许多情况下，某家公司可能成为某个特定顾客的重要的商品或劳务供应商。此时，顾客关心的是公司连续提供商品或劳务的能力。因此，顾客关心公司的长期发展前景及有助于对此做出估计的获利能力指标与财务杠杆指标等。

社会公众对特定公司的关心也是多方面的。一般而言，他们关心公司的就业政策、环境政策、产品政策等方面。对这些方面的分析，往往可以借助于对获利能力的分析。

通过以上讨论，我们可以得出以下结论：

第一，财务信息使用者所要求的信息大部分都是面向未来的；

第二，不同信息使用者使用信息的目的是不同的，因此，即使对待同一对象，他们所要求得到的信息也是不同的；

第三，不同信息使用者所需信息的深度和广度是不同的；

第四，财务报表所提供的信息是有限的，并不包括信息使用者需要的所有信息。

第四节　财务报表分析的基本方法

财务报表分析的目的不同，采取的分析方法就不同。常用的分析方法有：比较分析法、比率分析法、趋势分析法、因素分析法、结构分析法、综合分析法、项目质量分析法等。

一、比较分析法

比较分析法，又称水平分析法，是财务报表分析最常用，也是最基本的方法。它是通过对被评价企业某一财务报表项目与其既定标准（如该项目的计划指标、上期实际指标、历史先进指标、同行业其他企业同期指标）进行比较，寻找差异，发现问题，以分析和判断企业财务状况及经营成果的一种技术方法。

比较分析法可比较绝对数，也可比较相对数。可将被评价企业某几个时期的产值、产量、质量、品种、成本、利润、税金等进行纵向比较；也可将生产同种产品且条件相当的不同企业的绝对数进行横向比较。例如对成本费用利润率、劳动生产率、资金利润率、人均创利率、产品合格率等，都可进行纵向和横向比较。例如：分析某企业成本费用项目时，从某种产品单位成本表中看到制造费用比上年明显降低，但按照物价变动情况应有上涨趋势，这显然有些反常，于是将制造费用内容与上年相比，发现折旧费用大幅降低，但该企业固定资产并未减少，同折旧费用减少不匹配。后经查明，得知此系该企业领导指使会计人员所为，意在故意将部分折旧费用不予计入，以求降低成本，虚增本年利润。通过比较，取得了书面证据，查明了该企业有意在成本计算时将部分折旧费用不予计入的事实。

按比较对象的不同，比较分析法可以分为绝对数比较分析法、绝对数增减变动比较分析法、百分比增减变动分析法。

（一）绝对数比较分析法

绝对数比较分析法是将各有关财务报表项目的数额与比较对象进行比较。绝对数比较分析一般通过编制比较财务报表进行，包括比较资产负债表和比较利润表。比较资产负债表是将两期或两期以上的资产负债表项目予以并列，以直接观察资产、负债和所有者权益（或股东权益）每一项目增减变化的绝对数。比较利润表是将两期或两期以上的利润表各有关项目的绝对数予以并列，直接分析利润表内每一项目的增减变化情况。

下面以 A 公司比较资产表为例，说明绝对数比较分析法的运用。

【例 1】A 公司 2018 年度与 2019 年度部分项目比较资产表见表 1-1。

表 1-1　A 公司比较资产表（绝对数比较）

金额单位：万元

项目	2018 年	2019 年
货币资金	85,732	93,290
交易性金融资产	7,664	6,645
固定资产净额	541,841	533,953
……	……	……
资产总额	893,862	900,220

（二）绝对数增减变动比较分析法

绝对数增减变动比较分析法是在绝对数比较分析法的基础上，分别算出各个项目在不同年度之间的增减变动数，以便财务报表使用者获得更为明确的财务状况与经营成果的增减变动情况。下面以 A 公司比较资产表为例，说明绝对数增减变动比较分析法的运用。

【例 2】A 公司 2018 年度与 2019 年度部分项目比较资产表见表 1-2。

表 1-2　A 公司比较资产表（绝对数增减变动比较）

金额单位：万元

项目	2018 年	2019 年	增减金额
货币资金	85,732	93,290	7,558
交易性金融资产	7,664	6,645	−1,019
固定资产净额	541,841	533,953	−7,888
……	……	……	……
资产总额	893,862	900,220	6,358

（三）百分比增减变动分析法

百分比增减变动分析法是在绝对数增减变动额的基础上算出增减变动百分比，以便显示不同年度各项目的增减变动幅度，使财务报表使用者更加清楚每个项目的具体增减变化程度。这种分析也是通过比较财务报表的形式进行的。下面以 A 公司比较资产表为例，说明百分比增减变动分析法的运用。

【例3】A公司2018年度与2019年度部分项目比较资产表见表1-3。

表1-3　A公司比较资产表（百分比增减变动比较）

金额单位：万元

项目	2018年	2019年	增减金额	增减变动百分比
货币资金	85,732	93,290	7,558	8.82%
交易性金融资产	7,664	6,645	−1,019	−13.30%
固定资产净额	541,841	533,953	−7,888	−1.46%
……	……	……	……	……
资产总额	893,862	900,220	6,358	0.71%

使用比较分析法时，要注意对比指标之间的可比性，这是用好比较分析法的必要条件，否则就不能正确地说明问题，甚至得出错误的结论。所谓对比指标之间的可比性，是指相互比较的指标必须在指标内容、计价基础、计算口径、时间长度等方面保持高度的一致性。如果是企业之间进行同类指标比较，还要注意企业之间的可比性。

此外，计算相关指标变动百分比虽然能在一定程度上反映企业相关财务指标的增长率，但也有局限性，这主要是因为变动百分比的计算受基数的影响，具体表现在以下几个方面。

（1）如果基数的金额为负数，将出现变动百分比的符合与绝对增减金额的符合相反的结果。

（2）如果基数的金额为零，不管实际金额是多少，变动百分比永远为无穷大。

（3）如果基数的金额太小，则绝对金额较小的变动可能会引起较大的变动百分比，容易引起误解。

解决变动百分比上述问题的办法是：如果基数为负数，则取按公式计算出的变动百分比的相反数；若基数为零或太小，则放弃使用百分比增减变动分析法，仅分析其绝对金额变动情况。

二、比率分析法

比率分析法是对同一期财务报表上若干重要项目的相关数据进行相互比较，求出比率，用以分析和评价公司的经营活动以及公司目前和历史状况的一种方法，是财务报表分析最基本的工具。

比率是相对数，采用比率分析法，能够把某些条件下的不可比指标变为可比指标，以利于财务报表使用者进行分析。比率指标主要有以下三种。

（一）相关比率

相关比率是以某个项目总额与相互关联但性质不同的项目总额加以对比所得的比率，反映有关经济活动的相互关系。利用相关比率指标，可以考察有联系的相关业务安排是否合理，以保障企业经济活动能够顺利进行。例如将流动资产与流动负债加以对比，计算出流动比率，据以评价企业的短期偿债能力。

（二）结构比率

结构比率是某项经济指标的各个组成部分与总体的比率，反映部分与总体的关系。常用的结构比率有资产结构比率、资本结构比率和利润结构比率。利用结构比率，可以考察总体中某个部分的形成和安排是否合理，以便协调各项财务活动。

（三）效率比率

效率比率是反映经济活动投入与产出关系的比率，如资产报酬率、销售利润率等。利用效率比率可以考查企业经营管理活动的经济效益，揭示企业的获利能力。

比如，在进行利润质量分析中，主要掌握和运用三类比率，即反映公司利润真实性的比率（与利润真实性相关的比率主要是偿债能力比率）、获利能力比率、增长能力比率。

比率分析法的优点是计算简便，计算结果容易判断，而且可能使某些指标在不同规模企业间进行比较，甚至也能在一定程度上跨越行业之间的差别进行比较。

三、趋势分析法

趋势分析法，是利用财务报表提供的数据资料，将各期有关指标的实际数值与相同指标的历史数值进行定基对比（定比）和环比对比（环比），揭示企业财务状况和经营成果变化趋势的一种分析方法。这种分析方法不但能够为财务信息使用者提供财务报表中某些项目或指标的明显变动趋势，而且还可以通过对过去财务报表中某些项目或指标的发展变动规律的研究，揭示未来财务状况与经营成果的发展趋势。

（一）定比

在计算趋势百分比时将某一期间的数或将一定期间的平均数固定为基期数，即为100%，再将同一项目其他各期的数分别与固定基期的数相比较，计算出趋势百分比，称为定基百分比。计算公式为：

$$定基百分比 = 分析期数额 \div 基期数额 \times 100\%$$

（二）环比

在计算趋势百分比时所运用的基期不固定，将各期数均与前一期的数进行比较，计算出趋势百分比，称为环比百分比。计算公式为：

$$环比百分比 = 本期数额 \div 上期数额 \times 100\%$$

下面以 A 公司现金数据为例，说明在不同基期下的趋势百分比的计算方法。

【例 4】A 公司连续三年的现金余额和按照各种基期计算的趋势百分比见表 1-4。

表 1-4　A 公司趋势百分比计算

金额单位：万元

	2017 年	2018 年	2019 年
现金余额	59,726	85,732	93,290
以 2017 年为固定基期（定比）	100%	143.54%	156.20%
均以前一年为基期（环比）		143.54%	108.82%
以三年平均数（79 583）为基数（定比）	75.05%	107.73%	117.22%

表 1-4 中分别以三种不同的基期计算了趋势百分比。用三种基期算出的趋势百分比可从不同的角度说明 A 公司在三年内现金余额的基本变动趋势。表 1-4 中的趋势百分比的计算结果均是用百分比的形式来表示的，在实际工作中也可以用比率加以表示，如在环比的条件下，趋势百分比如果用比率表示，第二年（2018 年）的趋势比率为 1.44，第三年（2019 年）的趋势比率为 1.09。

四、因素分析法

因素分析法是通过分析影响财务指标的各项因素并计算其对指标的影响程度，来说明本期实际与计划或基期相比财务指标变动或差异的主要原因的一种分析方法。运用这一方法的出发点在于，当有若干因素对综合指标产生作用时，假定其他各个因素都无变化，按照顺序确定每一个因素单独变化所产生的影响。实际应用此法时，又有连环替代法和差额计算法两种具体方法。

（一）连环替代法

连环替代法是将一项综合性的指标分解为各项构成因素，按照顺序用各项因素的实际数替换基数，分析各项因素影响综合指标的程度的一种方法。

连环替代法的分析程序如下。

（1）分解某项综合指标的各项构成因素。

（2）确定各个因素与某项综合指标的关系，如加减关系、乘除关系等。

（3）确定各项因素的排列顺序，按一定的顺序将各个因素加以替代，来具体测算各个因素对指标变动的影响方向和程度。

（4）计算各个因素影响数值的代数和，检查是否与分析对象相符。

连环替代法的基本原理和技巧如下。

假设某项指标 N 是由 A、B、C 三个因素组成，各因素与经济指标的关系为：

$$上年数 N_0 = A_0 \times B_0 \times C_0$$

$$本年数 N_1 = A_1 \times B_1 \times C_1$$

则 N_1 与 N_0 的差异是由 A、B、C 三个因素变动而引起的。

采用连环替代法分析计算如下。

综合指标上年数 $N_0 = A_0 \times B_0 \times C_0$ （1）

第一次替代 $N_{01} = A_1 \times B_0 \times C_0$ （2）

第二次替代 $N_{02} = A_1 \times B_1 \times C_0$ （3）

第三次替代（本年数）$N_1 = A_1 \times B_1 \times C_1$ （4）

（2）－（1），即 $N_{01} - N_0$ 是 A 因素变化影响综合指标的结果。

$$N_{01} - N_0 = (A_1 - A_0) \times B_0 \times C_0$$

（3）－（2），即 $N_{02} - N_{01}$ 是 B 因素变化影响综合指标的结果。

$$N_{02} - N_{01} = A_1 \times (B_1 - B_0) \times C_0$$

（4）－（3），即 $N_1 - N_{02}$ 是 C 因素变化影响综合指标的结果。

$$N_1 - N_{02} = A_1 \times B_1 \times (C_1 - C_0)$$

现以产品直接材料成本的分析为例，说明连环替代法的基本原理。

【例5】A 公司 2019 年 11 月丙产品材料的消耗如表 1-5 所示。

表 1-5　A 公司 2019 年 11 月丙产品材料的消耗

项目	产量（件）		单耗（kg/ 件）		单价（元／kg）		总成本（元）	
	计划	实际	计划	实际	计划	实际	计划	实际
某材料	5,000	5,100	50	48	100	105	25,000,000	25,704,000
成本差异								704,000

材料总成本 = 产量 × 单耗 × 单价

材料计划成本 = 5,000 × 50 × 100 = 25,000,000（元）

材料实际成本 =5,100×48×105=25,704,000（元）

材料成本差异 =25,704,000-25,000,000=704,000（元）

产量变化对成本差异的影响：（5,100-5,000）×50×100=500,000（元）

单耗变化对成本差异的影响：5,100×（48-50）×100=-1,020,000（元）

单价变化对成本差异的影响：5,100×48×（105-100）=1,224,000（元）

由此可知，上述三个因素的变化对成本差异的总影响为：

500,000+（-1,020,000）+1,224,000=704,000（元）

产量增加 100 件，导致成本增加 500,000 元，是正常因素，无须考虑。

单耗降低 2kg/ 件，导致材料成本费用下降了 1,020,000 元，是有利因素。

单价上涨 5 元 / kg，导致材料成本费用增加了 1,224,000 元，是不利因素。它在很大程度上阻碍了成本费用的下降，应将其列为管理的重点，为此，需要深入分析材料价格上涨的原因。

（二）差额计算法

差额计算法是连环替代法的简化形式，是利用各个因素的比较值与基准值之间的差额，来计算各因素对分析指标的影响。它通过分析财务报表中有关项目的绝对数值的大小，来判断企业的财务状况和经营成果。

当然，差额计算法有很大的局限性，它无法解释求出的数值大或小至什么程度，也无法说明数值以多大或多小为宜。而许多指标如营运资金和流动资产等的数值，并不是越大越好，所以，不能仅满足于差额计算法，要结合其他分析方法，才能达到财务报表分析的目的。

五、结构分析法

结构分析法，又称共同比分析法、垂直分析法、纵向分析法等。它是指在一张财务报表中列示出各具体项目占总体基础（综合项目）的百分比，以反映某一财务报表中各具体项目间的相对重要性，以及各具体项目与总体基础之间的关系。

结构分析法（垂直分析法）是与比较分析法（水平分析法）相对应的。比较分析法（水平分析法）注重的是关键项目不同年份的比较，结构分析法（垂直分析法）更注重于报表内部各项目的内在结构分析。在应用结构分析法时，需要注意总体基础的唯一性、分析角度的多维性和项目数据的可比性。

结构分析法的主要用法和步骤如下。

第一，确定相关财务报表中各项目占总额的比重或百分比，其计算公式是：

某项目的比重＝该项目金额÷各项目总金额×100%

对同比资产负债表而言，总体基础指的是资产总额；在同比利润表分析中，总体基础一般使用营业收入项目金额。

第二，通过各项目的比重，分析各项目在企业经营中的重要性。一般项目比重越大，说明其重要程度越高，对总体的影响越大。

第三，与比较分析法（水平分析法）相结合，将分析期各项目的比重与前期同项目比重对比，研究各项目的比重变动情况，为进一步的"优化组合"提供思路。也可将本企业报告期项目比重与同类企业相同报告期的可比项目比重进行对比，研究本企业与同类企业相比存在哪些优势或差距，据以考察其在同行业中的工作水平和地位的高低。

六、综合分析法

综合分析法是根据特定分析目的要求，设计或选择相关的若干比率指标、绝对值指标组成评价指标体系，将这些指标依据财务报表相关数据计算的实际值与统一规定的或自选的标准值进行对比，并加以综合计算，以提供评价企业经营绩效和其他方面综合性数据的分析形式。其主要特点如下。

第一，设立一套体现分析目标要求的指标体系。综合评价指标体系主要有三种：一是单层次的数量评价指标体系，主要依权数大小表明体系中各指标的地位；二是多层次的数量评价指标体系，如分为基础指标和修正指标两个层次等；三是数量指标和定型指标组成的混合评价指标体系，如数量指标和评价指标等。

第二，建立评价标准。评价标准有单一标准和分档标准两种。分档标准包括各种指标标准和分档标准系数两个方面。

第三，综合比较分析。综合比较分析主要是将各项指标的实际水平与标准值进行对比，采用比较系数法或功效系数法加以综合计算以取得综合性评价结果的分析过程。

财务报表综合分析的主要方法有两种：杜邦分析法、平衡计分卡分析法等。这里重点介绍平衡计分卡分析法。杜邦分析法将在本书第五章"获利能力分析"一节中阐述。

平衡计分卡是为弥补杜邦分析体系的缺陷而设计的一种新的评价体系。它的出现，是对杜邦分析法的改进。平衡计分卡在每一方面都设置了可具体操作的非财务指标，使目标变成了一个个可具体操作和考核的指标。同时，它增加了对客户方面（即市场）的分析和考核，体现了重视外部市场的思想。它还将分析深入企业成长方面，强调通过培育企业的核心竞争能力来实现企业的持续健康发展，体现了一种重视长远发展的观点，鲜明地表现出其所处时代的特征。

平衡计分卡（Balanced scorecard，BSC）源自美国著名的管理学家、哈佛大学教授罗伯特·卡普兰（Robert Kaplan）和诺朗诺顿研究院（Nolan norton institute）的总裁戴维·诺顿（David Norton）于 20 世纪 90 年所从事的"未来组织绩效衡量方法"研究计划，该计划的目的在于找出超越传统以财务会计量度为主的绩效衡量模式，以使企业的"策略"能够转变为"行动"。通过总结十二家大型企业的业绩评价体系的成功经验，他们将得出的研究结论"平衡计分卡：驱动绩效的量度"发表在 1992 年《哈佛商业评论》1 月与 2 月号。

1996 年，关于平衡计分卡的第一本专著《平衡计分卡：化战略为行动》出版，标志着这一理论的成熟，将平衡计分卡由一个业绩衡量工具转变为战略实施工具。2001 年，卡普兰和诺顿出版新作《战略中心型组织》，将过去十几年的平衡计分卡在各类组织中的应用做了盘点。平衡计分卡自产生以来，产生了显著效果，在不到十年的时间内赢得了世界声誉。

平衡计分卡强调传统的财务会计模式只能衡量过去发生的事项（落后的结果因素），但无法评估企业前瞻性的投资（领先的驱动因素）。因此，企业必须改用一个将企业的远景转变为一组由四项观点组成的绩效指标架构来评价企业的绩效。此四项指标分别是：财务（Financial）、客户（Customer）、内部运营（Internal business processes）、学习与成长（Learning and growth）。根据这四项指标的衡量，企业得以用明确和严谨的手法来诠释其策略，它一方面保留传统上衡量过去绩效的财务指标，并且兼顾了促成财务目标的绩效因素的衡量；另一方面在支持企业追求业绩之余，也监督企业的行为应兼顾学习与成长的方向，并且透过一连串的互动因果关系，企业得以把产出（Outcome）和绩效驱动因素（Performance driver）串联，以衡量指标与其量度作为语言，把企业的使命和策略转变为一套前后连贯的系统绩效评核量度，把复杂而笼统的概念转化为精确的目标，借以寻求财务与非财务的衡量之间、短期与长期的目标之间、落后的与领先的指标之间，以及外部与内部绩效之间的平衡。这一评价体系如图 1-1 所示。

（1）财务面。财务面显示企业的战略及其实施和执行是否正在为最终经营结果的改善做出贡献。财务面评价指标主要包括：资产负债率、流动比率、速动比率、现金比率、应收账款周转率、存货周转率、资本金利润率、销售利税率等。企业经营的直接目的和结果是为股东创造价值。尽管由于企业战略的不同，在长期或短期对利润的要求会有所差异，但毫无疑问，从长远角度来看，利润始终是企业所追求的最终目标。非财务面评价指标如产品或服务的质量、生产时间、生产率和新产品等。

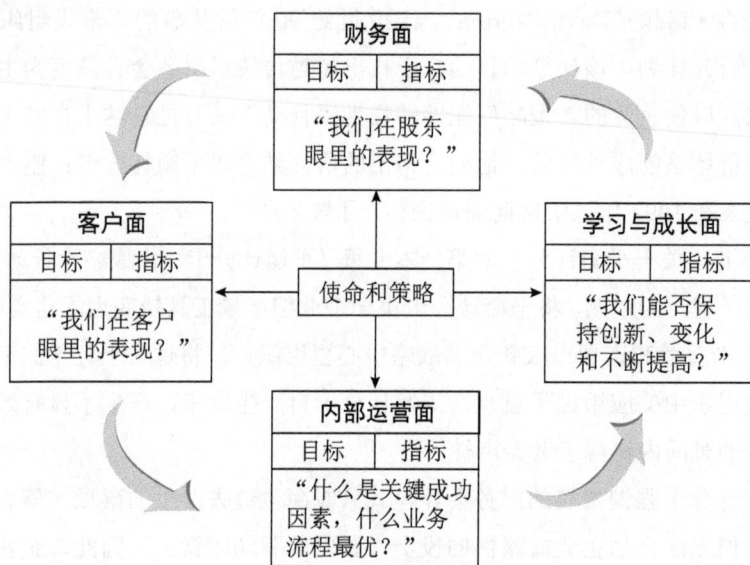

图 1-1　平衡计分卡评价体系

（2）客户面。平衡计分卡要求企业将使命和策略诠释为具体的与客户相关的目标和要点。企业应以目标客户和目标市场为方向，关注是否满足目标客户需求，而不是企图满足所有客户的偏好。客户最关心的不外乎五个方面：时间、质量、性能、服务和成本。企业必须为这五个方面树立清晰的目标，然后将这些目标细化为具体的指标。客户面指标衡量的主要内容：市场份额、老客户挽留率、新客户获得率、客户满意度、从客户处获得的利润率等。

（3）内部运营面。建立平衡计分卡的顺序，通常是在先制定财务和客户方面的目标与指标后，才制定企业内部运营面的目标与指标，这个顺序使企业能够抓住重点，专心衡量那些与股东和客户目标息息相关的内部流程。内部运营考核应以对客户满意度和实现财务目标影响最大的业务流程为核心。内部运营面指标既包括短期的现有业务的改善，又涉及长远的产品和服务的革新。内部运营面指标涉及企业的全过程，包括改良与创新过程、经营过程和售后服务过程。

（4）学习与成长面。学习与成长的目标为其他三个方面的宏大目标提供了基础架构，是驱使上述平衡计分卡三个方面获得卓越成果的动力。面对日益激烈的全球竞争，企业今天的技术和能力可能已经无法确保其实现未来的业务目标，削减对企业学习和成长能力的投资虽然能在短期内增加财务收入，但由此造成的不利影响将在未来给企业带来沉重打击。学习与成长面指标：员工的能力、信息系统的能力、激励、授权与相互配合等。

在财务报表分析中，尤其是对企业战略分析中，运用平衡计分卡，可以对图1-1做进一步的细化，如图1-2所示，通过对财务、客户、内部运营、学习与成长等四个方面的全面分析，评价企业的战略（发展目标与策略）是否能够达成。

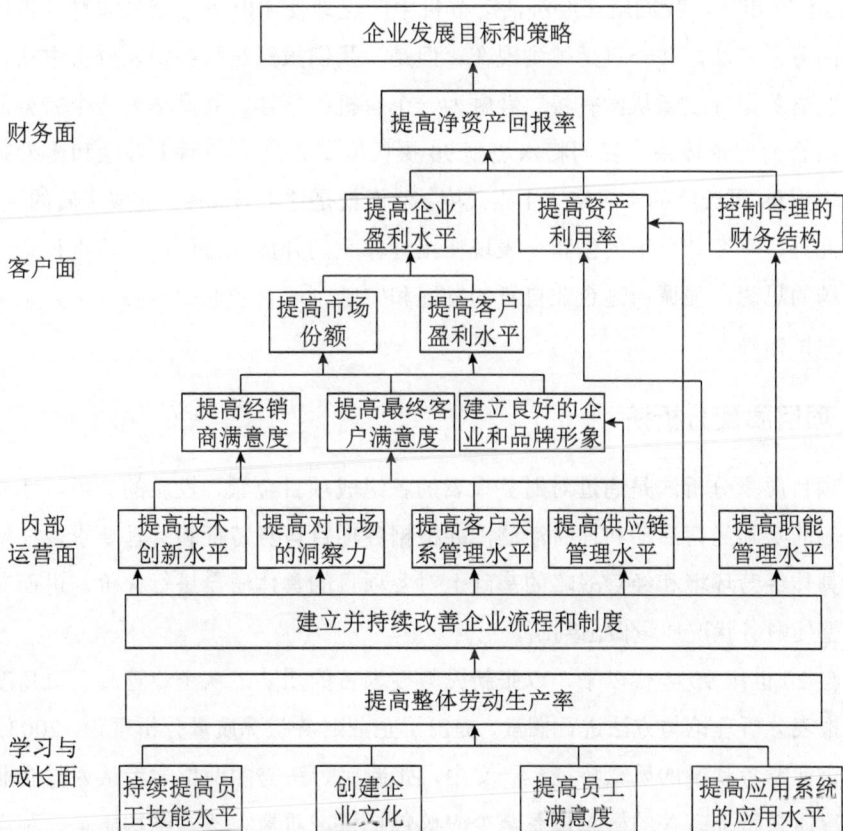

图 1-2　平衡计分卡在企业战略分析中的运用

与传统分析评价体系相比，平衡计分卡有很大的创新。

首先，它第一次具体地说明了为什么财务管理是企业管理的中心。长期以来，我们总是强调企业管理应该以财务管理为中心，至于为什么企业管理应该以财务管理为中心，则只能模模糊糊地进行抽象的回答。从杜邦分析体系看，它仅仅局限于财务范围，是就财务论财务，无法说明为什么企业管理应该以财务管理为中心。平衡计分卡所设计的以财务指标为终极目标、非财务指标与财务指标之间因果相袭、层层递进的指标体系，第一次具体地说明了财务管理如何在企业中居于中心地位，市场、企业内部经营管理，企业制度及组织等如何服务于财务目标，并怎样最终影响、决定财务目标的实现程度。

其次，它第一次将财务指标与非财务指标进行了有机结合。实际上，财务指标与非财务指标结合使用对我国财务理论和实践而言，并不是什么新东西。早在20世纪50年代，我们就在经济活动分析中广泛地使用财务指标与非财务指标相结合的分析方法，并一直延续到现在。但是，我们虽然在财务报表分析中结合使用了非财务指标，却从没有将二者融为一个有机的整体，并升华为一个完整的、相互结合的理论体系。我们将水烧到99摄氏度就止步了，而卡普兰和诺顿则将我们烧到99摄氏度的水多烧了1摄氏度，然而就是这1摄氏度，促成了质的飞跃。

此外，平衡计分卡的创新还表现在指标体系的开放性方面，以及重视企业外部市场的思想，强调通过企业自身的发展和完善、培育企业的核心竞争力来实现企业的目标等。

七、项目质量分析法

项目质量分析法是通过对财务报表的各组成项目金额、性质的分析，还原企业对应的实际经营活动和理财活动，并根据各项目自身特征和管理要求，在结合企业具体经营环境和经营战略的基础上对各项目的具体质量进行评价，进而对企业的整体财务状况质量做出判断。

自20世纪90年代以来，以张新民教授为首的团队，从企业管理人员角度对财务报表分析理论与方法进行探索，提出了企业财务状况质量分析理论。2003年，在《企业财务状况的质量特征》一文中，张新民、王秀丽两位学者认为与企业财务状况质量特征有关的概念体系至少应该包括资产质量、资本结构质量、利润质量和现金流量质量，提出了四大质量的概念，并从上述四个方面对企业财务状况的质量特征进行了研究。

第五节　财务报表分析框架

一、经营活动与财务报表的关系

　　财务报表是对企业财务状况、经营成果、现金流量的信息记录与描述，是用特定的会计语言对经济活动的总结。从企业经济活动到企业财务报表的转化过程是通过财务会计系统完成的。财务会计系统提供了一种机制，通过这种机制，对企业的经营活动进行会计确认、计量，以财务报表的形式对外报告，从而完成从经济活动到财务报表的转化过程。其过程可以用图 1-3 表示。

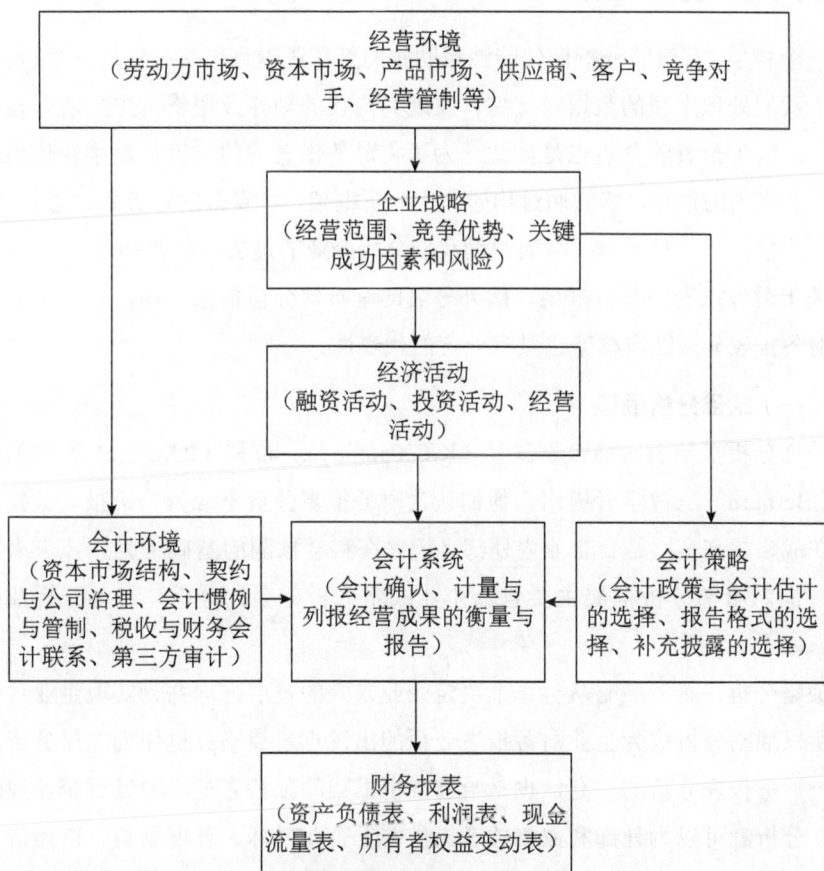

图 1-3　从经济活动到财务报表的转化过程

从图 1-3 我们可以得到以下启示：

（1）企业的财务报表不是一个孤立的系统，不仅受到企业经济活动的影响，还受到会计环境、会计系统和会计策略的影响；

（2）会计准则的硬约束增强了财务报表的可靠性，但是由于大量的经济业务需要依靠会计人员的职业判断，因此会计信息不可能做到完全真实、可靠；

（3）公司的管理层拥有一定的会计政策选择权，会计信息会受到利益驱动而失真，极端情况下可能包括管理层操纵信息而导致财务报表虚假；

（4）企业进行财务报表分析，不能简单地依据财务报表中的数据，还应关注财务报表数据的生成过程，关注财务数据的真实性及其背后的经营环境与企业战略。

二、财务报表分析框架

一个科学、有效的分析框架能够帮助我们更有逻辑且更系统性地去分析事物，有益于我们处理烦琐的数据及文字，发现其内在的规律及逻辑，更加清晰地认知事物，对财务报表的分析也是如此。为了将财务报表中的一行行数字转化为对信息使用者有用的信息，就需通过构建一个分析框架，将复杂的财务数据进行加工、分析、比较、评价和解释，从而帮助我们分析企业的过去、现在和未来。

关于财务报表的分析框架，国外著名的有哈佛分析框架，国内黄世忠教授提出的财务报表分析逻辑框架也具有一定的代表性。

（一）哈佛分析框架

哈佛分析框架由哈佛大学佩普（K.G.Palepu）、希利（P.M.Healy）和伯纳德（V.L.Bernard）三位学者提出，他们认为财务报表分析不应只分析报表数据，应该站在战略的高度，结合企业内外部环境并在科学预测的基础上为企业未来发展指明方向。哈佛分析框架主要包括企业战略分析、会计分析、财务分析及前景分析，如图 1-4 所示。

战略分析：企业战略从整体上决定企业未来的发展方向并为实现企业目标服务，所以战略分析成为企业财务报表分析的出发点。战略分析作为非财务信息是对传统财务报表分析的补充，也是哈佛分析框架的独特之处，通过对企业战略的分析，分析者可以为外部利益相关者提供关于企业目标、发展趋势、市场格局等相关信息。战略分析在一定程度上反映企业管理现状，可以作为评价企业管理水平的依据，进而为财务报表分析奠定基础。

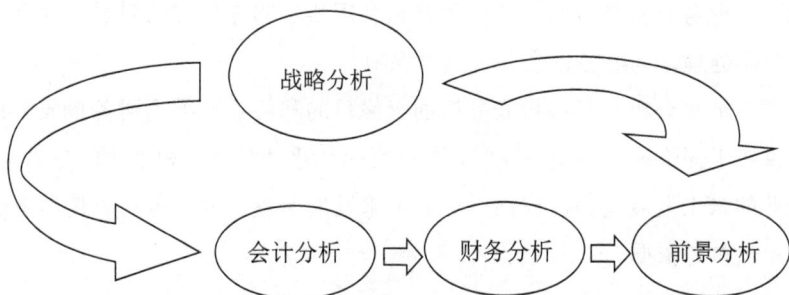

图 1-4　哈佛分析框架

会计分析：会计分析的目的是确定会计数据是完整的、准确的。数据完整而准确，是财务报表分析的前提。数据的完整性，就是保证所有应该入账的数据已经入账，没有遗漏；具体来说，就是看有没有跨期确认收入、成本费用的，有没有少计提的（或者多计提的），有没有漏掉没有入账（或者多入账的）等。数据的准确性，就是数据来源问题，即数据来源可不可靠。会计数据是直接来自业务系统的数据，还是经手工处理过的数据；是经核对过的数据，还是原始数据；等等。

财务分析：经过会计分析的确认，会计数据是完整和准确的，接下来可以放心地做财务分析，即通过一些财务指标分析企业的获利能力、资产质量、现金流量等情况。哈佛分析框架下的财务分析并不是单纯分析企业的会计数据，而是结合企业所处的行业环境及企业发展战略解释会计数据所表达的内涵。

前景分析：前景分析不同于传统财务报表分析中的企业发展能力分析，企业未来的发展前景是企业战略定位、产业环境及企业财务能力综合的结果，而不仅仅是从财务指标增长率来评价。分析企业发展前景时应注重企业能否发挥自身技术优势以及企业的竞争能力。具备较强竞争能力的企业即使短期业绩达不到预期，从长期来看依然具有较好的投资前景。

哈佛分析框架的基本思路如下。

第一，在进行财务报表分析前必须对企业所面临的经济环境、企业的竞争战略和经营模式有较为全面的把握，才能更好地解读企业的财务数据。

第二，由于企业财务数据的生成又会受到企业的会计政策和会计估计等行为的影响，为了保证财务报表分析的准确性和可靠性，包含会计数据真实性在内的会计分析是财务报表分析的必要环节。

第三，财务分析是按照一定的思路和利用科学的分析方法对财务数据进行计算、整合和处理，为财务报表分析提供保障。

第四，前景分析是财务报表分析的最终目的和终点。因为财务报表分析的目的不仅仅在于评价过去和反映现状，更重要的是通过对过去和现状的分析与评价，预测企业的未来发展趋势，评估企业的未来发展前景，为财务报表使用者做出正确决策提供参考依据。

（二）财务报表分析逻辑切入点

黄世忠教授认为，一种比较科学、有效的分析方法，是从盈利质量、资产质量和现金流量的角度，对目标公司的财务报表进行全面和系统的分析。任何财务报表只有同时从这三个切入点进行分析，才不会发生重大的遗漏和偏颇。据此，他提出财务报表分析的逻辑切入点如图 1-5 所示。

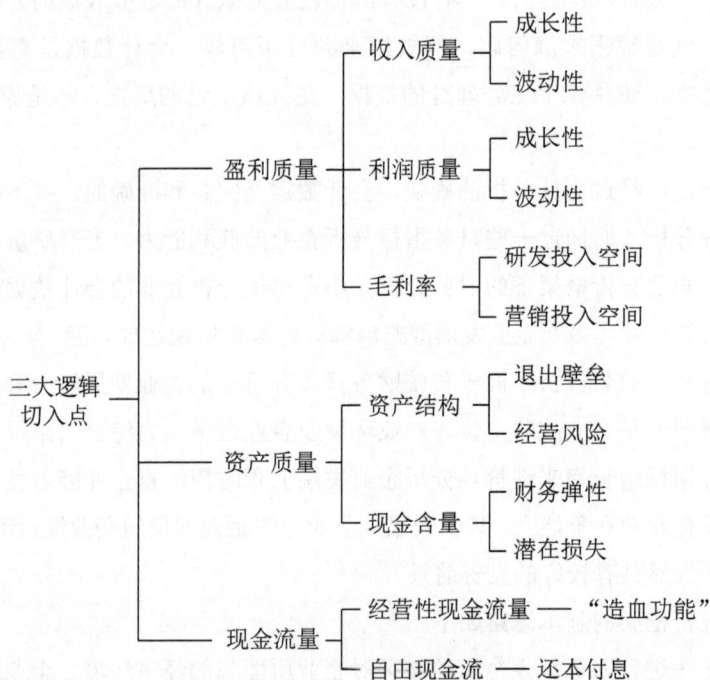

图 1-5　财务报表分析的逻辑切入点

1. 盈利质量的分析

盈利质量包括收入质量、利润质量和毛利率三个方面。

（1）收入质量的分析。收入质量主要考虑收入的成长性与波动性。人们显然希望收入不断成长，但若收入成长的波动性较大，忽高忽低，而不是稳定增长，仍会引起信息使用者的担忧。必须指出，对运营收入进行趋势分析蕴涵着一个基本假设：目标公司的组织结构和业务结构在分析期间未发生大幅度变动。如果这个基本假设不成立，则收入的高速成长未必代表高质量。当目标企业的收入成长时，报表使用者应提出这样的问题：收入的成长是得益于市场开拓，还是得益于资本运作？一般而言，来自脚踏实地的市场开拓而形成的收入成长，其质量通常优于来自资本运作（最典型的是收购兼并）所形成的收入成长。因为前者具有较强的可持续性，而后者不仅可持续性较低，而且还导致合并财务报表编制范围发生变动，从而影响前后会计年度收入和利润的可比性。

（2）利润质量的分析。利润质量分析与收入质量分析的思路基本相同。

需要说明的是，收入、利润都是按照一定的会计政策确定的。会计政策不同，确定的收入与利润也往往存在差异。因此，在分析收入、利润的质量时，除了分析其成长性和波动性外，有时还应考虑会计政策、会计估计变更的影响。

（3）毛利率的分析。毛利率是评价公司获利能力的最核心指标。影响毛利率高低的直接因素是产品售价和产品成本，产品售价取决于市场定价和销售策略等，产品成本取决于原材料价格和生产技术水平等。因此，毛利率贯穿了一家公司的"产、供、销"等核心业务环节，反映了公司业务转化为利润的核心能力，是公司的竞争力强弱的直接体现。

分析毛利率绝对值的高低是没有意义的。一家制药公司的毛利率可达80%，一家餐饮公司的毛利率可达60%，一家建筑工程公司的毛利率不到20%，对不同行业，我们没有办法通过毛利率的高低判定其获利能力的强弱。即便是经营相同业务的同行业可比公司，抛开公司具体的经营模式，我们仍然没有办法只根据毛利率的高低判断公司的获利能力。比如，两家卖鸭脖的公司"绝味"和"周黑鸭"，经营同样的产品，是直接竞争对手，两者毛利率却存在很大差异："绝味"公司2016—2018年，毛利率分别为27%、26%和28%；"周黑鸭"公司则分别为57%、54%、56%。"周黑鸭"公司的毛利率远高于"绝味"公司的毛利率，是不是代表其拥有更好的获利能力呢？其实不然，通过公开资料可以看出，两者的毛利率差异主要是由经营模式不同造成的。"周黑鸭"公司以自营为主，"绝味"公司以加盟为主，由于加盟要承担终端的销售费用，自营毛利率显然要高于加盟毛利率。

一家公司的毛利率受其所处的行业情况、自身经营情况以及自身财务情况的共同影响。站在财务分析的角度，只有理解了行业、经营和财务，才能够准确评价毛利率的高低及波动。

关于毛利率的评价，黄世忠教授选择的是两个角度：研发投入空间和营销投入空间。研发费用、市场费用等期间费用支出越高的行业，为覆盖相关费用，其需要的毛利率水平越高。例如：软件行业的软件产品的毛利率可能高于90%，与其对应的是持续投入的研发费用；医药制造行业的毛利率水平可能高于80%，与其对应的是持续投入的研发费用以及营销推广费用。

2. 资产质量的分析

资产质量的分析主要从资产结构和现金含量两个角度分析。

（1）资产结构的分析。其主要分析固定资产和无形资产占资产总额的比例。占比越大，退出壁垒就越高，经营风险就越大。

（2）现金含量的分析。其主要分析现金及现金等价物占资产总额的比例。占比越大，发生潜在损失的风险就越小，财务弹性就越大。

3. 现金流量的分析

现金流量分析主要从经营性现金流量和自由现金流两个角度分析。

（1）经营性现金流量的分析。经营性现金流量占营业收入的比重越大，表明其收入质量越高，企业自身的"造血功能"越强。

（2）自由现金流的分析。自由现金流，就是企业产生的、在满足了再投资需要之后剩余的现金流量，它是被用来衡量企业实际持有的能够回报股东的现金，是指在不危及公司生存与发展的前提下可供分配给股东和债权人的最大现金额。计算公式：

自由现金流＝经营活动产生的现金流量－维持生产能力所需的资本支出净额－优先股和普通股股利（在预期支付政策下）

显然，自由现金流规模越大，表明其具有越强的还本付息能力。

至于具体的财务报表分析框架，黄世忠教授仍然是借用了哈佛分析框架。

（三）本书建立的财务报表分析框架

借鉴黄世忠教授的财务报表分析逻辑切入点和哈佛分析框架的思路，本书建立的财务报表分析框架如图1-6所示。

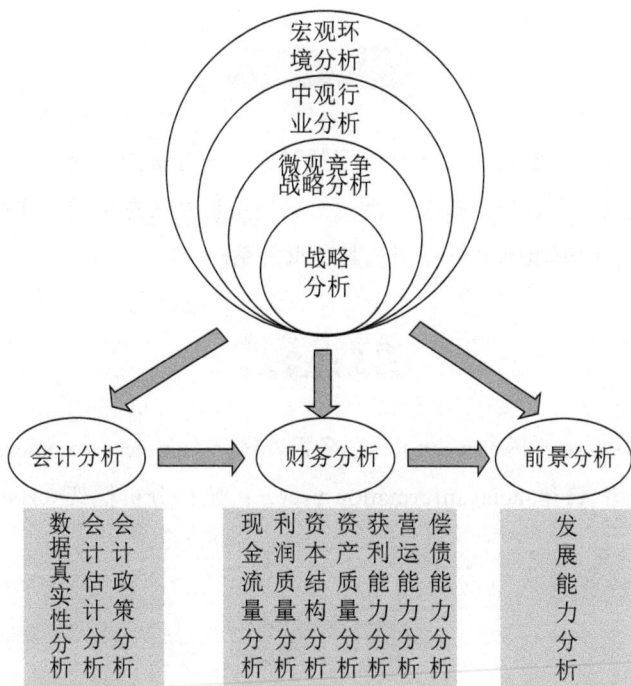

图 1-6 本书建立的财务报表分析框架图

依据上述分析框架，本书章节安排如下。

第一章 财务报表分析概述

第二章 财务报表分析的依据

第三章 企业战略分析

第四章 会计数据分析

第五章 基本财务分析（包括偿债能力分析、营运能力分析、获利能力分析）

第六章 资产质量分析

第七章 资本结构分析

第八章 利润质量分析

第九章 现金流量分析

第十章 发展能力分析

第十一章 财务分析报告

本章小结

通过本章知识的学习，我们可以理解财务报表分析的意义，了解财务报表分析的起源与发展，了解财务报表分析的信息使用者及信息需求，掌握财务报表分析的基本方法，理解哈佛分析框架及其逻辑关系。

关键术语

财务报表（Financial statements）；财务报表分析（Financial statement analysis）；财务信息使用者（Financial information user）；哈佛分析框架（Harvard analysis framework）

自 测 题

1. 20 世纪初期，财务报表分析主要应用于（   ）。

A. 投资领域　　　　　　　　　B. 金融领域

C. 企业评价　　　　　　　　　D. 铁路行业

2. 在财务报表分析中，最关心企业资本保值、增值状况和获利能力的利益主体是（   ）。

A. 企业股东　　　　　　　　　B. 企业经营决策者

C. 企业债权人　　　　　　　　D. 政府管理部门

3. 关注收益稳定性及经营安全性的利益主体是（   ）。

A. 股东及潜在投资者　　　　　B. 债权人

C. 内部管理者　　　　　　　　D. 政府

4. 财务报表分析方法中，最基本、最常用的分析方法是（   ）。

A. 比较分析法　　　　　　　　B. 趋势分析法

C. 比率分析法　　　　　　　　D. 因素分析法

5. 在比较分析法中，较其他标准更能得出准确、客观的评价结论的比较标准是（　　）

A. 本企业实际与国内外先进水平进行比较

B. 本企业实际与评价标准进行比较

C. 本期实际与预定目标比较

D. 本期实际与历史最好水平比较

6. 应用水平分析法时关键应注意分析资料的（　　）。

A. 全面性　　　　　　　　　　　B. 系统性

C. 可靠性　　　　　　　　　　　D. 可比性

7. 资产负债表定比分析与环比分析，属于资产负债表的（　　）。

A. 质量分析　　　　　　　　　　B. 比率分析

C. 趋势分析　　　　　　　　　　D. 因素分析

参考答案：BABAA，DC。

思 考 题

1. 如何理解财务报表分析的发展历程？你从中得到什么启示？

2. 财务报表分析的信息使用者对财务报表分析的要求基本上一致吗？

3. 如何理解哈佛分析框架及其逻辑关系？

第二章

财务报表分析的依据

扫码即可观看
本章微视频课程

知识框架

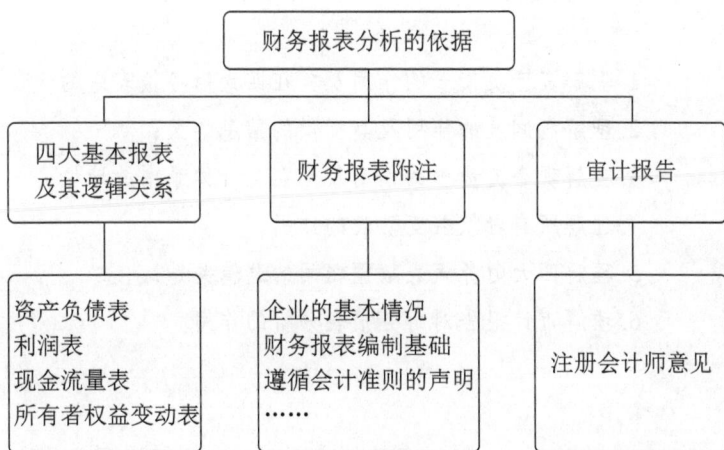

本章知识背景和学习目的

　　财务报表分析主要是通过对资产负债表、利润表、现金流量表、所有者权益变动表这四大财务报表及其附注与审计报告进行分析，或为企业经营管理者发现企业经营管理中存在的问题，提升企业经营业绩，或为外部投资者挖掘有很好发展潜力的"黑马"，提升投资报酬率。由于审计报告是外部注册会计师对企业财务报表进行审计后出具的意见报告，对我们阅读财务报表具有十分重要的借鉴意义，因此，四大财务报表及其附注、审计报告构成了财务报表分析的数据来源与分析依据。通过对这些知识的学习，我们可以理解四大财务报表的基本要素及其提供的信息含义，理解四大财务报表数据之间的逻辑关系，为后面的财务报表分析奠定基础。

本章学习要点

1. 理解资产负债表的作用及其在四大财务报表中的地位；
2. 理解利润表的作用及其提供的信息含义；
3. 理解现金流量表的作用及其在会计体系中的地位；
4. 理解所有者权益变动表的作用；
5. 理解四大财务报表数据之间的逻辑关系；
6. 理解审计报告对财务报表分析的作用。

第一节　财务报表概述

一、财务报表的定义和构成

财务报表是对企业财务状况、经营成果和现金流量的结构性表述。财务报表至少应当包括下列组成部分:(1)资产负债表;(2)利润表;(3)现金流量表;(4)所有者权益变动表;(5)附注。财务报表的这些组成部分具有同等的重要程度。

财务报表可以按照不同的标准进行分类:(1)按财务报表编报期间的不同,可以分为中期财务报表和年度财务报表。中期财务报表是以短于一个完整会计年度的报告期间为基础编制的财务报表,包括月报、季报和半年报等;(2)按财务报表编报主体的不同,可以分为个别财务报表和合并财务报表。个别财务报表是由企业在自身会计核算基础上对账簿记录进行加工而编制的财务报表,它主要用以反映企业自身的财务状况、经营成果和现金流量情况;合并财务报表是以母公司和子公司组成的企业集团为会计主体,根据母公司和所属子公司的个别财务报表,由母公司编制综合反映企业集团财务状况、经营成果及现金流量的合并财务报表。

二、财务报告体系

财务报告,是指企业对外提供的反映企业某一特定日期的财务状况和某一会计期间的经营成果、现金流量等会计信息的文件。财务报告包括财务报表和其他应当在财务报告中披露的相关信息和资料。可见,财务报表只是财务报告的一部分。

依据中国证券监督管理委员会(以下简称"证监会")发布的《公开发行证券的公司信息披露内容与格式准则第 2 号——年度报告的内容与格式(2017 年修订)》,上市公司的年度财务报告应该包括审计报告和经审计后的财务报表。因此,财务报告体系可用图 2-1 反映。

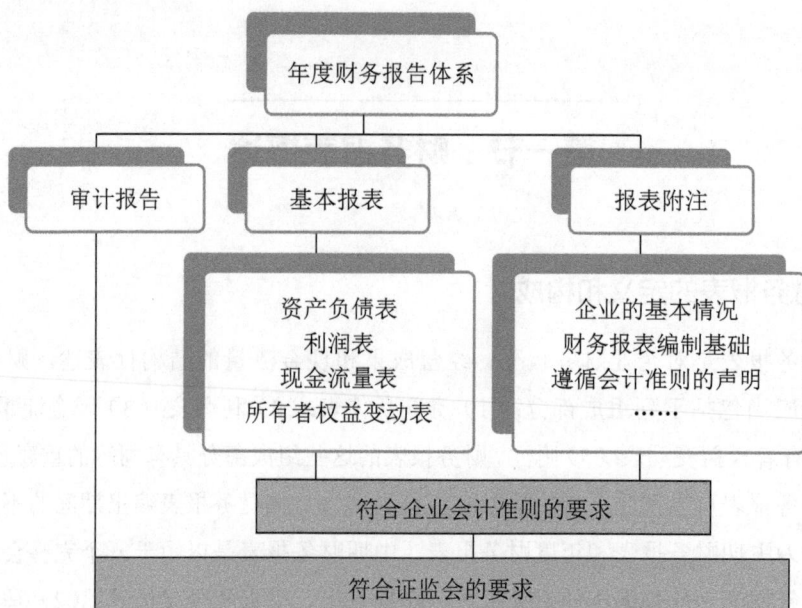

图 2-1　上市公司年度财务报告体系构成

第二节　资产负债表

一、资产负债表的含义及作用

　　资产负债表是列示某一特定时点上会计主体的财务状况的表格。资产负债表报告的是某一特定时点（如 2019 年 12 月 31 日）会计主体的资产与负债和所有者权益（或股东权益）的状况。因为资产负债表是一瞬间的"快照"，所以它是状态报告，不是流量报告。

　　资产负债表可以提供某一日期资产的总额及其结构，表明企业拥有或控制的资源及其分布情况，使用者可以一目了然地从资产负债表上了解企业在某一特定日期所拥有的资产总量及其结构；可以提供某一日期的负债总额及其结构，表明企业未来需要用多少资产或劳务清偿债务以及清偿时间；可以反映股东所拥有的权益，据以判断资本保值、增值的情况以及对负债的保障程度。此外，资产负债表还可以提供进行财务报表分析的基本资料。例如：将流动资产与流动负债进行比较，计算出流动比率；将速动资产与流动负债进行比较，计算出速动比率等。还可以表明企业的变现能力、偿债能力和资金周转能力，从而有助于报表使用者做出经济决策。

二、资产负债表的基本结构

资产负债表的基本结构分为基本部分和补充资料两大部分。

（一）基本部分

基本部分为左右两方，左方反映企业的资产构成情况，即资产的具体运用情况。右方反映的是企业资金的来源情况。资金的来源又分为上下两部分，上部分反映企业的负债构成情况，下部分反映所有者权益（或股东权益）的构成情况。KM 公司 2018 年资产负债表如表 2-1 所示①。

表 2-1　资产负债表

会企 01 表

编制单位：KM 公司　　　　　2018 年 12 月 31 日　　　　　金额单位：元

资产	期末余额	上年年末余额	负债和所有者权益（或股东权益）	期末余额	上年年末余额
流动资产：			流动负债：		
货币资金	1,839,201,190	4,207,124,388	短期借款	11,576,570,400	11,370,246,000
交易性金融资产			交易性金融负债		
衍生金融资产			衍生金融负债		
应收票据及应收账款	6,498,958,262	5,259,053,216	应付票据及应付账款	3,160,462,184	2,103,595,211
其中：应收票据	180,643,334	266,968,670			
应收账款	6,318,314,928	4,992,084,546			
预付款项	1,264,127,768	1,130,340,627	预收款项	1,572,425,131	1,727,719,773
其他应收款	9,228,373,561	5,894,143,999	合同负债		
存货	34,209,621,065	35,246,538,380	应付职工薪酬	105,895,676	107,838,240
合同资产			应交税费	400,632,870	691,950,009
持有待售资产			其他应付款	2,470,507,406	2,296,770,441
			其中：应付利息	785,721,737	502,768,572
一年内到期的非流动资产			持有待售负债		
其他流动资产	1,200,692,800	651,621,065	一年内到期的非流动负债		2,500,000,000

① 为了节省篇幅，这里列示的是本书目标分析公司 KM 公司的财务报表。（表 2-2，表 2-3，表 2-4 同上）

资产	期末余额	上年年末余额	负债和所有者权益（或股东权益）	期末余额	上年年末余额
流动资产合计	54,240,974,646	52,388,821,675	其他流动负债	6,750,000,000	5,000,000,000
非流动资产：			流动负债合计	26,036,493,667	25,798,119,674
债权投资			非流动负债：		
其他债权投资	1,114,427	6,000,000	长期借款	690,000,000	
长期应收款			应付债券	16,773,414,382	8,306,694,177
长期股权投资	555,462,607	517,601,016,	其中：优先股		
其他权益工具投资			永续债		
其他非流动金融资产			长期应付款	1,800,000,000	1,800,000,000
投资性房地产	4,169,523,939	1,235,816,793	预计负债		
固定资产	8,950,247,894	6,106,217,529	递延收益	1,027,289,819	872,778,707
在建工程	2,987,222,911	1,716,119,920	递延所得税负债	714,410	
生产性生物资产			其他非流动负债		
油气资产			非流动负债合计	20,291,418,611	10,979,472,884
无形资产	2,097,529,662	1,963,554,997	负债合计	46,327,912,278	36,777,592,558
开发支出	37,437,363	29,908,043	所有者权益（或股东权益）		
商誉	568,846,334	552,727,733	实收资本（或股本）	4,973,861,675	4,974,253,675
长期待摊费用	242,975,608	224,411,463	其他权益工具	2,967,700,000	2,967,700,000
递延所得税资产	333,864,057	290,588,138	其中：优先股	2,967,700,000	2,967,700,000
其他非流动资产	442,738,117	261,184,018	永续债		
			资本公积	11,649,935,101	11,613,604,048
非流动资产合计	20,386,962,919	12,904,129,650	减：库存股	383,210,500	385,985,860
			其他综合收益	−2,790,045	−4,349,636
			盈余公积	1,611,321,377	1,520,517,092
			未分配利润	7,378,131,915	7,727,605,196
			少数股东权益	105,075,764	102,014,252
			所有者权益（或股东权益）合计	28,300,025,287	28,515,358,767
资产总计	74,627,937,565	65,292,951,325	负债和所有者权益（或股东权益）总计	74,627,937,565	65,292,951,325

（二）补充资料

补充资料则列示或反映了一些在基本内容中未能提供的重要信息或未能充分

说明的信息。这部分资料通常在财务报表附注中列示。

三、资产负债表的基本要素

资产负债表的基本要素包括三个：资产、负债、所有者权益（或股东权益）。

（一）资产

资产是指过去的交易、事项形成并由企业拥有或控制的，能以货币计量并预期会给企业带来经济利益的经济资源。

作为会计要素之一的资产，必须具有以下三个特征。

特征1：资产预期会给企业带来经济利益。

特征2：资产应为企业拥有或者控制的资源。

特征3：资产是由企业过去的交易或者事项形成的。

根据《企业会计准则第30号——财务报表列报》（以下简称"财务报表列报准则"）的规定，资产负债表上资产应当按照流动性分别分为流动资产和非流动资产列示。所谓流动性，通常按资产的变现或耗用时间长短或者负债的偿还时间长短来确定。对一般企业（如工商企业）而言，通常在明显可识别的营业周期内销售产品或提供服务，应当将资产分为流动资产和非流动资产列示，有助于反映本营业周期内预期能实现的资产。但是，对银行、证券、保险等金融企业而言，有些资产无法严格划分为流动资产，而大体按照流动性顺序列示往往能够提供可靠且更相关的信息。

当然，资产还有其他分类。比如依据资产对利润贡献方式，可以将资产分为经营性资产、投资性资产等。经营性资产主要包括货币资金、商业债权、存货、固定资产和无形资产等项目，投资性资产主要包括直接对外投资形成的交易性金融资产、债权投资其他债权投资长期股权投资等项目。

（二）负债

负债是指企业过去的交易或者事项形成的、预期会导致经济利益流出企业的现时义务。根据负债的定义，负债具有以下3个方面的特征。

特征1：负债是企业承担的现时义务。未来发生的交易或者事项形成的义务，不属于现时义务，不应当确认为负债。

特征2：负债预期会导致经济利益流出企业。

特征3：负债是由企业过去的交易或者事项形成的。企业将在未来发生的承诺、签订的合同等交易或者事项，不形成负债。

根据财务报表列报准则的规定，资产负债表上负债应当按照流动性分别分为流动负债和非流动负债列示。流动负债的判断标准与流动资产的判断标准相似。

此外，企业在判断负债的流动性划分时，对资产负债表日后事项的有关影响需要特别加以考虑。总的判断原则是，企业在资产负债表上对负债流动性和非流动性的划分，应当反映在资产负债表日有效的合同安排，考虑在资产负债表日起一年内企业是否必须无条件清偿，而资产负债表日之后（即使是财务报告批准报出日前）的再融资、展期或提供宽限期等行为，与资产负债表日判断负债的流动性状况无关。

（三）股东权益

股东权益是指企业资产扣除负债后，由股东享有的剩余权益。

股东权益的来源包括股东投入的资本、直接计入股东权益的利得和损失（其他综合收益）、留存收益等，通常由股本（或实收资本）、资本公积（含股本溢价或资本溢价、其他资本公积）、盈余公积和未分配利润构成。商业银行等金融企业在税后利润中提取的一般风险准备，也构成股东权益。

股东投入的资本是指股东投入企业的所有资本，它既包括构成企业注册资本或者股本部分的金额，也包括投入资本超过注册资本或者股本部分的金额，即资本溢价或者股本溢价，这部分投入资本在我国企业会计准则体系中被计入资本公积，并在资产负债表中的资本公积项目下反映。

直接计入股东权益的利得和损失，是指不应计入当期损益、会导致股东权益发生增减变动的、与股东投入资本或者向股东分配利润无关的利得或者损失。

利得是指由企业非日常活动所形成的、会导致股东权益增加的、与股东投入资本无关的经济利益的流入。

损失是指由企业非日常活动所发生的、会导致股东权益减少的、与向股东分配利润无关的经济利益的流出。

直接计入股东权益的利得和损失是指不应计入当期损益，会导致股东权益发生增减变动的，与股东投入资本或利润分配无关的利得或损失。

留存收益是企业历年实现的净利润留存于企业的部分，主要包括累计计提的盈余公积和未分配利润。

第三节　利润表

一、利润表及其作用

利润表是反映企业在一定会计期间的经营成果的报表。利润表的列报应当充分反映企业经营业绩的主要来源和构成,有助于使用者判断净利润的质量及其风险,有助于使用者预测净利润的持续性,从而做出正确的决策。利润表可以反映企业一定会计期间的收入实现情况,如实现的营业收入、实现的投资收益、实现的营业外收入各有多少;可以反映一定会计期间的费用耗费情况,如耗费的营业成本、税金及附加、销售费用、管理费用、财务费用、营业外支出各有多少;可以反映企业生产经营活动的成果,即净利润的实现情况,据以判断资本保值、增值情况;等等。将利润表中的信息与资产负债表中的信息相结合,可以提供进行财务报表分析的基本资料,如将销货成本与存货平均余额进行比较,计算出存货周转率,将净利润与资产总额进行比较,计算出资产收益率等;可以表现企业资金周转情况以及企业的获利能力和水平,便于报表使用者判断企业未来的发展趋势,做出经济决策。

二、利润表的结构

在我国,企业利润表采用的基本上是多步式结构,即通过对当期的收入、费用、支出项目按性质加以归类,按利润形成的主要环节列示一些中间性利润指标,分步计算当期净损益,便于报表使用者理解企业经营成果的不同来源。企业利润表对费用列报通常应当按照功能进行分类,即分为从事经营业务发生的成本、管理费用、销售费用和财务费用等,有助于报表使用者了解费用发生的活动领域;与此同时,为了有助于报表使用者预测企业的未来现金流量,对费用的列报还应当在附注中披露按照性质分类的补充资料,如分为耗用的原材料、职工薪酬费用、折旧费用、摊销费用等。

三、利润表的内容

利润表主要反映以下几方面的内容。

（一）营业收入

营业收入由主营业务收入和其他业务收入组成。主营业务收入是指企业从事本行业生产经营活动所取得的营业收入，其他业务收入是指企业从事各类企业主营业务以外的其他日常活动所取得的收入。一般情况下，其他业务活动的收入不大，发生频率不高，在营业收入中所占比重较小。

（二）营业利润

营业收入减去营业成本（主营业务成本、其他业务成本）、税金及附加、销售费用、管理费用、研发费用、财务费用，加上其他收益、投资收益、净敞口套期收益、公允价值变动收益、信用减值损失、资产减值损失、资产处置收益，即为营业利润。

（三）利润总额

营业利润加上营业外收入，减去营业外支出，即为利润总额。

（四）净利润

利润总额减去所得税费用，即为净利润。其按照经营可持续性具体分为"持续经营净利润"和"终止经营净利润"两项。

（五）其他综合收益的税后净额

其他综合收益的税后净额，是指企业根据其他会计准则规定未在当期损益中确认的各项利得和损失。其他综合收益的税后净额项目又分为"不能重分类进损益的其他综合收益"和"将重分类进损益的其他综合收益"两项，并以扣除相关所得税影响后的净额列报。

"不能重分类进损益的其他综合收益"主要包括重新计量设定受益计划变动额、权益法下不能转损益的其他综合收益、其他权益工具投资公允价值变动、企业自身信用风险公允价值变动等。

"将重分类进损益的其他综合收益"主要包括权益法下可转损益的其他综合收益、其他债权投资公允价值变动、金融资产重分类计入其他综合收益的金额、其他债权投资信用减值准备、现金流量套期储备、外币财务报表折算差额等。

（六）综合收益总额

净利润加上其他综合收益的税后净额，即为综合收益总额。

（七）每股收益

每股收益包括基本每股收益和稀释每股收益两项指标。

利润表具体格式见表 2-2。

表 2-2　KM 公司利润表

2018 年度　　　　　　　　会企 02 表

编制单位：KM 公司　　　　　　　　　　　　　　　　金额单位：元

项目	本期金额	上期金额
一、营业收入	19,356,233,375	17,578,618,640
减：总营业成本	18,193,112,479	14,874,786,363
减：营业成本	13,542,410,877	10,788,017,425
税金及附加	192,489,169	237,906,209
销售费用	974,137,006	1,237,745,488
管理费用	1,234,379,252	1,192,316,761
研发费用	136,819,406	141,412,362
财务费用	1,886,352,383	1,197,504,838
其中：利息费用	1,837,873,596	1,217,952,112
利息收入	17,953,811	41,228,748
资产减值损失	226,524,386	79,883,280
信用减值损失		
加：其他收益	147,035,601	39,655,860
投资收益（损失以"－"号填列）	48,517,793	83,726,546
其中：对联营企业和合营企业的投资收益	48,517,793	83,399,039
净敞口套期收益（损失以"－"号填列）		
公允价值变动收益（损失以"－"号填列）		
资产处置收益（损失以"－"号填列）	96,312	58,381,895
二、营业利润（亏损以"－"号填列）	1,358,770,602	2,885,596,578
加：营业外收入	29,250,048	11,556,101
减：营业外支出	25,636,512	19,682,919
三、利润总额（亏损总额以"－"号填列）	1,362,384,138	2,877,469,760
减：所得税费用	239,783,556	733,913,388
四、净利润（净亏损以"－"号填列）	1,122,600,582	2,143,556,372
（一）持续经营净利润（净亏损以"－"号填列）	1,122,600,582	2,143,556,372
（二）终止经营净利润（净亏损以"－"号填列）		
五、其他综合收益的税后净额	1,559,591	153,201
（一）不能重分类进损益的其他综合收益		
1.重新计量设定受益计划变动额		
2.权益法下不能转损益的其他综合收益		
3.其他权益工具投资公允价值变动		
4.企业自身信用风险公允价值变动		

项目	本期金额	上期金额
……		
（二）将重分类进损益的其他综合收益	1,559,591	153,201
1.权益法下可转损益的其他综合收益	1,343,797	1,586,054
2.其他债权投资公允价值变动		
3.金融资产重分类计入其他综合收益的金额		
4.其他债权投资信用减值准备		
5.现金流量套期储备		
6.外币财务报表折算差额	215,793	−1,432,852
……		
六、综合收益总额	1,124,160,173	2,143,709,573
七、每股收益：		
（一）基本每股收益	0.184	0.388
（二）稀释每股收益	0.183	0.388

第四节　现金流量表

一、现金流量表的内容

现金流量表，是指反映企业在一定会计期间现金和现金等价物流入和流出的报表。

从编制原则上看，现金流量表按照收付实现制原则编制，将权责发生制下的盈利信息调整为收付实现制下的现金流量信息，便于信息使用者了解企业净利润的质量。

从内容上看，现金流量表被划分为经营活动、投资活动和筹资活动三个部分，每类活动又分为各具体项目，这些项目从不同角度反映企业业务活动的现金流入与流出，弥补了资产负债表和利润表提供信息的不足。

通过现金流量表，报表使用者能够了解现金流量的影响因素，评价企业的支付能力、偿债能力和周转能力，预测企业未来现金流量，为其决策提供有力依据。

二、现金流量表的结构

在现金流量表中，现金及现金等价物被视为一个整体，企业现金形式的转换不会产生现金的流入和流出。例如，企业从银行提取现金，是企业现金存放形式的转换，并未使现金流出企业，不构成现金流量。同样，现金与现金等价物之间的转换也不属于现金流量。例如，企业用现金购买三个月到期的国库券。

根据企业业务活动的性质和现金流量的来源，现金流量表在结构上将企业一定期间产生的现金流量分为三类：经营活动产生的现金流量、投资活动产生的现金流量和筹资活动产生的现金流量。

现金流量表的具体格式见表 2-3。

表 2-3　现金流量表

2018 年度　　　　　　会企 03 表

编制单位：KM 公司　　　　　　　　　　　　　　　　　金额单位：元

项目	本期金额	上期金额
一、经营活动产生的现金流量：		
销售商品、提供劳务收到的现金	21,050,617,208	18,466,271,669
收到的税费返还		
收到其他与经营活动有关的现金	587,165,912	1,080,698,100
经营活动现金流入小计	21,637,783,120	19,546,969,769
购买商品、接受劳务支付的现金	16,977,584,003	17,023,054,128
支付给职工以及为职工支付的现金	999,197,215	808,059,122
支付的各项税费	1,878,927,686	1,809,254,833
支付其他与经营活动有关的现金	4,973,603,791	4,746,654,291
经营活动现金流出小计	24,829,312,695	24,387,022,374
经营活动产生的现金流量净额	−3,191,529,575	−4,840,052,605
二、投资活动产生的现金流量：		
收回投资收到的现金		
取得投资收益收到的现金	12,000,000	12,000,000
处置固定资产、无形资产和其他长期资产收回的现金净额	1,512,242	399,816,125
处置子公司及其他营业单位收到的现金净额		2,210,000
收到其他与投资活动有关的现金		
投资活动现金流入小计	13,512,242	414,026,125
购建固定资产、无形资产和其他长期资产支付的现金	4,593,296,419	2,147,743,727
投资支付的现金	1,500,000	6,000,000
取得子公司及其他营业单位支付的现金净额	65,327,993	138,774,024
支付其他与投资活动有关的现金		3,842,377
投资活动现金流出小计	4,660,124,412	2,296,360,128
投资活动产生的现金流量净额	−4,646,612,170	−1,882,334,003
三、筹资活动产生的现金流量：		

项目	本期金额	上期金额
吸收投资收到的现金	4,818,959	300,151,100
取得借款收到的现金	16,487,040,000	22,666,500,000
发行债券收到的现金	18,250,000,000	11,000,000,000
收到其他与筹资活动有关的现金	21,663,831	1,130,400
筹资活动现金流入小计	34,763,522,790	33,967,781,500
偿还债务支付的现金	26,122,646,000	25,261,239,832
分配股利、利润或偿付利息支付的现金	3,015,938,353	2,223,221,121
支付其他与筹资活动有关的现金	138,339,976	338,005,569
筹资活动现金流出小计	29,276,924,329	27,822,466,522
筹资活动产生的现金流量净额	5,486,598,461	6,145,314,978
四、汇率变动对现金及现金等价物的影响	218,420	-962,818
五、现金及现金等价物净增加额	-2,351,324,864	-578,034,448
加：期初现金及现金等价物余额	4,118,439,122	4,696,473,575
六、期末现金及现金等价物余额	1,767,114,258	4,118,439,127

第五节　所有者权益变动表

一、所有者权益变动表的内容

所有者权益变动表是指反映构成所有者权益（或股东权益，下同）各组成部分当期增减变动情况的报表。

所有者权益变动表不仅包括所有者权益总量的增减变动，还包括所有者权益增减变动的重要结构性信息，让报表使用者准确理解所有者权益增减变动的根源。

二、所有者权益变动表的结构

为了清楚地表明构成所有者权益的各组成部分当期的增减变动情况，所有者权益变动表通常以矩阵的形式列示：一方面，列示导致所有者权益变动的交易或事项；另一方面，按照所有者权益各组成部分（包括实收资本、资本公积、其他综合收益、盈余公积、未分配利润和库存股等）及其总额列示交易或事项对所有者权益的影响。

所有者权益变动表的具体格式如表 2-4 所示。

表 2-4 所有者权益变动表

年度

编制单位:

项目	本年金额											上年金额										
	实收资本(或股本)	其他权益工具			资本公积	减:库存股	其他综合收益	专项储备	盈余公积	未分配利润	所有者权益合计	实收资本(或股本)	其他权益工具			资本公积	减:库存股	其他综合收益	专项储备	盈余公积	未分配利润	所有者权益合计
		优先股	永续债	其他									优先股	永续债	其他							
一、上年年末余额																						
加: 会计政策变更																						
前期差错更正																						
其他																						
二、本年年初余额																						
三、本年增减变动金额(减少以"-"号填列)																						
(一)综合收益总额																						
(二)所有者投入和减少资本																						
1.所有者投入的普通股																						
2.其他权益工具持有者投入资本																						
3.股份支付计入所有者权益的金额																						
4.其他																						
(三)利润分配																						
1.提取盈余公积																						
2.对所有者(或股东)的分配																						
3.其他																						
(四)所有者权益内部结转																						
1.资本公积转增资本(或股本)																						
2.盈余公积转增资本(或股本)																						
3.盈余公积弥补亏损																						
4.设定受益计划变动额结转留存收益																						
5.其他综合收益结转留存收益																						
6.其他																						
四、本年年末余额																						

第六节　四大财务报表之间的关系

财务报表是对企业一定时期因经济活动而产生的财务状况、经营成果、现金流量的信息记录与描述。因此，四大财务报表之间必然存在一定的联系。进行财务报表分析时，如果不理解或不关注它们之间的联系，就可能造成分析的片面性，并最终影响分析结果的准确性和应用价值。

一、四大财务报表关系的整体描述

从时间上来分析，资产负债表是报告企业某一时点（如 12 月 31 日）的资产、负债与权益的静态价值，因而它是一张存量报表。利润表、现金流量表、所有者权益变动表是报告企业一段时期（如一个月、一个季度、一个年度）的利润、现金流量及所有者权益的变化值，所以说，这三张报表是流量表。

具体来说，收入和支出是流量的概念，显示一段期间收入与支出的变化。我们通常以收入循环一次的时间作为确定流量的期间，如一个月、一个年度。资产和负债是存量的概念，显示某个结算时点资产和负债的状况。通常是以月末、季末或年末来作为资产负债的结算基准日。如果用水槽来比喻，那么收入犹如进水量，支出就好比出水量，储蓄就是在一段期间内，水槽净增加的水量。而资产减负债所得出的净值，就是一个时点上水槽的水位。进水量多于出水量，水槽水位就上升；出水量多于进水量，水槽水位就下降。也就是说，期初存量＋本期流入－本期流出＝期末存量。因此，当期净流入量（储蓄）＝期初期末净值的差异。

在四大财务报表中，资产负债表是财务报告的基石。以展示"资产＝负债＋所有者权益（或股东权益）"的项目及其数量关系为内容的资产负债表，其实质就是资产负债表的要素结构与关系。在《企业会计准则》中，资产、负债和股东权益是"法定"要素。为了更清楚地说明问题，股东权益进一步区分为"股东入资"（股本与资本公积）与"积累利润"，不难发现，反映企业积累利润的盈余公积与未分配利润两个项目与"收入""费用""利润"存在内在的联系。因此，以"资产＝负债＋所有者权益（或股东权益）"为平衡关系的资产负债表，既直观反映了资产、负债与股东权益等资产负债表要素的对应关系，也间接反映了利润表的"收入""费用""利润"三个会计要素的基本关系，这也正是资产负债表的核心地位之所在①。资产负债表的核心地位使得其他三张报表都只能是对资产负债表的某个或某几个主要项目的补充说明。资产负债表的基本关系"资产＝负债＋所有者权益（或股东权益）"及其内在联系，对财务报表分析的意义十分重大，它既奠定了复式簿记的理论基础，也奠定了财务报表的编制基础，还使得对资产负债表、利润表以及现金流量表的相关财务比率分析成为可能。

资产负债表的核心地位也可以从财务报表分析中得到体现。通常来说，资产负债表分析的一般要点如下。

（1）看左方。着重关注企业的资产规模、资产结构和资产质量，了解企业的行业定位。

（2）看右方。着重了解企业资产取得的方式、负债规模结构和自有资本实力。

（3）左右对比看。计算企业的偿债能力，判断企业面临的财务风险。

（4）前后对比看。把握企业财务状况发展变化趋势及原因，预测企业发展前景。

（5）与现金流量表对比看。了解企业现金周转能力和偿债能力。

（6）与利润表对比看。了解企业的盈利能力和资产经营效率。

其中，要点（1）、（2）我们将在第六、第七章中详细阐述，要点（3）、（4）我们将在第五章进行详细阐述，要点（5）、（6）我们将在第八、第九章中进行阐述。

二、资产负债表与利润表间的关系

（1）利润表是按照"收入－费用＝利润"编制的，它反映的是一个期间会计主体经营活动成果的变动。

（2）资产负债表是按照"资产＝负债＋所有者权益（或股东权益）"编制的，它反映的是某一时点会计主体全部资产的分布状况及其相应来源。

① 在会计领域，存在两种学术争论焦点：资产负债表观（The balance sheet approach）和利润表观（The income statement approach）。资产负债表观强调资产和负债的确认与计量是财务报告的主要目标；而利润表观则强调收入、费用和利润的确认与计量是财务报告的主要目标。20世纪70年代，美国财务会计准则委员会（Financial accounting standards board，FASB）做出了一个重要决定：将资产负债表观作为财务报告的逻辑和概念基础。在之后的几十年中，FASB不断地扩充和夯实资产负债表观。而且，资产负债表观也得到了国际会计准则理事会（International accounting standards board，IASB）的确认和使用。2006年，我国发布了与国际趋同的会计准则体系，在新会计准则体系中，资产负债表观的理念得到了充分的体现和运用。

（3）由于等式"收入－费用＝利润"的结果既会在利润表中反映，也会在资产负债表中反映，所以它们之间的联系可以用等式"资产＝负债＋所有者权益（或股东权益）＋收入－费用"表示。

三、资产负债表与现金流量表的关系

资产负债表同现金流量表之间的关系，主要是资产负债表的货币资金、银行存款及其他货币资金等项目的期末数减去期初数，应该等于现金流量表最后的现金及现金等价物净流量。现金等价物这个概念对现金流量表尤其重要。所谓现金等价物，就是可以随时变成现金，并且可以马上在交易市场上卖，换回现金的东西，这个同现金没有太大的差异。除了可以从交易市场上换回现金外，现金等价物几乎还可以直接作为支付手段，支付给客户。因此，在现实运作中，可以将这些东西看成与现金一样的，在会计上，就叫现金等价物。

资产负债表与现金流量表最直接的钩稽关系正是资产负债表期末货币资金（包括现金等价物）与期初货币资金（包括现金等价物）的差额等于现金流量表中的现金及现金等价物净流量。

四、利润表与现金流量表的关系

利润表是在权责发生制下反映企业收入的获得与成本费用的耗费及结余（利润）情况的一张报表。但从企业实际现金流动看，企业获得收入，并不意味实际收到现金。比如企业年底应收账款比年初增加较多，说明企业有一部分收入没有实现现金流入。同样地，企业年底应付账款比年初增加较多，说明企业有一部分采购材料没有支付现金。可见，按权责发生制编制的企业的利润表，并不能准确反映企业现金的流入流出的情况。因而，出现了企业的第三张重要的财务报表——现金流量表，它是在收付实现制下反映企业"血液（资金）"流通状况的报表。

由于二者的编制基础不同，一般而言，企业的净利润与经营活动的现金流量净额都是不一致的。为了反映企业净利润与经营活动现金流量净额之间的差额及具体原因，现金流量表的补充资料列示了将企业净利润调整为企业经营活动现金流量净额的过程与项目。这也是利润表与现金流量表间最明显的钩稽关系。其中的调整可以归纳为三种类型，如表2-5所示。

表 2-5　由净利润到经营活动现金流量净额的调整

类型	调增（＋）	调减（－）
调整实际未引起现金收付的费用和收入项目	实际没有支付现金的费用和损失，如资产减值准备、固定资产折旧、无形资产摊销、长期待摊费用摊销、递延所得税资产减少、递延所得税负债增加	实际没有收到现金的收入，如冲销已计提的资产减值准备、递延所得税资产的增加或递延所得税负债的减少等
调整不涉及经营活动的费用和收入项目	不涉及经营活动的费用和损失，如投资损失、财务费用、非流动资产处置损失、固定资产报废损失、公允价值变动损失	不涉及经营活动的收入，如投资收益、财务收益、非流动资产处置收益、固定资产报废收益、公允价值变动收益
调整经营性应收项目和应付项目	经营性应收项目减少，如应收账款、存货减少	经营性应收项目增加
	经营性应付项目增加，如应付账款增加	经营性应付项目减少

总的来讲，可以将两张报表理解为同一事物的两个方面，若以利润表为立足点，则现金流量表就是一张以收付实现制为计量手段而形成的特殊利润表。所以，这两张报表之间的关系形式上"貌合神离"，实则关系密切。对正常运行的公司而言，若它拥有优质的资产，其利润表中净利润的质量应该同样良好，现金流量也同样充足。当三者出现不一致时，比如，若企业净利润丰富，但现金流量却非常短缺，则应该引起报表分析者的高度关注，从中找出问题所在，为企业进一步健康发展提供指南。

五、资产负债表与所有者权益变动表的关系

资产负债表与所有者权益变动表的关系主要表现为：所有者权益变动表是资产负债表中的所有者权益（或股东权益）部分的具体变动情况的体现。

六、利润表与所有者权益变动表的关系

利润表与所有者权益变动表的关系主要表现为：利润表中的综合收益总额等项目金额，应与所有者权益变动表中的综合收益总额等项目金额一致。也就是说，综合收益总额是所有者权益本年增减变动的原因之一。

综上所述，四大财务报表之间的具体关系如图 2-2 所示。

现金流量表
经营活动现金流量净额
投资活动现金流量净额
筹资活动现金流量净额
现金流量净额

期初资产负债表
货币资金　应付股利
其他负债
负债总额
其他资产　盈余公积
未分配利润
其他所有者权益项目
所有者权益总额
资产总额　负债及所有者权益总额

所有者权益变动表
所有者投资变动
综合收益总额
其他
本年增减变动金额

期末资产负债表
货币资金　应付股利
其他负债
负债总额
其他资产　盈余公积
未分配利润
其他所有者权益项目
所有者权益总额
资产总额　负债及所有者权益总额

利润表
收入
成本费用
净利润
综合收益总额

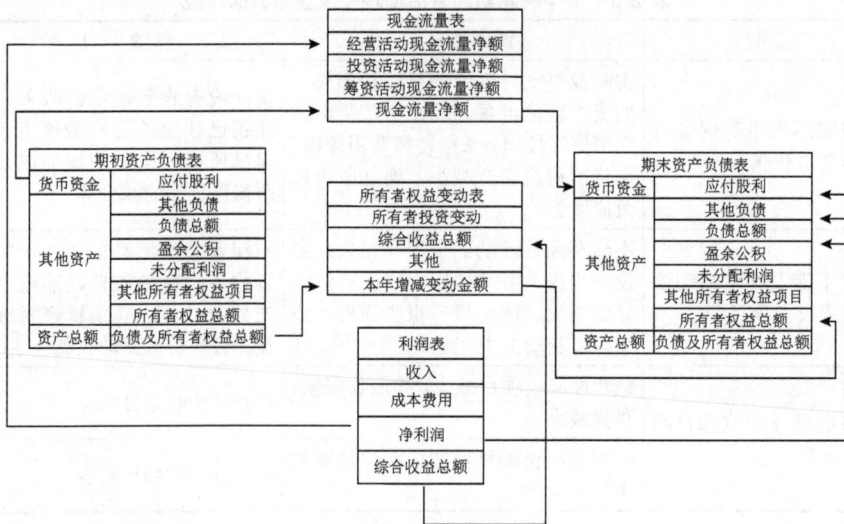

图 2-2　四大财务报表之间的具体关系

第七节　财务报表附注与审计报告

一、财务报表附注

财务报表附注旨在帮助财务报表使用者深入了解基本财务报表的内容，是财务报表制作者对资产负债表、利润表和现金流量表的有关内容和项目所作的说明和解释。

（一）财务报表附注的特征

1. 附属性

财务报表与其附注之间存在一个主次关系：财务报表是根，附注处于从属地位。没有财务报表，附注就失去了依靠，其功能也就无处发挥；而没有附注恰当的延伸、说明，财务报表的功能就难以有效地实现。两者相辅相成，形成一个完善的有机体。

2. 解释性

财务报表项目是被高度浓缩的会计信息，且由于经济业务的复杂性和企业在编制财务报表时可能选择不同的会计政策，企业需要通过财务报表附注对财务报表的编制基础、编制依据、编制原则和方法及主要事项等进行解释，以此增进会计信息的可理解性，同时使不同企业的会计信息的差异更具可比性，便于进行对比分析。

3. 补充性

财务报表附注拓展了企业会计信息的内容，打破了主要报表内容必须符合会计要素的定义，又必须同时满足相关性和可比性的限制，突破了揭示项目必须用货币加以计量的局限性。通过财务报表附注的文字说明，辅以某些统计资料或定性信息，可弥补财务信息的不足，从而能全面反映企业面临的机会与风险，将企业价值充分体现出来，保证了信息的完整性，有助于信息使用者做出最佳的决策。

4. 建设性

财务报表附注除了解释和补充说明财务报表内容外，还要对其加以分析、评价，并有针对性地提出一些改进工作的建议、措施。例如通过市场占有率、投入产出等信息，管理当局可以了解本企业在同行中的地位，发现自己的优势与不足，从而采取措施改进企业经营管理，提高生产效率和产品质量，扩大产品的市场占有率。此外，在附注中通过自愿披露企业在安排就业、员工培训、社区服务、环境治理等方面信息，有助于树立企业良好形象，促进企业健康发展。

5. 重要性

财务报表附注的重要性主要体现在以下几个方面。

（1）提高会计信息的相关性和可靠性。会计信息既要相关又要可靠，相关性和可靠性是会计信息的两个基本质量特征。由于财务会计本身的局限性，相关性和可靠性的选择犹如鱼与熊掌的选择，很多时候都是不可兼得的。但是，财务报表附注披露可以在不降低会计信息可靠性的前提下提高会计信息的相关性，如或有事项的处理。或有事项由于发生的不确定性而不能直接在主要报表中进行确认，但等到完全可靠或基本能够预测的时候，又可能因为及时性的丧失而降低了信息的相关性。为此，可以通过在财务报表附注中进行披露，揭示或有事项的类型和影响，以此来提高会计信息的相关性。

（2）增强不同行业和行业内部不同企业之间信息的可比性。会计信息是由多种因素综合促成的，经济环境的不确定性、不同行业的不同特点，以及各个企业前后各期情况的变化，都会降低不同企业之间会计信息的可比性，以及企业前后各期会计信息的一贯性。财务报表附注可以通过披露企业的会计政策和会计估计的变更等情况，向投资者传递相关信息，使投资者能够"看透"会计方法的实质，而不被会计方法误导。

（3）满足信息使用者更全面了解企业状况的要求。作为会计信息的使用者，由于外部与企业的信息不对称，想要对企业有所了解，就必须依赖于财务报表附注所提供的各项资料。因此就对披露的充分性提出了较高的要求：从横向来看，只要是反映企业生产经营全貌的信息，不论有利或不利的都应该予以披露；从纵向来看，不应只停留在披露对象的表面，而要进行深层次的揭示。由于成本等多种因素的限制，这些要求财务报表可能无法实现，而对附注信息的披露就显得尤为重要。

（4）缓解企业披露财务报表信息的压力。信息需求方总是希望企业提供尽可能多的信息，以便他们据以做出各项正确决策，这无形之中增加了企业披露财务报表信息的压力。但信息的披露应当是有一定限度的，过多的披露可能会适得其反。这一方面是基于成本效益原则的考虑，另一方面是基于保护企业商业秘密的考虑。

（5）增强财务报告体系的灵活性。财务报表由于其固有的格式、项目和填列方法，使得表内信息并不能完整地反映一个企业的综合素质。而财务报表附注相对来说比较灵活，可以弥补财务报表表内信息的局限性，使表内信息更容易理解、更加相关。具体说来，由于财务会计在确认计量上有严格的标准，使得一些与决策相关的信息不能进入财务报表，如忽视它们的存在，势必影响到报表使用者做出正确的决策。而财务报表附注尚无统一的规范，企业可以借助多种计量手段、计量属性及不同的格式，将那些无法进入财务报表的信息加以适当地披露，这有利于完整反映企业生产经营的全貌，提高财务报告体系的总体水平和层次。

（二）财务报表附注的内容

财务报表附注应当按照以下顺序至少披露下列内容。

1. 企业的基本情况

（1）企业注册地、组织形式和总部地址。

（2）企业的业务性质和主要经营活动。

（3）母公司以及集团最终母公司的名称。

（4）财务报告的批准报出者和财务报告批准报出日。

（5）营业期限有限的企业，还应当披露有关其营业期限的信息。

2. 财务报表的编制基础

企业应当以持续经营为基础编制财务报表。在编制财务报表时，企业应当对持续经营的能力进行估计。如果某些不确定的因素导致对企业能否持续经营产生重大怀疑时，则企业应当在财务报表附注中披露这些不确定因素。如果财务报表不是以持续经营为基础编制的，则企业在财务报表附注中对此应当首先予以披露，并进一步披露财务报表的编制基础，以及企业未能以持续经营为基础编制财务报表的原因。

3. 遵循企业会计准则的声明

企业应当声明编制的财务报表符合企业会计准则的要求，真实、完整地反映了企业的财务状况、经营成果和现金流量等有关信息，以此明确企业编制财务报表所依据的制度基础。如果企业编制的财务报表只是部分地遵循了企业会计准则，则附注中不得做出这种表述。

4. 重要会计政策和会计估计的说明

（1）重要会计政策的说明。企业应当披露采用的重要会计政策，并结合企业的具体实际披露其重要会计政策的确定依据和财务报表项目的计量基础。其中，会计政策的确定依据主要是指企业在运用会计政策过程中所作的重要判断，这些判断对在财务报表中确认的项目金额具有重要影响。

（2）重要会计估计的说明。企业应当披露重要会计估计，并结合企业的具体实际披露其会计估计所采用的关键假设和不确定因素。重要会计估计的说明，包括可能导致下一个会计期间内资产、负债账面价值重大调整的会计估计的确定依据等。例如，固定资产可收回金额的计算需要根据其公允价值减去处置费用后的净额与预计未来现金流量的现值两者之间的较高者确定。企业在计算资产预计未来现金流量的现值时需要对未来现金流量进行预测，并选择适当的折现率，企业应当在附注中披露未来现金流量预测所采用的假设及其依据、所选择的折现率为什么是合理的等。

5. 会计政策和会计估计变更以及差错更正的说明

企业应当按照《企业会计准则第 28 号——会计政策、会计估计变更和差错更正》及其应用指南的规定，披露会计政策和会计估计变更以及差错更正的有关情况。

6. 报表重要项目的说明

企业应当以文字和数字描述相结合，尽可能以列表形式披露重要报表项目的构成或当期增减变动情况，并且报表重要项目的明细金额合计应当与报表项目金额相衔接。

在披露顺序上，一般应当按照资产负债表、利润表、现金流量表、所有者权益变动表的顺序及其报表项目列示的顺序进行披露。

7.其他需要说明的重要事项

其他需要说明的重要事项主要包括或有和承诺事项、资产负债表日后非调整事项、关联方关系及其交易，以及有助于财务报表使用者评价企业管理资本的目标、政策及程序的信息。

二、审计报告

（一）审计报告的含义

审计报告是指注册会计师根据审计准则的规定，在执行审计工作的基础上，对财务报表发表审计意见的书面文件。

审计报告是注册会计师在完成审计工作后向委托人提交的最终产品，具有以下特征。

（1）注册会计师应当按照审计准则的规定执行审计工作。

（2）注册会计师在实施审计工作的基础上才能出具审计报告。

（3）注册会计师通过对财务报表发表意见履行业务约定书约定的责任。

（4）注册会计师应当以书面形式出具审计报告。

注册会计师应当根据由审计证据得出的结论，清楚表达对财务报表的意见。注册会计师一旦在审计报告上签名并盖章，就表明对其出具的审计报告负责。注册会计师应当将已审计的财务报表附于审计报告之后，以便财务报表使用者正确理解和使用审计报告，并防止被审计单位替换、更改已审计的财务报表。

（二）审计意见的类型

注册会计师的目标是在评价根据审计证据得出的结论的基础上，对财务报表形成审计意见，并通过书面报告的形式清楚地表达审计意见。

如果认为财务报表在所有重大方面按照适用的财务报告编制基础编制并实现公允反映，注册会计师应当发表无保留意见。无保留意见，是指当注册会计师认为财务报表在所有重大方面按照适用的财务报告编制基础编制并实现公允反映时发表的审计意见。

如果财务报表没有实现公允反映，注册会计师应当就该事项与管理层讨论，并根据适用的财务报告编制基础的规定和该事项得到解决的情况，决定是否有必要按照《中国注册会计师审计准则第1502号——在审计报告中发表非无保留意见》的规定在审计报告中发表非无保留意见。发表非无保留意见情形如表2-6所示。非无保留意见，是指对财务报表发表的保留意见、否定意见或无法表示意见。

表2-6　发表非无保留意见情形

导致发表非无保留意见的事项的性质	这些事项对财务报表产生或可能产生影响的广泛性	
	重大但不具有广泛性	重大且具有广泛性
财务报表存在重大错报	保留意见	否定意见
无法获取充分、适当的审计证据	保留意见	无法表示意见

依据《中国注册会计师审计准则第1502号——在审计报告中发表非无保留意见》的规定，财务报表的重大错报可能源于：选择的会计政策的恰当性；对所选择的会计政策的运用；财务报表披露的恰当性或充分性。

1. 选择的会计政策的恰当性

在选择的会计政策的恰当性方面，当出现下列情形时，财务报表可能存在重大错报：

（1）选择的会计政策与适用的财务报告编制基础不一致；

（2）财务报表（包括相关附注）没有按照公允列报的方式反映交易和事项。

（3）被审计单位变更了重大会计政策，且没有遵守会计准则的要求。

2. 对所选择的会计政策的运用

在对所选择的会计政策的运用方面，当出现下列情形时，财务报表可能存在重大错报：

（1）管理层没有按照适用的财务报告编制基础的要求一贯运用所选择的会计政策，包括管理层未在不同会计期间或对相似的交易和事项一贯运用所选择的会计政策（运用的一致性）；

（2）不当运用所选择的会计政策（如运用中的无意错误）。

3. 财务报表披露的恰当性或充分性

在财务报表披露的恰当性或充分性方面，当出现下列情形时，财务报表可能存在重大错报：

（1）财务报表没有包括适用的财务报告编制基础要求的所有披露；

（2）财务报表的披露没有按照适用的财务报告编制基础列报；

（3）财务报表没有做出必要的披露以实现公允反映。

本章小结

通过本章知识的学习，我们大致了解各报表的作用、所提供的信息内容及相关数据之间的逻辑关系，强调资产负债表的核心作用，为后面的会计数据分析和财务分析奠定了基础。

关键术语

资产负债表（Balance sheet）；利润表（Income statement）；现金流量表（Cash flow statement）；所有者权益变动表（Statement of change in shareholders'equity）；财务报表附注（Notes to financial statements）；审计报告（Audit report）；利润（Profit）；综合收益（Comprehensive income）；其他综合收益（Other comprehensive income）；现金流量（Cash flow）；标准审计意见（Standard audit opinion）；非标准审计意见（Non-standard audit opinion）

自 测 题

1. 企业的短期偿债能力主要体现为（　　）。

A. 资本结构　　　　　　　　　　B. 流动性

C. 资产周转率　　　　　　　　　D. 变现能力

2. 资产负债表中，资产的排列顺序依据是资产的是（　　）。

A. 获利能力　　　　　　　　　　B. 流动性

C. 来源方式　　　　　　　　　　D. 营运能力

3. 企业的长期偿债能力取决于企业的资本结构状况和（　　）。

A. 获利能力　　　　　　　　　　B. 发展能力

C. 偿债能力　　　　　　　　　　D. 营运能力

4. 关于企业货币资金的说法中，正确的是（　　）。

A. 货币资金是偿债能力最强的资产，因此企业所拥有的货币资金越多越好

B. 货币资金是获利能力最低的资产

C. 资产负债表中的货币资金是指现金和银行存款

D. 对资产负债表进行项目分析时，不需要进行货币资金项目分析

5. 关于企业应收账款的分析，正确的是（　　）。

A. 企业应收账款规模取决于企业经营方式和所处行业特点

B. 企业的信用政策直接关系到应收账款规模

C. 账龄长的应收账款比重越高，说明其质量越高

D. 企业计提的坏账准备越多，说明企业应收账款风险越高

6. 关于固定资产分析，正确的是（　　）。

A. 企业固定资产规模越大越好

B. 企业固定资产规模越小越好

C. 固定资产"变动"的基数是报表期初数

D. 企业计提的固定资产减值准备越多，说明企业固定资产风险越高

7. 利润表的编制基础是"收入－费用＝利润"会计平衡公式和（　　）。

A. 分期原则
B. 重要性原则

C. 配比原则
D. 货币计量原则

8. 现金流量表中的"现金等价物"是指企业持有期限短、流动性强、易于转换为已知金额现金、价值变动风险小的（　　）。

A. 存货
B. 其他货币资金

C. 投资
D. 应收票据

9. 现金流量表有助于（　　）。

A. 提高企业获取现金的能力
B. 提高企业偿债能力

C. 提高会计信息可比性
D. 提高企业盈利质量

10. 关于所有者权益变动表的表述，正确的是（　　）。

A. 所有者权益变动表反映了企业真实的经营成果

B. 所有者权益变动表反映了企业未实现的预期收益

C. 所有者权益变动表体现了企业净利润的构成

D. 所有者权益变动表体现了企业综合收益的构成

11. 财务报表附注主要用于显示财务报表内有关项目的（　　）。

A. 附加信息　　　　　　　　　　B. 全部明细项目

C. 文字解释　　　　　　　　　　D. 钩稽关系

12. 关于财务报表附注作用的描述，错误的是（　　）。

A. 有助于提高会计信息的可比性　　B. 可以使财务报告易被理解

C. 体现会计信息的完整性　　　　　D. 使会计信息更加真实、可靠

参考答案：BBABB，CCCCD，AD。

思 考 题

1. 资产负债表的作用有哪些？为什么说在财务报表体系中资产负债表最为重要？

2. 有人说："如果没有利润，企业就失去了存在的意义；但如果没有现金，企业则失去了存在的机会。"你同意这种说法吗？请你说明利润与现金流量各自的意义。

3. 请说明审计报告对财务报表分析的意义。

第三章

企业战略分析

扫码即可观看
本章微视频课程

知识框架

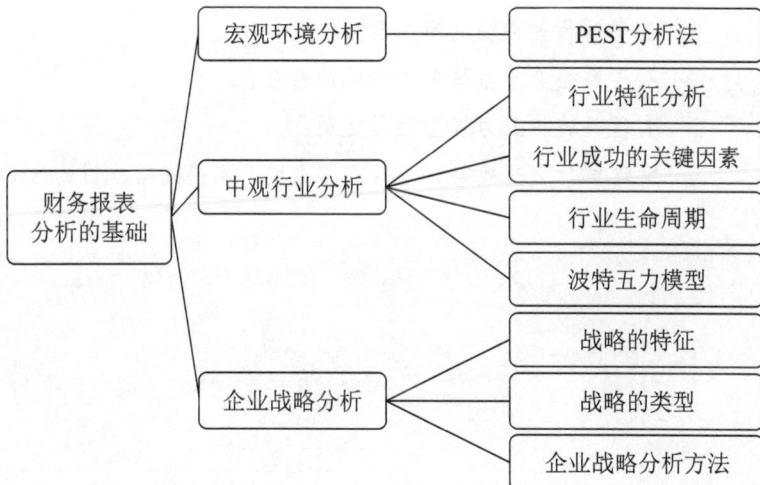

本章知识背景和学习目的

战略分析是企业财务报表分析的逻辑起点。战略分析的目的是总结企业发展的关键因素。通过对企业战略的分析，企业可以为外部利益相关者提供关于企业目标、发展趋势、市场格局等相关信息；通过战略分析，企业可以识别企业盈利的驱动因素和所面临的主要风险，从而评估企业当前业绩的可持续性，为前景分析奠定基础。因此，战略分析是企业财务报表分析的基础。

战略分析就是对企业战略环境的分析，包括宏观环境分析、中观行业分析和微观竞争战略分析。

本章学习要点

1. 掌握宏观环境分析的基本方法（PEST 分析法）；
2. 了解行业特征的影响因素；
3. 了解企业生命周期各阶段的特征；
4. 理解波特五力模型及其运用；
5. 理解什么叫战略，包括哪些类型。掌握战略分析的 SWOT 分析法。

第一节　宏观环境分析

一、宏观环境的含义

宏观环境又称一般环境，是指影响一切行业和企业的各种宏观力量。宏观环境主要包括以下四个方面。

（一）政治法律环境

政治法律环境是指一个国家或地区的政治制度、体制、方针政策、法律法规等方面。这些因素常常制约、影响企业的经营行为，尤其是影响企业较长期的投资行为。

（二）经济环境

经济环境是指构成企业生存和发展的社会经济状况。社会经济状况包括经济要素的性质、水平、结构、变动趋势等多方面的内容，涉及国家、社会、市场及自然等多个领域。构成经济环境的关键战略因素包括：GDP 的发展趋势、利率水平的高低、财政货币政策的松紧、通货膨胀程度及其趋势、失业率水平、居民可支配收入水平、汇率升降情况、能源供给成本、市场机制的完善程度、市场需求情况等。这些因素往往直接影响企业的经营，如利率上升很可能会使企业使用资金的成本上升；市场机制的完善对企业而言意味着更为正确的价格信号、更多的行业进入机会等。

（三）社会文化环境

社会文化环境是指企业所在社会中成员的民族特征、文化传统、价值观念、宗教信仰、教育水平以及风俗习惯等因素。从影响企业战略制定的角度来看，社会文化环境可分解为人口、文化两个方面。人口因素对企业战略的制定有着重大的影响。例如：人口总数直接影响着社会生产总规模；人口的地理分布影响着企业的厂址选择；人口的性别比例和年龄结构在一定程度上决定了社会需求结构，进而影响社会供给结构和企业生产；人口的教育文化水平直接影响着企业的人力资源状况。文化因素对企业的影响是间接的、潜在的和持久的，文化的基本要素包括哲学、宗教、语言与文字、文学艺术等，它们共同构筑成文化系统，对企业文化有重大的影响。企业对社会文化环境分析的目的是要把社会文化内化为企业的内部文化，使企业的一切生产经营活动都符合社会文化的价值检验。另外，企业对社会文化的分析与关注最终要落实到对人的关注上，从而有效地激励员工，有效地为顾客服务。

（四）技术环境

技术环境指的是企业所处的社会环境中的技术要素及与该要素直接相关的各种社会现象的集合。技术不仅是指那些引起时代革命性变化的发明，而且还指与企业生产有关的新技术、新工艺、新材料的出现和发展趋势以及应用前景。变革性的技术正对企业的经营活动产生着巨大的影响，这些技术包括网络、基因、纳米、通信、智能计算机、超导、电子等方面。技术进步创造新的市场，改变企业在行业中的相对成本及竞争位置，为企业带来更为强大的竞争优势。企业要密切关注与本企业产品有关的科学技术的现有水平、发展趋势及发展速度，对相关的新技术，如新材料、新工艺、新设备或现代管理思想、管理方法、管理技术等，企业必须随时跟踪，尤其对高科技行业来说，识别和评价关键的技术机会与威胁是宏观环境分析中最为重要的部分。

二、宏观环境分析的方法

宏观环境分析的方法主要是 PEST 分析法。

下面，以本书的目标公司——KM 公司 [①] 为例，运用 PEST 分析法分析 KM 公司的宏观环境。

（一）政治法律环境

医药制造行业是一个特殊的行业，国家向来管理严格。2012—2019 年我国医药制造行业颁布了许多行业新规以及监管新办法。例如，2011 年中华人民共和国卫生部（以下简称"卫生部"）发布的"新版 GMP（《药品生产质量管理规范》）"，对医药制造企业的生产体系、管理体系、操作规范、药品质量、从业人员专业素养

---

① KM 公司简介：KM 公司是一家以中药饮片、化学原料药及制剂生产为主导，集药品生产、研发及药品、医疗器械营销于一体的现代化大型医药上市企业。在上海证券交易所挂牌上市。

以及道德规范等多方面进行了更加细致、严格的规定。其核心是通过严格的管理制度的约束，来规范企业在药品经营过程中的行为，对具有全产业链的 KM 公司来说，上至药材采购和贸易，下至药品生产和销售，都将受到更加严格的管控。卫生部在 2016 年会议通过修订版的 GSP（《药品经营质量管理规范》），主要是对企业在药品采购、生产、销售等经营的过程中进行全方位的质量把关，旨在通过严格管理约束企业，以保证向用户提供的药品都是优质且有质量保障的。2017 年，医药制造行业利好不断，十九大报告提出"实施健康中国战略"，"传承发展中医药事业"，大力推进"互联网＋"。以 KM 公司为首的传统医药制造行业将互联网医疗嵌入企业的发展战略中，积极响应政策号召，利用互联网时代的大数据实现大健康，打造精准个性化服务型的一站式医疗服务，顺应时代的发展，运用新时代的科技手段发展和传承中国传统医药。

（二）经济环境

据中华人民共和国国家统计局发布，2019 年全国居民人均可支配收入 30,733 元，比上年增长 8.9%，扣除价格因素，实际增长 5.8%。人们的生活质量得到了不断的提升。十八大以来，消费已经成为我国经济增长的主要推力，在 2015—2019 年，我国 GDP 增长率一直维持在 6.1%—6.9%，2019 年国内生产总值为 99.1 万亿元，稳居世界第二位。正是在良好的经济环境下，尤其是在新兴经济市场发展的带动下，促进了医药制造行业的发展，2020 年全球医药市场规模将超 1.32 万亿美元，而我国的医药制造行业规模以上工业企业在 2019 年主营业务收入为 23,909 亿元人民币，同比增长 7.4%，高于全国规模以上工业企业同期整体水平 3.6 个百分点。可见，经济环境因素对具有全产业链的 KM 公司来说是非常有利的。

（三）社会文化环境

随着经济的增长，人们消费水平不断提高，在生活质量上升的基础上，人们对医疗保健的认识越来越理性，健康生活的观念已经深入老百姓心中，这为医药制造行业的发展提供了民众基础。随着居民保健意识的增强，将会形成巨大的且富有潜力的健康消费的内需市场。与此同时，随着国民普遍教育程度的提高，我国广大的农村人口也将成为医药制造行业的重要消费群体。我国致力于消除贫富差距，农民收入水平的提高以及农村日益健全的医疗体系为医药市场提供了更大的发展空间和可能。

（四）科技环境

时代在进步，科技也在不断发展，不仅医药制造行业本身的制药技术、研制能力在时代和科技的推动下不断有所突破，而且在信息技术发展迅猛的新时代，随着健康中国、"互联网＋医疗"等新概念的提出，医药制造行业的模式将面临巨大的变革。例如，全国乃至全世界患者体检及就医的数据将形成信息时代的大数据，如何将这一资源进行良好的利用，将是医药及其相关行业的未来发展方向。现如今，中医药现代化的战略已在实施 20 年后初见成效，借助大数据、人工智能等信息化手段，中国的传统医药已经重新焕发出新的光彩。KM 公司一直走在变革的前端，在 2015 年作为试点单位打造"智慧药房"之后，KM 公司利用其丰富的资源以及越来越先进的互联网技术，打造出了具有 KM 信息时代新特色的移动健康管理平台，积极应对科技的进步并做出全新的改变。

由此可见，我国在政策上无疑是支持医药制造行业的发展的，尤其是对中国传统医药产品是更加倡导的，虽然新的药品监管办法与质量标准无疑使医药制造行业面对更大的挑战，但随着居民健康意识的增强、人民消费意识和保健意识的转变以及人口老龄化的到来，为医药市场，尤其是自古以来以低副作用、调养为主的中医药市场，带来了更多的机会以及更大的上升空间。同时，科技的进步，使医药制造行业在面临更大的研发挑战之时，得到了更多的机会，新的科技以及信息化时代也会为传统医药制造行业带来新的经营模式。

第二节　中观行业分析

一、行业分析的内涵

行业分析是指根据经济学原理，综合应用统计学、计量经济学等分析工具对行业经济的运行状况、产品生产、销售、消费、技术、行业竞争力、市场竞争格局、行业政策等行业要素进行深入的分析，从而发现行业运行的内在经济规律，进而进一步预测行业未来发展的趋势。行业分析是介于宏观环境分析与微观环境分析之间的中观层次的分析，是发现和掌握行业运行规律的必经之路，是行业内企业发展的"大脑"，对指导行业内企业的经营规划和发展具有决定性的意义。

从内容来看，行业分析主要包括行业特征分析、行业生命周期分析、行业竞争分析等三个方面。

二、行业特征分析

某一行业的特征是某一行业的结构在某一时期的基本属性，它综合反映了该行业的基本状况和发展趋势，评价行业的特征要企业对行业有一个全面的认识。评价行业的特征，主要是评价行业的竞争特征、需求特征、技术特征、增长特征、盈利特征等五个方面，它们将行业因素分类组合而成。

同一行业的企业因其经济活动的相似性，其在产品结构、盈利水平等方面会呈现出一定的相似性，最终表现为财务报表结构的相似性，因此，财务报表分析最基本、最重要的前提是要将企业置于行业背景之下，因为行业背景提供了比较的标准。影响行业特征的一般因素如表 3-1 所示。

表 3-1　行业特征的影响因素

竞争特征	需求特征	技术特征	增长特征	盈利特征
竞争企业数	需求增长率	技术成熟程度	生产能力增长率	平均利润率
竞争企业战略	顾客稳定性	技术复杂性	规模经济程度	平均贡献率
行业竞争热点	生命周期阶段	相关技术的影响	新投资总额	平均收益率
资源的可得性	替代品可接受性	技术的可保护性	一体化、多角化发展速度	
潜在进入者	需求弹性	研究与开发费用		
竞争结构	互补性	增长率		
产品差异化程度		技术进步的影响		

分析行业的特征，可以分析行业内影响企业成功的关键因素，并将其与被分析企业相比较，评价被分析企业的优势和劣势，如表 3-2 所示。

表 3-2　行业成功的关键因素评价

行业特征因素 权重	评价			行业成功的关键因素
	得分	加权数	分值小计	
竞争特征因素				
1.竞争企业数				
2.竞争企业战略				
需求特征因素				
……				
技术特征因素				

行业特征因素 权重	评 价			行业成功的关键因素
	得分	加权数	分值小计	
……				
增长特征因素				
……				
盈利特征因素				
……				
合计				

在表 3-2 中:

权重——表示某一因素在行业中的重要程度,数值在 0—1;

得分——表示某一因素的有利程度,数值在 1—5,5 分最有利,1 分最不利;

加权数——表示某一因素对行业特征的综合影响程度,行业的总加权数越大,行业的特征越好。

在实际工作中,要根据行业的具体特征定义出具有代表性的事件或指标,以便能尽可能准确地评价行业的特征和行业成功的关键因素。

三、行业生命周期分析

行业生命周期是每个行业都要经历的一个由成长到衰退的演变过程,是指从行业出现到完全退出社会经济活动所经历的时间。一般分为初创期、成长期、成熟期和衰退期四个阶段。

识别行业生命周期所处阶段的主要指标有:市场增长率、需求增长率、产品品种、竞争者数量、进入壁垒及退出壁垒、技术变革、用户购买行为等。下面分别介绍行业生命周期各阶段的特征。

(一)初创期

初创期的市场增长率较高,需求增长较快,技术变动较大,行业中的企业主要致力于开辟新用户、占领市场,但此时技术上有很大的不确定性,在产品、市场、服务等策略上有很大的余地,对行业特点、行业竞争状况、用户特点等方面的信息掌握不多,企业进入壁垒较低。

在初创期阶段,企业的关键成功因素是扩大市场份额,投资于研究与开发和技术改进领域,增加销售量,提高产品质量,赢得用户的信任。

（二）成长期

成长期的市场增长率很高，需求高速增长，技术渐趋定型，行业特点、行业竞争状况及用户特点已比较明朗，企业进入壁垒提高，产品品种及竞争者数量增多。

在成长期阶段，企业的关键成功因素是争取最大市场份额，加强市场营销力度，建立品牌信誉，开拓销售渠道。

（三）成熟期

成熟期的市场增长率不高，需求增长率不高，技术上已经成熟，行业特点、行业竞争状况及用户特点非常清楚和稳定，买方市场形成，行业获利能力下降，新产品和产品的新用途开发更为困难，企业进入壁垒很高。

在成熟期阶段，企业的关键成功因素是巩固市场份额，降低成本，提高生产效率和产品功能。

（四）衰退期

衰退期的市场增长率下降，需求下降，产品品种及竞争者数目减少。从衰退的原因来看，可能有四种类型的衰退，它们分别如下

（1）资源型衰退，即由于生产所依赖的资源的枯竭所导致的衰退。

（2）效率型衰退，即由于效率低下的比较劣势而引起的行业衰退。

（3）收入低弹型衰退，即因收入弹性较低而引起的行业衰退。

（4）聚集过度型衰退，即因经济过度聚集的弊端所引起的行业衰退。

在衰退期阶段，企业的关键成功因素是控制成本或退出市场，转向新的增长领域。

四、行业竞争分析

无论你的公司经营什么，都必须了解行业及其竞争状况。行业竞争分析最重要的理论是哈佛商学院的迈克尔·波特（Michael Porter）教授提出的波特五力模型，如图 3-1 所示。

波特认为，行业竞争不只是在原有竞争对手中进行，而是存在五种基本竞争力量。这五种基本竞争力量的状况及综合强度，决定着行业的竞争激烈程度，从而决定着行业中最终的获利潜力以及资本向本行业的流向程度。

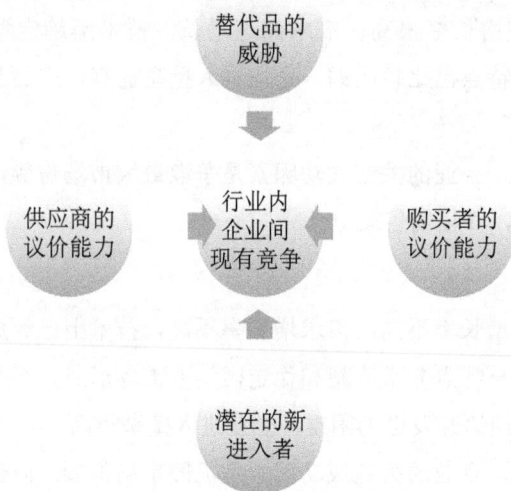

图 3-1　波特五力模型

下面，我们以波特五力模型为工具，对 KM 公司所处的医药制造行业竞争情况进行分析。

（一）供应商的议价能力

供应商的议价能力的强弱在于他们能够对医药制造企业成本的影响程度，这影响企业能否为自己争取到更大的利润空间。当然，由于医药制造企业通常需要采购的量较大，所以在原料药采购的议价方面，医药制造企业占据一定的优势，供应商的议价能力也随之降低。

（二）购买者的议价能力

购买者的议价能力通常取决于其购买的规模与能力，按照其购买能力和购买规模的大小一般分为药品批发商、药品零售商、医疗机构等主要购买者和普通消费者这一类次要购买者。

药品批发企业一直都是医药制造企业产品的主要流向，其在与不同卖方的交易中积累了丰富的经验，掌握了大量的信息，购买商辨别能力强，不容易让利，并且医药制造企业之间产品的差异化小。因此，总体看来，在医药制造企业中，购买商集中程度高，占据议价优势地位。

（三）潜在的新进入者

药品作为特殊的商品，直接关系到使用者的生命安全。医药制造行业的生产受到国家监督管理部门的严格控制。尽管也不乏一些资金雄厚的其他领域的企业进军医药制造行业，如华润集团，他们可以通过收购来获取医药制造行业相关的管理经验以及专业技术。但由于医药及其相关行业的特殊性，除了满足政府的高标准以外，企业也需要较长的时间才能提高自己的品牌辨识度，获取消费者的认同，因此这也削弱了潜在竞争者所造成的竞争威胁。

（四）替代品的威胁

药品的替代品一般要么是相同疗效的同类药，要么是不同种类的药，如化学药剂与传统中药。通常，中药产品的同质药品很多，如 KM 公司的主要中药产品之一——三七粉具有止血的功效，同样属温性的止血中药产品还有艾叶，因此即使是中药产品之间也具有较强的可替代性。而化学药剂对中药产品的替代性则更强，当消费者追求疗效时，则会更偏向于选择有相同功效的化学药剂，也就是我们常说的西药。如今快节奏的工作和生活已经使人们看病也追求治疗速度，因此，化学药剂能够给中药产品带来较大的替代威胁。但是，就行业来看，药品作为特殊商品，具有极强的专业性，其作用并不能为保健品或医疗器械等其他产品所替代。替代品较为局限，所以对医药制造产业竞争所带来的威胁较小。

（五）行业内企业间现有竞争

截至 2019 年年底，中国医药制造行业规模以上企业数量为 7 300 多家。其中上市企业 170 多家。2020 年在上市公司市值 500 强中，医药制造产业表现强劲，有 61 家医药公司入榜。而 KM 公司所属的中药制造细分市场的上市企业共 69 家，由此可见，主营中药饮片的企业间的竞争也十分激烈。随着中医的医疗服务体系不断升级，中药饮片生产商在医药制造行业中的地位也日益提升，但由于中医药行业的相关政策约束较少，因此进入壁垒较低。而在中医药细分市场上，同类型的企业也较多，如 KM 公司所生产的主打产品之一——三七粉，就有不止一家的知名同类企业同样生产并销售，如云南白药集团股份有限公司。因此，激烈的行业内竞争很可能引发企业之间的价格战，它们通过采取压低价格的方式来获取市场份额。

综上所述，医药制造行业现有企业间的竞争主要有恶性价格战的威胁，同质性药品、中药西药之间的博弈无疑将会带来某类药品被替代的威胁，但除此以外，潜在竞争者由于消费者认同度低而被大大削弱，供应商的议价能力虽然有所回升但仍然被政策与市场约束。医药制造行业作为一个行业壁垒较高的行业，有着激烈的市场竞争，同时购买者具有较强的议价能力，但仍属于获利能力较强的行业，并且随着科技的进步、社会的发展，以及政府的扶持，依然有良好的前景。

第三节　微观企业竞争战略分析

企业的经营不仅受到宏观环境、中观行业状况的影响，还受到微观的企业竞争战略的影响。企业要想在未来的市场竞争中占据主导地位，一方面需要了解目标客户的未来需求，发现新的消费增长点和潜在的新客户群，另一方面需要了解竞争对手的经营状况以及竞争战略，这些都是企业竞争战略分析的主要目的。企业竞争战略要解决的核心问题，就是如何通过确定顾客需求、竞争者产品及本企业产品这三者之间的关系，来奠定本企业产品在市场上的特定地位并维持这一地位。

企业竞争战略关注企业如何在每个业务单元中建立竞争优势，因为企业在行业中的竞争地位决定了企业的盈利能力，波特在《竞争战略》一书中把企业竞争战略描述为采取进攻性或防守性行为，在产业中建立起进退有据的地位，成功地对付五种竞争力量，从而为企业赢得超常的投资收益。

企业宏观环境分析与中观行业分析，为企业竞争战略分析提供基础和依据，企业竞争战略分析，也是企业宏观和中观行业分析的具体落实和目的。

一、企业竞争战略的类型

企业竞争战略的类型是指企业采取的战略方式及战略对策。按战略方式，可以分为：拓展型、稳健型、收缩型三种类型。按战略对策可以分为：成本领先、差异化、聚焦三种类型。

（一）拓展型战略

拓展型战略是指采用积极进攻态度的战略形态，主要适合行业龙头企业、有发展后劲的企业及新兴行业中的企业选择。具体的战略形式包括市场渗透战略、多元化经营战略、联合经营战略。

1. 市场渗透战略

市场渗透战略是指实现市场逐步扩张的拓展战略，该战略可以通过扩大生产规模、提高生产能力、增加产品功能、改进产品用途、拓宽销售渠道、开发新市场、降低产品成本、集中资源优势等单一策略或组合策略来开展，其战略核心体现在两个方面：利用现有产品开辟新市场实现渗透、向现有市场提供新产品实现渗透。

市场渗透战略是比较典型的竞争战略，主要包括成本领先战略、差异化战略、集中化战略三种最有竞争力的战略形式。

2. 多元化经营战略

多元化经营战略是指一个企业同时经营两个或两个以上行业的拓展战略，又可称"多行业经营战略"，主要包括三种形式：同心多元化、水平多元化、综合多元化。同心多元化是利用原有技术及优势资源，面对新市场、新顾客增加新业务实现的多元化经营；水平多元化是针对现有市场和顾客，采用新技术增加新业务实现的多元化经营；综合多元化是直接利用新技术进入新市场实现的多元化经营。

多元化经营战略适合大中型企业选择，该战略能充分利用企业的经营资源，提高闲置资产的利用率，通过扩大经营范围，缓解竞争压力，降低经营成本，分散经营风险，增强综合竞争优势，加快集团化进程。但实施多元化经营战略应考虑选择行业的关联性、企业控制力及跨行业投资风险。

3. 联合经营战略

联合经营战略是指两个或两个以上独立的经营实体横向联合成立一个经营实体或企业集团的拓展战略，是社会经济发展到一定阶段的必然形式。实施该战略有利于实现企业资源的有效组合与合理调配，增加经营资本规模，实现优势互补，增强集合竞争力，加快拓展速度，促进规模化经济的发展。联合经营战略主要可以分为一体化战略、企业集团战略、企业合并战略、企业兼并战略四种类型。

一体化战略是由若干关联单位组合在一起形成的经营联合体，主要包括垂直一体化（生产商同供应商、销售商联合）、前向一体化（生产企业同销售商联合）、后向一体化（生产商同原料供应商联合）、横向一体化（同行业企业之间的联合）。该战略的优点是通过关联企业的紧密联合，可实现资源共享，降低综合成本。其缺点是管理幅度大，不利于资源调配与利益关系的协调。

企业集团战略是由若干个具有独立法人地位的企业以多种形式组成的经济联合组织。组织结构层次分为：集团核心企业（具有母公司性质的集团公司）、紧密层（由集团公司控股的子公司组成）、半紧密层（由集团公司参股企业组成）、松散层（由承认集团章程并保持稳定协作关系的企业组成）。紧密层、半紧密层同集团公司的关系以资本为纽带，而松散层同集团公司的关系以契约为纽带。集团公司同紧密层组合就可以构成企业集团。集团公司与企业集团的区别在于：集团公司是法人，企业集团是法人联合体，不具有法人资格。集团公司内部各成分属紧密联合，企业集团各成分属多层次联合。

企业合并战略是指参与企业通过所有权与经营权同时有偿转移，实现资产、公共关系、经营活动的统一，共同建立一个新法人资格的联合形式。采取企业合并战略能优化资源结构，实现优势互补，扩大经营规模，但同时也容易吸纳不良资产，增加合并风险。

企业兼并战略是企业通过现金购买或股票调换等方式获得另一个企业全部资产或控制权的联合形式。其特点是：被兼并企业放弃法人资格并转让产权，但保留原企业名称成为存续企业；兼并企业获得产权，并承担被兼并企业债权、债务的责任和义务。通过兼并可以整合社会资源，扩大生产规模，快速提高企业产量，但也容易分散企业资源，导致管理失控。

（二）稳健型战略

稳健型战略是采取稳定发展态度的战略形态，主要适合中等及以下规模的企业或经营不景气的大型企业选择，可分为无增长战略（维持产量、品牌、形象、地位等水平不变）、微增长战略（竞争水平在原基础上略有增长）两种战略形式。该战略强调保存实力，能有效控制经营风险，但发展速度缓慢，竞争力量弱小。

（三）收缩型战略

收缩型战略是采取保守经营态度的战略形态，主要适合处于市场疲软、通货膨胀、产品进入衰退期、管理失控、经营亏损、资金不足、资源匮乏、发展方向模糊的危机企业选择。收缩型战略又可分为转移战略、撤退战略、清算战略三种战略形式。

转移战略是通过改变经营计划、调整经营部署，转移市场区域（主要是从大市场转移到小市场）或行业领域（从高技术含量向低技术含量的领域转移）的战略。

撤退战略是通过削减支出、降低产量，退出或放弃部分地域或市场渠道的战略。

清算战略是通过出售或转让企业部分或全部资产以偿还债务或停止经营活动

的战略。

收缩型战略的优点是通过整合有效资源，优化产业结构，保存有生力量，能减少企业亏损，延续企业生命，并能通过集中资源优势，加强内部改制，以图新的发展。其缺点是容易荒废企业部分有效资源，影响企业声誉，导致士气低落，造成人才流失，威胁企业生存。调整经营思路、推行系统管理、精简组织机构、优化产业结构、盘活积压资金、压缩不必要开支是该战略需要把握的重点。

（四）成本领先战略

成本领先战略是指企业强调以低单位成本为用户提供低价格的产品。这是一种先发制人的战略，它要求企业有持续的资本投入和融资能力，生产技能在该行业处于领先地位，要求企业必须建立起高效、规模化的生产设施，全力以赴地降低成本，严格控制成本、管理费用及研发、服务、推销、广告等方面的成本费用。为了达到这些目标，企业需要在管理方面对成本给予高度的重视，确保总成本低于竞争对手。成本领先并不等同于价格最低。如果企业陷入价格最低，而成本并不最低的误区，换来的只能是把自己推入无休止的价格战。因为，一旦降价，竞争对手也会随着降价，而且由于比自己成本更低，因此具有更多的降价空间，能够支撑更长时间的价格战。

（五）差异化战略

差异化战略，也称特色优势战略，是指企业力求在顾客广泛重视的一些方面，在该行业内独树一帜。实现差异化战略可以有许多方式，如设计名牌形象，保持技术、性能特点、顾客服务、商业网络及其他方面的独特性等等。最理想的状况是公司在几个方面都具有差异化的特点。差异化战略既可以是先发制人的战略，也可以是后发制人的战略。

波特认为，推行差异化战略有时会与争取占有更大的市场份额的活动相矛盾。通常，在建立公司的差异化战略的活动中总是伴随着很高的成本代价，有时即便全产业范围的顾客都了解公司的独特优点，也并不是所有顾客都将愿意或有能力支付公司要求的高价格，因此，推行差异化战略要求公司对于这一战略的高成本与可能较低的市场份额要有一定的思想准备。当然，如果差异化战略成功地实施了，它就成为在一个产业中赢得高水平收益的积极战略，因为它建立起防御阵地对付五种竞争力量，虽然其防御的形式与成本领先有所不同。

（六）聚集战略

聚集战略是主攻某个特殊的顾客群、某产品线的一个细分区段或某一地区市场。低成本与差异化战略都是要在全产业范围内实现其目标，聚集战略的前提思想是：公司业务的聚集（即专一化）能够以较高的效率、更好的效果为某一狭窄的战略对象服务，从而超过在较广阔范围内竞争的对手。公司或者通过满足特殊对象的需要而实现了差异化，或者在为这一对象服务时实现了低成本，或者二者兼得。这样的公司可以使其赢利的潜力超过产业的平均水平。

竞争优势是所有战略的核心，企业要获得竞争优势就必须作出选择，必须决定希望在哪个范畴取得优势。全面出击的想法既无战略特色，也会导致低于水准的表现，它意味着企业毫无竞争优势可言。

表3-3归纳了成本领先、差异化、聚集这三种竞争对策战略的基本思想、适用情形、企业应具备的能力和主要风险。

表3-3 企业竞争对策战略分析

战略类型	基本战略思想	适用情形	应具备的能力	战略优势	主要风险
成本领先战略	以低成本获取竞争优势	用户对价格敏感；没有品牌效应；用户转换成本低，难以实现差异化	大生产规模的融资能力；流程再造能力；严格的质量保证体系；低成本的配送体系	提高市场占有率；形成较强的供应商议价能力；形成退出壁垒	竞争对手模仿；消费者倾向改变；技术改变失去成本优势
差异化战略	以差异化产品获得竞争优势	产品可以差异化且为用户认可；需求差异较大；技术变革较快	强大的研发能力；强大的市场营销能力；良好的市场声誉；能够获得销售商的支持	获取超额收益；建立品牌优势	竞争对手模仿；差异化成本过高；差异化方式不能为顾客创造价值
聚焦战略	以细化领域的专业化能力获得竞争优势	行业或地区存在特定需求；无其他竞争者专注于同一市场；产品不具有追求更宽广市场的能力；企业追求某一市场更具吸引力	对细分领域的深入把握；强大的市场推广、营销能力；快速的市场反应能力；充分满足细分市场需求的能力	经营目标集中；充分发挥资源利用效率；对市场、客户、竞争者深入了解；专业化程度高；容易形成规模经济	对环境适应能力差；企业目标市场容易受到顾客偏好的影响；在特定市场面，其他企业可能夺走部分市场

二、企业竞争战略分析方法

企业竞争战略分析方法有多种，如 PEST 分析法、SWOT 分析法、波特五力模型、波士顿矩阵分析法、价值链分析法、雷达图法、因果分析法等。这里仅介绍 SWOT 分析法。

SWOT 分析法最早由美国韦里克（Weihric）教授于 20 世纪 80 年代初提出，由麦肯锡咨询公司等咨询巨头的应用推广而盛行的一种战略规划方法。其中：

S 是指企业内部的优势（Strengths）；

W 是指企业内部的劣势（Weaknesses）；

O 是指企业外部环境的机会（Opportunities）；

T 是指企业外部环境的威胁（Threats）。

在企业战略规划中，通过辨析企业自身的竞争优势（Strengths）、劣势（Weaknesses）和外部环境为企业带来的机会（Opportunities）和威胁（Threats），企业可制定使内部资源、能力与外部环境需求一致的战略，进而使战略收获的效益最大。

SWOT 分析的基本步骤如下。

第一步，确认企业当前的战略是什么。

第二步，确认企业外部环境的变化（使用波特五力模型或者 PEST 分析法）。

第三步，根据企业资源组合情况，确认企业的关键能力和关键限制（见表3-4）。

第四步，确认企业将采取的战略方式与战略对策。

表 3-4　确认企业的关键能力和关键限制

潜在资源力量	潜在资源弱点	潜在机会	外部潜在威胁
1. 技术技能优势 2. 有形资产优势 3. 无形资产优势 4. 人力资源优势 5. 组织体系优势 6. 竞争能力优势	1. 缺乏具有竞争意义的技能、技术 2. 缺乏有竞争力的有形资产、无形资产、人力资源、组织体系 3. 关键领域里的竞争能力正在丧失	1. 客户群的扩大趋势或产品细分市场 2. 技能、技术向新产品、新业务转移，为更大客户群服务 3. 前向或后向整合 4. 市场进入壁垒降低 5. 获得购并竞争对手的能力 6. 市场需求增长强劲，可快速扩张 7. 出现向其他地理区域扩张、扩大市场份额的机会	1. 出现将进入市场的强大的新竞争对手 2. 替代品抢占公司销售额 3. 主要产品市场增长率下降 4. 汇率和外贸政策的不利变动 5. 人口特征、社会消费方式的不利变动 6. 客户或供应商的谈判能力提高 7. 市场需求减少 8. 容易受到经济萧条和业务周期的冲击

下面，我们就运用 SWOT 分析法对 KM 公司的战略进行分析。

（一）优势分析

作为拥有贯穿中医药上、中、下游全产业链的企业，KM 公司的业务主要分为医药生产、医药物流和医药服务三个方面，其中医药生产主要包括中药饮片、中成药、保健品等。KM 公司在 2002 年就打造了国内知名的大规模、高起点的中药饮片生产的示范基地，并实现了全生产线的信息化管理。KM 公司有雄厚的资金作为支撑，有坚实的生产能力作为基础，通过不断的产能整合，连续多年在中国制药工业百强榜上稳居前十。作为国内首批通过认证的中药饮片龙头企业，KM 公司虽然是民营企业，但也获得了国家和政府的认可，早在 2007 年 KM 公司就被选聘出任中国中药协会中药饮片专业委员会理事长单位，并且其"中药饮片国家高新技术产业化示范工程"项目被列为国家级"火星计划项目"。2014 年，中华人民共和国国家发展和改革委员会授权 KM 公司承担编制和运营的中药材价格指数正式发布，这也代表着 KM 公司拥有中药价格的话语权，在中药材市场上具有重要地位，KM 公司也因此对我国的中药材的价格涨跌具有极大的影响力。这使 KM 公司不易受到原材料供应商的制约，并且能够有效地控制在上、下游市场上进行采购或销售的成本，为企业创造更大的盈利空间。

（二）劣势分析

KM 公司在中医药品市场上有较大的优势，中药饮片生产和中药材销售组成了其大部分的主营业务，其他业务如药品（主要是西药）自制、医疗器械销售、保健产品销售、物业租赁、房地产开发、电子产品销售等在收入中占比较小。因此，KM 公司具有业务相对单一的问题。就拿中药材销售来说，其收入在 2012 年的总收入中占比高达 63%，但随着中药材市场的逐渐低迷也失去了增长的势头，虽然在 2016 年上半年中药材销售收入仍是 KM 公司分类板块的首位，但其在总收入中的占比已经下滑至 35.5% 了。由此可见，KM 公司虽然作为中药材和中药饮片的龙头企业，但其过于依赖这两个板块的收入，使其风险分散的能力较差。众所周知，中药材种植受天气和地域等自然因素的影响较大，而自然因素又是不可抗因素，是并非人为能改变的客观环境因素，故 KM 公司的主营业务收入也将面临较大的风险，且很难规避和管控。

雪上加霜的是，2019 年 KM 公司因财务造假受到证监会的严厉处罚，这对其未来市场形象和融资渠道均会造成很大影响。

（三）机会分析

随着人们生活水平的提高以及消费水平的上升，大家再也不会"谈药色变"，保健已经成了社会大众普遍关注的热门问题。越来越快节奏的生活，使人们更加关注健康问题，而中药是纯植物制造，有着凝聚了我们祖先的智慧而成的体系，有着一千多年的历史，是深受老百姓信赖的传统药。中药不仅因为副作用小而成为越来越多人的选择，而且因为中药所具备的调养功效，使其也逐渐成为人们调理身体的一种保健品，这为中医药及其相关产业带来了具有发展潜力的市场，对以中药饮片生产和中药材销售为主营业务的 KM 公司来说，这无疑是一个绝好的发展机会。与此同时，我国二胎政策的开放和老龄化问题的日益严重，我们都知道婴幼儿和老年人是医药用品的主要消费者，这使得医药用品的受众群体变得更加庞大，这将直接成为医药市场规模增大的直接推动力。

（四）威胁分析

医药制造行业有着良好的发展前景，自然会吸引越来越多的投资者进入这一行业，虽然这一行业的进入壁垒较高，但想进入的企业也可以通过收购来获得资质和技术，如从房地产行业进入医药制造行业的华润集团，因此 KM 公司将会面临越来越激烈的市场竞争。因为 2014 年 149 个获得上市资格的新药中，中药仅有 11 个，为了鼓励中医药企业积极开发新中药，推动中药的发展，中华人民共和国国家市场监督管理总局表示将酝酿数年的中药经典名方的审批流程简化的想法进行实践，缩短审批流程，降低中药面世的成本。这一举措大大降低了中医药企业的进入壁垒，意味着中药市场的竞争会更为严峻。但药品同质化严重、政策的扶持使中药市场缺乏动力和活力，从而导致药品研发的周期变长，自然环境的影响以及人工种植成本高等因素造成药材供应量越发紧张、新技术和新经营模式的引进但相匹配的人才需求无法得到满足等因素都是这个行业内的企业所面临的巨大威胁，致使企业艰难维持利润甚至生存。

本章小结

通过本章知识的学习，我们理解了为什么战略分析是企业财务报表分析的逻辑起点，并能够运用 PEST 分析法、波特五力模型、SWOT 分析法对特定企业的战略进行分析与评价，为会计分析和财务分析奠定基础。

关键术语

宏观环境分析（Macro environment analysis）；中观行业分析（Mesoscopic environment analysis）；企业战略分析（Business strategy analysis）；PEST 分析法（PEST analysis）；波特五力模型（Michael Porter's five forces model）；SWOT 分析法（SWOT analysis）

自测题

1. 下列各项中，不属于 PEST 分析法经济环境因素的是（　　）。

A. 产业结构 　　　　　　　　　　B. 经济发展水平

C. 国民收入分配政策 　　　　　　D. 人口地区分布

2. 某国际快餐连锁公司宣布在中东地区开设连锁店，但并不出售猪肉汉堡，只出售牛肉汉堡、鸡肉汉堡和鱼肉汉堡。这说明该国际快餐连锁公司在战略分析中考虑了（　　）。

A. 政治法律因素 　　　　　　　　B. 经济因素

C. 社会文化因素 　　　　　　　　D. 技术因素

3. 下列各项分析方法中不属于中观行业分析的工具是（　　）。

A. PEST 分析 　　　　　　　　　B. 行业特征分析

C. 波特五力模型 　　　　　　　　D. 生命周期分析

4. 按照波特五力模型，下列各项因素中，可能对某家航空公司获取行业竞争优势产生有利影响的是（　　）。

A. 进入航空业需要大量的资本投入

B. 航空产业的行业增长率开始处于下降趋势

C. 由于廉价航空公司兴起，使得机票价格大幅降低

D. 由于许多大型国际企业采用视频会议管理跨国业务，使得商务航空服务需求降低

5. 甲公司是一家重型汽车生产企业。甲公司管理层正在考虑进军小轿车生产行业，并创立一个全新品牌的小轿车。甲公司在评估面临的进入壁垒高度时，无须考虑的因素是（　　）。

A. 为加入小轿车行业而成立新厂所需的资金是否足够

B. 政府是否出台限制某些公司进入小轿车行业的政策

C. 甲公司是否能够承担从重型汽车生产到小轿车生产的转换成本

D. 市场上汽车生产用合金材料供应商的数目及其议价能力

6. 甲公司是 C 国一家以乳制品业务为主业的多元化经营企业，业务范围涉及乳制品、煤化工、房地产、新能源等。甲公司对其业务发展状况进行分析，以下各项中不符合 SWOT 分析法的是（　　）。

A. 房地产行业不景气，公司市场占有率低，应采用 WT 战略

B. 乳制品行业增长缓慢，公司市场占有率高，应采用 SO 战略

C. 煤化工行业近年来发展势头明显回落，公司在该行业中具备一定优势，应采用 ST 战略

D. 新能源行业具有广阔发展前景，公司在该行业不具有竞争优势，应采用 WO 战略

7. 根据波特五力模型，下列各项关于供应商讨价还价能力的说法中，错误的是（　　）。

A. 供应商提供的产品专用性程度越高，其讨价还价能力越强

B. 供应商借助互联网平台掌握的购买者转换成本信息越多，其讨价还价能力越强

C. 占市场份额 80% 以上的少数供应商将产品销售给较为零散的购买者时，其讨价还价能力强

D. 供应商拥有足够的资源能够进行后向一体化时，其讨价还价能力强

参考答案：DCAAD，BD。

思 考 题

1. 对一家公司面临的宏观环境进行分析,通常从哪些维度展开,具体需要运用何种分析工具或方法?

2. 请选择一个行业,利用波特五力模型分析该行业平均收益率差异的原因。

3. 同一行业的不同企业,其收益率存在长期稳定的差异,请从内部环境方面进行分析其存在差异的原因。

第四章
会计数据分析

扫码即可观看
本章微视频课程

知识框架

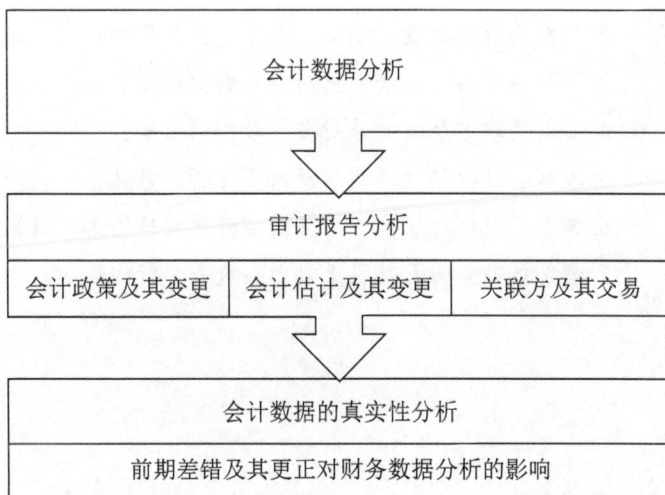

本章知识背景和学习目的

会计数据的真实性是财务分析的前提。但会计数据的生成受许多因素的影响，其中影响较大的有：会计政策及其变更、会计估计及其变更、关联方及其交易、会计数据造假。前期会计差错及其更正，严格意义上说并不影响会计数据的真实性，但分析前期会计差错及其更正，了解会计差错产生的原因，有利于提高我们对会计数据的整体认识。当然，审计报告是注册会计师对财务报表的一种鉴证，了解审计意见的信息含量对我们分析财务报表具有事半功倍的作用。因此，在本章中，我们将对上述问题一一进行探讨。通过本章学习，我们能为进行财务分析奠定基础。

本章学习要点

1. 理解审计意见的类型对财务报表分析的影响；
2. 了解会计政策及其变更对财务数据的影响；
3. 了解会计估计及其变更对财务数据的影响；
4. 了解关联方及其交易对会计数据的影响；
5. 理解会计数据的真实性对财务分析的意义；
6. 掌握运用"红旗"标志法对会计数据造假进行预警；
7. 理解前期差错及其更正对财务报表分析的影响。

第一节　审计报告分析

一、审计报告的性质与类型

（一）审计报告的性质

1. 审计报告是对财务报表的一种鉴证

审计报告与财务报表，需要同时并列呈送委托人或正式对外公布。

财务报表的目的是向财务报表使用者及时提供该核算单位的财务状况、经营成果、现金流量等信息。保护企业资产安全和完整，提供真实、完整、合法的财务报表信息是企业的会计责任。

审计报告的重要作用是，对财务报表的合法性、公允性和一贯性加以鉴证。若没有注册会计师鉴证，财务报表的可信性及使用价值就会大打折扣。注册会计师应对其出具的审计报告的真实性、合法性负责。

可见，审计报告与财务报表的可信性有密切关系，审计意见的类型对财务报表分析工作的准确性、真实性和完整性有实质性的影响。

2. 审计报告是审计工作情况的全面总结汇报，说明审计工作的结果

注册会计师审计目标的实现途径是实施审计程序，而审计目标的实现结果是通过审计报告来反映的。审计报告反映委托方的最终要求，也反映审计方完成任务的工作质量，同时也是对被审事项的评价和结论的集中体现。

3. 审计报告是一份具有法律效力的证明性文件

注册会计师的审计行为是依法进行的，审计结果按照法律的规定既要对委托人负责，还要对其他相关的关系人负责。审计报告本身要对被审财务报表的合法性、公允性和会计处理方法一致性表示意见，各方面关系人以这种具有鉴证作用的意见为基础，使用财务报表进行决策。因此，在审计报告中的审计意见必须具有信服力、公正性和严肃性，具备法律效力，否则，委托人和各方面的关系人就无须使用审计报表。审计报告的法定效力体现在各方面关系人使用审计报告的过程中。

4．审计报告是一种公开的信息报告

作为信息报告的一种，审计报告不仅可以被审计委托人和被审计单位管理当局按规定范围使用，而且相关的债权人、银行等金融机构、财政部门、工商部门、税务部门和社会公众等都可以使用审计报告，并从中获得对有关项目公允反映程度的公正信息。

（二）审计报告的类型

审计报告按其是否增加解释说明的事项，可分为标准审计报告和非标准审计报告。

1．标准审计报告

标准审计报告，是指不含有说明段、强调事项段、其他事项段或其他任何修饰性用语的无保留意见的审计报告。

注册会计师出具的标准审计报告，必须经注册会计师审计且认为被审计单位财务报表符合以下全部条件：

一是财务报表已经在所有重大方面按照适用的财务报告编制基础编制，公允反映了被审计单位的财务状况、经营成果和现金流量；

二是注册会计师已经按照中国注册会计师审计准则的规定计划和实施审计工作，在审计过程中未受到限制；

三是无必要在审计报告中增加强调事项段或其他事项段。

2．非标准审计报告

非标准审计报告，是指带强调事项段或其他事项段的无保留意见的审计报告和非无保留意见的审计报告。

（1）带强调事项段或其他事项段的无保留意见的审计报告。审计报告的强调事项段是指审计报告中含有的一个段落，该段落提及已在财务报表中恰当列报或披露的事项，且根据注册会计师的职业判断，该事项对财务报表使用者理解财务报表至关重要。其他事项段是指审计报告中含有的一个段落，该段落提及未在财务报表中列报或披露的事项，且根据注册会计师的职业判断，该事项与财务报表使用者理解审计工作、注册会计师的责任或审计报告相关。

（2）保留意见的审计报告。如果认为财务报表整体是公允的，但还存在下列情形之一，注册会计师应当出具保留意见的审计报告：

一是在获取充分、适当的审计证据后，注册会计师认为错报单独或汇总起来

对财务报表影响重大，但不具有广泛性；

二是因审计范围受到限制不能获取充分、适当的审计证据，虽然重大，但不具有广泛性，不至于出具无法表示意见的审计报告。

（3）否定意见的审计报告。在获取充分、适当的审计证据后，注册会计师如果认为错报单独或汇总起来对财务报表的影响重大且具有广泛性，即认为财务报表没有按照适用的会计准则和相关会计制度的规定编制，未能在所有重大方面公允反映被审计单位的财务状况、经营成果和现金流量，则应当出具否定意见的审计报告。

（4）无法表示意见的审计报告。如果审计范围受到限制，注册会计师不能获取充分、适当的审计证据，认为未发现的错报（如存在）对财务报表可能产生的影响重大且具有广泛性，以至于发表保留意见不足以反映情况的严重性，注册会计师应当出具无法表示意见的审计报告。

二、分析审计报告中所包含的信息内涵

（一）五种类型的审计意见的含义

审计报告是财务报表分析中的一项重要信息来源，信息使用者必须十分重视分析审计报告中所包含的信息内涵。

审计意见类型分为标准无保留意见、带强调事项段的无保留意见、保留意见、无法表示意见和否定意见这五种，其中后四种均属于非标准无保留审计意见类型，即"非标意见"。

第一种，标准无保留意见，即"标准意见"。顾名思义，这种意见不会随着各个公司行业的不同或自身特点的变化而变化。无论是对被审计单位还是对投资者而言，在所有审计意见类型中，标准无保留意见对财务报表的可信赖度给予了最高评分。

第二种，带强调事项段的无保留意见对财务报表的可信赖度仍然是正面的肯定。但相较标准意见而言，投资者在看到这类信息时，应考虑强调事项段中所描述的不确定性（俗称"风险"），并考虑是否契合自身的投资风险偏好。比较常见的强调事项包括但不限于：可持续经营存在重大不确定性。

第三种，保留意见对财务报表的可信赖度给出了一定的负面评分。但注册会计师认为该负面事项对财务报表的影响是可以量化的。所以，如果注册会计师发

现财务报表存在重大错报，但经与管理层和治理层沟通后，最终管理层未对财务报表进行更正，那么，注册会计师会选择出具保留意见，并对相关事项做出定性以及定量的描述。这类意见不仅反映了财务报表所存在的问题和影响程度，从某种程度上也可以反映出管理层和治理层对这类问题的处理态度与解决问题方式。投资者在遇到这类审计意见时，需要谨慎再谨慎。

第四种和第五种，即无法表示意见和否定意见，通常对财务报表的可信赖度亮了"红灯"。无法表示意见对财务报表的可信赖度投出了"弃权票"，而否定意见则是给出了"反对票"。投资者遇到这类审计意见的时候通常都会"绕路而行"。但如果投资者对相关公司的投资意愿非常强烈，同时这类审计意见存在于被投资公司的过去年度，当年年度的审计意见类型已经得以"净化"，那么，应当从时间轴上多看看过去几年审计意见类型的变化过程，同时观察其历史上是否存在将市场声誉较好的注册会计师替换的现象，这些可以给投资者带来一定的启发。

（二）分析审计意见所包含的风险提示

注册会计师通过非标意见的方式来提醒股东和广大投资者，其在审计中所关注到的重大风险。如果投资者风险承受能力较强，且希望在投资组合中搭配一定"富贵险中求"型投资对象，那么仔细阅读注册会计师的提示是非常有必要的。下面，让我们看看几种常见审计意见中的风险提示事项。

1. 持续经营能力存疑

持续经营是公司财务报表的编制基础。公司的一切经营运作都与持续经营能力息息相关，投资者在评估一家公司是否具有投资价值时也是基于公司能否持续经营的假设。

可能引起注册会计师对公司的持续经营能力存疑的原因有很多。比如：公司持续亏损且未分配利润为负，公司资产负债率较高且流动资产小于流动负债；公司所处行业不景气，主营业务停滞，经营困难且重组存在重大不确定性；公司银行贷款逾期未偿还，职工薪酬不能按时支付，部分银行账户被冻结，应收款项被质押等。当注册会计师在审计时发现上述一项或多项情况时，可能对公司持续经营能力产生重大疑虑，从而通过出具非标意见提醒广大投资者进行关注。

2. 涉及重大判断的事项

市场经营环境的复杂性和竞争的日益激烈，导致企业在经营过程中可能面临诉讼、仲裁、债务担保、产品质量保证、重组、资产减值等不确定事项。这些不确定事项的结果取决于未来可能发生的事件，且结果具有不确定性，此时关于企业是否需要根据或有事项确认或有负债以及确认多少金额等问题，注册会计师与管理层可能会有不同的判断。当他们互相无法说服对方时，管理层坚持己见，按照自己的判断编制财务报表；注册会计师如果在审计报告签署日仍无法获得结论性证据且无法被管理层说服，此时可能出具非标意见。

3. 缺乏商业合理性的重大交易

在公司经营业绩不理想，甚至可能出现亏损的情况下，为了美化财务报表，管理层可能通过构造缺乏交易背景和商业实质的交易，特别是关联方交易，来实现账面利润的扭亏为盈或大幅增长。关联方交易审计一直是财务审计中的重点和难点。尤其是很多企业为了增强营业收入和利润的公允性，可能故意隐瞒关联关系，涉及的交易方可能披着层层"马甲"，导致注册会计师无法获得足够证据以判断公司与交易方之间是否存在关联关系以及这些交易的商业合理性，这也可能导致其出具非标意见。

综上所述，通过观察上市公司历年审计意见类型的变化、读懂注册会计师在审计意见中提供的风险提示，并结合考虑公司聘请的注册会计师信誉及换任情况，可以帮助投资者更好地判断公司财务数据的可信赖度，辅助其做出正确的投资决策。

（三）分析审计报告中涉及的关键审计事项

2018年1月1日起，新审计报告准则全面实施。根据审计准则的要求，除无法表示意见的审计报告外，上市公司财务报表的审计报告将增加"关键审计事项"部分，披露与被审计项目相关的个性化信息，以增加审计报告的信息含量和相关性、提高审计项目的透明度。这是几十年来审计报告最大的变化，被誉为本轮审计报告改革中"皇冠上的钻石"。

所谓关键审计事项，是指注册会计师根据职业判断认为对当期财务报表审计最为重要的事项。"最为重要的"并不是说只有一个。固然，关键审计事项的数量受审计项目具体情况的影响，特别是受被审计单位财务报表复杂程度的影响。通常而言：具体审计项目中识别出的特别风险和较高重大错报风险的数量越多，关键审计事项的数量越多；财务报表中复杂的、主观的、具有挑战性的估计和判断越多，关键审计事项的数量越多；当期发生的重大交易和事项越多，关键审计事项的数量越多。因此，审计准则没有也不可能明确规定一个数量标准，注册会计师需要结合审计项目的具体情况在审计准则的框架下运用职业判断确定关键审计事项的数量。关键审计事项的数量要适度。如果数量过多，就不符合"最为重要的"的限定，无法突出重点。但如果数量过少，提高审计报告信息含量和相关性、增加审计透明度的作用就会受到限制，就达不到审计报告改革预期的效果。

在审计报告中沟通关键审计事项，可以提高已执行审计工作的透明度，从而提高审计报告的决策相关性和有用性。沟通关键审计事项还能够为财务报表使用者提供额外的信息，以帮助其了解被审计单位、已审计财务报表中涉及重大管理层判断的领域，以及注册会计师根据职业判断认为对当期财务报表审计最为重要的事项。沟通关键审计事项，还能够为财务报表预期使用者就被审计单位已审计财务报表或已执行审计工作相关的事项进一步与管理层和治理层沟通提供基础。

中国证券监督管理委员会会计部2018年的调整报告显示，关键审计事项涉及的主要领域包括资产减值、收入确认、企业合并及长期股权投资、负债类事项等，其中，资产减值和收入确认占全部关键审计事项的比例超过80%[①]。

注册会计师将资产减值作为关键审计事项的主要原因包括：资产期末余额大且资产减值对财务报表的影响重大；被审计单位管理层对资产减值迹象的主观判断和有关会计估计存在不确定性；资产的可收回金额存在固有不确定性，以及可能受到管理层偏向的影响等。

注册会计师将收入确认作为关键审计事项的主要原因为收入作为关键业绩指标，存在被管理层操纵以达到特定目标或期望的固有风险。此外，在建造合同执行过程中需持续评估和修订完工进度，涉及管理层重大会计估计。

第二节　会计政策及其变更分析

一、会计政策与会计政策选择

（一）会计政策

会计数据受会计政策的影响很大。所谓会计政策，是指企业在会计确认、计量和报告中所采用的会计原则、计量基础和会计处理方法。

会计原则，是指按照企业会计准则规定的、适合企业会计核算的具体会计原

[①]　中国证券监督管理委员会会计部：2018年度证券审计市场分析报告。参见中国证券监督管理委员会网站。

则。例如，《企业会计准则第 13 号——或有事项》规定的以该义务是企业承担的现时义务、履行该义务很可能导致经济利益流出企业、该义务的金额能够可靠地计量作为预计负债的确认条件，这些确认条件就是确认预计负债要遵循的会计原则。

计量基础，是指为了将会计原则应用于具体的交易或者事项而采用的基础，包括历史成本、重置成本、可变现净值、现值和公允价值等。例如，《企业会计准则第 8 号——资产减值》中涉及的公允价值就是计量基础。

会计处理方法，是指企业在会计核算中按照法律、行政法规或者国家统一的会计制度等规定采用或者选择的、适合本企业的具体会计处理方法。例如，《企业会计准则第 15 号——建造合同》规定的完工百分比法就是会计处理方法。

会计原则、计量基础和会计处理方法三者是一个具有逻辑性的、密不可分的整体，通过这个整体，会计政策才能得以落实和应用。

企业应当披露采用的重要会计政策，不具有重要性的会计政策可以不予披露。判断会计政策是否重要，应当考虑与会计政策相关的项目的性质和金额。

从会计确认与计量的角度来看，最主要的会计政策有：①资产减值准备的提取；②收入确认；③费用摊销；④存货计价；⑤外币折算；⑥折旧计提；⑦投资核算方法；⑧报表合并；⑨纳税准备；⑩利润分配；等等。

（二）会计政策的选择

会计政策的选择是指在既定的可选择区域内（一般由各国的会计准则、相关经济法规等组成的会计规范体系所限定），根据特定主体的经营管理目标，对可供选择的会计原则、方法、程序进行定性、定量的比较分析，从而拟定会计政策的过程。企业会计政策的选择贯穿于企业从会计确认到计量、记录、报告诸环节构成的整个会计过程。从这个意义上讲，它不单纯是会计技术、方法问题，而是经济和政治利益的博弈和制度安排。因此，会计过程的最终产品——会计信息多半是主观判断的产物，是各个利害关系集团如股东、债权人、政府、企业管理当局等各方利益博弈均衡的结果。需要注意两点。

第一，会计政策是在允许的会计原则、计量基础和会计处理方法中做出指定或具体选择。由于企业经济业务的复杂性和多样化，某些经济业务在符合会计原则和计量基础的要求下，可以有多种会计处理方法，即存在不止一种可供选择的会计政策。例如，确定发出存货的实际成本时可以在先进先出法、加权平均法或者个别计价法中进行选择。

第二，会计政策应当在会计准则规定的范围内选择。在我国，会计准则和会计制度属于行政法规，会计政策所包括的具体会计原则、计量基础和会计处理方法由会计准则或会计制度规定，具有一定的强制性。企业必须在法规所允许的范围内选择适合本企业实际情况的会计政策，即企业在发生某项经济业务时，必须从允许的会计原则、计量基础和会计处理方法中选择出适合本企业特点的会计政策。

企业选择不同的会计政策对企业利润质量有着非常直接的影响，将导致企业利害关系集团不同的利益分配结果和投资决策行为，进而影响社会资源的配置效率和结果。

二、会计政策的分类

按会计政策的作用与效果分类，会计政策可以分为三类：激进型会计政策、保守型会计政策、稳健型会计政策。

（一）激进型会计政策

激进型会计政策是指在法律法规允许范围之内，以企业利润和股东权益最大化为目的，重视收入和资产的确认，对费用和负债采用低确认原则，要求会计要素确认工作充分考虑要素的实际情况，并根据要素的实际情况来选择计量方法，可以选择历史成本，也可以选择公允价值对会计要素价格进行确认。虽然此类会计操纵多数不违法违规，但很有可能违反了审慎、公允、可持续等会计精神，使得企业的会计数据不能真实地反映企业经营状况。常见的激进型会计政策包括：①过于乐观的收入确认；②随意更改折旧政策；③随意更改坏账政策；④随意更改资产减值准备政策等。比如梦网集团（002123.SZ）2017年年报显示，截至2017年12月31日，公司应收账款账面价值为15.76亿元，占流动资产的51.42%，占总资产的23.31%，其中：2015—2017年账龄3年以上的应收账款账面余额分别为2.68亿元、2.11亿元和1.81亿元，提取的坏账准备分别为0.8亿元、0.63亿元和0.54亿元，账龄3年以上的应收账款坏账准备计提比例仅为30%！这就是明显的激进型会计政策。若梦网集团将账龄在3年以上的应收账款按照50%的比例计提坏账，则公司2015—2017年账面上的净利润则至少分别下降0.53亿元、0.42亿元和0.36亿元；如果按照80%的比例计提，则公司2015—2017年账面上的净利润则至少分别下降1.34亿元、1.05亿元和0.9亿元。

（二）保守型会计政策

与激进型会计政策相反，常见的保守型会计政策包括：①推迟确认收入；②尽早确认费用；③采用过于谨慎的折旧政策、坏账政策和资产减值准备政策等。多数情况下，公司采取保守型会计政策大多表明其真实经营状况较好，目前出于某种考虑隐藏账面利润。

（三）稳健型会计政策

稳健型会计政策是指介于激进型与保守型之间的会计政策，即由于有不确定因素的存在，在会计核算过程中，在做出会计判断时保持必要的谨慎，既不抬高资产或收益，也不压低负债或费用，对可能发生的损失和费用加以合理估计。

一般来说，如果企业执行适度稳健的会计政策，有利于产生高质量的利润。这是因为在市场经济的环境中，风险的客观存在使得采用适当的方法，其中包括以会计方法来防范和规避风险。而稳健型会计政策就是会计实务中对市场经济固有的不确定性和风险所作的谨慎反映。

三、会计政策变更

依据企业会计准则的规定，企业采用的会计政策，在每一会计期间和前后各期应当保持一致，不得随意变更。但是，满足下列条件之一的，可以变更会计政策：（1）法律、行政法规或者国家统一的会计制度等要求变更；（2）会计政策变更能够提供更可靠、更相关的会计信息。下列各项不属于会计政策变更：（1）本期发生的交易或者事项与以前相比具有本质差别而采用新的会计政策；（2）对初次发生的或不重要的交易或者事项采用新的会计政策。

也就是说，会计政策是可以变更的。会计政策变更是企业对相同的交易或事项由原来采用的会计政策改用另一种会计政策的行为。会计政策变更并不意味着前期会计政策是错误的，只是由于情况变化，或者掌握了新的信息、积累了更多的经验，使得变更会计政策能够更好地反映企业的财务状况、经营成果和现金流量。如果前期错误使用了会计政策，则属于会计差错，应按会计差错更正的会计处理方法进行会计处理。

比较典型的会计政策变更包括以下 6 种。

（1）发出存货成本的计量方法的变更。例如先进先出法改为加权平均法。

（2）长期股权投资成本法与权益法的转换。

（3）投资性房地产的计量由成本模式改为公允价值模式。

（4）固定资产价值确认标准的变更及固定资产折旧方法的变更。

（5）收入确认政策变更。例如建造合同收入由完成合同法改为完工百分比法。

（6）合并政策变更。合并政策变更即编制合并财务报表所采纳的原则的变更。例如母公司与子公司的会计年度不一致的处理原则的变化，确定合并财务报表范围的原则变化等。

会计政策变更的会计处理方法有两种：追溯调整法和未来适用法。具体选择时，法律法规有规定的，按规定的办法处理；无法律规定的，应当采用追溯调整法。但若会计政策变更的累积影响数不能合理确定，则采用未来适用法。

四、会计政策选择与变更对财务报表的影响

会计政策选择与变更对企业会计数据的影响非常大，但从对资产、负债、利润的影响程度来看，影响最大的当属资产减值准备政策的运用。由于资产减值准则规定，资产可收回金额的估计，应当根据其公允价值减去处置费用后的净额与资产预计未来现金流量的现值两者之间较高者确定。但公允价值及未来现金流量现值的确定涉及许多假设条件，具有很多的不确定因素。也就是说，在资产减值准备的提取的问题上，企业具有最大的自主权，要不要提取减值准备，提取多少，基本上由企业说了算。由此可见，资产减值准备的提取对企业会计数据的影响是最大的。实际工作中，如何确定公允价值及未来现金流量现值成为会计实务中的两大难点，也成为某些企业人为操纵会计数据的借口。在进行财务报表分析时，如果分析所用的数据不真实、不客观，分析结果的可靠度也将无法保证。一旦财务报表分析的可靠度无法保证，就会使利益关系者的决策产生偏差，从而造成决策失误，给信息使用者带来很大损失。

五、会计政策及变更的分析方法

会计政策的选择形式上表现为企业会计过程的一种技术规范，但其本质是经济和政治利益的博弈和制度的安排。财务报表分析的目的就是对交易和事项加以确认、评价公司会计数据反映经济现实的程度以及执行会计政策的正确性，分析公司运用会计政策灵活性的性质和程度，确定是否调整财务报表的会计数据，以

消除由于采用了不恰当的会计方法而造成的扭曲。因此，一般来说，分析会计政策对财务报表影响的基本程序如下。

1.辨明关键的会计政策

在会计政策选择上，分析者应首先能够识别和评价企业用于衡量关键成功因素和风险的会计政策。

对多数企业而言，决定企业成功的因素有创新和产品质量；在银行业，决定成功的关键因素有利率和信用风险管理；在零售业，库存管理非常重要；在租赁行业，一个极为重要的成功因素就是租赁期结束时对租赁设备残值进行准确的估计。在上述各种情况下，分析者都必须明确被分析企业所采取的能反映其经营战略的会计政策以及这些会计政策所必须包含的重要财务预测。

2.评价企业会计政策选择的灵活性

通常认为，会计政策的灵活性越高，则管理层利用会计政策进行盈余管理的动机就越强。但是，会计政策的灵活性也可能反映了公司经营活动的复杂性和外部环境的不确定性。在此种情况下，较为灵活的会计政策能够提供更加丰富的会计信息。

无论企业管理层在衡量成功的关键因素和风险时的灵活性如何，总会存在几个主要的具有灵活性的会计政策。典型的选择如折旧政策（直线法还是加速折旧法）的选择、存货计价政策（先进先出法还是加权平均法）的选择、投资性房地产政策（公允价值法还是历史成本法）的选择。

3.评价会计政策

（1）企业的会计政策是否与行业惯例一致；

（2）企业管理层是否有利用会计政策选择进行盈余管理的强烈动机；

（3）企业是否对原有的会计政策进行了变更；

（4）企业会计政策的变更是否合理；

（5）为了实现某种特定的会计目标，企业是否对重要的业务交易进行了调整；等等。

4.评价会计信息披露的质量

（1）企业是否披露了足够的用以衡量企业的经营战略和经营业绩的信息；

（2）附注信息是否充分解释了主要的会计政策；

（3）企业是否对当期的业绩及其变化进行了充分说明；

（4）多元化企业的分部信息披露质量；

（5）管理层如何披露坏消息；等等。

5. 辨明潜在的风险信号

会计信息质量的潜在风险信号主要是企业出现的异常财务状况，常见的潜在风险信号包括：

（1）企业业绩较差时采用未加解释的会计政策变更；

（2）未加解释地提高利润的交易；

（3）与销售增长有关的应收账款异常增长；

（4）企业报告的收入和经营活动现金流量之间的差距不断扩大；

（5）发生了第四季度数据的大幅调整情况；

（6）非标准审计意见或在没有充分理由的情况下更换注册会计师；

（7）大量的关联交易；等等。

6. 关注滥用会计政策的情形

滥用会计政策及其变更，是指企业在具体运用国家统一的会计制度所允许选用的会计政策以及企业在具体运用会计估计时，未按照规定正确运用或随意变更，从而不能恰当地反映企业的财务状况和经营成果的情形。

滥用会计政策及其变更将导致企业财务状况和经营成果不实，从而导致会计信息缺乏可靠性。为此，企业会计准则特别规定：滥用会计政策及其变更的，应当作为重大会计差错处理。即本期发现的与前期相关的重大会计差错，如影响损益，应将其对损益的影响数调整发现当期的期初留存收益，财务报表其他相关项目的期初数也应一并调整；如不影响损益，应调整财务报表相关项目的期初数。

分析企业是否滥用会计政策，可以从以下两方面去判断：其一，判断企业在年报附注中对会计政策的变更是否有明确合理的披露；其二，结合企业的背景判断管理层是否有粉饰财务报表的动机。

7. 消除会计扭曲

分析者应该根据所能获得的信息和对企业会计政策的分析，重新核算和调整企业的财务报表数据，尽可能消除会计扭曲。

第三节 会计估计及其变更分析

一、会计估计

（一）会计估计的含义

会计估计，是指企业对结果不确定的交易或者事项以最近可利用的信息为基础所作的判断。由于商业活动中内在的不确定因素影响，许多财务报表中的项目不能精确地计量，而只能加以估计。会计估计涉及以最近可利用的、可靠的信息为基础所作的判断。例如，以下项目可能要求估计：（1）坏账提取比例；（2）陈旧过时的存货估价；（3）应提折旧资产的使用寿命；（4）担保债务等。

（二）会计估计的特点

会计估计有以下特点。

第一，会计估计的存在是由于经济活动中内在的不确定性因素的影响。在会计核算中，企业总是力求保持会计核算的准确性，但有些经济业务本身具有不确定性（如坏账、固定资产折旧年限、固定资产残余价值、无形资产摊销年限、收入确认等），因而需要根据经验做出估计。可以说，在进行会计核算和相关信息披露的过程中，会计估计是不可避免的，但并不削弱其可靠性。

第二，进行会计估计时，往往以最近可利用的信息或资料为基础。企业在会计核算中，由于经营活动中内在的不确定性因素，不得不经常进行估计。一些估计的主要目的是确定资产或负债的账面价值，如坏账准备、担保责任引起的负债；另一些估计的主要目的是确定将在某一期间记录的收益或费用的金额，如某一期间的折旧、摊销的金额。企业在进行会计估计时，通常应根据当时的情况和经验，以一定的信息或资料为基础。但是，随着时间的推移、环境的变化，进行会计估计的基础可能会发生变化，因此，进行会计估计所依据的信息或者资料不得不经常发生变化。由于最新的信息是最接近目标的信息，以其为基础所作的估计最接近实际，所以进行会计估计时，应以最近可利用的信息或资料为基础。

第三，进行会计估计并不会削弱会计确认和计量的可靠性。企业为了定期、及时地提供有用的会计信息，将延续不断的经营活动人为划分一定的期间，并在权责发生制的基础上对企业的财务状况和经营成果进行定期确认和计量。例如，在会计分期的情况下，许多企业的交易跨越若干会计年度，以至于需要在一定程度上做出决定：某一年度发生的开支，哪些可以合理地预期能够产生其他年度以收益形式表示的利益，从而全部或部分向后递延；哪些可以合理地预期在当期能够得到补偿，从而确认为费用。也就是说，需要决定在结算日，哪些开支可以在资产负债表中处理，哪些开支可以在利润表中作为当年费用处理。因此，由于会计分期和货币计量的前提，在确认和计量过程中，不得不对许多尚在延续中、其结果尚未确定的交易或事项予以估计入账。

（三）重要的会计估计

依据《企业会计准则》及其指南，在财务报表附注中，企业应当披露重要的会计估计，不具有重要性的会计估计可以不披露。判断会计估计是否重要，应当考虑与会计估计相关项目的性质和金额。企业应当披露的重要会计估计如下。

（1）存货可变现净值的确定。

（2）采用公允价值模式下的投资性房地产公允价值的确定。

（3）固定资产的预计使用寿命与净残值，固定资产的折旧方法。

（4）生物资产的预计使用寿命与净残值，各类生产性生物资产的折旧方法。

（5）使用寿命有限的无形资产的预计使用寿命与净残值。

（6）可收回金额按照资产组的公允价值减去处置费用后的净额确定的，公允价值减去处置费用后的净额的方法的确定；可收回金额按照资产组预计未来现金流量的现值确定的，预计未来现金流量及其折现率的确定。

（7）合同完工进度的确定。

（8）权益工具公允价值的确定。

（9）债务人债务重组中转让的非现金资产的公允价值、由债务转成的股份的公允价值和修改其他债务条件后债务的公允价值的确定；债权人债务重组中受让的非现金资产的公允价值、由债权转成的股份的公允价值和修改其他债务条件后债权的公允价值的确定。

（10）预计负债初始计量的最佳估计数的确定。

（11）金融资产公允价值的确定。

（12）承租人对未确认融资费用的分摊，出租人对未实现融资收益的分配。

（13）探明矿区权益、井及相关设施的折耗方法，与油气开采活动相关的辅助设备及设施的折旧方法。

（14）非同一控制下企业合并成本的公允价值的确定。

（15）其他重要会计估计。

二、会计估计变更及披露

（一）会计估计变更的含义

会计估计变更，是指由于资产和负债的当前状况及预期经济利益和义务发生了变化，从而对资产或负债的账面价值或者资产的定期消耗金额进行调整。

由于企业经营活动中内在的不确定因素，许多财务报表项目不能准确地计量，只能加以估计，估计过程涉及以最近可以得到的信息为基础所作的判断。但是，估计毕竟是就现有资料对未来所作的判断，随着时间的推移，如果赖以进行估计的基础发生变化，或者由于取得了新的信息、积累了更多的经验或后来的发展变化可能不得不对估计进行修订，但会计估计变更的依据应当真实、可靠。

（二）会计估计变更的情形

会计估计变更的情形如下。

1. 赖以进行估计的基础发生了变化

企业进行会计估计，总是依赖于一定的基础。如果其所依赖的基础发生了变化，则会计估计也应相应发生变化。例如，某企业的一项无形资产摊销年限原定为 10 年，以后发生的情况表明，该资产的受益年限已不足 10 年，相应调减摊销年限。

2. 取得了新的信息、积累了更多的经验

企业进行会计估计是就现有资料对未来所作的判断，随着时间的推移，企业有可能取得新的信息、积累更多的经验，在这种情况下，企业可能不得不对会计估计进行修订，即发生会计估计变更。例如，某企业原根据当时能够得到的信息，对应收账款每年按其余额的 5% 计提坏账准备。现在掌握了新的信息，判定不能收回的应收账款比例已达 15%，企业改按 15% 的比例计提坏账准备。

（三）会计估计变更的处理

会计估计变更是一种正常的会计处理行为，企业对会计估计变更应当采用未来适用法处理。但如果以前期间的会计估计是错误的，则属于会计差错，按会计

差错更正的会计处理办法进行处理。

依据企业会计准则规定，企业应当在附注中披露与会计估计变更有关的下列信息：①会计估计变更的内容和原因，包括变更的内容、变更日期以及会计估计变更的原因。②会计估计变更对当期和未来期间的影响数，包括会计估计变更对当期和未来期间损益的影响金额，以及对其他各项目的影响金额。③会计估计变更的影响数不能确定的，披露这一事实和原因。

三、会计估计变更对财务状况质量分析的影响

会计估计的变更是企业的一种主动行为。与会计政策变更相类似，在很多情况下，企业也有可能出于其他方面的考虑（如新的会计估计的运用，有可能导致企业所披露的财务信息更有利于企业管理层对其业绩的展示）而变更会计估计。企业财务信息使用者应当对这种可能性有所警惕。同样应注意的是，企业会计估计的变更，会导致企业在不同的会计年度之间财务信息出现不可比性。在对企业不同年度之间的财务信息进行比较时，应当把这种因会计估计变更而导致的财务信息的不可比性予以剔除。此外，还要特别关注企业滥用会计估计及其变更的情形。

第四节　前期差错及其更正分析

一、前期差错的概念及类别

（一）前期差错的概念

前期差错，是指由于没有运用或错误运用下列两种信息，而对前期财务报表造成漏报或错报。

（1）编报前期财务报表时预期能够取得并加以考虑的可靠信息。

（2）前期财务报表批准报出时能够取得的可靠信息。

（二）前期差错的类别

前期差错通常包括计算错误、账户分类错误、应用会计政策错误、疏忽或曲解事实、舞弊产生的影响，以及存货、固定资产盘盈产生的影响等。

（1）计算以及账户分类错误。例如，企业购入五年期国债，意图长期持有，但在记账时记入了交易性金融资产，导致账户分类上的错误，并导致在资产负债表上流动资产和非流动资产的分类也有误。

（2）采用法律、行政法规或者国家统一的会计制度等不允许的会计政策。例如，按照《企业会计准则第17号——借款费用》的规定，为购建固定资产的专门借款而发生的借款费用，满足一定条件的，在固定资产达到预定可使用状态前发生的，应予资本化，计入所购建固定资产的成本；在固定资产达到预定可使用状态后发生的，计入当期损益。如果企业固定资产已达到预定可使用状态后发生的借款费用，也计入该项固定资产的价值，予以资本化，则属于采用法律或会计准则等行政法规、规章所不允许的会计政策。

（3）对事实的疏忽或曲解，以及舞弊。例如，企业对某项建造合同应按建造合同规定的方法确认营业收入，但该企业却按确认商品销售收入的原则确认收入。

（4）存货、固定资产盘盈产生的影响。

从以上定义可以看出会计准则不涉及本期发生的会计差错更正的会计处理，都是针对前期发生的会计差错的会计处理。

需要注意的是，就会计估计的性质来说，它是近似值，随着更多信息的获得，估计可能需要进行修正，但是会计估计变更不属于前期差错更正。

二、前期差错更正的处理

会计准则规定，对前期差错，企业应当采用追溯重述法更正重要的前期差错，但确定前期差错累积影响数不切实可行的除外。

所谓重要的前期差错，是指足以影响财务报表使用者对企业财务状况、经营成果和现金流量做出正确判断的前期差错。不重要的前期差错，是指不足以影响财务报表使用者对企业财务状况、经营成果和现金流量做出正确判断的会计差错。前期差错的重要性取决于在相关环境下对遗漏或错误表述的规模和性质的判断。前期差错所影响的财务报表项目的金额或性质，是判断该前期差错是否具有重要性的决定性因素。一般来说，前期差错所影响的财务报表项目的金额越大、性质越严重，其重要性水平越高。

所谓追溯重述法，是指在发现前期差错时，视同该项前期差错从未发生过，从而对财务报表相关项目进行更正的方法。确定前期差错累积影响数不切实可行的，可以从可追溯重述的最早期间开始调整留存收益的期初余额，财务报表其他相关项目的期初余额也应当一并调整，也可以采用未来适用法。

对不重要的前期差错，企业不需调整财务报表相关项目的期初数，但应调整发现当期与前期相同的相关项目。属于影响损益的，应直接计入本期与上期相同的净损益项目；属于不影响损益的，应调整本期与前期相同的相关项目。

三、分析前期差错的性质

前期差错从性质上看，分为错误与舞弊。显然，舞弊导致的前期差错从性质上看更为恶劣，严重误导、影响信息使用者对企业财务状况、经营成果和现金流量做出正确判断。

（一）错误

错误是指会计人员或有关当事人由于胜任力不足、疏忽导致在计算、记录整理、制证及编表等会计工作或与会计有关的工作中所造成的行为过失。错误是一种非故意行为，主要包括以下方面。

1. 为编制财务报表而收集和处理数据时发生失误

在会计工作中，收集与处理数据错误主要包括原始凭证错误、记账凭证错误、会计账簿错误。

2. 由于疏忽和误解有关事实而做出不恰当的会计估计

在会计实务中，常见的会计估计错误主要包括以下几个方面。

（1）坏账准备的提取严重不准确。

（2）存货减值准备的提取严重不准确，存货的毁损和过时损失估计严重不准确。

（3）固定资产减值准备的提取严重不准确，固定资产的使用年限估计严重不准确。

（4）无形资产减值准备的提取严重不准确，无形资产的使用年限估计严重不准确。

（5）长期待摊费用的摊销期估计严重不准确。

3. 在运用与确认、计量、分类或列报相关的会计政策时发生失误

会计政策运用错误包括两类：会计政策选择错误和会计政策变更错误。

第一类：会计政策选择错误。会计政策选择是企业财务信息揭示的基础。会计事项的初始确认和计量以及再次确认和计量都基于对会计原则、方法和程序的选择和运用。所以，会计政策选择恰当与否，直接关系企业财务信息的质量，进而影响到财务信息使用者进行的经济决策的正确程度，从而关系到资本市场的有序运作和健康发展。会计政策选择在形式上表现为会计过程的一种技术规范，但会计政策的选择绝不是一个单纯的会计问题，它是与企业相关的各利益集团处理经济关系、协调经济矛盾、分配经济利益的一项重要措施。对同一会计事项的处理，往往因选择的会计政策不同而产生不同的甚至是相反的会计结果，从而影响各利益集团的经济利益，导致各利益集团做出不同的决策，最终影响社会资源的配置效率和效果。因此，会计政策选择就其实质而言是一种经济和政治利益的博弈规则和缺席安排，会计准则的制定过程和企业会计政策的选择过程是会计报告的编制者与相关经济利益集团博弈均衡的结果。实践证明，企业通过会计政策的正确选择，可以促进企业目标的完成，实现企业价值最大化；但如果会计政策选择错误，则会导致会计信息严重失真。常见的会计政策选择错误如下。

（1）发出存货成本的计量方法不正确。例如，某项发出存货的成本计量本应采用个别成本法更为合理，企业却选择采用先进先出法、加权平均法或其他方法。

（2）长期股权投资的后续计量不正确。例如，企业对某被投资单位的长期股权投资核算本应采用成本法，企业却选择采用权益法核算。

（3）投资性房地产的后续计量不正确。例如，企业对某投资性房地产的后续计量本应采用成本模式，企业却选择采用公允价值模式。

（4）固定资产的初始计量不正确。例如，企业取得的某项固定资产初始入账成本本应包括购买价款和弃置费用，企业却只以购买价款进行计量，而没有考虑弃置费用。

（5）无形资产的确认不正确。例如，某项内部研究开发项目的研究阶段的支出本应在发生时计入当期损益，企业却予以资本化确认为无形资产。

（6）非货币性资产交换的计量不正确。例如，某项非货币性资产交换本应以换出资产的账面价值作为确定换入资产成本的基础，企业却以换出资产的公允价值作为确定换入资产成本的基础。

（7）收入的确认不正确。例如，企业确认的某项收入不同时满足已将商品所有权上的主要风险和报酬转移给购买方、收入的金额能够可靠地计量、相关经济利益很可能流入企业等条件。

（8）借款费用的处理不正确。例如，某项借款的利息费用本应在发生时计入当期损益，企业却予以资本化确认为某项资产的成本。

（9）合并财务报表政策不正确。例如，母公司与子公司的会计年度不一致的处理原则，合并范围的确定不正确等。

第二类：会计政策变更错误。企业会计政策的选择和变更是一个动态的发展过程，企业对相同的交易或事项由原来采用的会计政策改用另一会计政策，是对同一会计政策进行重新选择的结果。企业会计政策变更必然会引起一定时期费用、成本、收入、利润、资产价值和纳税等的变动，最终导致社会财富重新分配的经济后果，因此，会计政策变更的本质实际是一种社会利益的调整，能否对其实施有效的控制和规范，不但关系到企业会计信息的质量，而且对整个国民经济良性发展会产生重要的影响。企业会计政策的变更错误主要如下。

（1）会计政策变更的依据不合理。依据企业会计准则规定，企业会计政策的变更，主要有三种情形：强制性变更、市场性变更和自发性变更。强制性变更是由于上一层会计制度的制定者强制性要求企业做出变更，不论企业的管理当局是否愿意都必须执行；市场性变更是指企业为了增强其在资本市场上的影响和未来的资本运作能力等做出的会计政策变更，且有一种半强制性变更的特点；自发性变更，是由于企业的管理当局根据其经营目标和环境变化，为了更真实地反映企业的财务状况、经营成果和现金流量等信息，做出适应性的会计政策变更，这种变更的目的是能对外提供有关企业的会计信息。不符合上述三种情形的会计政策变更都是错误的。

（2）会计政策变更的会计处理不正确。依据企业会计准则规定，企业发生会计政策变更时，有两种会计处理方法，即追溯调整法和未来适用法。

（二）舞弊

舞弊是企业采用非法手段使得财务报表错报、漏报和虚构，以及在财务报告披露中故意隐瞒事实或者虚构事实的故意行为，这一故意行为超越了会计准则及其他相关法规允许的范围。舞弊有两个最基本的特征：一是舞弊形成的性质，舞弊是为谋求某种利益而发生的一种故意行为，区别于无意识的错误陈述；二是舞弊导致的后果，舞弊将使财务信息失真，从而误导信息使用者做出错误的决策。

舞弊通常是一种故意行为，即利用前期差错处理的追溯重述来粉饰财务报表，将前期差错更正作为调节不同年度收益的方法，以满足其各种不当的经济动机。

四、分析前期差错更正信息对企业未来财务状况的影响

（一）分析前期差错更正信息所隐含的性质

应该说，在企业会计实践中，出现前期差错及更正是难免的。但是应该注意的是，有许多的上市公司披露的前期差错在对企业盈亏的影响上呈现出在特定会计期间方向一致性的特征。如果某公司的这种情形成为一种普遍现象，信息使用者就应该对这种差错性质进行认真的思考。比如：华强方特 2019 年 6 月 4 日发布公告，出现 10 项会计差错，连续更正三年年报；一汽轿车 2019 年 8 月 31 日发布公告，因前期会计差错，公司追溯调整了公司 2015—2018 年度财务报表数据，连续更正四年前期会计差错。

（二）分析前期差错更正信息披露质量及其市场反应

前期差错更正信息具有信息含量。至少有两条理由支持上市公司前期差错更正信息披露质量的提高，有助于改善证券市场反应。

其一，虽然财务报表的前期差错损害了信息使用者对公司的信心，但是高质量的差错更正信息披露，能降低中小股东与控股股东、股东与经理层之间的信息不对称程度，提高投资者对公司差错更正事件的认知水平和接受程度，减少外界对公司的不利猜测，抑制问题进一步的传播与恶化，挽救或者维护信息使用者对公司未来经营水平和获利能力的信心，降低信息使用者的预测风险及其要求的投资报酬率，从而降低公司的资本成本，维护公司市场价值。

其二，前期差错更正信息透明度增加，将促进公司股票流动性的提高，对降低权益资本成本和证券交易成本、维护公司价值有积极影响。

第五节　关联方及其交易的披露分析

一、关联方及其交易的含义

（一）关联方的定义

依据会计准则的定义，一方控制、共同控制另一方或对另一方施加重大影响，以及两方或两方以上受同一方控制、共同控制的，构成关联方。

控制，是指有权决定一个企业的财务和经营政策，并能据以从该企业的经营活动中获取利益。

共同控制，是指按照合同约定对某项经济活动所共有的控制，仅在与该项经济活动相关的重要财务和经营决策需要分享控制权的投资方一致同意时存在。

重大影响，是指对一个企业的财务和经营政策有参与决策的权利，但并不能够控制或者与其他方一起共同控制这些政策的制定。

（二）关联方特征

关联方具有以下特征。

第一，关联方涉及两方或多方，任何单独的个体不能构成关联方关系。例如，一个企业不能构成关联方关系。

第二，关联方以各方之间的影响为前提，这种影响包括控制或被控制、共同控制或被共同控制、施加重大影响或被施加重大影响，即建立控制、共同控制和施加重大影响是关联方存在的主要特征。在某些情况下，即使被审计单位只拥有特殊目的实体的少量权益甚至不拥有权益，但由于被审计单位可能在实质上控制该实体，该实体仍可能是被审计单位的关联方。

第三，关联方的存在可能会影响交易的公允性。在存在关联方关系时，关联方之间的交易可能不是建立在公平交易的基础上，因为关联方之间交易时，不存在竞争性的、自由市场交易的条件，而且交易双方的关系常常以一种微妙的方式影响交易。

（三）关联方交易

关联方交易是指关联方之间转移资源、劳务或义务的行为，而不论是否收取价款。关联方交易的类型通常包括下列各项。

（1）购买或销售商品。

（2）购买或销售商品以外的其他资产。

（3）提供或接受劳务。

（4）担保。

（5）提供资金（贷款或股权投资）。

（6）租赁。

（7）代理。

（8）研究与开发项目的转移。

（9）许可协议。

（10）代表企业或由企业代表另一方进行债务结算。

（11）关键管理人员薪酬。

（四）披露要求

1. 关联方披露

依据会计准则规定，企业无论是否发生关联方交易，均应当在附注中披露与母公司和子公司有关的下列信息。

（1）母公司和子公司的名称。母公司不是该企业最终控制方的，还应当披露最终控制方名称。母公司和最终控制方均不对外提供财务报表的，还应当披露母公司之上与其最相近的对外提供财务报表的公司名称。

（2）母公司和子公司的业务性质、注册地、注册资本（或实收资本、股本）及其变化。

（3）母公司对该企业或者该企业对子公司的持股比例和表决权比例。

2. 关联方交易披露

企业与关联方发生关联方交易的，应当在附注中披露该关联方关系的性质、交易类型及交易要素。交易要素至少应当包括以下内容。

（1）交易的金额。

（2）未结算项目的金额、条款和条件，以及有关提供或取得担保的信息。

（3）未结算应收项目的坏账准备金额。

（4）定价政策。

企业只有在提供确凿证据的情况下，才能披露关联方交易是公平交易。

二、关联方交易舞弊

随着我国资本市场的不断壮大，上市公司为控制全产业链，往往通过控股或联营等形式，扩大规模，提高市场占有率，进而公司与公司间就形成了众多纷繁复杂的关联方关系和关联方交易。由于关联方交易非常隐秘，监管难度大，使得违法成本较低，这也给某些公司违法舞弊创造了机会和条件。因此个别企业管理层出于压力和利益的驱使，都会采取关联方交易舞弊这一途径。关联方交易舞弊的手段主要如下。

（一）利用关联交易来虚构利润

1. 关联购销舞弊

关联购销舞弊即上市公司利用关联方之间的购销活动进行的舞弊。根据我国会计准则的规定，当上市公司和子公司、兄弟公司之间发生购销往来时，当上市公司和母公司之间需在合并财务报表中予以抵销发生购销往来时，由于上市公司提供的是个别财务报表，而非合并财务报表，因此无法抵销，但需在附注中详细披露关联方及关联方交易的内容。

2. 受托经营舞弊

受托经营舞弊即上市公司利用我国目前缺乏受托经营法规的制度缺陷，采用托管经营的方式以达到利润操纵的目的，它是报表欺诈的一种新方法。在实务中，上市公司往往将不良资产委托给关联方经营，按双方协议价收取高额回报。这样就不仅避免了不良资产生成的亏损，还凭空获得利润，而这笔回报又常常是挂在往来账上的，没有真正的现金流入，因此只是一种虚假的"报表利润"。

3. 资金往来舞弊

尽管我国法律不允许企业间相互拆借资金，但仍有个别上市公司因募集到的资金没有好的投资项目，就拆借给母公司或其他不纳入合并财务报表的关联方，并按约定的高额利率收取资金占用费，以此虚增利润。

4. 费用分担舞弊

费用分担舞弊即上市公司通过操纵与关联方之间应各自分摊的销售和管理费用，实现调节利润的目的。一些上市公司和集团公司之间常常存在关于费用支付和分摊的协议，这就成为上市公司操纵利润的一种手段。当上市公司利润不佳时，集团公司会通过种种手段，如调低上市公司费用交纳标准，代替承担上市公司各项费用，甚至退还以前年度交纳的费用等，"帮助"上市公司提高利润。

（二）隐瞒关联方及其交易

隐瞒关联方及其交易即关联方交易真实存在，但管理层有意不在财务报表中做出确认、计量和披露。最典型的案例有 2010 年紫鑫药业，2011 年的中国重汽等。

（三）将关联交易非关联化

关联交易非关联化是指公司通过各种手段，将实质上的关联交易转换为形式上的非关联交易，以规避相关法规约束，达到一定目的的行为。具体做法如下。

1. 关联方的非关联化

关联方的确定是关联交易确定的关键。寻找公司的关联方往往是发现公司关联交易的突破口。因此，若能将实质上是关联方关系的关联方变为形式上的非关联方，那么公司的关联交易也就被隐藏起来了。通常个别公司会在解除关联方关系之前进行巨额的关联交易，而后在资产负债表日前解除关联方关系，从而可以避免在财务报告中披露关联方关系，以达到隐藏关联交易的目的。

2. 寻找"跳板"公司，将实质性关联交易非关联化

公司将资产高价卖给非关联方，再由关联方协议用同样的高价向非关联方赎回或给予非关联方补偿，或者干脆再以同样的高价从非关联方购回资产，而公司与直接购货公司间不存在实质或形式上的关联关系，这两笔交易就成了非关联交易。在实际的操作中，公司设置多个"跳板"公司，使得关联交易更为复杂。

3. 利用关联方确定的模糊性将关联方非关联化

会计准则虽然对关联方的界定有明确规定，但由于存在一些实质和形式不一致的情形，使得关联和非关联的界限难以界定。例如双向持有少数股权的上市公司问题。就双向持有公司而言，两方利益紧密，其中的一方尽管仅持有另一方少数股权，但实质上也能对另一方产生重大影响。而双向持有少数股权且不再具有其他关系的公司不属于关联方，两者所发生的交易也自然不属于关联交易。

4. 非货币性交易货币化

我国会计准则明确规定，货币性交易的收益不能体现或只有在有补价的情况下才会体现少量的收益。因此关联方之间利用非货币性交易虚增利润并不可行。但若能将非货币性交易转换为货币性交易，并将其掩盖在非货币性交易的形式下，则可实现利润。

5. 关联交易复杂化

主要表现为增加控制层次，原来是直接控制或影响的关联方，现在变得通过若干个中间企业间接影响和控制方联方，甚至出现了一些通过表面上没有关联方关系的一方或多方来中转，使得关联方关系的辨认更加困难。

6. 将交易时间选择在成为关联方之前

上市公司寻找未来的关联方，将交易时间选择在该关联方正式成为关联方之前，按非公允价值交易，交易事项完成后才正式成为关联方。由于在交易时点上，

双方还不是法律意义上的关联方，所以可以相应避开关联方之间交易的相关会计确认和计量的规定。

案例：新大洲利用第三方将关联交易非关联化

2017 年 10 月 29 日，新大洲与前海汇能公司签订《借款合同》，向前海汇能公司借款 5,000 万元（实际放款 3,000 万元），借款期限最长不超过 6 个月，自 2017 年 10 月 31 日起至 2018 年 4 月 30 日止。

根据上市公司向前海汇能公司出具的收款账户确认书，前海汇能公司于 2017 年 11 月 13 日和 2018 年 1 月 5 日分别向尚衡冠通公司支付 1,000 万元和 2,000 万元。同日，尚衡冠通公司将上述款项转给上市公司关联方恒阳农业公司，形成关联方非经营性占用公司资金。

2019 年 9 月 11 日，中国证券监督管理委员会海南监管局对其采取责令改正措施。

三、分析关联方及其交易的披露

（一）分析关联方交易披露内容的完整性

在关联方披露信息的过程中，我们主要关注的是要准确、完整地表达有关事项，使信息使用者能够对目标企业财务报表及附注有清晰的了解，对它们之间的关联交易的公允性有所把握，进而确定这些关联交易对公司经营业绩的影响，据此做出正确的投资决策。会计准则要求关联方披露内容包括交易的性质及金额、大额重要项目的金额、定价政策是如何确定的。

在现实工作中，关联方关系中涉及投资者个人、关键管理人员或与其关系密切的家庭成员的披露，以及投资者个人、关键管理人员或与其关系密切的家庭成员控制、共同控制或施加重大影响的其他企业的披露确有许多不完整的情况，存在很大程度的漏报现象。在其他关联方情况的披露中，上市公司只是披露了关联方与本企业的关系，没有明确关联方对上市公司的影响程度。一些上市公司披露了有关企业的自然人关联方，最常见的是披露股东，对关键管理人员及其关系密切的家庭成员的披露很少。

再有就是关联方交易信息披露避重就轻。少数上市公司对关联方日常的购销业务，可以做到详尽地披露，然而在涉及如租赁、担保、资金拆借、债务重组等重大的关联方交易时，上市公司由于各种利益的驱使，往往选择避重就轻。对不利于本公司的关联方交易信息，就会含糊其词、虚假披露，或是刻意隐瞒。这会直接误导信息使用者的判断，损害其利益。

（二）分析关联方交易要素披露的规范性

首先，分析定价政策的披露是否详细、是否规范。虽然上市公司被要求披露了关联方交易的定价政策，但是由于没有具体的规定，导致企业披露定价政策形式五花八门，且没有详细的定价说明。这使得信息使用者和监管部门很难判断交易价格是否公允，更使得一些上市公司利用这个模糊披露谋取私利。而正是因为关联方交易协议定价的弹性很大，使其成为某些上市公司的利润操纵工具，很多企业为了操纵利润，利用协议定价改变并控制。例如，通过与母公司签订产品销售协议，能从每件产品的销售中获得毛利，通过比较发现这笔关联方交易的定价明显地违背公允的市场原则，导致公司收入和利润的虚增。

其次，分析关联方未结算应收项目的坏账准备金额的计提情况。一些上市公司仅对其做简单披露，不能客观反映关联方交易对企业现金流量的影响，以及关联方交易金额的可回收性。

（三）分析关联方及其交易对公司财务的影响

一定的关联交易，可以降低交易费用，改善企业的财务状况，实现业务结构优化，因此，关联交易有其一定的积极作用。关联方之间的交易，其特征可概括为其内部存在"控制""统一管理"关系的联合体成员之间的交易。虽然交易各方在法律上仍表现为"独立人格"，但交易各方事实上已形成不平等的支配与被支配关系，从属企业有可能丧失独立性，以至沦为听命于控制企业，为联合体利益服务的工具。由于关联交易收益的不确定性和偶发性，使人们对企业财务系统运行预期目标难以判断，难以对企业价值做出准确的判断。

1. 关联方资产重组的财务影响分析

资产重组相关的关联交易对上市公司利润影响明显。就性质而言，资产重组中的关联交易是属于非生产性关联交易。这种关联交易的发生，多与企业当前的正常生产联系不大，但交易完成后，可能会对企业的生产经营活动形成很大影响。非经常性收益，并非企业经营所为，这种利润不具有可持续性，因此不能反映企业真实的经营获利能力。投资者购买企业股票是购买企业的未来获利能力，是通过企业的历史与现实获利情况推断未来，当投资者依据这种非经常性收益推导企业的未来时，错误的决策将不可避免。

公开披露的资产重组的关联交易，往往是输入利益型的关联交易。对输入利益型的关联交易，关联方充当"活雷锋"，表面上看对投资者是有利的，但实质上，输入利益型的关联交易只是手段，而抽取利益型的关联交易才是最终目的。关联方进行输入利益型的关联交易的最终目的是利用关联交易包装上市公司或掩盖上市公司黑洞，前者是为了再融资或炒作，后者是为了避免问题曝光，这样的行为更危险，容易造成对公司错误的财务评价，由此可能引起财务短期风险，使公司无法完成正常的生产经营活动。

2. 关联方占用资金的财务影响分析

按照会计制度，企业应当定期或至少于每年年终，对应收款项进行全面检查，预计各项应收款项可能发生的坏账，对没有把握能收回的，应当计提坏账准备。应收账款与其他应收款之和，计提坏账准备之后为应收款项净额，从某种程度上反映上市公司资金被占用总的情况。在实际业务中，资金占用费可按协议利率、定额利率和同期银行利率收取，导致报表使用者很难准确把握企业资金的流向，并难以估计资金的未来收益。虽然上市公司可以通过关联交易，对资金占用企业收取资金占用费，计入当期损益来提高当年的收益，但同时也增加了公司的经营风险。这种风险主要表现：一是严重影响获利能力，对应收款项计提巨额坏账准备，导致管理费用剧增，资金被占用直接"吞噬"了上市公司的巨额利润，甚至直接导致亏损，坏账计提对上市公司整体业绩的影响巨大；二是严重削弱资产质量，影响偿债能力，资金长期被占用导致上市公司流动资金匮乏，为维持主业经营，公司不得不采用向银行借款等方式，这导致上市公司财务费用的大幅增加，间接影响上市公司的获利能力。

3. 关联方担保的财务影响分析

我国上市公司为母公司及关联企业提供的担保占上市公司担保总量的80%以上，这种"一边倒"的担保行为不但使上市公司蕴藏着巨大的财务风险，而且成为关联公司和"内部人"掏空上市公司的重要手段。其危害性在于：一是连带责任引起的赔偿直接导致公司的经济损失。公司因担保连带责任引起货币资金的流出，将直接降低公司的盈利水平，加重公司现金周转压力，影响公司正常的经营活动。二是担保可能会带来大量或有损失。涉诉担保带来大量或有损失，不但造成公司的偿债压力，也势必在一定程度上影响公司的举债能力，进而影响公司的商业信誉和盈利水平。

4. 关联方购销的财务影响分析

关联方如果控制了上市公司的采购或销售环节，通过关联购销操纵利润就轻而易举了，而且这种非公允关联交易表面上是有利于上市公司的，上市公司低买高卖，账面上确认了巨额的收益。这些关联交易有些已在财务报告上披露，有些根本就没有在财务报告上披露或者通过关联交易非关联化的手法隐藏，不知道"地雷"什么时候会引爆。

因此，对购销关联交易占比较大的公司，在进行财务分析时，必须考虑一个非常重要的指标，即经营活动现金净流量。如果销售所形成的现金流量充裕，说明关联方间的销售已完成，产品已经销售到集团外部，这种关联交易能够持续，而靠大量应收账款维持的关联交易则说明关联方间的销售没有真正完成，公司未来的收益存在着很大的不确定性。

第六节　会计数据的真实性分析

一、会计数据真实性的含义

（一）真实性的含义

真实性是会计数据的首要质量特征之一。我国《企业会计准则——基本准则》第二章"会计信息质量要求"中，将真实性和相关性定为会计信息（主要表现为会计数据）质量要求的前两项。

事实上，会计数据能否满足信息使用者的需要，最为关键的是会计数据是否"真实"。真实性是会计的生命，也是对整个会计工作的基本要求。会计工作所提供的数据不仅是企业投资者及其他利益相关者做出经济决策的重要依据，而且也是国家宏观经济管理、维持市场经济正常秩序的重要信息来源。如果会计数据不能真实反映企业的实际情况，不仅信息使用者的需求不能满足，甚至会误导信息使用者，使其做出错误的决策，直接导致其经济利益受到损失。

（二）构成会计数据真实性的要件

会计数据的真实性由合规性、可变现性、充分性、公正性、可验证性等五个关键质量特征构成。

1. 真实性与合规性的关系

通常认为，合规的信息应该是真实的信息。因为无论是会计法还是会计准则，都是建立在会计数据必须反映客观事实的基础之上的，不仅如此，法规还对会计核算必须如实反映经济事项做出了明确规定。

2. 真实性与可变现性的关系

在资产负债表中，所记录的资产可能并不由企业直接掌控（如长期股权投资、应收账款），能够直接掌控的资产可能也不一定变现（如存货）。作为直接反映企业经营成果的利润，是收入与费用配比的结果，利润表中的数据表明企业利润很多，但企业可能实际上没有足够的现金进行利润分配。一方面，由于会计上记录的收入不一定表明能够百分之百收回，具有一定的不确定性；另一方面，由于费用的估计与分摊受人为因素影响较大，从而导致利润概念相对较虚。只有当企业的利润（即应计的现金净流入）成为实际的现金净流入时，才能表明利润的真正实现。可见，资产、利润的可变现性，是衡量企业会计数据真实性的重要指标。

3. 真实性与充分性的关系

会计数据的真实性并不是一个绝对的概念，也有一个程度问题。

一方面，在会计准则允许的范围内，由于存在会计政策的可选择性和会计估计的差异，可能对同一企业的利润计算有不同的反映结果。

另一方面，会计人员技术水平、管理当局的道德品质等方面的差异，直接关系到会计数据受人为影响的程度，关系到信息的真实性。因此，对会计数据的质量要求，很难达到百分之百的真实，只要会计数据基本上反映了企业的实际情况，就可以被认作是真实的。会计审计实务中，对财务报表真实性不应低于95%的规定，即是上述观点的反映。

可见，在实务工作中，只要会计数据基本上反映了企业的实际情况，就可以被认作是真实的。那么，什么叫"基本反映"呢？怎样保证重要的信息不被忽略或遗漏呢？这里就涉及"完整性"与"重要性"问题，而这正好就是会计数据的充分性的体现。

4. 真实性与公正性的关系

公正性与真实性相辅相成，真实性是公正性的保证，公正性又是真实性很好的注解。公正性作为会计数据质量的关键特征，是与会计自身的价值追求相一致的。因此我们选择的会计数据质量的关键特征就像每个行业、每个从业者都要坚持的与人格有关的道德底线一样，即无论在什么情况下都要有不惜代价必须要坚持的底线。事实上，在社会经济生活中，会计向社会所宣示的就是一种公正的形象。

5. 真实性与可验证性的关系

与真实性密切相关的还有可验证性。根据美国财务会计准则委员会的定义：可验证的会计信息，是独立的计量人员用相同的计量方法，基本上会重现的信息。该定义强调了两个值得注意的问题：一是用于验证的方法必须是相同的，因为选择其他方法，很可能失去验证的意义；二是验证的结果含有意见的一致性，当然这种一致性并不意味没有一点差别，在允许的范围内，差别的存在是可以接受的。因为信息使用者往往很难了解或者验证他所使用信息的真实性，所以，需要由外部独立的注册会计师来验证。只有经过验证的信息，才能增强不同信息使用者，尤其是有利益冲突的信息使用者对信息的信赖程度，这一点对对外报告的信息显得格外重要，因此也可以说，可验证性是保证信息真实性的手段。

二、会计数据造假预警信号

会计数据造假，也称财务舞弊。俗话说"冰冻三尺，非一日之寒"。众多财务舞弊案例表明，企业会计数据造假都不是一朝一夕所致，一般要持续相当久的一段时间。企业在造假事件揭露之前，其实早有种种不祥的预警信号逐渐浮现。识别会计数据造假征兆的方法有许多[①]，这里采用"红旗"标志法进行分析。

"红旗"标志法，也称舞弊风险因素法，是寻找和分析舞弊信号的很重要的方法。该方法是以一整套文字表达的方式，在总结以往舞弊的基础上得出一系列"红旗"，指出在这种"红旗"出现时舞弊发生的概率会比较高。这里主要介绍美国注册会计师协会、中国注册会计师协会、证监会关于财务舞弊的"红旗"标志。

（一）SAS NO.99 的"红旗"标志

2002 年 10 月，美国注册会计师协会（American institute of certified public accountants，AICPA）颁布了《审计准则第 99 号——考虑财务报告中的舞弊》（以下简称"SAS NO.99"），要求注册会计师在财务报表审计中尽可能发现和揭露

---

① 袁小勇. 上市公司财务舞弊审计研究与案例解析 [M]. 北京：中国财政经济出版社，2018.

舞弊行为。为了帮助注册会计师更有效地发现财务报表舞弊，SAS NO.99 从动机 / 压力、机会、合理化 / 借口等三个角度，提出了识别财务报表舞弊的 42 个风险因素（也称预警信号）。根据大量的调查数据，研究人员计算了这 42 个风险因素在发现财务报表舞弊方面的有效性分值（最有效为 5 分，最无效为 0 分），并按分值将这些风险因素的有效性划分为三类：最有效的风险因素 16 个、有效的风险因素 11 个和较无效的风险因素 15 个 [1]，分别如表 4-1、表 4-2、表 4-3 所示。

表 4-1 动机 / 压力层面的风险因素或预警信号

排序	与财务报表舞弊相关的风险因素或预警信号	有效性分值（分）
1	最有效的风险因素或预警信号： 董事会或 CEO 对经营层或经营人员施加过分的压力，以实现不切合实际的财务目标	4.21
2	较有效的风险因素或预警信号： 1. 以奖金、股票期权为代表的管理层报酬，有很大一部分取决于能否实现股票价格、经营成果和财务状况等激进目标	4.09
3	2. 与同行业其他公司相比，公司增长快速或盈利能力异常高	3.93
4	3. 管理层在新闻公告或年度报告中提供了过于乐观、不切实际的盈利或增长预期	3.93
5	4. 经常发生入不敷出的经营性现金流量，或者在报告盈利和盈利增长的同时未能创造足够的现金流量	3.75
	较无效的风险因素或预警信号（略）	

表 4-2 机会层面的风险因素或预警信号

排序	与财务报表舞弊相关的风险因素或预警信号	有效性分值（分）
1	最有效的风险因素或预警信号： 1. 对注册会计师接触人员、信息进行正式或非正式限制，或者限制了注册会计师与董事会或审计委员的沟通能力	4.97
2	2. 在正常经常活动之外，或者与未经审计或经由其他事务所审计的关联方发生了重大关联交易	4.74
3	3. 在由非业主管理且缺乏相应控制的企业中，管理层由一个人或一个小团体所支配	4.72
4	4. 会计和信息系统失效，包括涉及可报告状况的情形	4.47
5	5. 重大的内部控制缺乏充分监督	4.43
6	6. 董事会或审计委员会未能对财务报告程序和内部控制系统进行有效监控	4.27
7	7. 会计、内部审计或信息技术等部门的人员流动性很高，或者在这些部门雇用了不称职的人员	4.25

---

① 黄世忠. 从 SAS99 看财务报表舞弊风险因素有效性分析 [J]. 中国注册会计师，2006（11）：71-74.

排序	与财务报表舞弊相关的风险因素或预警信号	有效性分值（分）
8	较有效的风险因素或预警信号： 1. 在税收天堂管辖区内设有银行账户、子公司或分支机构，且缺乏明显的商业理由	4.16
9	2. 资产、负债、收入或费用以重大估计为基础，这些估计涉及难以证实的主观判断或不确定性	4.01
10	3.CEO或董事会成员离职率很高	3.91
11	4. 难以确定在企业中拥有控制权益的组织或个人	3.88
	较无效的风险因素或预警信号（略）	

表 4-3　合理化／借口层面的风险因素或预警信号

排序	与财务报表舞弊相关的风险因素或预警信号	有效性分值（分）
1	最有效的风险因素或预警信号： 1. 引发"实质重于形式"问题的重大、异常或高度复杂的交易，在年末发生此类交易尤其如此	4.95
2	2. 在处理与注册会计师关系时，管理当局具有霸道行为，尤其是试图限制注册会计师的工作范围	4.92
3	3. 存在违反证券法的不良记录，或者企业、企业高管层或董事会成员因涉嫌舞弊或违反证券法而遭受指控	4.82
4	4. 管理层未能就企业的价值或道德标准进行有效的宣传、实施、支持或督促，或者宣传了不恰当的价值或道德标准	4.52
5	5. 经常与现任或前任注册会计师在会计、审计或报告问题上发生争端	4.35
6	6. 管理层基于税收动机的理由，对采用不当手法尽可能减少报告盈利表现出浓厚兴趣	4.30
7	7. 管理层经常试图以重要性为理由为一些微不足道或不恰当的会计处理进行辩解	4.22
8	8. 管理层未能及时纠正内部控制已发现的可报告状况	4.17
9	较有效的风险因素或预警信号： 1. 不分管财务的管理层过多地参与会计政策的选择或重大估计的确定	4.09
10	2. 管理层具有向财务分析师、债权人和其他第三方承诺过于激进或不切实际预测的做法	4.09
11	3. 向注册会计师提出不合理的要求，如对完成审计工作或签发审计报告提出不合理的时间限制	3.83
	较无效的风险因素或预警信号（略）	

应该说来，SAS NO.99所提出的风险因素或预警信号，对我们在分析财务报表是否存在舞弊很有借鉴意义。

（二）中国审计准则中的"红旗"标志

《中国注册会计师审计准则第1141号——财务报表审计中与舞弊相关的责

任》应用指南（会协〔2010〕94号）中，也采用列举法描述了这三个因素，其中与编制虚假财务报告相关的舞弊风险因素示例见表4-4。

表4-4　舞弊风险因素示例（与编制虚假财务报告相关）

动机或压力
1. 财务稳定性或盈利能力受到经济环境、行业状况或被审计单位经营情况的威胁，体现在以下方面：
（1）竞争激烈或市场饱和，且伴随着利润率的下降
（2）难以应对技术变革、产品过时、利率调整等因素的急剧变化
（3）客户需求大幅下降，所在行业或总体经济环境中经营失败的情况增多
（4）经营亏损使被审计单位可能破产、丧失抵押品赎回权或遭恶意收购
（5）在财务报表显示盈利或利润增长的情况下，经营活动产生的现金流量经常出现负数，或经营活动不能产生现金流入
（6）高速增长或具有异常的盈利能力，特别是在与同行业其他企业相比时
（7）新发布的会计准则、法律法规或监管要求
2. 管理层为满足第三方要求或预期而承受过度的压力，这些压力来源于以下方面：
（1）投资分析师、机构投资者、重要债权人或其他外部人士对盈利能力或增长趋势存在预期（特别是过分激进的或不切实际的预期），包括管理层在过于乐观的新闻报道和年报信息中作出的预期
（2）需要进行额外的举债或权益融资以保持竞争力，包括为重大研发项目或资本性支出融资
（3）满足交易所的上市要求、偿债要求或其他债务合同要求的能力较弱
（4）报告较差财务成果将对正在进行的重大交易（如企业合并或签订合同）产生可察觉的或实际的不利影响
3. 获取的信息表明，由于下列原因，管理层或治理层的个人财务状况受到被审计单位财务业绩的影响：
（1）在被审计单位中拥有重大经济利益
（2）其报酬中有相当一部分（如奖金、股票期权、基于盈利能力的支付计划）取决于被审计单位能否实现激进的目标（如在股价、经营成果、财务状况或现金流量方面）
（3）个人为被审计单位的债务提供了担保
4. 管理层或经营者为实现治理层制定的财务目标（包括销售收入或盈利能力等激励目标）而承受过度的压力
机会
1. 被审计单位所在行业或其业务的性质为编制虚假财务报告提供了机会，这种机会可能来源于以下几个方面：
（1）从事超出正常经营过程的重大关联方交易，或者与未经审计或由其他会计师事务所审计的关联企业进行重大交易
（2）被审计单位具有强大的财务实力或能力，使其在特定行业中处于主导地位，能够对与供应商或客户签订的条款或条件作出强制规定，从而可能导致不适当或不公允的交易
（3）资产、负债、收入或费用建立在重大估计的基础上，这些估计涉及主观判断或不确定性，难以印证
（4）从事重大、异常或高度复杂的交易（特别是临近期末发生的复杂交易，对该交易是否按照"实质重于形式"原则处理存在疑问）

机会
（5）在经济环境及文化背景不同的国家或地区从事重大经营或重大跨境经营
（6）利用商业中介，而此项安排似乎不具有明确的商业理由
（7）在属于"避税天堂"的国家或地区开立重要银行账户或者设立子公司或分公司进行经营，而此类安排似乎不具有明确的商业理由
2. 对管理层的监督由于以下原因失效：
（1）管理层由一人或少数人控制（在非业主管理的实体中），且缺乏补偿性控制
（2）治理层对财务报告过程和内部控制实施的监督无效
3. 组织结构复杂或不稳定，体现在以下几个方面：
（1）难以确定对被审计单位持有控制性权益的组织或个人
（2）组织结构过于复杂，存在异常的法律实体或管理层级
（3）高级管理人员、法律顾问或治理层频繁更换
4. 内部控制要素由于以下原因存在缺陷：
（1）对控制的监督不充分，包括自动化控制以及针对中期财务报告（如要求对外报告）的控制
（2）由于会计人员、内部审计人员或信息技术人员不能胜任而频繁更换
（3）会计系统和信息系统无效，包括内部控制存在值得关注的缺陷的情况

态度或借口
1. 管理层未能有效地传递、执行、支持或贯彻被审计单位的价值观或道德标准，或传递了不适当的价值观或道德标准
2. 非财务管理人员过度参与或过于关注会计政策的选择或重大会计估计的确定
3. 被审计单位、高级管理人员或治理层存在违反证券法或其他法律法规的历史记录，或由于舞弊或违反法律法规而被指控
4. 管理层过于关注保持或提高被审计单位的股票价格或利润趋势
5. 管理层向分析师、债权人或其他第三方承诺实现激进的或不切实际的预期
6. 管理层未能及时纠正发现的值得关注的内部控制缺陷
7. 为了避税的目的，管理层表现出有意通过使用不适当的方法使报告利润最小化
8. 高级管理人员缺乏士气
9. 业主兼经理未对个人事务与公司业务进行区分
10. 股东人数有限的被审计单位股东之间存在争议
11. 管理层总是试图基于重要性原则解释处于临界水平的或不适当的会计处理
12. 管理层与现任或前任注册会计师之间的关系紧张，表现为以下几个方面：
（1）在会计、审计或报告事项上经常与现任或前任注册会计师产生争议
（2）对注册会计师提出不合理的要求，如对完成审计工作或出具审计报告提出不合理的时间限制
（3）对注册会计师接触某些人员、信息或与治理层进行有效沟通施加不适当的限制
（4）管理层对注册会计师表现出盛气凌人的态度，特别是试图影响注册会计师的工作范围，或者影响对执行审计业务的人员或被咨询人员的选择和保持

（三）证监会的"红旗"标志

"红旗"标志可以帮助注册会计师较好地识别管理舞弊。但"红旗"标志有多少合适呢？一方面，会计职业界研究总结出一大批认为能够显示管理舞弊的"红旗"标志，要求注册会计师充分关注这些"红旗"标志；另一方面，由于心理学中的"稀释效应"，提供过多"红旗"标志反倒会削弱注册会计师评估舞弊风险的能力，使注册会计师对舞弊线索失去敏感性。应当说来，中国注册会计师协会列举的风险因素太多了，导致注册会计师未能识别有效的舞弊风险信号。舞弊风险信号出现在每一家上市公司或拟上市公司，那是不是说明每一家公司都有问题？显然，大部分的舞弊风险信号是伪信号，这导致舞弊风险信号成为摆设，为此，证监会在《关于做好首次公开发行股票公司2012年度财务报告专项检查工作的通知》（发行监管函〔2012〕551号）中推出了12项会计舞弊信号：

（1）以自我交易的方式实现收入、利润的虚假增长。即首先通过虚构交易（例如，支付往来款项、购买原材料等）将大额资金转出，再将上述资金设法转入发行人客户，最终以销售交易的方式将资金转回；

（2）发行人或关联方与其客户或供应商以私下利益交换等方法进行恶意串通以实现收入、盈利的虚假增长。如直销模式下，与客户串通，通过期末集中发货提前确认收入，或放宽信用政策，以更长的信用周期换取收入增加。经销或加盟商模式下，加大经销商或加盟商铺货数量，提前确认收入等；

（3）关联方或其他利益相关方代发行人支付成本、费用或者采用无偿或不公允的交易价格向发行人提供经济资源；

（4）保荐机构及其关联方、PE投资机构及其关联方、PE投资机构的股东或实际控制人控制或投资的其他企业在申报期内最后一年与发行人发生大额交易从而导致发行人在申报期内最后一年收入、利润出现较大幅度增长；

（5）利用体外资金支付货款，少计原材料采购数量及金额，虚减当期成本，虚构利润；

（6）采用技术手段或其他方法指使关联方或其他法人、自然人冒充互联网或移动互联网客户与发行人（即互联网或移动互联网服务企业）进行交易以实现收入、盈利的虚假增长等；

（7）将本应计入当期成本、费用的支出混入存货、在建工程等资产项目的归集和分配过程以达到少计当期成本费用的目的；

（8）压低员工薪金，阶段性降低人工成本粉饰业绩；

（9）推迟正常经营管理所需费用开支，通过延迟成本费用发生期间，增加利润，粉饰报表；

（10）期末对欠款坏账、存货跌价等资产减值可能估计不足；

（11）推迟在建工程转固时间或外购固定资产达到预定使用状态时间等，延迟固定资产开始计提折旧时间；

（12）其他可能导致公司财务信息披露失真、粉饰业绩或财务造假的情况。

三、会计数据造假的主要表现

（一）资产负债表项目

1. 货币资金余额不合理

货币资金余额不合理或者表现为与业务规模不相匹配，或者体现为"高现金与高负债"同时并存。

2. 应收账款非正常增长

在企业赊销政策确定的情况下，企业应收账款规模应该与营业收入保持一定的对应关系，应收账款平均收账期应保持相对稳定。赊销有利于扩大销售，是企业的竞争策略。但是，必须注意企业应收账款的不正常增加、收账期的不正常延长，有可能是企业为增加营业收入而放宽信用政策的结果。过宽的信用政策，可以刺激营业收入的迅速增长，同时，企业也面临着增加坏账损失的风险，从而降低企业的利润质量。

3. 应付账款非正常增加

在企业产销较为平稳的条件下，企业的应付账款规模还应该与企业的营业收入保持一定的对应关系。但是，如果企业的购货和销售状况没有发生很大变化，企业的供货商也没有主动放宽赊销的信用政策，则企业应付账款规模的不正常增加可能是企业支付能力恶化、资产质量恶化、利润质量恶化的表现。

4. 存货周转过于迟缓

存货周转过于迟缓表明企业在产品质量、价格、存货控制和营销策略等方面存在一定问题。过多的存货资金占用会增加成本，减少现金净流量。在营业收入一定的情况下，存货周转越慢，企业在存货上占用的资金越多。如果存货的增加是由于产成品的增加而引起的，那么这是企业产品需求量下降的信号，表明企业可能被迫降价（也即减少盈利）或计提存货跌价准备。当然，如果存货本来就是虚构的，当然永远都卖不出去。

5. 存货异常变动

许多公司利用存货的变动操纵主营业务成本，进而操纵利润。对不正常存货的变动，财务分析师应该询问管理当局了解变动的原因。若管理当局的解释不令人满意，则应引起警觉并考虑对财务分析的影响。

6."存""贷"双高

所谓"存""贷"双高，是指公司账面的货币资金与有息负债同时处于较高水平。

"存"在广义上就指货币资金、应收票据以及其他流动资产，狭义上主要指的是货币资金。当审计人员对企业大量的库存现金进行盘点时，只能确定现金的数量，无法认定现金的归属。对应收票据，审计人员可通过检查背书记录，确定票据的安全性。但是仍然无法详细了解已经抵押给银行，存在限制权力的票据的问题。

"贷"指企业的有息负债。当企业已经拥有较高的货币资金储量时，再去申请金额较大的有息借款，其实是有悖常理的。这样比较异常的短期借款、应付票据与债券等，可以变相地视作企业资金转移的一个出口，只是为了满足审计期间账面上资金的稳定。

"存""贷"双高不仅仅会对注册会计师在审计过程中产生误导，如果背后的货币资金存疑，将可能使投资者对企业的偿债能力产生误判。

会计上，尤其是在母公司合并财务报表层面，"存""贷"双高的现象很难消除，但近年来类似于"康美药业事件"与"康得新事件"的发生，引起了人们对"存""贷"双高风险的高度关注。

"康美药业事件"始于 2018 年 10 月，有媒体发文质疑康美药业"存""贷"双高——公司在拥有大笔现金的同时，还借入大笔有息负债。随后，康美药业的股价开始跳水，从 10 月最高时的每股 21.88 元跌到 12 月底的每股 9.08 元，短短两个月缩水一半多。市场的反应引起了监管层的注意。2018 年 12 月 28 日，证监会对康美药业发出《调查通知书》，将对其信息披露违规情况进行立案调查。在证监会正式展开调查之前，康美药业先展开了自查。根据 2019 年 4 月 30 日公布的自查结果，康美药业对财务报表中多达 14 个会计科目进行了调整，其中最引人注目的是调减近 300 亿元的货币资金和调增近 200 亿元的存货。对如此大金额的会计调整，公司给出的理由却是轻描淡写的"会计处理存在错误"。此言一出，舆论再次被引爆，证监会加大了对康美药业的调查。到 2020 年 7 月，康美药业财务造假被查实，公司实际控制人马兴田因涉嫌违规披露、不披露重要信息罪被公安机关采取强制措施。

事实上，康美药业的"存""贷"双高绝不是在一两年的时间里形成的。早在 2010 年，康美药业的货币资金和有息负债余额均为 28 亿元，占净资产的比例均为 56%。此后两者占净资产的比重一路上涨，尤其是 2015 年以来的四年间，公司的资产负债表上几乎除了现金就是有息负债。截至 2018 年半年报，公司货币资金余额为 399 亿元，同时有息负债（包括短期借款、长期借款、应付债券、其他负债等）高达 347 亿元，占净资产的比例分别为 119% 和 104%。

7. 固定资产非正常增长

在企业的资产结构中，固定资产与流动资产总是有一个适当的比例。如果固定资产的增长幅度大大高于流动资产的增长幅度，我们就称之为"固定资产的非正常增长"。在企业中，固定资产好比是"马"，流动资产好比是"草"，如果"马"的增长幅度大大超过"草"的增长幅度，"马"还不被"饿死"？

8. 无形资产和开发支出非正常增加

会计准则要求对企业自创无形资产所发生的研究和开发支出分别核算，研究支出一般应计入发生当期的利润表，冲减利润；开发支出可以资本化。

在财务分析中，巨额的研发支出应该引起分析师的高度关注。研发活动是推动公司科技前进的核心力量，研发支出反映了公司高科技的发展程度。

一方面，缺乏研发能力的公司在未来竞争中将处于劣势；但另一方面，巨额的研发支出也可能是公司将正常的生产经营支出挤入研发支出，从而少计经营费用，操纵公司利润。

9. 存在大量的不良资产

由于虚构收入等原因，公司账面会有许多不良资产。例如：子公司长期亏损或业绩平平；在建工程一直挂在账上，尤其是工期长又过时的生产设备；一些租赁、承包、托管的背后往往是这个子公司或分公司根本就不存在。对不良资产要逐项分析，如长期股权投资是否存在，是否应该计提长期股权投资减值准备；大量作为递延处理的成本开支，特别是那些无形或"欺诈性"的开支是否能确认以及能否从收入中获得补偿都是值得关注的问题。

通常，将不良资产总额与净资产比较，若前者大于或接近后者，即说明公司的持续经营能力可能存在问题，也可能表明公司在过去多年因人为夸大利润而形成"资产泡沫"；如果当期不良资产的增加额和增加幅度大于利润总额和增加幅度，则表明公司当期的利润表存有水分。

（二）利润表项目

（1）利润指标多年表现不错，但企业却多年不进行现金分红，且多年并无实际再投资。

（2）营业利润和投资收益经常呈现出良好的反向互补性。即当营业利润不佳的时候，投资收益往往出现较好情况；而当营业利润改善之后，投资收益又变得表现一般。

（3）收入规模持续扩大或出现较大增长，但销售费用或管理费用却持续下降或出现较大降幅，且无合理解释。

（4）连续多年毛利率或主营业务利润率畸高，且无合理解释。

（5）低周转率和高毛利率多年持续并存。

（三）现金流量表项目

（1）利润数据缺乏现金流量的支持。例如营业利润为 3,000 万元，经营现金流量净额却仅为 800 万元。

（2）经营现金流量净额多年持续大额为正，同时投资现金流量净额多年持续大额为负。

本章小结

通过本章知识的学习，我们大致了解了审计报告对财务报表分析的意义，了解会计政策及其变更、会计估计及其变更以及关联方及其交易对会计数据的影响，理解会计数据真实性是财务分析的前提；理解"红旗"标志法对会计数据造假的预警作用，从而为后续的财务分析奠定基础。

关键术语

会计政策及其变更（Accounting policies and changes）；会计估计及其变更（Accounting estimates and changes）；关联方及其交易（Related parties and their transactions）；会计数据真实性（Accounting data authenticity）；"红旗"标志法（Red flag signage）；会计数据造假（Accounting data fraud）；前期差错及其更正（Early errors and corrections）

自 测 题

1. 属于会计政策变更的事项是（　　）。

A. 本期发生的交易与以前相比具有本质区别而采用新的会计政策

B. 对初次发生的交易或事项采用新的会计政策

C. 对不重要的交易或事项采用新的会计政策

D. 根据《企业会计准则第 38 号—首次执行企业会计准则》，对长期股权投资由成本法改为权益法核算

2. 关于会计政策变更的描述，正确的是（　　）。

A. 会计政策变更不会影响财务信息的可比性

B. 会计政策变更的必要性是以企业自身的主观判断为依据

C. 对会计政策变更事项均应采用追溯调整法进行调整

D. 在对不同年度之间的财务信息进行比较时，应剔除因会计政策变更而导致的不可比性

3. 属于企业关联方的是（　　）。

A. 企业主要投资者的配偶

B. 与该企业共同控制合营企业的合营者

C. 与该企业发生大量交易而存在经济依存关系的客户

D. 企业的特许经销商

4. 属于企业非关联方的是（　　）。

A. 企业总经理（非股东）的配偶

B. 企业主要投资者的配偶

C. 企业财务总监

D. 企业的特许经销商

5. 下列关联方交易披露原则表述中，正确的是（　　）。

A. 当企业双方存在控制关系时，无论它们之间有无交易，均应披露企业类型等信息

B. 当企业双方存在共同控制关系时，无论它们之间有无交易，均应披露企业类型等信息

C. 判断关联方交易是否需要披露，一般以交易金额为判断标准

D. 对企业财务状况和经营成果有影响的关联方交易，应分别披露，不能合并披露

6. 在分析审计报告时，如果该报告不附加说明段，则该报告属于（　　）。

A. 无保留意见审计报告　　　　　　B. 标准审计报告

C. 保留意见审计报告　　　　　　　D. 否定意见审计报告

参考答案： DDADA，A。

思 考 题

1. 在进行财务报表分析时，财务分析者要注意企业与关联方的非公平交易。企业与关联方进行非公平交易的动机是什么？

2. 前期差错及其更正对企业当期会计数据有何影响？

3. 在对财务报表进行分析时，如何分析会计政策变更对会计数据的影响？

案例讨论及分析

2019 年的资本市场虽然是丰收的一年，但财务造假依然有增无减，下面列示了 2019 年五大经典财务造假案例。

【例 1】康美药业：A 股史上规模最大的财务造假舞弊案

2019 年 4 月 29 日，康美药业发布更正公告，称其 2017 年的年报数据存在重大差错。存货少计 195 亿元，现金多计 299 亿元。资产负债表、利润表、现金流量表几乎所有数据都需要更正，对 2017 年财报做出重大调整。4 月 30 日晚间，上交所立刻向康美药业发监管函，称公司在财务管理、信息披露、内部控制等方面可能存在重大疑问，予以高度关注。此外，证监会已对康美药业审计机构正中珠江会计师事务所涉嫌未勤勉尽责立案调查。

【例 2】康得新：A 股史上最大利润造假案

康得新 2015 年虚增利润总额 23.81 亿元，占年报披露利润总额的 144.65%。2016 年虚增利润总额 30.89 亿元，占年报披露利润总额的 134.19%。2017 年虚增利润总额 39.74 亿元，占年报披露利润总额的 136.47%。2018 年虚增利润总额

23.81 亿元，占年报披露利润总额的 722.16%。合计四年虚增利润约 119 亿元，成为 A 股史上最大利润造假案。

【例 3】獐子岛：利用农产品存货盘点的复杂性调节利润

2019 年 11 月，獐子岛再一次收到深交所的关注函，要求其说明计提存货跌价准备的依据。在之前的 2018 年 2 月 9 日，獐子岛收到了证监会的《调查通知书》，因獐子岛涉嫌信息披露违法违规，证监会决定对其立案调查。

根据证监会的调查结果显示，獐子岛这场财务造假从 2016 年就已开始。正因为獐子岛多次出现此类事件，网友怒了，"骗我可以，请注意次数"。

【例 4】东旭光电：大存大贷，货币资金真实性存疑

市场公认的"白马股"东旭光电在 2019 年遭遇股"债双杀"。一方面，其货币资金充裕，2018 年和 2019 年前三季度，其账上的货币资金分别为 198 亿元和 183 亿元。另一方面，2018 年和 2019 年前三季度其有息负债总额分别为 205.38 亿元和 221.13 亿元。

2019 年 11 月 18 日，在债券"17 东旭 01"出现 37% 的"离奇"暴跌之后，深交所于次日发布公告：未收到东旭光电发行的中期票据付息兑付资金。简而言之，"白马股"东旭光电出现了债券兑付实质性技术性违约。

账上那么多钱，而东旭光电却连 20 亿元的债都还不起，且公司员工连工资都出现延期，不能不让人怀疑其货币资金的真实存在性。

【例 5】风华高科：以花式玩弄"应收账款"的方式来虚增利润

2019 年 8 月，风华高科收到广东监管局下发的《行政处罚事先告知书》，公司信息披露存在虚假记载，以及存在未及时披露董事会监事会决议两项违法事实。

公司应收账款对应债权转让存在问题，并在 2015 年年度报告、2016 年半年度报告、2016 年年度报告均存在虚假记载。公司在开展贸易业务时，形成约 6,319 万元的应收账款，且对应债权并没有抵押物等担保，且几次向债务人催款未果。

为了解决应收账款账目挂账问题、延长应收账款计提坏账准备时间，风华高科竟玩起了花招，具体手法是花式逃避坏账计提，甚至倒手就把坏账当成利润来算，金额高达 6,000 万元。对此，证监会对公司处以 40 万元罚款，并对涉案的 26 名公司人员加以处罚。而这 26 人名单中，三任董事长就赫然在列，包括公司的前前任、前任和现任董事长。这三人都是这起信息披露违法事件的始作俑者，被处罚金额都是 20 万元，也是涉案人员中被处罚力度最大的。

根据上述 5 个案例资料，请分析：

（1）上市公司财务造假有什么特征。

（2）如何识别财务造假。

（3）如何防范财务造假。

第五章
基本财务分析

扫码即可观看
本章微视频课程

知识框架

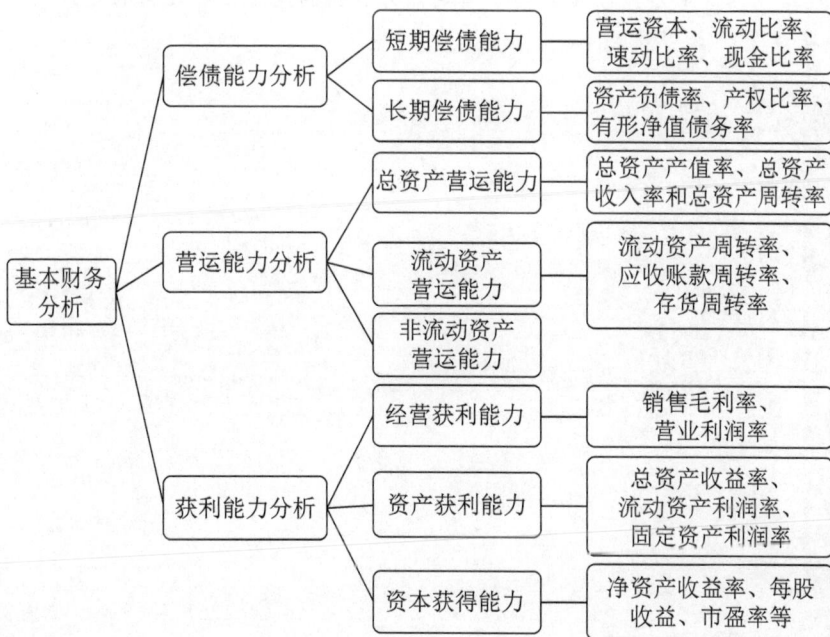

本章知识背景和学习目的

基本财务分析可以归纳为三个方面：偿债能力分析、营运能力分析和获利能力分析。其中，偿债能力是财务目标实现的稳健保证，营运能力是财务目标实现的物质基础，获利能力是最基本的财务目标。偿债能力分析、营运能力分析和获利能力分析相辅相成，共同构成了传统财务报表分析的基本内容。通过本章学习，为进行财务报表分析奠定基础。

本章学习要点

1. 掌握衡量偿债能力分析的主要指标及影响偿债能力的主要因素；
2. 掌握衡量营运能力分析的主要指标及影响营运能力的主要因素；
3. 掌握衡量获利能力分析的主要指标及影响获利能力的主要因素；
4. 理解偿债能力、营运能力和获利能力三者之间的关系。

第一节　偿债能力分析

一、偿债能力分析的意义

偿债能力是指企业清偿到期债务的现金保障程度，即企业偿还全部到期债务的现金保证程度。企业的经营不可能完全依赖股东的投资，而实现所谓的"无负债经营"。在企业的资本利润率高于借入款项的利率时，举债经营就能够通过财务杠杆作用获得杠杆收益，即利用负债融资获取高收益。举债就需要偿还，企业偿债能力的大小，对企业管理者、投资者、债权人等至关重要，也是企业生存和健康发展的基本前提。

偿债能力分析包括短期偿债能力分析和长期偿债能力分析。

通过偿债能力分析，不同利益主体可以了解企业的财务状况，了解企业所承担的财务风险程度。偿债能力的强弱涉及企业不同利益主体的切身利益，不同利益主体对企业偿债能力进行分析就有不同的意义。

1. 有利于债权人判断其债权收回的保证程度

对企业的债权人而言，偿债能力分析的主要目的是判断其自身债权的收回保证程度，即确认企业能否按期还本付息。因此，债权人希望融资结构中的股东权益比重越大越好。

2. 有利于股东判断投入资本的保全程度

企业股东是企业终极风险的承担者，企业的资产只有先偿还债务后，剩余部分才归股东所有，股东十分关心其投入资本能否保全。对企业股东而言，偿债能力分析的重要目的是判断自身承担的终极风险与可能获得的财务杠杆利益，以确定投资决策。

3. 有利于经营者优化融资结构和降低融资成本

优化融资结构，表现为吸收更多的主权资本，提高企业承担财务风险的能力。股东权益作为企业对外清偿债务、承担风险的后盾，是企业保持良好财务形象的基础，只有保持良好的财务形象，企业才能获得源源不断的投资和贷款。企业在提高承担财务风险能力的同时，还应考虑融资效益，即通过偿债能力分析，确定和保持最佳融资结构，以使企业的综合财务风险最低，尽量降低企业融资成本。对企业经营者而言，偿债能力分析的主要目的是优化融资结构和降低融资成本。

4. 有利于政府有关机构进行宏观经济管理

政府有关机构为保证经济协调运转，维护市场秩序，通常会对企业的经营和理财活动规定各种规则，其中，一些规则就与企业的融资结构相关。政府有关机构对企业的偿债能力进行分析，目的就是判断企业是否可以进入有限制的领域进行经营或财务运作。

二、短期偿债能力分析

短期偿债能力是指企业用流动资产偿还流动负债的现金保障程度。对短期偿债能力分析主要侧重于研究企业流动资产与流动负债的关系，以及资产变现速度的快慢。反映企业短期偿债能力的财务指标主要有：营运资本、流动比率、速动比率和现金比率。

（一）营运资本

营运资本是指流动资产超过流动负债的部分。营运资本是用于计算企业短期偿债能力的绝对指标。企业能否偿还短期债务，要看有多少债务，以及有多少可以变现偿债的流动资产等。

营运资本的计算公式如下：

$$营运资本 = 流动资产 - 流动负债$$
$$= （总资产 - 非流动资产）-（总资产 - 股东权益 - 非流动负债）$$
$$= （股东权益 + 非流动负债）- 非流动资产$$
$$= 长期资本 - 长期资产$$

营运资本为正数，表明长期资本大于长期资产，超出部分可以用于补充流动资产。营运资本的数额越大，财务状况越稳定。简而言之，全部流动资产都由营运资本提供资金来源，企业没有任何偿债压力。

营运资本为负数，表明长期资本小于长期资产，有部分长期资产需由流动负债提供资金来源。由于流动负债在 1 年内需要偿还，而长期资产在 1 年内不能变现，所以企业偿债所需现金不足，必须设法另外筹资，财务状况很不稳定。

如果营运资本为零，即流动资产与流动负债相等，并不足以保证企业的偿债能力，因为债务的到期与流动资产的形成，并不一定同步、同量。企业必须保持流动资产大于流动负债，保证有一定数额的营运资本作为缓冲，以防止长期资产占用长期资本。

依据表 6-4 列示的 KM 公司资产负债表简表，可以计算出 KM 公司 2017 年和 2018 年的营运资本。

2017 年营运资本 =52,388,821,675-25,798,119,674=26,590,702,001（元）

2018 年营运资本 =54,240,974,646-26,036,493,667=28,204,480,979（元）

应用营运资本指标分析时，应注意以下几个问题。

第一，营运资本合理性的判断。所谓营运资本的合理性，是指营运资本的数量以多少为宜。短期债权人希望营运资本越多越好，这样就可以减少贷款风险。因为营运资本短缺，就会迫使企业为了维持正常的经营和信用，被迫按不合适的利率进行借款，从而加大企业的利息支出并影响企业的股利支付能力。但是过多地持有营运资本，也不好。流动资产与长期资产相比，流动性强、风险小，但获利性差，过多的流动资产不利于企业提高获利能力。因此，企业应保持适当的营运资本规模。

衡量营运资本持有量的合理性，没有一个统一的标准，不同行业的营运资本规模有很大的差别。一般来说零售商业企业的营运资本较多，因为他们除了流动资产外没有什么可以偿还债务的资产；而信誉好的餐饮服务企业营运资本很少，有时甚至是负数，因为其稳定的收入可以偿还一定规模的流动负债；制造业企业一般有正数的营运资本，但其数额差别很大。

第二，不同企业营运资本可能没有可比性。由于营运资本与经营规模有联系，所以同一行业不同规模企业之间的营运资本也缺乏可比性；即使规模差不多，也不一定具有可比性，需要具体问题具体分析。例如，A 公司的营运资本为 300 万元（流动资产为 450 万元，流动负债为 150 万元），B 公司的营运资本与 A 公司相同，也是 300 万元（流动资产为 1,300 万元，流动负债为 1,000 万元）。但是，它们的偿债能力显然不同，A 公司的偿债能力比 B 公司强。因此，在实务中很少直接使用营运资本作为偿债能力的指标。营运资本的合理性主要是通过流动性存量比率来评价的。

第三，营运资本为负数不一定说明企业偿债能力差。这需要看公司的商业模式和竞争能力。具有强大竞争优势的公司，在上下游产业链中具备很强的谈判能力，营运资本就极有可能是负数：如果上游多家供应商的客户只有一家公司，则该公司对供应商具有很强的谈判能力，可以获得较低的价格和较长的信用期，从而在报表中形成较多的应付账款；同时下游的众多客户只能从该公司采购，则该公司对下游客户具有很强的定价能力，可以用较高的价格和较短的信用期进行销售，甚至是采用预收货款的方式进行销售。在这种情况下，公司的营运资本无须自己投入，可能会形成负数。此时的负数，不仅不是公司陷入财务危机的表现，反而是公司竞争优势的体现。

（二）流动比率

流动比率是流动资产与流动负债的比率。它是衡量企业资产流动性的大小，判明企业短期债务偿还能力最通用的比率。计算公式如下：

$$流动比率 = 流动资产 ÷ 流动负债$$

流动比率假设全部流动资产都可以用于偿还短期债务，它表明企业每 1 元流动负债有多少流动资产作为偿还的保障，反映企业可在短期内转变为现金的流动资产偿还到期流动负债的能力。

流动比率是相对数，排除了企业规模不同的影响，更适合同业比较以及本企业不同历史时期的比较。

流动比率的计算简单，所以应用广泛。一般情况下，流动比率越高，反映企业短期偿债能力越强；从债权人角度看，流动比率越高，表明流动资产超过流动负债的营运资本也越多，一旦面临企业清算时，则具有巨额的营运资本作为缓冲，可以减少资产变现的损失，而确保债权人得以足额清偿。

依据表 6-4 的数据，KM 公司的流动比率为：

2017 年流动比率 =52,388,821,675÷25,798,119,674=2.03

2018 年流动比率 =54,240,974,646÷26,036,493,667=2.08

从以上计算结果可看出，该公司 2018 年年末的流动比率比 2017 年年末的滚动比率有所上升，提升了 0.05（2.08-2.03），即为每 1 元流动负债提供的流动资产保障提升了 0.05 元。

应用流动比率分析应注意以下问题。

第一，不存在统一的、标准的流动比率数值。不同行业的流动比率，通常有明显差别。只有和同行业平均流动比率、本企业历史的流动比率进行比较，才能得出比率的优劣。但是想找出流动比率过高及过低的原因，还必须分析流动资产和流动负债所包括的内容以及经营上的因素。

第二，流动比率假设全部流动资产都可以变为现金并用于偿债，全部流动负债都需要还清。实际上，有些流动资产的账面金额与变现金额有较大差异，如产成品等；经营性流动资产是企业持续经营所必需的，不能全部用于偿债；经营性应付项目可以滚动存续，无须动用现金全部结清。因此，流动比率是对短期偿债能力的粗略估计。

第三，流动比率分析指标是静态性而非动态性的。流动比率指标的计算均来自资产负债表的时点指标，只能表示企业在某一特定时刻一切可用资源及需偿还债务的状态或存量，与未来资金流量并无因果关系。而资产的变现和债务的偿还则是动态的。如果只注重静态结果，就会忽略企业在经营活动中产生的偿债能力。

第四，一般认为流动比率为 2 的时候，企业偿还短期债务的能力比较强，企业在短期内是比较安全的；流动比率小于 1 是一个警告信号，说明企业有可能无法及时偿还即将到期的债务。当然，也不尽然。有些流动比率可能小于 1，是不是意味着企业出现财务危机呢？不一定！比如沃尔玛（Wal-Mart），20 世纪 70年代曾经流动比率高达 2.4，可以说很安全，但经过快 50 年发展，近几年流动比率都低于 1，2012 年最低仅为 0.83，显然显示了流动资产已经不足。但我们进一步看一下应收账款和应付账款的天数，沃尔玛收钱基本都是信用卡 7 天到账，而付款系统都是 30 天付给供货商，所以沃尔玛收钱很快，付款很慢，这样沃尔玛的现金流量很稳定，那么它就没有必要存放太多现金在手上。所以说这其实正是沃尔玛的核心竞争力所在，虽然对一般企业，流动比率小于 1 就是财务预警了。

第五，过高的流动比率可能是反映企业财务结构不尽合理的一种信息。例如：①企业某些环节的管理较为薄弱，从而导致企业应收账款或存货等方面资金占用较多；②企业可能因经营意识较为保守而不愿扩大负债经营的规模；③企业在以发行股票、增资配股或举借长期借款、债券等方式筹得资金后尚未充分投入营运；等等。但就总体而言，过高的流动比率主要反映了企业的资金没有得到充分利用，而该比率过低，则说明企业偿债能力较差，企业的安全性较弱。

（三）速动比率

速动比率是速动资产与流动负债的比率，用于衡量企业流动资产中可以立即用于偿付流动负债的能力。其计算公式为：

$$速动比率 = 速动资产 \div 流动负债$$

$$速动资产 = 流动资产 - 存货$$

构成流动资产的各个项目的流动性有很大的差别。其中的货币资金、交易性金融资产和各种应收、预付款项等，可以在较短的时间内变现，称之为速动资产。另外的流动资产，包括存货、一年内到期的非流动资产以及其他流动资产等，称之为非速动资产。

与流动比率一样，不同行业的速动比率有很大的差别。例如，采用大量现金销售的商店，几乎没有应收账款，速动比率大大低于 1 是正常的。相反，一些应收账款较多的企业，速动比率可能要大于 1。

应用速动比率分析时应注意以下几个问题。

第一，影响速动比率可信性的重要因素是应收账款的变现能力。账面上的应收账款不一定都能变成现金，实际的坏账可能比企业计提的减值准备要多；季节性的变化，可能使报表上的应收账款数额不能反映平均水平。这些情况，外部财务分析师不易了解，而内部财务分析师却有可能做出估计。

第二，速动比率同流动比率一样，它并不代表企业的长期的财务状况。企业为筹借资金可能会粉饰速动比率，作为债权人应进一步对企业整个会计期间和不同会计期间的速动资产、流动资产和流动负债情况进行分析。

第三，在运用速动比率分析公司短期偿债能力时，应结合应收账款的规模、周转速度和其他应收款的规模，以及它们的变现能力进行综合分析。如果某公司速动比率虽然很高，但应收账款的周转速度慢，且其他应收款的规模大，变现能力差，则该公司较为真实的短期偿债能力要比该指标反映的差。

（四）现金比率

速动资产中，流动性最强、可直接用于偿债的资产被称为现金资产。现金资产包括货币资金、交易性金融资产等。它们与其他速动资产的区别在于它们本身是可以直接偿债的资产，而无须再转换为现金还债。现金资产与流动负债的比值称为现金比率，其计算公式如下：

$$现金比率 = \frac{货币资金 + 交易性金融资产}{流动负债}$$

现金比率是最直接、最稳健的短期偿债能力衡量指标，它反映企业随时还债的能力。现金比率过低，说明企业即期偿付债务存在困难；现金比率过高，表示企业可立即用于偿付债务的现金资产较多，偿还即期债务的能力较强。

需要说明的是，现金比率不应过高。现金比率过高，表明企业通过负债方式所筹集的流动资金没有得到充分利用，企业失去投资获利的机会越大，所以并不鼓励企业保留过多的现金资产。因此，现金比率应根据企业具体情况保持在一个合理的限度内。一般认为该比率应在 20% 左右，在这一水平上，企业直接偿付流动负债的能力不会有太大的问题。

（五）现金流动负债比率

现金流动负债比率是企业一定时期的经营现金净流量同流动负债的比率，它可以从现金流量角度来反映企业当期偿付短期负债的能力。计算公式如下：

$$现金流动负债比率 = 经营现金净流量 \div 年末流动负债$$

该指标从现金流入和流出的动态角度对企业的实际偿债能力进行考查，反映本期经营活动所产生的现金净流量足以抵付流动负债的倍数。

由于净利润与经营活动产生的现金净流量有可能背离，有利润的年份不一定有足够的现金（含现金等价物）来偿还债务，所以利用以收付实现制为基础计量的现金流动负债比率指标，能充分体现企业经营活动所产生的现金净流量，可以在多大程度上保证当期流动负债的偿还，直观地反映出企业偿还流动负债的实际能力。

一般该指标大于 1，表示企业流动负债的偿还有可靠保证。该指标越大，表明企业经营活动产生的现金净流量越多，越能保障企业按期偿还到期债务，但也并不是越大越好，该指标过大则表明企业流动资金利用不充分，获利能力不强。

（六）现金到期债务比率

现金到期债务比率是企业经营现金净流入与本期到期的当期债务和应付票据总额的比率。它反映了企业可用现金流量偿付到期债务的能力。计算公式如下：

$$现金到期债务比率 = 经营现金净流量 \div 本期到期的债务$$

作为企业到期的长期负债和本期应付票据是不能延期的，到期必须如数偿还。通常，企业设置的该比率标准值为 1.5。该比率越高，企业资金流动性越好，企业到期偿还债务的能力就越强。

（七）影响短期偿债能力的表外因素

上述短期偿债能力指标，都是根据财务报表中资料计算的。还有一些表外因素也会影响企业的短期偿债能力，甚至影响相当大。财务报表使用者应尽可能了解这方面的信息，有利于做出正确的判断。

1. 增强短期偿债能力的表外因素

在实务中，增强短期偿债能力的表外因素主要有：

（1）可动用的银行贷款指标；

（2）准备很快变现的非流动资产；

（3）偿债能力的声誉。

2. 降低短期偿债能力的表外因素

降低短期偿债能力的表外因素有：

（1）未做记录的或有负债，如未决诉讼，企业可能败诉，但企业并没有预计损失；

（2）由于对外提供担保，可能引发的连带责任，如与担保有关的或有负债，如果它的数额较大并且可能发生，就应在评价偿债能力时给予关注；

（3）建造合同、长期资产购置合同中的分阶段付款，也是一种承诺，应视同需要偿还的债务。

三、长期偿债能力分析

长期偿债能力是企业偿还长期债务的现金保障程度。企业的长期债务是指偿还期在1年或超过1年的一个营业周期以上的负债，包括长期借款、应付债券、长期应付款等。分析一个企业长期偿债能力，主要是为了确定该企业偿还债务本金和支付债务利息的能力。在资产负债表分析中，衡量长期偿债能力的指标主要有资产负债率、产权比率、有形净值债务率等。

（一）资产负债率

资产负债率是负债总额除以资产总额的百分比，也就是负债总额与资产总额的比例关系，用于衡量企业利用债权人资金进行财务活动的能力，以及在清算时企业资产对债权人权益的保障程度。其计算公式如下：

$$资产负债率 = 总负债 \div 总资产 \times 100\%$$

资产负债率是衡量企业负债水平及风险程度的重要标准。该指标不论对企业投资者还是企业债权人都十分重要，适度的资产负债率既能表明企业投资者、债权人的投资风险较小，又能表明企业经营的安全、稳健、有效，具有较强的筹资能力。

一般认为，资产负债率的适宜水平是40%—60%，比较保守的经验判断一般为不高于50%，国际上一般认为60%比较好。如果企业的资产负债率小于40%，在企业盈利时，可以通过适度增加借款用以实施新的经营项目，或者进行新产品的推广，以获取额外的利润，但前提是新的项目要确保盈利，增强企业的获利能力。

如果资产负债率在 70% 以上，则是一种不好的信号，企业应该加强财务风险控制。

当然，在企业管理实践中，难以简单用资产负债率的高或低来判断负债状况的优劣，因为过高的资产负债率表明企业财务风险太大，过低的资产负债率则表明企业对财务杠杆利用不够。所以，实际分析时，应结合国家总体经济状况、行业发展趋势、企业所处竞争环境等具体条件进行客观判定。

依据表 6-4 的资料，KM 公司的资产负债率为：

2017 年资产负债率 = [（25,798,119,674+10,979,472,884）÷65,292,951,325]×100%=56.33%

2018 年资产负债率 = [（26,036,493,667+20,291,418,611）÷74,627,937,565]×100%=62.08%

从以上计算结果可看出，该公司的资产负债率上升了，说明公司的长期偿债能力在减弱。

（二）产权比率

产权比率是负债总额与股东权益之间的比率，它反映投资者对债权人的保障程度，用于衡量企业的风险程度和对债务的偿还能力。其计算公式如下：

产权比率 = 负债总额 ÷ 股东权益总额

产权比率越高，企业所存在的风险就越大，长期偿债能力就越弱。不管企业盈利情况如何，企业必须履行支付利息和偿还本金的义务和责任。产权比率越低，表明企业的长期偿债能力越强，债权人承担的风险越小，债权人也就愿意向企业增加借款。

如果认为资产负债率应当在 40%—60%，则意味着产权比率应当维持在 0.7—1.5。一般认为，该指标值在 1 左右比较理想。

依据表 6-4 的资料，KM 公司的产权比率为：

2017 年产权比率 = （25,798,119,674+10,979,472,884）÷28,515,358,767=1.39

2018 年产权比率 = （26,036,493,667+20,291,418,611）÷28,300,025,287=1.64

从以上计算结果可看出，该公司产权比率 2018 年比 2017 年上升了，说明每 1 元股东权益要负担的负债在增加，表明长期偿债能力在减弱。

（三）已获利息倍数

已获利息倍数是指上市公司息税前利润相对于所需支付债务利息的倍数，可用来分析公司在一定盈利水平下支付债务利息的能力。计算公式为：

$$已获利息倍数 = 息税前利润总额 ÷ 利息支出$$

$$息税前利润总额 = 净利润 + 利息费用 + 所得税费用$$

利息支出包括财务费用中的利息支出和资本化利息。

一般情况下，已获利息倍数越高，企业长期偿债能力越强。国际上通常认为，该指标为 3 时较为适当，从长期来看至少应大于 1。

（四）现金流量利息保障倍数

现金流量利息保障倍数是指经营现金净流量为利息费用的倍数。计算公式为：

$$现金流量利息保障倍数 = 经营现金净流量 ÷ 利息支出$$

该比率表明 1 元的利息费用有多少倍的经营现金净流量作为保障。该比率比以利润为基础计算的利息保障倍数更可靠，因为实际用以支付利息的是现金，而非利润。

（五）有形资产净值债务率

有形资产净值债务率是负债总额与有形资产净值的比率，用来反映企业在清算时债权人投入资本受到股东权益的保护程度，用于衡量企业的风险程度和对债务的偿还能力。

有形资产净值是从净资产中扣除无形资产、开发支出、商誉、长期待摊费用等后的资产净值。该指标实际上是一个更保守、更谨慎的产权比率。其计算公式如下：

$$有形资产净值债务率 = \frac{负债总额}{资产总额 - 无形资产、商誉等净值}$$

该指标越大，表明企业对债权人的保障程度越低，企业风险越大，长期偿债能力越弱；反之，表明企业风险越小，长期偿债能力越强。

依据表 2-1 的资料，KM 公司的有形资产净值债务率为：

2017 年有形资产净值债务率 =36,777,592,558÷（65,292,951,325-1,963,554,997-29,908,043-552,727,733-224,411,463-290,588,138-261,184,018）=0.59

2018 年有形资产净值债务率 =46,327,912,278÷（74,627,937,565-2,097,529,662-37,437,363-568,846,334-242,975,608-333,864,057-442,738,117）=0.65

从以上计算结果可看出，该公司的有形资产净值债务率上升了，说明其长期偿债能力在减弱。

应用有形资产净值债务率指标分析应注意以下问题。

第一，有形资产净值债务率指标实质上是产权比率指标的延伸，是评价企业长期偿债能力更为保守和稳健的一个财务比率，它将企业偿债安全性分析建立在更加切实可靠的物质保障基础之上，在企业陷入财务危机、面临破产等特别情况时，使用该指标衡量企业的长期偿债能力更有实际意义。从长期偿债能力来讲，该比率越低越好。

第二，有形资产净值债务率指标最大的特点是在可用于偿还债务的净资产中扣除了无形资产和商誉，这主要是由于无形资产和商誉的会计计量缺乏可靠的基础，不可能作为偿还债务的资源。

在资产负债表分析中，除以上指标可以洞悉企业的长期偿债能力外，还有一些其他影响因素在分析时也应一并考虑。主要包括以下因素。

（1）长期资产。将长期资产作为偿还长期债务的资产保障时，长期资产的计价和摊销方法对长期偿债能力的影响很大。例如固定资产的市场价值最能反映资产偿债能力。事实上，报表中固定资产的价值绝大多数是采用历史成本计量的，即使恰当地提取了资产减值准备，也不一定能够反映资产的市场价值，因而不一定能够反映资产的偿债能力。

（2）长期租赁。当企业急需某种设备或厂房而又缺乏足够的资金时，可以通过租赁的方式解决。财产租赁的形式包括融资租赁和经营租赁，融资租赁形成的负债大多会反映于资产负债表，而经营租赁形成的负债则没有反映于资产负债表。当企业的经营租赁量比较大、期限比较长或具有经常性时，就形成了一种长期性的表外融资，这种表外融资到期时必须支付租金，会对企业的偿债能力产生影响。因此，如果企业经常发生经营租赁业务，应考虑租赁费用对偿债能力的影响。

（3）债务担保。担保项目的时间长短不一，有的涉及企业的长期负债，有的涉及企业的流动负债。在分析企业长期偿债能力时，应根据有关资料判断担保责任带来的潜在长期负债问题。

（4）未决诉讼和未决仲裁。未决诉讼和未决仲裁是指企业涉及尚未判决的诉讼案件、原告提出有赔偿要求的待决事项。如果胜诉，企业将不负有任何责任；但若企业败诉，则负有支付原告提出的赔偿要求的责任。未决诉讼一旦判决败诉，便会影响企业的偿债能力，因此在评价企业长期偿债能力时要考虑其潜在影响。

依据上面的阐述和财务报表数据，我们对 KM 公司 2014—2018 年与偿债能力相关的主要指标进行了计算汇总，如表 5-1 所示。

表 5-1　KM 公司偿债能力指标（2014—2018 年）

科目年度	2018 年末期	2017 年末期	2016 年末期	2015 年末期	2014 年末期
流动比率	2.08	2.03	2.22	2.12	2.50
速动比率	0.77	0.66	1.59	1.42	1.61
现金比率	0.07	0.16	1.36	1.14	1.21
营运资本（万元）	2,820,448.10	2,659,070.20	2,443,710.29	1,556,853.70	1,240,559.04
现金流动负债比率	−0.12	−0.19	0.08	0.04	0.14
现金到期债务比率	−0.27	−0.35	0.19	0.11	0.28
已获利息倍数	1.74	3.36	5.58	6.51	6.51
现金流量利息保障倍数	−1.74	−3.97	1.84	0.86	2.31
产权比率	1.64	1.29	0.87	1.02	0.67

从表 5-1 可知，KM 公司现金流量利息保障倍数逐年下降，主要是因为利息支出连年增加，这也说明 KM 公司的货币资金并没有报表上说得那样充足。KM 公司的流动比率、速动比率整体呈现相同的变化趋势，现金比率在 2018 年为 0.07，即意味着企业可动用的货币资金只能偿还企业流动负债的 7%，这跟当年货币资金大额减少有关。产权比率在 2018 年达到高值，当年发行三期超短期债券，使得负债增加，KM 公司在 2018 年财务风险偏高。总体而言，KM 公司的偿债能力分析指标在 2014—2018 年呈现连年下降趋势，偿债能力弱，面临较大的债务和财务压力。

第二节　营运能力分析

一、营运能力的含义

营运能力主要指企业营运资产的效率与效益。企业营运资产的效率主要指资产的周转率或周转速度。企业营运资产的效益通常是指企业的产出额与资产占用额之间的比率。企业营运能力分析就是要通过对反映企业资产营运效率与效益的指标进行计算与分析，评价企业的营运能力，为企业提高经济效益指明方向。

反映企业资产营运能力的指标有许多，要正确分析评价企业资产营运能力，首先必须正确设计评价资产营运能力的指标体系。设计评价资产营运能力的指标，必须遵循以下原则。

第一，资产营运能力指标应体现提高资产营运能力的实质要求。企业资产营运能力的实质，就是要以尽可能少的资产占用，以尽可能短的时间周转生产尽可能多的产品，实现尽可能多的销售收入，创造尽可能多的纯收入。

第二，资产营运能力指标应体现多种资产的特点。企业的资产包括固定资产和流动资产，它们各有其特点。对固定资产应考虑它的使用价值与价值相脱离的特点，指标计算上，从两方面加以考虑；对流动资产，主要应体现其流动性的特点。

第三，资产营运能力指标应有利于考核分析。应尽量采用现行制度规定的考核指标，或根据现有核算资料可以计算并便于分析的指标，否则，指标再好也没有实际意义。

根据营运能力分析的含义与目的，企业营运能力分析的内容主要包括三个方面：总资产营运能力分析、流动资产营运能力分析、非流动资产营运能力分析。

二、总资产营运能力分析

企业总资产营运能力，主要是指投入或使用总资产所取得的产出的能力。总资产营运能力分析就是要对企业总资产的营运效率进行综合分析。通常，反映总资产营运能力的指标主要包括总资产产值率、总资产收入率和总资产周转率（次数）。

（一）总资产产值率

从生产能力角度考虑，反映企业的总产出可以用总产值衡量，因此，反映总资产营运能力可以用总资产产值率表示。其计算公式是：

总资产产值率 = 总产值 ÷ 平均总资产 ×100%

总产值是企业在一定时期内生产的按价值计算的全部产品产量，是企业利用全部资产为社会创造的物质产品。总资产产值率反映了企业一定时期内创造的总产值与总资产之间的关系。在一般情况下，该指标值越高，说明企业资产的投入产出率越高，企业总资产运营状况越好。

该指标不足之处是：由于总产值中既包括完工产品，又包括在产品，所以总产值仅仅表示当期生产了多少，并不表明是否得到了社会的承认。如果得不到社会的承认，企业生产再多的产品也没有价值。

（二）总资产收入率

总资产收入率是指占用每百元资产所取得的收入额。其计算公式是：

$$总资产收入率 = 总收入 \div 平均总资产 \times 100\%$$

总资产收入率指标反映了企业收入与资产占用之间的关系。通常，总资产收入率越高，反映企业总资产营运能力越强、营运效率越高。该指标比总资产产值率更能准确反映企业总资产的营运能力，因为企业总产值往往既包括完工产品产值，又包括在产品产值，既包括已销售的商品产值，又包括库存产品产值。收入的实现表明企业的产品得到了社会的承认，满足了社会的某种需要，是企业资产的真正有效利用。在市场经济条件下，企业产品只有销售出去，收入实现才是真正有意义的产出。因此，这个指标克服了总资产产值率的缺点。

对总资产收入率的分析，如果考虑收入与产值的关系，其因素分解式是：

$$总资产收入率 = \frac{总收入}{平均总资产} \times 100\%$$

$$= \frac{总产值}{平均总资产} \times \frac{总收入}{总产值} \times 100\%$$

$$= 总资产产值率 \times 产品销售率 \times 100\%$$

可见，企业要取得较高的总资产收入率，一方面要提高总资产产值率，另一方面要提高产品销售率。

（三）总资产周转率

总资产收入率若从资产周转角度看，亦称总资产周转率（次数），尽管计算方法相同，但总资产周转率却是从资产流动性方面反映总资产的利用效率。它是综合评价企业全部资产经营质量和利用效率的重要指标，通常用总资产周转次数和周转天数表示。其计算公式如下：

$$总资产周转次数 = 销售收入 \div 平均总资产$$

$$总资产周转天数 = 360 \div 总资产周转次数$$

总资产周转率是考查企业资产运营效率的一项重要指标，体现了企业经营期间全部资产从投入到产出周而复始的周转速度，反映了企业全部资产的管理质量和利用效率。

通过该指标的对比分析，不但能够反映出企业本年度及以前年度总资产的运营效率及其变化，而且能发现企业与同类企业在资产利用上存在的差距，促进企业挖掘潜力、积极创收、提高产品市场占有率、提高资产利用效率。

一般情况下，该指标数值越大，资产周转速度越快、利用效率越高。

由于该指标是一个包容性较强的综合指标，因此，从因素分析的角度来看，它要受到流动资产周转率、应收账款周转率和存货周转率等指标的影响。在总资产中，周转速度最快的应属流动资产，因此，总资产周转速度受流动资产周转速度影响较大。从总资产周转速度与流动资产周转速度的关系，可确定影响总资产周转率的因素如下：

$$总资产周转率 = \frac{销售收入}{平均流动资产} \times \frac{平均流动资产}{平均总资产}$$
$$= 流动资产周转率 \times 流动资产占总资产的比重$$

可见，影响总资产周转率的因素主要如下。

（1）各项资产的合理比例，尤其是流动资产和固定资产的比例。比例不合适，就会造成资产的闲置。一般来讲，在固定资产充分利用、满负荷运转的情况下，固定资产增长的速度应该与销售收入增长的速度相适应。另外，经营用固定资产和非经营用固定资产的比例也会影响该指标。

（2）各项资产的利用程度。各项资产的利用程度衡量指标包括流动资产周转率（存货周转率、应收账款周转率）、固定资产周转率。通常来说，流动资产的周转速度往往高于其他资产的周转速度，加速流动资产周转，就会使总资产周转速度加快，反之则会使总资产周转速度减慢。

（3）销售收入。在资产规模不变的情况下，如销售收入的增长使得总资产周转率提高，表明总资产营运能力得到提升。

三、流动资产营运能力分析

流动资产营运能力分析指标主要包括流动资产周转率、应收账款周转率、存货周转率。

（一）流动资产周转率

流动资产周转率，既是反映流动资产周转速度的指标，也是综合反映流动资产利用效果的基本指标，它是一定时期流动资产平均占用额和流动资产周转额的比率，是用流动资产的占用量和其所完成的工作量的关系，来表明流动资产的使用经济效益。流动资产周转速度快，会相对节约流动资产，等于相对扩大资产投入，增强公司获利能力；而延缓周转速度，要补充流动资产参加周转，会形成资金浪费，降低公司获利能力。

流动资产周转率的计算，一般可以采取以下两种方式：

$$流动资产周转次数 = \frac{流动资产周转额}{流动资产平均余额}$$

$$流动资产周转天数 = \frac{计算期天数（360）}{流动资产周转次数}$$

$$= \frac{流动资产平均余额}{流动资产周转额} \times 计算期天数$$

流动资产的周转次数或天数，均表示流动资产的周转速度。流动资产在一定时期的周转次数越多，亦即每周转一次所需要的天数越少，周转速度就越快，流动资产营运能力就越好；反之，周转速度则慢，流动资产营运能力就越差。

从上述公式可知，流动资产周转天数的计算，必须利用"计算期天数""流动资产平均余额""流动资产周转额"三个数据。对计算期天数，为了计算方便，全年按 360 天计算，全季按 90 天计算，全月按 30 天计算。对流动资产平均余额的确定：一要注重范围，周转率不同，流动资产的范围就不同；二要注重用平均占用额而不能用期末或期初占用额。流动资产周转额一般指企业在报告期中有多少流动资产完成了，即完成的从货币到商品再到货币这一循环过程的流动资产数额，通常用销售收入来表示，当然也可用销售成本表示。因此，企业全部流动资产周转率的计算公式是：

$$流动资产周转率 = \frac{销售收入}{流动资产平均总额}$$

$$流动资产平均总额 = \frac{期初流动资产 + 期末流动资产}{2}$$

$$流动资产周转率 = \frac{计算期天数}{流动资产周转率}$$

分析流动资产周转率，需要注意以下几点。

第一，流动资产周转率反映了企业流动资产的周转速度，是从企业全部资产中流动性最强的流动资产角度对企业资产的利用效率进行的分析，以进一步揭示影响企业资产质量的主要因素。

第二，该指标将主营业务收入净额与企业资产中最具活力的流动资产相比较，既能反映企业一定时期流动资产的周转速度和使用效率，又能进一步体现每单位流动资产实现价值补偿的高与低，以及补偿速度的快与慢。

第三，要实现该指标的良性变动，应以主营业务收入增幅高于流动资产增幅为保证。在企业内部，通过对该指标的分析对比，一方面可以促进企业加强内部管理，充分有效地利用其流动资产，如降低成本、调动暂时闲置的货币资金用于短期投资创造收益等；另一方面也可以促进企业采取措施扩大销售，提高流动资产的综合使用效率。

第四，一般情况下，该指标越高，表明企业流动资产周转速度越快，利用越好。在较快的周转速度下，流动资产会相对节约，其意义相当于流动资产投入的扩大，在某种程度上增强了企业的获利能力；而周转速度慢，则需补充流动资金参加周转，会形成资金浪费，降低企业获利能力。

（二）应收账款的周转

应收账款是企业因销售商品、提供劳务等原因而应向购货单位或接受劳务单位收取的各种款项。一方面，应收账款是企业被信用单位无偿占有的资金，体现的是一种资金沉淀。应收账款占用越多，使用费的损失越大，资产的使用效率越差，现金越短缺。另一方面，应收账款结余越多，发生坏账损失的风险越大。因此，应收账款也是越少越好。

应收账款和存货一样，在流动资产中有着举足轻重的地位。及时收回应收账款，不仅能增强公司的短期偿债能力，也能反映出公司管理应收账款方面的效率。反映应收账款营运能力的指标有两个：应收账款周转次数与应收账款周转天数。计算公式如下：

$$应收账款周转次数 = 销售净额 \div 平均应收账款总额$$
$$应收账款周转天数 = 360 \div 应收账款周转次数$$

在使用该指标进行分析时，应尽量计算连续几个会计年度的数值，同时考虑同行业其他企业或行业平均水平。并且，分析者必须了解被分析对象可能导致指标异常的具体情况。

可能使该指标偏高的情况：会计年度末大量的集中销售；应核销的坏账未进行处理；企业按照销售季节发账单；多数应收账款为应收分期账款。

可能使该指标偏低的情况：会计年度末销货额大量减少；使用大量的现金销货；企业在代理融通安排下卖出大量应收账款。

使用应收账款周转次数和周转天数指标来分析应收账款的营运能力，都必须考虑不同期间企业的赊销政策，即考虑赊销与现销的比例。如赊销和现销比例发生变化，则不同期间的指标值不可比。

（三）存货的周转

企业持有存货的目的是耗用或销售。商品流通企业的存货只是为了销售；制造业企业的存货可分为三类：原材料类存货、在产品存货和产成品存货。在计算分析有关指标时，假设存货都是可以销售的。

存货周转分析的目的是从不同的角度和环节上找出存货管理中的问题，使存货管理在保证生产经营连续性的同时，尽可能少占用经营资金，提高资金的使用效率，增强公司短期偿债能力，促进公司管理水平的提高。

在流动资产中，存货所占的比重较大。存货的流动性将直接影响公司的流动比率，因此，必须特别重视对存货的分析。反映存货营运能力的指标一般有两个：存货周转次数和存货周转天数。计算公式如下：

$$存货周转次数 = 销货成本 \div 平均存货$$

$$存货周转天数 = 360 \div 存货周转次数$$

存货周转率是衡量和评价公司购入存货、投入生产、销售收回等各环节管理状况的综合性指标。一般而言，在一定营业周期内，存货周转次数越多，存货周转速度越快，存货的占用水平越低，流动性越强，存货转换为现金或应收账款的速度越快。提高存货周转率可以提高公司的变现能力，存货周转速度越慢则变现能力越差。

在具体分析时，应注意分析对象经营上的季节性和销售发展的趋势。

存货发出的计价方法不同会影响该指标的计算和分析，特别是当各期存货的成本存在差异且呈现明显的增加或减少趋势时。此时可以用数量指标代替价值指标进行计算。

使用存货周转次数和周转天数指标来分析存货的营运能力，必须考虑不同期间企业的存货发出的计价方法。如计价方法发生变化，则不同期间的指标值不可比。为避免存货或销货成本的金额数据不合理造成的影响，可采用实物指标代替价值指标进行计算。

另外，需要注意的是，存货周转率指标的升降并不完全体现存货管理效率的变化，并且存货周转率指标有时会掩盖存货的结构性矛盾，其他资产周转率指标也是如此。

四、非流动资产营运能力分析

非流动资产包括的项目很多，通常主要分析的是固定资产营运能力。

（一）固定资产利用的合理性分析

固定资产利用的合理性可以从两个方面进行分析：一是分析固定资产占全部非流动资产的比率，二是分析固定资产的内部构成。

1. 固定资产占全部非流动资产的比率

计算公式如下：

固定资产占全部非流动资产的比率＝固定资产总额÷非流动资产总额×100%

固定资产是企业最重要的生产力要素之一，是企业赖以生存的物质基础，是企业产生效益的源泉。固定资产的结构、状况、管理水平等直接影响企业的竞争力，关系到企业的运营与发展。因此，固定资产在非流动资产乃至全部资产总额中都应该占较大的比重。

2. 固定资产的内部构成

在分析固定资产的利用现状时，一般是将固定资产按照用途进行分类（一般分为生产用固定资产、非生产用固定资产、未使用固定资产、不需用固定资产四类），并计算不同期间各类固定资产的金额变化、比重（在全部固定资产中的比例）及其变化，然后进行分析。

一般来讲，企业应尽量减少未使用和不需用固定资产的数量，降低其比重；而生产用固定资产和非生产用固定资产的比例则应结合企业所处行业、企业性质和企业的现代化程度进行分析。

（二）固定资产的磨损与更新分析

固定资产的新旧程度在一定意义上反映了企业的实际生产能力和生产潜力。主要指标有以下 4 个：

$$固定资产更新率 = \frac{当年新增固定资产原价}{年初固定资产原价之和} \times 100\%$$

$$固定资产报废毁损率 = \frac{当年报废毁损固定资产原价}{年初固定资产原价之和} \times 100\%$$

$$固定资产磨损率 = \frac{累计折旧总数}{全部固定资产原价} \times 100\%$$

$$固定资产净值率 = \frac{全部固定资产净值}{全部固定资产原价} \times 100\%$$

（三）固定资产使用效益分析

一般采用固定资产利润率指标来反映固定资产的使用效益。

$$固定资产利润率 = \frac{利润总额}{固定资产平均净值} \times 100\%$$

利润的变动一般直接受销售数量和单位销售利润的影响。但在销售稳定的情况下，可以认为生产量等于销售量，此时固定资产的生产能力就会影响企业利润；并且，固定资产的使用状态（在不考虑原料和人工操作影响的前提下，可以通过产品合格率来反映）也会影响企业的利润水平。

（四）固定资产周转率分析

固定资产周转率是企业年销售收入净额与固定资产平均净值的比率，反映了固定资产的周转情况，可以衡量固定资产的利用效率，通常用固定资产周转次数和周转天数来表示。

$$固定资产周转次数 = 销售收入净额 \div 固定资产平均净值$$

$$固定资产周转天数 = 360 \div 固定资产周转次数$$

固定资产周转次数多，固定资产周转天数少，表明企业固定资产利用充分，企业固定资产的结构比较合理。

在运用固定资产周转率指标时，应考虑以下因素：固定资产平均净值因不断提取折旧而减少；因购置全新固定资产而导致固定资产平均净值的突然增加；固定资产的折旧方法。

依据上面的阐述和财务报表数据，我们对 KM 公司 2014—2018 年与营运能力相关的主要指标进行了计算汇总，如表 5-2 所示。

表 5-2　KM 公司营运能力指标（2014—2018 年）

科目年度	2018 年末期	2017 年末期	2016 年末期	2015 年末期	2014 年末期
存货周转率（次）	0.39	0.45	1.35	1.51	2.11
应收账款周转率（次）	3.42	4.35	7.67	7.56	8.11
应付账款周转率（次）	4.85	17.71	11.47	10.84	12.97
流动资产周转率（次）	0.36	0.36	0.59	0.72	0.90
固定资产周转率（次）	2.57	2.92	4.04	3.97	3.91
总资产周转率（次）	0.28	0.29	0.47	0.55	0.64

从表 5-2 可知，KM 公司固定资产周转率、存货周转率和应收账款周转率均在 2018 年出现低谷，为 2.57、0.39 和 3.42，固定资产周转率、存货周转率、应收账款周转率和总资产周转率在 2014—2018 年总体呈现下降趋势，企业整体营运能力不佳，资产利用效率低下。

第三节　获利能力分析

一、获利能力分析的内涵

获利能力，又称盈利能力，是指企业在一定时期内赚取利润的能力。追求利润最大化是企业的动力所在，因此，获利能力分析是企业财务报表分析的重点。获利能力的强弱是一个相对的概念，即利润是相对于一定资源投入、一定的收入而言的。利润率越高，说明获利能力越强；利润率越低，说明获利能力越弱。企业经营业绩的好坏最终可通过企业的获利能力强弱来反映。无论是企业的管理层、投资者、债权人，或其他利益相关者都非常关心企业的获利能力。

（一）影响获利能力的因素

利润是收入与费用配比的结果，凡是影响收入和费用的因素都会影响企业获利能力的强弱，因此，分析企业的获利能力应该从企业的收入与费用入手。由于企业的全部生产经营过程就是发生耗费和取得收入的过程，因此，获利能力是企业其他各种能力（如营销能力、收现能力、降低成本的能力等）、财务状况、风险程度的综合体现。

1. 营销能力

营销能力是获利能力的基础，是企业发展的根本保证。企业的营销能力受营销策略和营销状况的影响。

2. 收现能力

在商业信用大量存在的情况下，收现能力是影响企业获利能力的重要因素。未收现的销售额只是观念上的收益来源。评价企业的收现能力可以从信用条件、加速账款回收的制度和方法、催款程序等方面进行。

3. 降低成本的能力

在收入不变的前提下，降低成本可以增加收益。企业降低成本的能力取决于企业的技术水平、产品设计、生产规模、成本管理水平。

4. 财务状况

一个企业的财务状况与其获利能力是相互制约、相互促进的。一方面，财务状况好的企业，有雄厚的资金做后盾，可以进行新产品的开发，可以拓宽营销渠道，可以进行广告宣传，当然企业的获利能力就会增强。另一方面，如果企业的获利能力差，甚至经常亏损，资金实力再雄厚的企业，其财务状况慢慢地也会陷入困境。财务状况对获利能力的影响主要表现在以下方面。

（1）合理的资金结构会使企业有较稳定的获利能力。

（2）偿债能力过高，说明企业没有充分利用资金，没有充分发挥创造利润的潜力；偿债能力过低，也会使企业在盈利的情况下破产。

（3）资产收益率高于债务成本时，负债经营可提高企业的获利能力。

（4）营业资本增加，增强企业的经营能力，增加企业获利的机会。

（5）资金周转速度快，在同等条件下可节约资金，节约的资金可用于经营规模的扩大和创利水平的提高。

5. 风险程度

从事高风险项目的企业，其获利能力往往是短期的、不稳定的。比如股票投资收益，就是很不稳定的一种收益。

（二）获利能力分析的内容

企业一定时期的盈利水平，体现了企业生产经营能力、资产管理水平、资金运用效果、经营规模、市场竞争能力，以及资本运营的能力和资本的实力。提高企业获利能力，必须从提高生产经营收益、提高资产运营效率、提高资本运营收益这三个重要途径入手，挖掘各自的潜力，以提高企业整体的获利能力和盈利水平。因此，从信息使用者的角度来看，获利能力的评价可以从经营获利能力、资产获利能力、资本获利能力等三个方面评价，具体评价时必须考虑与同行业的比较。

二、经营获利能力评价

经营获利能力是指实现每 1 元营业额或消耗每 1 元资金取得的利润的多少，是以销售收入为基础的获利水平的分析，属于投入与产出的比较。评价经营获利能力的指标主要有销售毛利率和营业利润率。

（一）销售毛利率

销售毛利率是销售毛利额与销售净收入之间的比率。计算公式如下：

$$销售毛利率 = 销售毛利额 \div 销售净收入 \times 100\%$$

$$销售毛利额 = 销售净收入 - 销售成本$$

销售毛利率指标主要考查企业商品在市场上竞争能力的强弱，如果企业的销售毛利率指标高，那么这个企业的商品在市场上竞争能力就强；相反，如果这个指标低，就说明企业商品的竞争能力弱。在分析销售毛利率及其变动时，一般是首先将报告期的实际值与目标值比较，此外还必须与行业平均值和行业先进水平相比较；然后可以进一步分析差距产生的原因，以评价企业的获利能力。

就 KM 公司而言，依据其利润表的数据，2018 年总的销售毛利率为 30.04%，虽然相对于其 2017 年的 38.63% 下降许多，但依然是非常高的，与云南白药的 31.25% 相差无几。但 KM 公司 2018 年的销售利润率却并不高，只有 7.02%，远低于云南白药的 13.71%，应该说有些异常。

（二）销售利润率

销售利润率又称营业利润率，是营业利润与全部业务收入的比率。计算公式如下：

$$销售利润率 = 营业利润总额 \div 营业收入 \times 100\%$$
$$营业利润总额 = 营业收入 - 营业成本 - 费用$$

销售利润率指标比销售毛利率指标更加全面，因为企业在主营业务不景气的情况下，往往会利用自身条件，开展多方面的劳务服务，以补充主营业务的不足，维持获利能力在一定水平上的稳定性和持久性。

可以通过对营业收入、税金及附加、销售费用、管理费用、财务费用的进一步考查（主要是分析各自的变动率。对管理费用，内部分析者还应分析其构成的变化），更加深入地分析销售利润率变化的深层次原因。

三、资产获利能力评价

资产获利能力可以衡量资产的使用效益，从总体上反映投资效果。一个企业的资产获利能力如果高于社会的平均资产利润率和行业平均资产利润率，企业就会更容易吸收投资，企业的发展就会处于更有利的位置。评价资产获利能力的指标主要有总资产收益率、总资产净利率流动资产利润率、固定资产利润率等。

（一）总资产收益率

总资产收益率也称总资产报酬率，是企业一定期限内实现的收益额与该时期企业平均资产的比率。总资产收益率集中体现了资产运用效率和资金利用效果之间的关系。在企业资产总额一定的情况下，利润的多少决定总资产收益率的高低，该指标反映了企业综合经营管理水平的高低。计算公式如下：

$$总资产收益率 = \frac{利润总额 + 利息支出}{平均资产总额} \times 100\%$$

通常，在计算该指标时包括利息支出，这是因为：第一，总资产从融资渠道来讲又分为产权性融资和债务性融资两个部分，产权性融资的成本是股利，以税后利润支付，其数额包含在利润总额中，为保持一致，债务性融资的成本（利息）也应当包含进去；第二，利息支出的本质是企业纯收入的分配，属于企业创造利润的一部分。

通过对总资产收益率的深入分析，可以增强各方面对企业资产经营状况的关注，促进企业提高单位资产的收益水平。

一般情况下，企业可据此指标与市场利率进行比较，如果该指标大于市场利率，则表明企业可以充分利用财务杠杆进行负债经营，获取尽可能多的收益。

总资产收益率指标越高，表明企业投入产出的水平越好，企业的全部资产的总体运营效益越高。

分析评价时，一般将报告期的指标数值与计划期的数值、以前期间的实际数值、社会平均值、行业平均值进行比较，在此基础上进一步深入分析资产的变化（规模、结构、时间）和利润的变化，以得出相对科学的结论。

但在上市公司的公开资料中，利息支出一般没有公开，因此，在计算该指标时，也可以不包括利息支出。此时的指标也可称为总资产利润率。

（二）总资产净利率

总资产净利率是指公司净利润与平均资产总额的百分比。计算公式如下：

$$总资产净利率 = 净利润 \div 平均资产总额 \times 100\%$$

该指标反映的是公司运用全部资产所获得利润的水平，即公司每占用 1 元的资产平均能获得多少元的利润。该指标越高，表明公司投入产出水平越高，资产运营越有效，成本费用的控制水平越高。该指标体现出企业管理水平的高低。

（三）流动资产利润率

前面对总资产的获利能力进行了分析，由于总资产是由流动资产与固定资产等各种资产构成的，而流动资产与固定资产对主营业务利润的影响极大，为了深入分析总资产获利能力的形成过程，有必要对流动资产与固定资产做进一步的分析。

由于流动资产的主要功能是从事营业活动，因此，考查流动资产获利能力采用的利润以营业利润来代替。

流动资产利润率 = 营业利润 ÷ 流动资产平均余额 ×100%

流动资产利润率表明企业每占用 1 元流动资产平均能获得多少元的营业利润，反映了企业流动资产的实际获利能力。

（四）固定资产利润率

与流动资产一样，固定资产的主要功能也是从事营业活动，因此，考查固定资产获利能力采用的利润以营业利润来代替。

固定资产利润率 = 营业利润 ÷ 固定资产平均余额 ×100%

固定资产利润率表明企业每占用 1 元固定资产平均能获得多少元的营业利润，反映了企业固定资产的实际获利能力。

四、资本获利能力分析

资本获利能力又称股东权益获利能力。股东投资的目的是获得投资报酬。一个企业的投资报酬的高低直接影响到现有投资者是否继续投资并追加投资，潜在的投资者是否进行投资。投资者虽然关心资产报酬率的高低，但资产报酬率并不等同于股东的投资报酬，对投资者而言，投资报酬分析才是其最为关注的获利能力分析。评价资本获利能力的指标主要有净资产收益率、每股收益、市盈率等。

（一）净资产收益率

净资产收益率是指企业一定时期内的净利润同平均净资产的比率。净资产收益率充分体现了投资者投入企业的自有资本获取净收益的能力，突出反映了投资与报酬的关系，是评价企业资本经营效益的核心指标。计算公式如下：

$$净资产收益率 = 净利润 ÷ 平均净资产 ×100\%$$
$$= 资产净利率 × 权益乘数$$

$$权益乘数 = \frac{1}{1 - 资产负债率}$$

$$资产净利率 = 销售利润率 × 总资产周转率$$

上述公式中，按权益乘数对净资产收益率进行分解分析的方法，就是著名的杜邦分析法，见图 5-1。

净资产收益率是评价企业自有资本及其积累获取报酬水平的最具综合性与代

表性的指标,充分反映了企业资本运营的综合效益。该指标通用性强、适应范围广,不受行业局限,是国际上企业综合评价中使用率非常高的一个指标。

通过对该指标的综合对比分析,可以看出企业获利能力在同行业中所处的地位,以及与同类企业的差异水平。

一般认为,企业净资产收益率越高,企业自有资本获取收益的能力越强,企业运营效益越好,对企业投资者、债权人的利益保证程度越高。

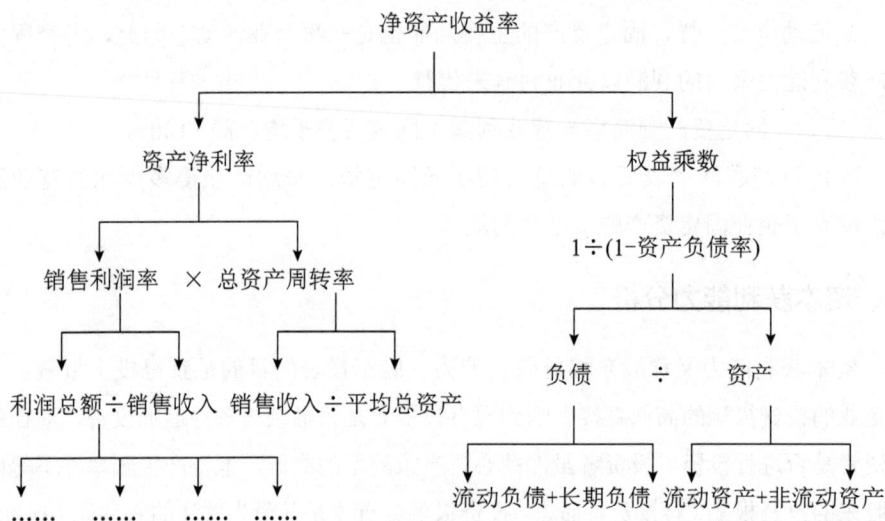

图 5-1　杜邦分析体系

杜邦分析体系提供了下列主要的财务指标关系的信息。

第一,净资产收益率是一个综合性较强的财务比率,是杜邦分析体系的核心。它反映股东投入资本的获利能力,同时反映企业筹资、投资、资产运营等活动的效率,它的高低取决于总资产利润率和权益总资产率的水平。决定净资产收益率高低的因素有三个方面:权益乘数、销售利润率和总资产周转率。这三个指标分别反映了企业的负债比率、获利能力比率和资产管理比率。

第二,权益乘数主要受资产负债率影响。资产负债比率越大,权益乘数越高,说明企业有较高的负债程度,给企业带来较多的杠杆利益,同时也给企业带来了较多的风险。净资产收益率是一个综合性的指标,同时受到销售利润率和总资产周转率的影响。

第三,销售利润率反映了企业利润总额与销售收入的关系,从这个意义上看提高销售利润率是提高企业获利能力的关键所在。要想提高销售利润率,一是提高销售收入，二是降低成本费用。而降低各项成本费用开支是企业财务管理的一项重要内容。通过各项成本费用开支的列示，有利于企业进行成本费用的结构分析，加强成本控制，以便为寻求降低成本费用的途径提供依据。

第四，企业资产的营运能力，既关系到企业的获利能力，又关系到企业的偿债能力。一般而言，流动资产直接体现企业的偿债能力和变现能力，非流动资产体现企业的经营规模和发展潜力。两者之间应有一个合理的结构比率：如果企业持有的现金超过业务需要，就可能影响企业的获利能力；如果企业占用过多的存货和应收账款，则既要影响获利能力，又要影响偿债能力。为此，就要进一步分析各项资产的占用数额和周转速度。对流动资产应重点分析存货是否有积压现象，货币资金是否闲置，分析应收账款中客户的付款能力和有无坏账的可能；对非流动资产应重点分析企业固定资产是否得到充分的利用。

（二）每股收益

每股收益是企业净收益与发行在外普通股股数的比率。它反映了某会计年度内企业平均每股普通股获得的收益，用于评价普通股持有者获得报酬的程度。每股收益又分为基本每股收益与稀释每股收益。

$$基本每股收益 = \frac{归属普通股股东的当期净利润}{当期发行在外的普通股加权平均数}$$

当期发行在外的普通股加权平均数 = 期初发行在外普通股股数 + 当期新发行普通股股数 × 已发行时间 ÷ 报告期时间 − 当期回购普通股股数 × 已回购时间 ÷ 报告期时间

稀释每股收益是用来评价"潜在普通股"对每股收益的影响，以避免该指标虚增可能带来的信息误导。

稀释每股收益是以基本每股收益为基础的，假设企业所有发行在外的稀释性潜在普通股均已转换为普通股，从而分别调整归属于普通股股东的当期净利润以及发行在外普通股的加权平均数计算而得的每股收益。

潜在普通股是指赋予其持有者在报告期或以后期间享有取得普通股权利的一种金融工具或其他合同。目前，我国企业发行的潜在普通股主要有可转换公司债券、认股权证、股份期权等。

稀释性潜在普通股，是指假设当期转换为普通股会减少每股收益的潜在普通股。对亏损企业而言，稀释性潜在普通股是指假设当期转换为普通股会增加每股亏损金额的潜在普通股。

计算稀释每股收益时只考虑稀释性潜在普通股的影响，而不考虑不具有稀释性的潜在普通股。

1. 分子的调整

计算稀释每股收益时，应当根据下列事项对归属于普通股股东的当期净利润进行调整。

（1）当期已确认为费用的稀释性潜在普通股的利息。

（2）稀释性潜在普通股转换时将产生的收益或费用。

上述调整应当考虑相关的所得税影响。对包含负债和权益成分的金融工具，仅需调整属于金融负债部分的相关利息、利得或损失。

2. 分母的调整

计算稀释每股收益时，当期发行在外普通股的加权平均数应当为计算基本每股收益时普通股的加权平均数与假定稀释性潜在普通股转换为已发行普通股而增加的普通股股数的加权平均数之和。

假定稀释性潜在普通股转换为已发行普通股而增加的普通股股数应当按照其发行在外时间进行加权平均。以前期间发行的稀释性潜在普通股，应当假设在当期期初转换为普通股；当期发行的稀释性潜在普通股，应当假设在发行日转换为普通股；当期被注销或终止的稀释性潜在普通股，应当按照当期发行在外的时间加权平均计入稀释每股收益；当期被转换或行权的稀释性潜在普通股，应当从当期期初至转换日（或行权日）计入稀释每股收益，从转换日（或行权日）起所转换的普通股则计入基本每股收益。当存在不止一种转换基础时，应当假定会采取从潜在普通股持有者角度看最有利的转换率或执行价格。

例：某公司 2019 年归属于普通股股东的净利润为 4,500 万元，期初发行在外普通股股数为 4,000 万股，年内普通股股数未发生变化。2019 年 1 月 2 日公司按面值发行 800 万元的可转换公司债券，票面利率为 4%，每 100 元债券可转换为 110 股面值为 1 元的普通股。所得税税率为 25%。假设不考虑可转换公司债券在负债和权益成分之间的分拆。那么，2019 年度每股收益计算为：基本每股收益 =4,500÷4,000=1.125（元），增加的净利润 =800×4%×（1-25%）=24（万元），增加的普通股股数 =800÷100×110=880（万股），稀释的每股收益 =（4,500+24）÷（4,000+880）≈0.93（元）。

（三）市盈率

市盈率是普通股每股市价与普通股每股收益的比值，反映投资者为得到 1 元的报酬所需要付出的价格。它是通过公司股票的市场行情，间接评价公司获利能力的指标。

$$市盈率 = \frac{普通股每股市价}{每股收益} \times 100\%$$

公式中，普通股每股市价通常采用年度平均价格（全年各日收盘价的算术平均数）。为简化，并增强指标的适时性，普通股每股市价可采用报告日前一日的实际价。

一般认为，该指标数值越大，获利能力越强，投资回收速度越快，对投资者的吸引力越大。

如果公司股票在股票市场上连续维持较高的市盈率，或与其他公司相比市盈率更高，说明公司的经营能力和获利能力稳定，具有潜在的成长能力，公司有较高的声誉，对股东有很大的吸引力。

运用市盈率指标分析公司获利能力时应注意两点。

第一，市盈率变动的因素之一是股票价格的升降，而影响股价升降的原因除了公司经营本身外，还受经济环境、宏观政策、行业前景等因素影响，因此分析时应对整个形势进行全面分析。

第二，当公司总资产报酬率很低时，每股收益可能接近 0，以每股收益为分母的市盈率就会很高，因此单独使用市盈率指标就可能错误估计公司的发展形势，所以最好与其他指标结合起来进行分析。

依据上面的阐述和财务报表数据，我们对 KM 公司 2014—2018 年与获利能力相关的主要指标进行了计算汇总，如表 5-3 所示。

表 5-3　KM 公司获利能力指标（2014—2018 年）

科目年度	2018 年末期	2017 年末期	2016 年末期	2015 年末期	2014 年末期
净资产收益率（%）	4.48	8.33	12.78	18.66	17.74
总资产收益率（%）	4.57	6.82	10.46	11.61	12.76
总资产净利率（%）	1.60	3.57	6.09	8.35	9.12
销售毛利率（%）	30.04	38.63	29.90	28.34	26.21
销售利润率（%）	7.02	16.42	18.29	17.81	16.72

从表 5-3 可知，KM 公司除销售毛利率在 5 年内较平稳外，净资产收益率、总资产收益率、总资产净利率等均呈现连年下降的趋势，且 2018 年下降最为明显，

销售利润率在 2018 年也大幅下降，这说明企业的获利能力连年下降，资产利用效率变低，企业资金增值的能力变弱。

本章小结

通过本章知识的学习，我们已经了解偿债能力分析、营运能力分析、获利能力分析的含义，掌握重要财务指标的计算，并能够根据计算结果对企业财务状况进行基本的解读。

关键术语

营运资本（Working capital）；流动比率（Current ratio）；速动比率（Quick ratio）；现金比率（Cash ratio）；资产负债率（Asset liability ratio）；产权比率（Equity ratio）；有形资产净值债务率（Tangible equity debt ratio）；总资产产值率（Output value ratio of total assets）；总资产收入率（Ncome rate of total assets）；总资产周转率（Turnover rate of total assets）；流动资产周转率（Turnover rate of current assets）；应收账款周转率（Turnover rate of accounts receivable）；存货周转率（Inventory turnover ratio）；固定资产更新率（Fixed assets renewal rate）；固定资产净值率（Fixed assets net value ratio）；固定资产周转率（Turnover rate of fixed assets）；销售毛利率（Gross profit margin of sales）；营业利润率（Operating profit margin）；总资产收益率（Return on total assets）；流动资产利润率（Profit rate of current assets）；固定资产利润率（Profit rate of fixed assets）

自测题

1. 产权比率指标计算公式为（　　）。
A. 负债总额÷资产总额　　　　　　B. 股东权益总额÷资产总额
C. 负债总额÷股东权益总额　　　　D. 股东权益总额÷负债总额

2. 反映企业营运能力的指标是（   ）。

A. 市盈率

B. 市净率

C. 每股净资产

D. 固定资产周转天数

3. 反映企业获利能力的指标是（   ）。

A. 产权比率

B. 股利支付率

C. 收益增长率

D. 剩余收益

4. 上市公司年度报告中最重要的财务指标是（   ）。

A. 净资产收益率

B. 股利支付率

C. 市盈率

D. 每股收益

5. 衡量上市公司获利能力最重要的指标是（   ）。

A. 净资产收益率

B. 股利支付率

C. 市盈率

D. 每股收益

6. 在每股收益确定的情况下，（   ）。

A. 市盈率越高，风险越大

B. 市盈率越高，风险越小

C. 市盈率越低，风险越大

D. 风险与市盈率无关

7. 影响股东权益增长率的因素包括股东净投资率和（   ）。

A. 净资产收益率

B. 总资产收益率

C. 销售净利率

D. 成本费用净利率

8. 在净资产和净资产收益率保持不变的前提下，（   ）。

A. 权益资本成本率越低，剩余收益越小

B. 权益资本成本率越低，剩余收益越大

C. 权益资本成本率越高，剩余收益越大

D. 权益资本成本率越高，剩余收益越大

9. 在财务分析体系中，反映企业营运能力最重要的指标是（   ）。

A. 存货周转率

B. 总资产周转率

C. 销售毛利率

D. 应收账款周转率

参考答案： CDBAD，AABB。

思 考 题

1. 在衡量企业获利能力方面，净资产收益率与每股收益这两个指标中，哪个更为重要？请谈谈你的认识。

2. 请你说说企业营运能力与获利能力的关系。

3. 试述影响企业获利能力的主要因素。

案例讨论及分析

（1）W 公司 2019 年年末根据有关资料计算的有关财务比率指标如下。

流动比率 =2，速动比率 =1，现金比率 =0.2，资产负债率 =50%，长期负债对股东权益比率 =25%。

要求：根据上述财务比率填列表 5-4 资产负债表相关资料空白处数据。

表 5-4 资产负债表相关资料

金额单位：元

项目	金额	项目	金额
现金		短期负债	
应收账款		长期负债	
存货		股东权益	
固定资产			
资产总额		负债及权益总额	100 000

（2）A 公司 2019 年度有关资料如下。

①存货年初数为 7,200 万元，年末数为 9,600 万元；

②流动负债年初数为 6,000 万元，年末数为 8,000 万元；

③总资产年初数为 15,000 万元，年末数为 17,000 万元；

④总负债年初数为 9,000 万元，年末数为 10,000 万元；

⑤流动比率年末为 1.5，速动比率年初为 0.8，流动资产周转次数为 4 次，

净利润为 2,880 万元。

要求：

（1）计算流动资产的年初余额、年末余额和年平均额（假定流动资产由速动资产和存货组成）；

（2）计算年末销售收入净额；

（3）计算总资产周转率；

（4）计算销售净利率；

（5）计算总资产净利率；

（6）计算权益乘数。

第六章
资产质量分析

扫码即可观看
本章微视频课程

知识框架

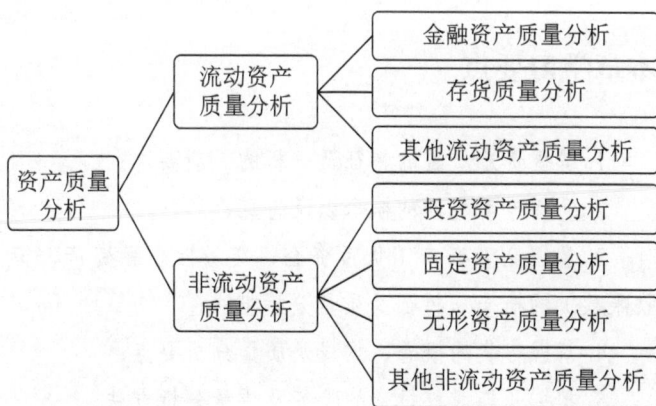

本章知识背景和学习目的

在第二章中，我们提到资产负债表在企业财务报表体系中的核心地位。资产负债表是以"资产＝负债＋所有者权益（或股东权益）"为平衡关系，反映企业在某一特定日期财务状况的报表。它表明企业在这一特定时日所拥有或控制的经济资源、所承担的现有及潜在的义务和股东对净资产的要求权。

在本章中，我们先对资产的质量特征及分析要求进行阐述，然后着重对资产负债表中各主要资产的质量等进行分析，资产负债的结构及权益的构成等内容的分析已在第七章中进行阐述。

通过本章及下一章对资产负债表的分析，可识别该企业拥有或控制的资产规模及资产构成、资产状况及风险、企业的偿债能力、企业股东权益构成及财务稳健性和弹性情况等。了解资产负债表可以帮助股东了解自己的"家底"，了解自己企业的财务状况。

本章学习要点

1. 掌握资产质量的特征及分析的一般要求；
2. 掌握流动资产的概念以及特点；
3. 掌握金融资产（货币资金、交易性金融资产、衍生金融资产、应收账款）的概念、特征及质量分析方法；
4. 掌握存货的概念、构成及质量分析要点；
5. 掌握长期股权投资的特征及质量分析方法；
6. 掌握固定资产、投资性房地产的特征及质量分析方法；
7. 掌握无形资产、商誉、长期待摊费用的特征及质量分析方法。

第一节　资产质量分析理论

一、资产质量的概念

（一）资产质量的内涵

资产的质量，是指资产在特定的经济组织中实际所发挥的效用与其预期效用之间的吻合程度。这意味着，从企业管理的角度来看，对资产质量的考察，主要关注的不是资产的物理质量，而应该是特定资产满足企业对其预期需求的程度。

资产的物理质量主要通过资产的质地、结构、性能、耐用性、新旧程度等表现出来。资产的物理质量对企业财务状况的影响是显然的，它是资产质量的基础，不具备资产的物理质量要求也就意味资产质量的恶化，但是达到了资产物理质量要求的也不能确定其资产质量的好坏，因为它只强调了资产的本身质量，而没有体现其在企业经济活动中的使用角色，即在企业的经营活动过程中能否发挥作用。比如，某企业引进了一台先进设备，但由于其他配置达不到设备使用要求，该设备一直闲置未用，未能发挥其预定的作用，故该设备再先进，如果不处置对企业来说也只能属于不良资产。因此，资产质量应更多地强调其在生产经营过程中为企业带来的财务后果。而这种资产质量会因所处的企业背景不同而有所不同，其中的影响因素包括宏观经济环境、企业所处的行业背景、企业的生命周期背景、企业的不同发展战略等。

资产质量的具体表现为变现质量、被利用质量、与其他资产组合增值的质量以及为企业发展目标做出贡献的质量等方面。

（二）资产质量的属性

资产质量的属性是指资产质量所表现出来的一些特征。总体来说，资产质量的属性有三个要点。

一是资产质量的相对性，即资产的相对有用性。同一资产对不同经营方向的企业所体现的价值是不同的，某些企业的闲置资产对其他企业来说可能是急需的资产，即优质资产。这就为资产重组提供了条件。

二是资产质量的时效性，即企业资产质量会随着时间的推移而不断发生变化的属性。某些资产目前看来可能是不良资产，但通过技术改造，或者优化组合，就有可能变废为宝。这就为企业资产优化提供了可能。

三是资产质量的层次性，是指资产在整体、结构和个体等不同层面上所呈现出来的不同的质量属性。一个企业的资产不可能都是优质资产，也不可能都是不良资产。研究企业的资产质量，需要分层次进行，既要分析资产的整体质量，也要逐一分项分析单个资产质量。

不同项目资产的属性各不相同，企业预先对其设定的效用也就各不相同。对资产质量的分析，必须结合企业特定的经济环境，不能一概而论，要强调资产的相对有用性。

二、资产质量的特征 ①

研究企业资产质量，可以从三个层面加以展开：资产的总体质量、资产的结构质量以及资产的个体质量。而对企业资产的质量特征研究，也应从这三个层面分别展开。

（一）资产的总体质量特征

资产的总体质量，是指全部资产所产生的效益。效益是效果与效率的均衡，所有资产的质量均可从效果与效率两个角度进行分析。就企业全部资产而言，效果可以通过增值性、盈利性、获现性三个指标考查，效率可以从总资产周转率分析。

1. 增值性

资产的增值性，是指企业的资产作为一个整体，在周转过程中所具有的提升企业净资产价值的能力。基本计算公式是：

资产保值增值率 =（期末股东权益 ÷ 期初股东权益）×100%

资产保值增值率等于 100%，为资产保值；

资产保值增值率大于 100%，为资产增值。

资产的增值性特征是预测企业可持续发展潜力的重要依据。

2. 盈利性

资产的盈利性，是指资产在使用过程中能够为企业创造净利润的能力。评价指标主要有两个：总资产收益率和净资产收益率。有关这两个指标第五章已经介绍，此不赘述。

---

① 本节参考：钱爱民，张新民.资产质量：概念界定与特征构建 [J].财经问题研究，2009（12）：99-104.有修改。

3. 获现性

资产的获现性，是指资产在使用过程中能够为企业创造现金净流量的能力。资产获现性关注的是企业在获得利润的同时产生相应现金流量的能力，它突出强调的是资产自身的"造血"功能。

4. 周转性

资产的效率可以用总资产周转率来评价。总资产周转率是考查企业资产运营效率的一项很重要指标，体现企业经营期间全部资产从投入到产出的流转速度，反映企业全部资产的管理质量和利用效率。通过该指标的对比分析，能反映企业本年度以及以前年度总资产的运营效率和变化，发现企业和同类企业在资产利用上的差距，促进企业挖掘潜力。

（二）资产的结构质量特征

所谓资产结构，是指各项资产相互之间、资产与其相应的来源之间由规模决定的比例关系。从资产自身的结构来看，既有按照流动性确定的流动资产与非流动资产的结构关系，也有按照利润贡献方式确定的经营性资产和投资性资产的结构关系，还有企业从事经营的各个业务板块形成的资产结构关系等。由于不同的结构所表现出来的经济含义和管理含义具有显著区别，因此，对资产结构的考察意义十分重大。从资产与其所对应的来源来看，资产的期限结构与其来源的期限结构之间的对应关系又对企业的偿债能力和财务风险产生至关重要的影响。概括起来说，资产的结构质量应该具有以下几个特征：

第一，资产结构的整体合理性；

第二，资产结构的整体流动性；

第三，资产结构与资本结构的匹配性；

第四，资产结构与企业战略的吻合性。

具体的分析，我们将在下一节中进行叙述。

（三）资产的个体质量特征

所谓资产的个体质量特征，是指企业根据不同项目的资产本身所具有的属性、功用而对其设定的预期效用。由于流动资产、对外投资、固定资产各自的功用不同，故企业对各类资产的预期效用设定也就各不相同，因而资产本身应具有各自的质量特征。

（1）对直接对外销售的存货，主要分析其保值性、贡献性（增值性、盈利性）和周转性。

（2）对内部服务的固定资产、无形资产等，主要评价其对企业的贡献。例如每百元固定资产产值、固定资产利润率、资产周转率、保值率（资产减值）等指标。

（3）对应收账款，由于其本身只是为"诱敌深入"、增加销售，故评价这类资产对企业的贡献比较复杂，需要结合企业的销售政策、盈利模式进行分析。

综上所述，资产质量的特征层次框架如图6-1所示。

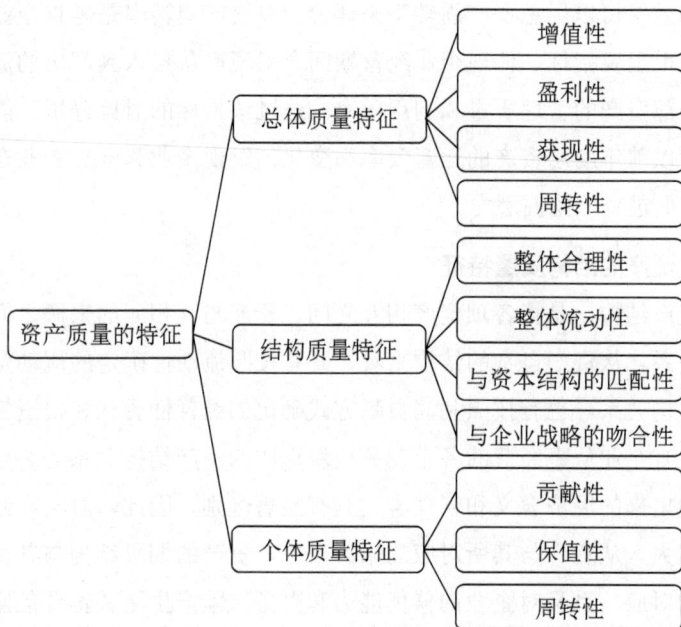

图6-1　资产质量的特征层次框架

第二节　资产结构分析

一、资产结构的整体合理性分析

资产结构的整体合理性，是指企业资产的不同组成部分（如流动资产、非流动资产，经营性资产和投资性资产，经营性资产内部的货币资金、债权、存货、固定资产和无形资产等）经有机组合之后从整体上发挥效用的状况。企业经营所产生的收益是企业所有资产各自功能的综合体现。要想使企业各项资产的功能得以全部发挥，从而为企业创造更高的利润，企业必须做好资产结构的合理配置工作。如果资产结构不合理，必将对企业的经营收入带来不利影响。如果某项资产的投入比例过多，不但会提高该资产的占用成本，同时也意味着其他资产投入比例不足，这将阻碍资金的正常周转，从而企业的预期效益不能实现。一般说来，固定资产是企业经营生产的物质基础，是企业生产能力的代表，固定资产投入量影响企业产品的质量，从而影响销售收入及企业最终财务收入。同时，流动资产是企业可以在一年或者超过一年的一个营业周期内变现或者运用的资产，它对销售收入的形成起到辅助作用，间接影响企业的最终财务收入。可见企业的资产结构与企业的生产经营息息相关，直接影响企业的效益。因此资产的合理配置是企业提高经营效益的重要手段。

表 6-1 列示了 KM 公司 2017—2018 年按流动资产与非流动资产分类的资产结构及变动情况。

表 6-1　KM 公司 2017—2018 年流动资产与非流动资产结构变动情况

项目	金额（元）		本期结构比	上期结构比	结构比增减率
	2018 年	2017 年			
流动资产	54,240,974,646	52,388,821,675	72.68%	80.24%	-7.56%
非流动资产	20,386,962,919	12,904,129,650	27.32%	19.76%	-7.56%
资产总计	74,627,937,565	65,292,951,325	100.00%	100.00%	

流动资产是企业持续经营所必须垫支的存量资产。资产只有流动才能获利，企业最终要靠流动资产获利，并且企业流动资产的偿债能力强于非流动资产，因此，无论从获利能力，还是从经营的稳定性考虑，企业都应尽力提高流动资产比率，提高非流动资产的使用效率。分析流动资产占总资产的比率是否合理，应结合企业的经营性质、行业特点、经营状况，以及生产经营的季节性特点加以综合考虑。一般可与行业平均水平或行业先进水平进行比较，将若干时期的变化趋势与营业收入变动情况结合，观察流动资产增长是否超过营业收入的增长。企业的资金总是有限的，由于流动资产与非流动资产是互为消长关系，因此，还应结合固定资产构成比率等指标加以评价。

依据表 6-1 可知，KM 公司流动资产占资产总额的比例由 2017 年的 80.24% 下降到 2018 年的 72.68%，下降了 7.56 个百分点，应该说非流动资产的使用效率下降了。如果营业收入没有减少（当然还应结合营业收入的质量），说明 KM 公司加速了流动资产的周转；反之，如果营业收入没有增长，说明 KM 公司生产萎缩或经营不善，财务状况走下坡路。

二、资产结构的整体流动性分析

资产的流动性是指资产的变现速度。资产流动性大小与资产的风险大小和收益高低是相联系的。通常情况下,流动性大的资产,其风险相对要小,但收益也相对较小且易波动;反之,流动性小的资产,其风险相对较大,收益却相对较高且较稳定。当然也有可能出现不一致的情况。资产结构的整体流动性可以通过流动性较强的资产在总资产中所占比例加以衡量。一般来说,企业资产结构中流动性强的资产所占比例越大,企业资产的整体流动性就越强,相应地,企业偿债能力也就越强,财务风险越小。但是,这并不意味着企业流动性较强的资产占总资产的比重越高越好。考察企业资产结构的整体流动性,还要结合企业所处的特定行业,根据企业基本的资产结构特点进行分析。例如,制造业企业和金融业企业的资产结构、经营模式截然不同,资产结构的整体流动性体现出行业自身具有不同的特征。

当然,为了更好地分析资产结构的整体流动性,我们也可以进一步对流动资产与非流动资产的结构及变动情况进行分析。

(一)流动资产结构及变动分析

流动资产结构是指企业的货币资产、交易性金融资产、应收账款、存货等项目金额占流动资产总额的比重。流动资产结构分析,就是分析流动资产内部各项目在分析期内发生了哪些变化,这些变化对企业的经营管理有哪些影响。

表 6-2 列示了 KM 公司 2017—2018 年流动资产结构及变动情况。

表 6-2　KM 公司流动资产结构及变动情况

项目	金额（元）		本期结构比	上期结构比	增减率
	2018 年	2017 年			
货币资金	1,839,201,190	4,207,124,388	3.39%	8.03%	−56.28%
应收票据及应收账款	6,498,958,262	5,259,053,216	11.98%	10.04%	23.58%
其中：应收票据	180,643,334	266,968,670	0.33%	0.51%	−32.34%
应收账款	6,318,314,928	4,992,084,546	11.65%	9.53%	26.57%
预付款项	1,264,127,768	1,130,340,627	2.33%	2.16%	11.84%
其他应收款	9,228,373,561	5,894,143,999	17.01%	11.25%	56.57%
存货	34,209,621,065	35,246,538,380	63.07%	67.28%	−2.94%
其他流动资产	1,200,692,800	651,621,065	2.22%（注）	1.24%	84.26%
流动资产合计	54,240,974,646	52,388,821,675	100.00%	100.00%	3.54%

注：2.22% 为倒挤调整数。

由表 6-2 可知，2018 年 KM 公司流动资产总额同比相对增加 3.54%。其中货币资金同比减少 56.28%，应收票据同比减少 32.34%，应收账款同比增加 26.57%，其他应收款同比增加 56.57%，存货同比减少 2.94%，其他流动资产同比增加 84.26%。

结合 KM 公司 2018 年度利润表，2018 年营业收入同比增幅为 10.11%，应收票据及应收账款同比增加 23.58%，大大高于营业收入的增长率，说明应收账款质量下降，公司在扩大市场的同时，应注意控制应收账款增加所带来的风险。而在营业收入增加的同时，货币资金同比减少 56.28%，说明公司现金流量管理出现了大的问题，可能导致公司资金紧张。

（二）非流动资产结构及变动分析

表 6-3 列示了 KM 公司 2017—2018 年非流动资产结构及变动情况。

表 6-3　KM 公司非流动资产结构及变动情况

项目	金额（元）		本期结构比	上期结构比	增减率
	2018 年	2017 年			
其他债权投资	1,114,427	6,000,000	0.01%	0.05%	-81.43%
长期股权投资	555,462,607	517,601,016	2.72%	4.01%	7.31%
投资性房地产	4,169,523,939	1,235,816,793	20.45%	9.58%	237.39%
固定资产	8,950,247,894	6,106,217,529	43.90%	47.32%	46.58%
在建工程	2,987,222,911	1,716,119,920	14.65%	13.30%	74.07%
无形资产	2,097,529,662	1,963,554,997	10.29%	15.22%	6.82%
开发支出	37,437,363	29,908,043	0.18%	0.23%	25.17%
商誉	568,846,334	552,727,733	2.79%	4.28%	2.92%
长期待摊费用	242,975,608	224,411,463	1.19%	1.74%	8.27%
递延所得税资产	333,864,057	290,588,138	1.64%	2.25%	14.89%
其他非流动资产	442,738,117	261,184,018	2.17%	2.02%	69.51%
非流动资产合计	20,386,962,919	12,904,129,650	100.00%	100.00%	57.99%

由表 6-3 可知，2018 年 KM 公司非流动资产为 20,386,962,919 元，同比增加 57.99%。其中：固定资产同比增加 46.58%，投资性房地产同比增加 237.39%，在建工程同比增加 74.07%。

固定资产是企业最重要的生产力要素之一，是企业赖以生存的物质基础，是企业产生效益的源泉，所有企业都必须要有一定量的固定资产，如厂房、机器设备、办公器材等，否则不能进行正常工作与生产。固定资产的结构、状况、管理水平等直接影响企业的竞争力，关系到企业的运营与发展。因此，固定资产在非流动资产乃至全部资产总额中都应该占较大的比率。比率过低，不仅限制了生产经营的规模，也会影响公司的获利能力。但由于固定资产的变现能力和流动性差，过高的比率会加大企业的财务风险。

依据表 6-3 可知：KM 公司固定资产占非流动资产的比率从 2017 年的 47.32% 下降到 2018 年的 43.90%，但同比增加了 46.58%；在建工程占非流动资产的比率从 2017 年的 13.30% 上升到 2018 年的 14.65%，同比增加了 74.07%。说明 KM 公司 2018 年提高和扩大了生产能力和经营能力，如果营业收入能够保持相应增长，说明公司达到了经营目的。

投资性房地产占非流动资产的比率从 2017 年的 9.58% 上升到 2018 年的 20.45%，同比增加 237.39%。考虑到现阶段投资性房地产的保值性，投资性房地产的大幅度增加，可能预示着公司经营方针的调整。

在资产负债表中，开发支出反映的是企业进行研究与开发无形资产过程中发生的各项支出。科学技术是生产力。在财务报表分析中，开发支出占无形资产的比率反映企业未来的发展潜力。但在 KM 公司中，开发支出所占比重明显偏低。

三、资产结构与资本结构的匹配性

资产结构与资本结构的匹配性，要求企业在能承受的财务风险状态下运行。然而在某些情况下，企业也会出现另类的资产结构与资本结构的对应关系（不匹配）。例如，在竞争优势极其明显的情况下，企业通过采用预收账款方式销售、加速存货周转、赊购存货等方式运营，就会表现出流动资产小于流动负债的态势。在这种情况下，流动资产的规模低于流动负债，并不反映企业的短期偿债能力存在问题，而恰恰是企业竞争优势和商业信誉良好的表现。但这种方式的运营管理也会潜藏一定的风险，一旦企业的资金链出现问题，就有可能因发生连锁反应而使企业陷入支付危机。

依据资产结构与资本结构的匹配性，我们可以将企业资产负债表（Balance sheet，B/S）的结构分为四种类型：保守型（图 6-2）、稳健型（图 6-3）、风险型（图 6-4）、非正常型（图 6-5A、图 6-5B）。

（1）保守型 B/S 结构。拥有保守型资产负债表的企业，流动资产基本上由流动负债和非流动负债来满足，投资者投入资金主要用来满足非流动资产需要。在这种情况下，企业的整体财务风险较低，但资本成本较高，相对而言能使企业的收益达到最低。

（2）稳健型 B/S 结构。拥有稳健型资产负债表的企业比较多见，企业用流动负债和部分的非流动负债投资于流动资产，而用其余的长期负债和权益资本投资于非流动资产。一般采用该种资金使用方式的企业会保持一个良好的财务信用，而且其资本成本具有可调性，其中包括了对企业债务筹资风险的调整，并且相对保守型来说，因为有了流动负债，其资本结构就有了一定的弹性。

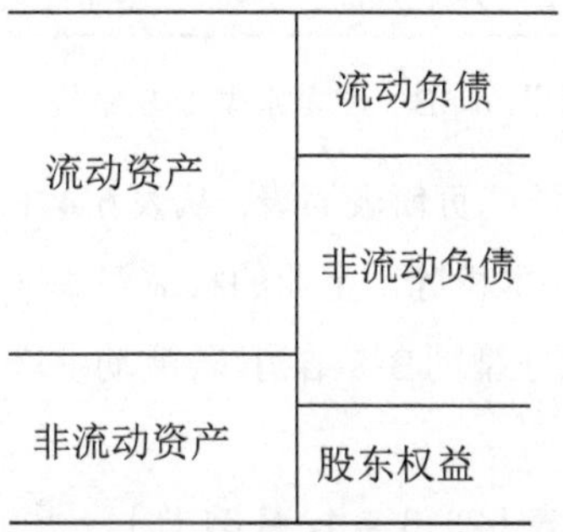

图 6-2　保守型 B/S 结构 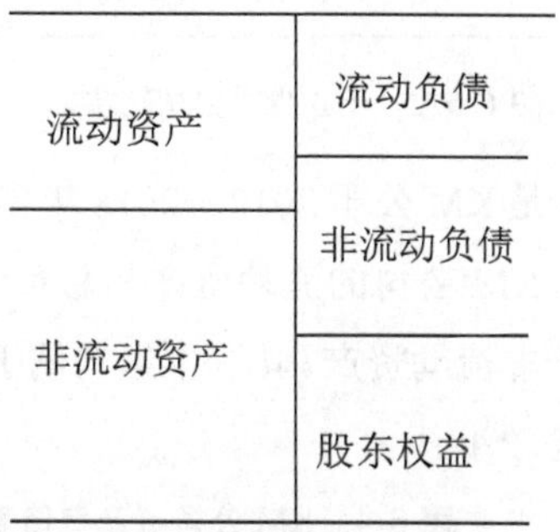　　　图 6-3　稳健型 B/S 结构

（3）风险型 B/S 结构。拥有风险型资产负债表的企业的债务筹资风险比较明显。其采用部分流动负债满足了所有流动资产的需求。很明显，流动资产变现后并不能全部清偿流动负债，企业需要通过长期资产变现来满足部分流动负债的偿还。但是通常来说，企业的非流动资产并不是为了变现而存在的，所以这种情形下，企业的债务筹资风险极大，可能会导致企业因资金周转困难而发生破产。

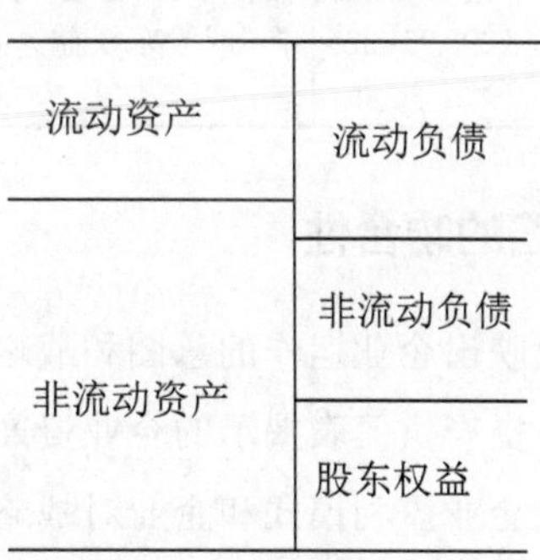

图 6-4　风险型 B/S 结构

（4）非正常型（处于财务危机）B/S 结构。图 6-5A 描述的是企业经营亏损，未分配利润为负数，股东权益（净资产）大于 0 的结构；图 6-5B 描述的是企业权益资本全部被经营亏损侵蚀的结构。如果没有外来资金支持，企业必将破产。

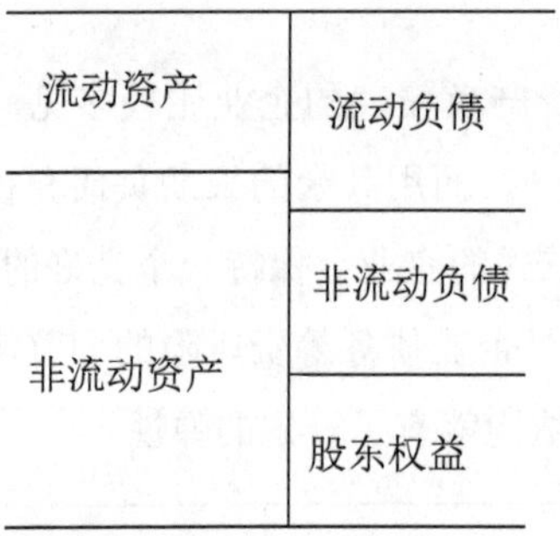

流动资产	流动负债	流动资产	流动负债
	非流动负债	非流动资产	
非流动资产			非流动负债
	股东权益	股东权益	

图 6-5A　非正常型 B/S 结构 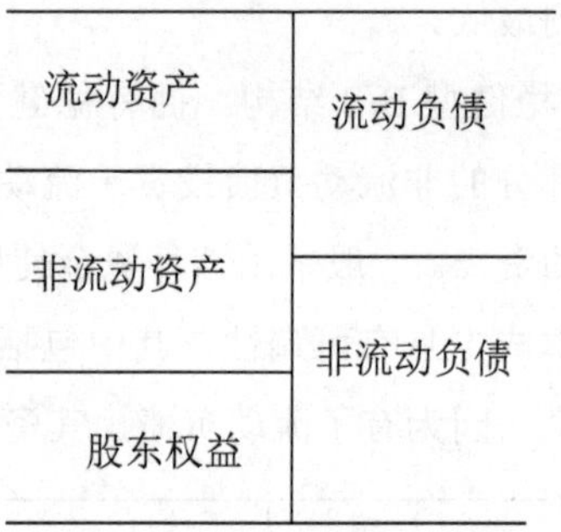　　　图 6-5B　非正常型 B/S 结构

表 6-4 是 KM 公司 2017—2018 年年末资产负债表简表。从表 6-4 中可以看出，总的来说，KM 公司的流动资产与总负债基本相等，企业的权益资本（股东权益）全部投资于非流动资产。其资本结构属于保守型的 B/S 结构。若流动资产质量较高，则财务风险较小。

表 6-4　KM 公司资产负债表简表（2018 年 12 月 31 日）

金额单位：元

资产	2018 年年末	2017 年年末	负债和所有者权益（或股东权益）	2018 年年末	2017 年年末
流动资产合计	54,240,974,646	52,388,821,675	流动负债合计	26,036,493,667	25,798,119,674
			非流动负债合计	20,291,418,611	10,979,472,884
非流动资产合计	20,386,962,919	12,904,129,650	所有者权益（或股东权益）合计	28,300,025,287	28,515,358,767
资产总计	74,627,937,565	65,292,951,325	负债和所有者权益（或股东权益）总计	74,627,937,565	65,292,951,325

四、资产结构与企业战略的吻合性

资产结构能够清晰地反映出企业运作的意图和战略，不同的发展战略需要不同的资产结构与之相匹配。资产负债表揭示的企业资产结构和规模的质量特征，有利于企业利益相关者透视企业盈利模式和企业对战略承诺的遵守，确保企业管理层按照全体股东确定的企业战略，有效配置企业资源[①]。

当企业存在对外投资，尤其是具有控制性投资的条件下，企业的资产可以分为两大类：经营性资产和投资性资产。经营性资产是指企业投入在经营业务上的

---

① 张新民.资产负债表：从要素到战略 [J]. 会计研究，2014（5）：19-28.

资产，其中，典型的经营性资产包括货币资金、商业债权（包括应收票据和应收账款等）、存货、固定资产（包括在建工程等）、无形资产等。投资性资产是指企业在经营性业务之外，投入在其他的辅助盈利模块上的资产，即投资。投资性资产又分为两种类型，一种类型是对业内子公司的投资，实际上也就是项目投资，这种投资只是一种管理模式，本质上还是经营性业务，资产负债表上一般计入长期股权投资项目。另一种类型是对与主业无关的项目进行财务投资，如房地产、股票、基金等金融资产，本质是投机性资产。

按照企业经营性资产与投资性资产各自在资产总规模中的规模大小，可以将企业区分为三种类型：以经营性资产为主的经营主导型、以投资性资产为主的投资主导型和经营性资产与投资性资产比较均衡的投资与经营并重型。而经营主导型、投资主导型以及经营与投资并重型恰恰是企业发展战略的具体表现。

（一）经营主导型企业的发展战略内涵

资产结构中以经营性资产为主的企业，其战略内涵十分清晰：以特定的行业和产品或劳务的生产与销售为主营业务的总体战略为主导，以适当的竞争战略（如低成本战略、差异化战略和聚焦战略等）和职能战略（如研发、采购、营销、财务、人力资源等战略）为基础，以固定资产、存货及其与市场的关系管理为核心，为企业的利益相关者持续创造价值，在行业内做大做强或者保持一定的竞争能力和竞争地位。经营主导型企业能够最大限度地保持其自身的核心竞争力。

（二）投资主导型企业的发展战略内涵

资产结构中以投资性资产为主的企业，往往是规模较大的企业集团。其战略内涵同样十分清晰：以多元化或一体化（或其他总体战略）的总体战略为主导，以子公司采用适当的竞争战略和职能战略，特别是财务战略中的融资战略（子公司通过吸纳少数股东融资、子公司自身债务融资和对商业信用的利用等融资战略可以实现在母公司对其投资不变情况下的快速扩张）为基础，以对子公司的经营资产管理为核心，通过快速扩张为企业的利益相关者持续创造价值，做大做强企业集团或者在整体上保持一定的竞争能力和竞争地位。

（三）经营与投资并重型企业的发展战略内涵

经营与投资并重型企业，其实施的往往是稳健的扩张战略：企业既通过保持完备的生产经营系统和研发系统来维持其核心竞争力，又通过对外控制性投资的扩张，来实现企业的跨越式发展。可见，当把企业的资产结构与发展战略联系在一起的时候，资产结构就成为企业实施其发展战略的必然结果。可以进一步认为，资产的规模与结构就是企业资源配置战略的实施结果。

表 6-5 列示了 KM 公司 2017—2018 年按经营性资产与投资性资产分类的资产结构及变动情况表。

表 6-5　KM 公司 2017—2018 年经营性资产与投资性资产的结构及变动情况

项目	金额（元）		本期结构比	上期结构比	结构比增减率
	2018 年	2017 年			
经营性资产	69,901,836,592	63,533,533,516	93.67%	97.31%	-3.64%
投资性资产	4,726,100,973	1,759,417,809	6.33%	2.69%	3.64%
资产总计	74,627,937,565	65,292,951,325	100.00%	100.00%	

依据表 6-5 可知，KM 公司经营性资产占资产总额的比重由 2017 年的 97.31% 下降到 2018 年的 93.67%，下降了 3.64%，说明企业加大了投资性资产的比重。进一分析投资性资产的构成，KM 公司 2018 年主要是增加了投资性房地产的投资。

第三节　流动资产质量分析

一、金融资产质量分析

（一）金融资产的含义及其构成

金融资产有广义和狭义之分。

广义的金融资产可以简单地理解为，资产负债表中除了实物资产和无形资产之外的资产。具体主要包括库存现金、应收账款、应收票据、贷款、垫款、其他应收款、应收利息、债权投资、股权投资、基金投资、衍生金融资产等。

《企业会计准则第 22 号——金融工具确认和计量》中所规范的金融资产是狭义的金融资产，共分为三类。

第一类：以摊余成本计量的金融资产。在资产负债表中主要以"债权投资"列示。

第二类：以公允价值计量且其变动计入其他综合收益的金融资产。在资产负债表中主要以"其他债权投资"列示。

第三类：以公允价值计量且其变动计入当期损益的金融资产。在资产负债表中主要以"交易性金融资产"列示。

结合资产负债表项目,这里说的金融资产,主要是属于流动资产中的金融资产。所以本节仅对货币资金、交易性金融资产、衍生金融资产、应收票据、应收账款等资产的质量进行分析。债权投资及其他债权投资在"第四节 非流动资产质量分析"一节中阐述。

(二)货币资金的质量分析

货币资金是指企业生产经营过程中停留于货币形态的那部分资金,它具有可立即作为支付手段并被普遍接受等特性。资产负债表中反映的货币资金包括库存现金、银行结算户存款、外埠存款、银行汇票存款、银行本票存款、信用证存款、信用卡存款和在途资金。由于货币资金形态的特殊性,在会计上一般不存在估价问题,其价值永远等于各时点上的货币一般购买力。

货币资金本身并不能为企业带来直接收益。企业持有现金的原因主要有三个:

一是交易性需要,是指满足日常业务的现金支付需要。

二是预防性需要,是指持有现金以防发生意外的支付。

三是投机性需要,是指持有现金用于不寻常的购买机会。比如遇到有廉价原材料或其他资产供应的机会,便可用手头现金大量购入;再比如在适当时机购入价格有利的股票和其他有价证券;等等。

分析货币资金的质量,主要分析企业对货币资金的运用质量以及企业货币资金的构成质量,可以从货币资金的静态规模、动态质量、自由度等三个方面进行分析。

1. 货币资金的静态规模的适当性分析

从财务管理的角度看:过低的货币资金保有量,将严重影响企业的正常经营,制约企业发展,并进而影响企业信誉;过高的货币资金保有量,则在浪费投资机会的同时,还会增加企业的筹资成本。因此,企业应该有一个货币资金最佳持有量。

(1)影响企业货币资金的适当规模因素。货币资金的适当规模主要由下列因素决定:

——企业的资产规模;

——企业的业务收支规模;

——企业的行业特点;

——企业对货币资金的运用能力;

——企业近期偿债的资金需求；

——企业的利润状况和相应的现金后果；

——企业所处的融资环境等。

一个企业的现金持有量到底是多少，外界分析师难以做出准确判断，但可以通过与同类企业比较进行分析。

当然，企业货币资金的质量取决于特定企业对货币资金的运用能力。货币资金如果仅停留在货币形态，则只能用于支付，其对企业资产增值的直接贡献将会很小；如果能善用货币资金，从事其他的经营或投资活动，则企业的获利水平有可能提高；过高的货币资金规模，可能意味着企业会丧失潜在的投资机会，也可能表明企业生财无道。

（2）评价指标。衡量货币资金的静态规模的适当性可以通过以下指标。

——货币资金占流动资产的比率。

——现金比率。即（货币资金＋交易性金融资产）÷流动负债。

——现金到期债务比。它是企业经营现金净流入与本期到期的当期债务和应付票据总额的比率，反映了企业可用现金流量偿付到期债务的能力。该比率越高，说明企业资金流动性越好。

依据第二章表 2-1，KM 公司是一家医药公司，主营业务：从事中药饮片、化学药品、保健食品等的生产与销售，以及外购产品的销售和中药材贸易等。我们必须对医药制造行业的特点有所了解，为此我们需要与同行业类似公司进行比较。

看起来 KM 公司期末货币资金 18 亿元比较多，但比照其短期借款 115 亿元，说明其短期偿债能力是比较差的。

KM 公司 2018 年的现金比率为 7%，现金到期债务比为 -27%，与同行业云南白药的现金比率 224%、现金到期债务比 48% 有着天壤之别。说明 KM 公司的货币资金非常紧张。

2. 货币资金的动态质量分析

由于物价波动、技术发展等方面的原因，相同数量金额的货币资金在不同时点的购买力会有所波动。在企业的经济业务涉及多种货币、企业的货币资金有多种货币的条件下，由于不同货币币值有不同的未来走向，不同货币币值的走向决定了相应货币的质量。

对企业持有的各种货币进行汇率趋势分析，可以确定企业持有的货币资金的未来质量。

就 KM 公司而言，期末货币资金只相当于年初货币资金的 43.62%，减少了 56.38%，说明货币资金质量下降严重。

3. 货币资金的自由度分析

有些货币资金项目出于某些原因被指定了特殊用途。例如，其他货币资金中所包含的保证金存款、已质押的定期存款、上市公司中规定了具体投向的募集资金等。这些货币资金因不能随意支用而不能充当企业"真正"的支付手段。在分析中，可通过计算这些使用受限货币资金占该项目总额的比例来考察货币资金的"自由度"，这样将有助于揭示企业实际的支付能力。

就 KM 公司来说，根据其报表附注"七、70 所有权或使用权受到限制的资产"说明，在货币资金中，受限资金为 7,200 多万元，约占全部货币资金的 3.91%，受限比重不是很大，如表 6-6 所示。

表 6-6　所有权或使用权受到限制的货币资金

项目	期末账面价值（元）	受限原因
货币资金——其他货币资金	20,946,030.23	第三方账户开户保证金
货币资金——其他货币资金	5,000,000.00	信托保证金
货币资金——其他货币资金	25,151,216.65	票据保证金
货币资金——其他货币资金	20,687,492.38	购房保证金
货币资金——其他货币资金	302,194.68	配电保证金
合计	72,086,933.94	

当然，分析货币资金的质量，还需要结合现金流量表进行分析，考察经营活动的现金流量情况，这个问题我们在"第九章　现金流量分析"中再进行阐述。

（三）交易性金融资产的质量分析

交易性金融资产主要是指企业为了近期内出售而持有的金融资产，如企业以赚取差价为目的从二级市场购入的准备近期内出售的股票、债券、基金等。

交易性金融资产的基本特征有两点：

一是持有意图明确，持有时间短，是为了短期之内进行交易，赚取交易差价持有的。

二是无须交易即可实现增值。一般企业获得利润一定会引起资产增值，但获得利润通常还需要一个条件，即对外交易。但对交易性金融资产，会计准则规定，即使其没有对外交易，其公允价值增值也属于利润。

以公允价值计量是交易性金融资产计量的基本计量属性，而不管是在其取得时的初始计量还是在资产负债表日的后续计量。企业在持有交易性金融资产期间，其公允价值变动在利润表上均以公允价值变动损益计入当期损益；出售交易性金融资产时，不仅要确认出售损益，还要将原计入公允价值变动损益的金额转入投资收益。

交易性金融资产并非企业的核心资产，资产占比应该不会太大。当然，若此项投资的规模过大，必然影响企业的正常生产经营，也有人为地将"债权投资"及"长期股权投资"等项目转入该项目挂账之嫌，以"改善"其流动比率。我们可以从其规模的波动情况、现金支付能力、投资收益构成等方面进行判断。

分析交易性金融资产的质量，应了解其公允价值计量属性，着重分析该项目的盈利性大小，关注公允价值虚高。具体地说，应从以下两方面进行分析。

1. 持有损益分析

持有损益是尚未实现的收益。可以通过分析同期利润表中的"公允价值变动损益"及企业在财务报表附注中对该项目的详细说明，了解因交易性金融资产投资而产生的公允价值变动损益为正还是为负，来确定该项资产的获利能力。

2. 处置损益分析

处置损益是已经实现的收益。可以通过分析同期利润表中的"投资收益"及企业在财务报表附注中对该项目的详细说明，把握因交易性金融资产投资而产生的投资收益为正还是为负，来确定该项资产的获利能力。

在 KM 公司中，交易性金融资产项目期末、期初余额均为 0，所以我们选择另一家公司——GL 公司为例进行说明。

GL 公司资产负债表显示，交易性金融资产期末余额为 263,460,017 元，期初余额为 164,891,220 元，本期增加 98,568,797 元，通过查看报表附注"七、101 公允资产变动收益附注"，得知 GL 公司交易性金融资产公允价值变动收益为 118,706,940 元，主要是本期衍生金融工具中尚未交割的远期结、汇售合约产生的公允价值变动收益。公允价值变动收益率为 72%，应该说还是非常高的。

查看 GL 公司投资收益附注说明，本期处置交易性金融资产 29,138,143 元，取得投资收益 -5,409,706 元，收益率为 -18.57%。

这两项分析表明，GL 公司交易性金融资产本期持有收益率是 72%，而处置

收益率是 −18.57%，反差极大。虽然不排除极个别情况下的合理性，但很难不让人联想故意夸大公允价值变动，虚增交易性金融资产的可能性。

（四）衍生金融资产的质量分析

衍生金融资产是在基本金融工具基础上派生出来的金融工具，它的初衷是金融机构为满足特定客户避险需要而创造的一种投资工具。衍生金融资产是一种基于未来的合约，未来的不确定性使它具有极大的投机性；另外，它一般不需要初始净投资，仅以很低的初始保证金就能购买衍生金融产品，这些都使得衍生金融资产具有极大的风险。因此，对衍生金融资产质量分析主要是对其风险进行分析。这里从衍生金融资产投资的总体风险特征和具体衍生金融资产的风险特征两个方面进行分析[①]。

1. 总体风险特征分析

（1）市场风险。市场风险也称为价格风险，是指因市场价格变动而造成损失的风险，属于非系统风险。尽管衍生金融资产的初衷在于规避各种因素可能带来的风险，但由于交易过程中将各种原本分散的风险全部集中于少数衍生市场上释放，一旦操作不当，市场风险将可能成倍放大。市场风险主要由两部分组成：一种是采用衍生金融资产保值无法完全规避的价格风险；二是衍生金融资产自身固有的杠杆性风险。对金融期货和金融互换业务而言，市场风险是其基础价格或利率变动的风险；对金融期权而言，市场风险还受基础工具价格波动幅度和期权行使期限影响。市场风险是证券投资活动中最普遍、最常见的风险。

（2）信用风险。信用风险也叫履约风险，是指因一方不能履行责任从而导致另一方发生融资损失的风险。信用风险主要出现在债券投资中，对股票来说，只有在公司破产的情况下才会出现这种风险。造成信用风险的直接原因是公司财务状况不好，其中最甚者是公司破产。信用风险还表现在场外交易市场上，如金融远期、金融互换等场外交易，只要一方违约，合约便无法进行，银行或交易公司仅充当交易中介，能否如期履约完全取决于当事人的资信，在这种条件下，信用风险极易发生；而场内交易中，所有交易均经由交易清算中心进行，故场内交易中信用风险一般不易发生。

（3）流动性风险。流动性风险即合约持有者无法在市场上找到出售或平仓机会的风险。流动性风险的大小取决于合约的标准化程度、市场交易规则以及市

---

① 参考：李霞. 衍生金融工具的风险分析 [J]. 经济师，2005（8）：228-229.

场环境的变化。对场内交易的合约，由于标准化程度高、市场规模大、消息灵通，交易者可以随时斟酌市场行情变化决定头寸的抛补，故流动性风险较小；相反，在场外交易的衍生金融资产每份合约基本上是"量体裁衣"订立的，缺乏可流通的二级市场，因而流动性风险大。

（4）现金流量风险。现金流量风险指与货币性金融资产相关的未来现金流量金额波动的风险。

（5）法律风险。法律风险指由于不断金融创新，使得法律滞后，从而导致某些衍生金融资产的合法性难以得到保证，以及一些金融机构故意游离于法律管制的设计而使交易者的权益得不到法律的有效保护所产生的风险。在场外交易中这种风险尤为突出。

（6）操作风险。操作风险也叫经营风险，指因内部操作不当造成的风险，具体指因人为错误、沟通不良、欠缺了解、未经授权、监管不周或系统故障给投资者造成损失的风险。衍生金融资产体系错综复杂，无论是场内交易还是场外交易都容易显现出此项风险的严重性。

2. 具体衍生金融资产的风险分析

新的衍生品在不断创新，按照它们自身的特点大体分为四类：金融期货、金融期权、金融互换和远期合约，各种衍生金融资产涉及的风险既有共性又有个性。

（1）金融期货的投资风险。金融期货是一种完全标准化的合约，除了成交价格由交易各方通过竞价产生不断波动外，其余事项如交易对象的数量、等级等都有标准化的条款，交易所拥有完善的结算制度和数量限制制度，即使部分投资者违约，交易所将采取强制平仓措施以维持整个交易体系的安全，所以相关损失很小，流动性风险很小。金融期货最大的风险来自低比率的保证金（一般在1%—5%），现货市场上价格的波动，会通过保证金这个"杠杆"几十倍地放大到期货市场上，导致风险和收益的大幅波动。因此，金融期货合约在风险上最大的特点是对风险与收益的完全放开。

（2）金融期权的投资风险。金融期权投资特有的风险特征是合约交易双方风险与收益的不对称性。在期权交易中，合约买方所承担风险的上限是已支付的权利金，而收益却很大；合约卖方的收益仅限于向买方收取的权利金，而承担的损失却很大。由此，合约双方的风险与收益是不平衡的，卖方承担的价格风险要大于买方，并且会通过彼此发生概率的不对称性而趋于平衡。因此，金融期权的市场风险要小于金融期货，其信用风险和流动风险都很小，但法律风险和操作风险可能涉及较多。

（3）金融互换的投资风险。它对风险与收益均实行一次性双向锁定，因此它的价格风险和市场风险都很小。但由于限于场外交易，缺乏大规模的流通转让市场，故其信用风险与流动性风险较大。

（4）远期合约的投资风险。远期合约在风险和收益的设计上类似于金融互换，对风险与收益均实行一次性双向锁定，但灵活程度低于金融互换。合约签订时双方约定未来的交易价格、日期，这就意味着既规避了未来价格变动不利于自己的风险，同时也失去了未来价格变动利于自己的收益。因此，远期合约规避了市场风险，价格风险很小。但因其是一对一的预约交易，所以流动性极差，不仅流动风险很大，还面临着很大的信用风险。

（五）应收票据的质量分析

应收票据是指企业持有的、尚未到期兑现的商业票据。商业票据是一种载有一定付款日期、付款地点、付款金额和付款人的无条件支付的流通证券，也是一种可以由持票人自由转让给他人的债权凭证。应收票据可分为商业承兑汇票和银行承兑汇票。

在对应收票据的质量进行分析时，要注意以下几点。

第一，大部分上市公司应收票据项目的数额不是特别大，所以可以不用特别关注。

第二，如果应收票据数额巨大，一方面要具体分析其是银行承兑汇票还是商业承兑汇票，另一方面也要考虑是否存在财务舞弊的可能性。在实际工作中，应收票据项目也是财务造假的一个重要手段。

第三，如果存在已贴现的商业汇票，要关注其可能给企业的财务状况造成的负面影响。《中华人民共和国票据法》规定，票据贴现具有追索权，即如果票据承兑人到期不能兑付，背书人负有连带付款责任。这样，对企业而言，已贴现的商业汇票就是一种或有负债，若已贴现的应收票据金额过大，也可能会对企业的财务状况带来较大影响。因此，在分析该项目时，应结合财务报表附注中的相关披露，以了解企业是否存在已贴现的商业汇票，据以判断其是否会影响到企业将来的偿债能力。

（六）应收账款的质量分析

应收账款是指企业因赊销商品、材料、提供劳务等业务而形成的商业债权。

应收账款作为企业信用政策的结果，在买方市场条件下：企业一方面通过信用交易（赊销）以争取客户扩大销售，增强市场竞争力，降低库存；另一方面巨大的信用风险可能会使企业陷入货款被拖欠、经营亏损的困境中，加大了企业的资金占用，迫使企业负债，从而给企业带来较大的风险。比如，以利润率10%为例，一旦出现一笔坏账损失，就需要10倍的销售额来弥补。因此，企业应该合理规划应收账款的持有规模，在扩大销售与控制坏账风险之间保持一种均衡。企业应收账款的合理持有模型如图6-6所示。

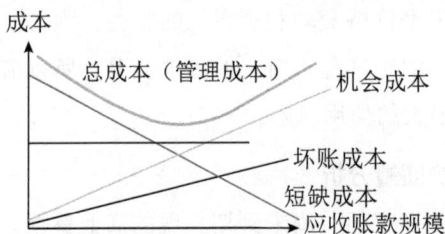

图 6-6　企业应收账款的合理持有模型

对应收账款的质量分析，重点在两个方面：一是分析其可回收性，即变现性；二是分析其与营业收入的关系，以评估赊销风险。主要从以下几个方面进行。

1. 账龄分析

对应收账款的账龄进行分析，是一种最传统的方法。这种方法通过对应收账款的形成时间进行分析，进而对不同账龄的债权分别判断质量。一般而言，未过信用期或已过信用期但拖欠期较短的债权出现坏账的可能性，比已过信用期较长时间的债权出生坏账的可能性小。

以 KM 公司为例，附注中披露的应收账款账龄分析表如表 6-7 所示。

表 6-7　KM 公司应收账款账龄分析

金额单位：元

账龄	期末余额		
	应收账款	坏账准备	计提比例（%）
1 年以内			
其中：1 年以内分项			
信用期内	3 560 407 666.13	35 604 076.66	1.00
信用期至 1 年	2 419 553 470.48	120 977 673.55	5.00

账龄	期末余额		
	应收账款	坏账准备	计提比例（%）
1 年以内小计	5,979,961,136.61	156,581,750.21	2.62
1 至 2 年	415,201,495.31	124,560,448.60	30.00
2 至 3 年	360,225,797.88	180,112,898.96	50.00
3 年以上	120,907,983.62	96,726,386.90	80.00
合计	6,876,296,413.42	557,981,484.67	

根据表 6-7，结合同行业情况，未见明显异常。

2. 坏账准备政策分析

会计准则强调，应收账款作为一项金融资产，应当在资产负债表日对其进行减值检查，将其账面价值与预计未来现金流量现值之间的差额确认为减值损失，计入当期损益。

在进行分析时，不必过分强调企业所采用的坏账准备计提方法，应收账款是否发生减值取决于该项目预计未来现金流量的现值。

另外，需要分析企业是否存在坏账准备政策变更及其理由是否充分。

3. 债务人构成分析

（1）债务人行业 / 区域构成分析。从债务人的行业 / 区域构成来看，不同行业 / 区域的债务人，由于行业发展水平、法制建设条件以及特定的经济环境等方面的差异，对企业自身债务的偿还心态以及偿还能力有相当大的差异：行业发展状况较好、经济发展水平较高、法制建设条件较好以及特定的经济环境较好区域的债务人，一般具有较好的债务清偿心理，因而这些区域的债权的可回收性较强；反之，其还款能力较差，应收账款可收回性就比较差。

（2）债务人所有权性质分析。从债务人的所有权性质来看，不同所有制的企业，对其自身债务的偿还心态以及偿还能力也有较大的差异。许多企业的实践已经证明了这一点。

（3）债权企业与债务人的关联状况分析。从债权企业与债务人的关联状况来看，可以把债务人分为关联方债务人与非关联方债务人。由于关联方彼此之间在债权债务方面的操纵色彩较强，因此，对关联方债务人对债权企业的债务的偿还状况应予以足够的重视。

（4）债务人的稳定程度分析。从债务人的稳定程度来看，稳定债务人的偿债能力一般较好把握，而临时性或不稳定的债务人的偿债能力一般较难把握。

4. 对形成债权的内部经手人构成进行分析

一般来说，企业外部报表信息的使用者，由于受所掌握资料的限制，不大可能对形成企业债权的内部经手人的构成进行分析。但是，从企业管理者的角度来说，完全可以实施对形成债权的内部经手人的构成进行分析。

大量的实践表明，形成债权的内部经手人对企业债权的质量影响重大。因此，对形成债权的内部经手人的构成进行分析，既可以为管理者合理调配企业内部的工作提供重要的参考信息，也可以引导企业的管理者较早地关注企业债权质量较差的区域，及时采取有效措施。

5. 应收账款周转分析

应收账款周转状况直观反映了应收账款的回收速度。一般来说，应收账款周转率越高越好，因为它往往意味着周转天数越短，企业资金积压越小，应收账款质量越高。

就 KM 公司而言，我们可以计算出 KM 公司 2018 年应收账款的周转天数是105 天，相比同行业云南白药 20.81 天，属于非常长的，说明 KM 公司的应收账款的质量不高。如果与其自身 2017 年的 83 天、2016 年的 47 天相比，应收账款周转天数也是越来越长，说明公司的销售状况与财务状况越来越不乐观。

6. 应收账款集中度分析

应收账款集中度也反映了企业应收账款的风险。单项金额越大，应收账款集中度越高，其被关联方占用的可能性越大，回收的风险越大。

7. 应收账款与营业收入的关系分析

一方面，分析应收账款与营业收入的关系，可以了解企业整体赊销情况，与同行业相比较，可以评估其产品的市场表现。通常来说，与同行业相比较，应收账款占营业收入的比重越大，说明其产品的竞争力越差。另一方面，计算新增应收账款占新增营业收入的比重，可以评估新增应收账款的质量。

就 KM 公司而言，分析应收账款与营业收入的关系列示如表 6-8 所示。

表 6-8　应收账款与营业收入的关系

金额单位：元

	期末数	期初数	增加数	增长率
应收账款	6,318,314,928	4,992,084,546	1,326,230,382	26.57%
营业收入	19,356,233,375	17,578,618,640	1,777,614,735	10.11%
应收账款 / 营业收入	32.64%	28.40%	74.61%	

从表 6-8 可知，应收账款期末余额比期初余额增加了 1,326,230,382 元，增长率为 26.57%；而同期营业收入增长只有 10.11%，说明新增加 1,777,614,735 元营业收入中有 74.61% 属于应收账款，大大高于上年的 28.40%。显然，这部分应收账款的风险是非常大的。

二、存货质量分析

存货，是指企业在日常活动中持有以备出售的产成品或商品、处在生产过程中的在产品、在生产过程或提供劳务过程中耗用的材料、物料等。

企业的存货，按其用途可以分为三类。

第一类是产成品、商品存货，可以直接用于销售。

第二类是用于生产的存货，包括原材料、在产品、半成品、周转材料。

第三类是超储积压、不需用、待处理的存货。

对不同类型的存货，其质量分析的重点也不一样。对第一类直接对外销售的存货，重点应该关注其盈利性、周转率。对第二类用于内部耗用的存货，重点应该关注其周转性。对第三类待处理存货，重点关注其可变现性。

这里重点说明存货的盈利性、周转性及舞弊迹象。

（一）存货的盈利性分析

存货的盈利性是指存货的可变现净值大于账面价值的可能性。为此，可以从以下几个方面考虑。

1. 时效状况分析

对存货的时效状况分析，是指对时效性较强的存货的状况进行分析。按照时效性对公司存货进行分类，可以分为以下 3 类。

（1）与保质期相关联的存货。例如食品，在食品中，保质期限较长的时效性相对较弱；保质期限较短、即将到达保质期的食品的时效性相对较强。

（2）与内容相关联的存货。例如出版物，在出版物中，内容较为稳定、可利用期限较长的（如哲学、数学等书籍）时效性相对较弱；内容变化较快、可利用期限较短的（如报纸、杂志等）时效性相对较强。

（3）与技术相关联的存货。需要说明的是，同样是与技术相关联，有的存货的支持技术进步较快（如电子计算机技术），有的存货的支持技术则进步较慢（如传统中药配方、药品配方、食品配方等）。支持技术进步较快的存货的时效性较强，支持技术进步较慢的存货的时效性较弱。

2. 品种构成结构分析

在公司生产和销售多种产品的条件下，不同品种的产品的获利能力、技术状态、市场发展前景以及产品的抗变能力等可能有较大的差异。过分依赖某一种产品或几种产品的公司，极有可能因产品出现问题而使上市公司全局受到重创。因此，应当对公司存货的品种构成结构进行分析，并关注不同品种的产品的获利能力、技术状态、市场发展前景以及产品的抗变能力等方面的状况。

3. 毛利率及趋势分析

毛利率很大程度上体现了企业在存货项目上的获利空间。毛利率下降，意味着企业的产品在市场上的竞争力下降；或者意味着企业的产品生命周期出现了转折；或者意味着企业所生产的产品的市场竞争加剧。

就 KM 公司而言，其 2018 年度毛利率是 30.04%，与 2017 年的 38.63%、2016 年的 29.90% 相比较，应该说还算平稳；与同行业相比较，这个毛利率也不算低，与云南白药差不多，说明其市场竞争力还不错。

（二）存货的周转性分析

存货的周转性分析是指对销货成本与存货平均余额之比的分析。该比率反映企业存货的周转次数。存货周转率是衡量企业销售能力和存货是否过多的指标。

在正常情况下，存货周转率越高，说明存货周转速度越快，存货管理效率越高。存货周转率在一定程度上可以反映出企业的盈利能力。如果一个企业的存货周转率偏低，说明该企业可能发生了下列情况：存货周转太慢、存货过时、销售估计偏高、销售与存货之间无法保持平衡关系等。反之，该周转率偏高，说明企业投资于存货部分的资金不足，会导致销售机会的失去，最后造成企业损失。

就 KM 公司而言，其存货周转状况非常不理想，其 2018 年、2017 年、2016 年存货周转天数分别为 923 天、799 天、266 天。周转天数越来越长，说明存货的质量状况很糟糕，令人担忧。

当然，存货周转率高低的判断，还需要与同行业进行比较。在同行业中，云南白药，其 2018 年、2017 年、2016 年存货周转天数分别为：191.11 天、167.63 天、143.64 天。二者一比较，差距还是相当大的。

（三）关注存货舞弊迹象

存货舞弊主要有两种情况，即虚增存货和虚减存货。由于虚减存货会导致当期成本增加，利润减少，因此上市公司多数是虚增存货，以达到虚增利润的目的。

从现有已发生的案例来看，在评估存货高估风险时应注意虚增存货舞弊的基本套路。

（1）操纵流通环节，虚增成本。操纵流通环节，虚增成本包括在采购环节虚构入库存货、伪造各种单据增加入库成本等；在生产领用和费用归集环节，错误的费用归集，人为调高存货成本等；在销售和发出环节，随意变更存货计价方法、人为调减发出存货的数量、期末不按照规定进行销售成本的结转等。

（2）操纵存货盘点，虚构存货。操纵存货盘点，虚构存货主要有：人为操纵对存货进行重复盘点、隐瞒毁损存货和盘亏损失、虚构存货盘盈等。

（3）故意错误地将存货资本化。故意错误地将存货资本化，即将原本应该在当期费用化的一些费用，没有按照规定计入当期费用，而是人为地将其资本化，以达到虚增存货、减少当期费用，最终达到虚增当期利润的目的。

（4）利用存货的特殊业务进行舞弊。企业通过债务重组、非货币性交易、关联方交易、滥用会计政策及会计估计变更、虚假的时间性差异、虚假披露等手段操纵利润、滥提或少提存货跌价准备等。

在评估存货高估风险的时候，分析师应回答以下问题，回答"是"越多，存货舞弊的风险就越高。

（1）存货的增长是否快于销售收入的增长。当企业的存货在某个期间异常地过快增长，或者其增长幅度在一段时间内超过同期销售收入的增长的时候，除非经营环境有重大变化或者发生重组等事项，否则舞弊的可能性很高。

（2）存货占总资产的百分比是否逐期增加。企业在长期发展中，随着资产规模的增长，一般情况下，其他相应资产的规模会以相应的比例增加。当存货占总资产的比例逐年增加的时候，表明其他资产没有随着总资产的增加而增加，这种情况下，存货往往是有"水分"的。

（3）存货周转率是否逐期下降。当主营业务收入保持一定水平的时候，存货周转率的下降是由于存货不恰当的增长引起的，分析师应谨慎确定存货的实际价值。

（4）运输成本所占存货成本的比重是否下降。运输成本的发生往往是由于存货地点的转移而发生的，当运输成本占存货成本的比重下降时，表明运输成本没有随着存货的变动而变动，这种情况的发生往往是因为存货存在舞弊。

（5）存货的增长是否快于总资产的增长。存货的增长速度快于总资产的增长速度，往往也是因为管理当局人为地虚增存货价值而引起的。

（6）销售成本所占销售收入的百分比是否逐期下降。正常情况下当期的销售成本要随着销售收入的增加而按一定比率增加。减少当期销售成本而增加期末存货水平经常是管理层进行存货舞弊的常用方法。

（7）销售成本的账簿记录是否与税收报告相抵触。伴随着销售收入的发生，纳税义务也要跟着发生。管理当局在进行存货舞弊的时候往往要考虑到舞弊成本，即当管理当局通过减少销售成本而虚增利润的时候，必然要承受相应的所得税损失。如果管理当局既想虚增存货价值又不想多缴所得税，那么相应的代价就是税务报告与销售成本的账簿记录相矛盾。

（8）是否存在用以增加存货余额的重大调整分录。管理层在期末对存货进行舞弊的时候，往往会体现在对涉及存货分录的重大调整。

三、其他流动资产质量分析

其他流动资产主要包括预付账款、其他应收款、合同资产、持有待售资产等。

（一）预付账款的质量分析

预付账款是指企业按照购货合同规定预付给供应单位的款项。预付账款的特征主要有两点。

第一，作为流动资产，预付账款不是用货币抵偿的，而是要求企业在短期内以某种商品、提供劳务或服务来抵偿。

第二，通常情况下企业的预付账款不计提坏账准备。但是，如果有确凿的证据表明企业预付账款的性质已经发生改变，或者因供货单位破产、撤销等原因已经无望再收到所购货物的，应将原计入预付账款的金额转入其他应收款，并按规定计提坏账准备。

预付账款的质量分析重点要关注预付账款的可回收性及舞弊迹象。

1.预付账款的可回收性

预付账款存在一定的回收风险。2018 年 7 月 16 日，上市公司领益智造（002600）发布《关于贸易业务预付款回收风险的提示公告》。公告称，截至 2018 年 6 月 30 日，公司控股子公司先后向广州卓益、江门恒浩预付货款合计约 11.2 亿元，用于采购铜、铝锭和锡锭等。经公司调查了解，广州卓益和江门恒浩因经营情况变化，导致公司上述子公司的大宗贸易合作业务未能正常开展。经沟通协商，截至公告披露日，广州卓益和江门恒浩仍未能退回公司上述预付款，且上述预付款存在全部无法回收或部分无法回收的风险。

预付账款风险产生的原因为以下几种。

（1）缺乏信用了解和信用决策系统。

（2）预付账款内部控制存在缺陷。

（3）缺乏风险意识，盲目竞争。

（4）存在商品质量问题。

就 KM 公司而言，根据报表附注，其预付款项期末余额 1,264,127,768 元中，有 90% 属于 1 年以内的款项，可回收性较好。

2. 关注预付账款舞弊迹象

（1）注意企业是否存在利用预付账款作为"中转站"的迹象。例如，甲企业本与乙企业无任何业务往来，但甲企业的负责人与乙企业的财务主管有亲戚关系，于是，甲企业以收取一定"使用费"为条件，在审计人员的函证中证明该企业收到乙企业的预付款，给审计人员的工作制造了很大的障碍，使甲、乙两企业的会计核算失去了真实性。

（2）注意企业是否存在利用预付账款作为"回收站"的迹象。在部分企业中，"预付账款"账户就发挥着"回收站"的作用，企业销售商品，不确认收入，而是暂时存放在"预付账款"账户中，作为预付款，日后，再做相反会计分录，视同退款。这样的后果就是企业可以偷逃收入、偷逃税金、隐匿收入。

（3）是否存在将不属于预收账款核算的事项列入预收账款。例如，企业将本应记入"其他业务收入""营业外收入"科目的事项记入"预收账款"科目，从而达到逃避缴纳流转税和所得税的目的。

（4）将应计入收入的直接交款计入预收账款。会计制度规定，交款提货销售在收到货款并将发票账单和提货单交给买方后确认收入。这种情况对外部分析师来说无法做到。但对内部分析师来说，可以在检查时要求企业对每笔预收账款明细账贷方发生额出具相应的合同，以核实发生预收账款的原因；并结合对企业发生预收账款时的发货业务，检查库存商品明细账或提货单，核实企业是否发生交款提货销售业务，有无将本应确认为收入的事项作为预收账款处理。

（二）其他应收款的质量分析

其他应收款是指除应收票据、应收账款及预付账款以外的应收或暂付给其他单位和个人的款项，是企业非购销活动中产生的债权。主要包括拨付给企业内部单位和个人的备用款，应收的各种罚款、赔款，应收的租金、存出保证金，应向职工收取的各种款项等。

其他应收款的特征主要表现为两点。

一是其他应收款通常不属于企业主要的债权项目，数额及所占比例不应过大。如果其数额过高，即为不正常现象，容易产生不明原因的占用。

二是其他应收款不属于企业正常销售经营活动的货款结算，其主要内容属于与企业无直接效益的资源占用，因此，无论是从盈利性，还是从变现性及周转性来看，其质量均较低。因此，要特别关注这一"小项目"中潜伏的"大危机"。

与应收账款分析相类似，其他应收款质量分析的重点是分析其可变现性，并关注应收关联方款项和利用其他应收款项目进行舞弊的迹象。

1. 其他应收款的变现性分析

其他应收款的变现性分析主要从以下几个方面进行。

（1）账龄分析。通过对其他应收款的形成时间进行分析，进而对不同账龄的债权分别判断质量。一般而言，账龄越长，发生坏账的可能性越大。

（2）债务人构成分析。重点关注关联方债务人。由于关联方彼此之间在债权债务方面的操纵色彩较强，因此，对关联方债务人状况应予以足够的重视。

（3）其他应收款集中度分析。集中度也反映了其他应收款的风险。单项金额越大，其他应收款集中度越高，回收的风险越大。

2. 关注关联方占用情况

通常，其他应收款不会给企业带来任何利益。如果存在关联方大量占用的现象，对企业来说就是一种损失。在 KM 公司中，2018 年年末其他应收款余额为 9,228,373,561 元，其中应收关联方的款项就有 8,879,047,605 元，占比 96.21%，说明关联方占用非常严重，也就是说 KM 公司中流动资产的 16.37% 属于关联方占用，这里还不算应收账款。结合坏账计提情况，KM 公司在 2018 年年报披露的其他应收款中：对普宁康都药业有限公司所占的 56.29 亿元其他应收款，计提 60.63% 的坏账准备；对普宁市康淳药业有限公司所占的 32.5 亿元其他应收款计提了 35.01% 的坏账准备。这对 KM 公司来说，当然是一笔很大的损失。

3. 舞弊迹象分析

实务中，企业利用其他应收款项目进行的舞弊主要有以下情形。

（1）利用其他应收款科目隐藏短期投资，截留投资收益。

（2）利用其他应收款隐藏利润，偷逃税款。

（3）利用其他应收款转移资金。企业不正常的重大现金流出多通过其他应收款科目转移。大股东占用上市公司款项、企业高管卷款而逃，其他应收款在这之中都发挥了重要作用。

（4）利用其他应收款私设小金库。

（5）利用其他应收款隐藏费用。上市公司为了迎合资本市场上财务报表分析师对公司业绩的预期，或者迎合监管机构所设定的作为特定行为先决条件的门槛指标，在盈利水平不佳年度往往会通过其他应收款科目直接列支费用，使企业的费用虚减。

（三）合同资产的质量分析

合同资产是一个新概念。根据《企业会计准则第 14 号——收入》（财会〔2017〕22 号）的规定，合同资产，是指企业已向客户转让商品而有权收取对价的权利，且该权利取决于时间流逝之外的其他因素。企业应当按照《企业会计准则第 22 号——金融工具确认和计量》评估合同资产的减值，该减值的计量、列报和披露应当按照《企业会计准则第 22 号——金融工具确认和计量》和《企业会计准则第 37 号——金融工具列报》的规定进行会计处理。

理解合同资产的特征，可以通过与应收账款对比获得。

应收账款是企业无条件收取合同对价的权利，即企业仅仅随着时间的流逝即可收款。

合同资产属于有条件限制的收款权（如履行合同中的其他履约义务后才能收取相关价款）、信用风险、履约风险等。

在合同资产与应收账款的确认当中，都出现了"合同履行"以及"收款权"两个概念，同时也对合同资产以及应收账款在合同履行之后是否拥有收款权进行了相关限制。仔细对比分析之后我们可以发现，应收账款之所以能够被确认为应收账款并合法主张收款权，是因为应收账款的限制条件为"期限"，而合同资产只有真正达到了"条件"，履行合同的企业才能主张合法的收款权。

例如，A 企业与 B 企业签订了一份零件加工设备销售合同，合同规定 A 企业向 B 企业提供十台 X 型零件加工设备，B 企业应于接收完成后 5 天内支付 A 企业全部货款。在此合同中，虽然 A 企业没有在履行合同的当时就真正获得货款，但由于货款回收的限制条件仅为"时间"限制,而不存在其他影响货款回收的风险,因此应当被确认为应收账款。

再比如:甲公司与客户签订合同,向其销售A、B两项商品,合同价款为2,000元。合同约定,A商品于合同开始日交付,B商品在一个月之后交付,只有当A、B两项商品全部交付之后,甲公司才有权收取2,000元的合同对价。假定A商品和B商品构成两项履约义务,其控制权在交付时转移给客户,分摊至A商品和B商品的交易价格分别为400元和1,600元。上述价格均不包含增值税,增值税税率为13%。在这个例子中,甲公司将A商品交付给客户之后,与该商品相关的履约义务已经履行,但是,并没有直接获得收取货款的权利,还需要等到后续交付B商品时,甲公司才具有无条件收取合同对价的权利。因此,甲公司应当将应交付A商品而有权收取的对价452元确认为合同资产,而不是应收账款。

根据两个案例我们可以清楚地看到,限制条件为可等待的"时间"还是有其他限制性"条件",以及是否存在会计估计是确认为合同资产还是应收账款的根本影响因素。

分析合同资产的质量,必须要分析"其他限制性条件"履行的可能性,并充分考虑履约人的信用风险、履约风险等。

(四)持有待售资产的质量分析

《企业会计准则第42号——持有待售的非流动资产、处置组和终止经营》第五条规定:企业主要通过出售(包括具有商业实质的非货币性资产交换)而非持续使用一项非流动资产或处置组收回其账面价值的,应当将其划分为持有待售类别。由此可见,对正常使用年限已满或将满的资产,由于其账面价值已通过"持续使用"过程中的折旧或摊销回收,则不应当划归到持有待售资产。

持有待售资产的特征主要有三点。

一是持有待售资产是以"出售"为目的的。以"出售"还是以"正常使用"收回其资产账面价值,也是区分"持有待售资产"和"一年内到期的流动资产"的重要特征。当企业持有的非流动资产或处置组不是以出售为目的而是以结束使用为目的,不能将其划分为持有待售类别。

二是持有待售资产特别指的是非流动资产,而不是流动资产。比如存货,可能也是以"待售"为目的而持有,但不包括在"持有待售资产"项目之内。

三是划分为持有待售类别应当同时满足的条件。第一,可立即出售,即在当前状况下，仅根据出售此类资产或处置组的惯常条款出售。第二，出售极可能发生，即企业已经就一项出售计划做出决议且获得确定的购买承诺，预计出售将在一年内完成。例如：企业的董事会或有权力的决策机构已经批准资产的售出计划；与购买方已签订有效的购买协议，且购买协议中包含交易价格、时间和足够严厉的违约惩罚等重要条款，会计上可以据以计量。

依据企业会计准则的规则，在资产负债表日，企业应该重新计量持有待售的非流动资产，其账面价值高于公允价值减去出售费用后的净额的部分应确认为资产减值损失，计入当期损益，并计提资产减值准备。

可见，在对持有待售资产的质量进行分析时，主要应该关注其减值准备提取的充分性及购买方的信用，在此基础上分析其预期可变现净值。

第四节　非流动资产质量分析

非流动资产主要包括对外投资资产（债权投资、股权投资）、固定资产、无形资产等。

一、债权投资质量分析

（一）债权投资的概念与特征

依据《企业会计准则第 22 号——金融工具确认和计量》（2017）的规定，企业应当根据其管理金融资产的业务模式和金融资产的合同现金流量特征，将金融资产划分为以下三类：以摊余成本计量的金融资产、以公允价值计量且其变动计入其他综合收益的金融资产、以公允价值计量且其变动计入当期损益的金融资产。

金融资产同时符合下列条件的，应当分类为以摊余成本计量的金融资产。

（1）企业管理该金融资产的业务模式是以收取合同现金流量为目标。

（2）该金融资产的合同条款规定，在特定日期产生的现金流量，仅为对本金和以未偿付本金金额为基础的利息的支付。

企业一般应当设置"银行存款""贷款""应收账款""债权投资"等科目核算分类为以摊余成本计量的金融资产。

由此可见，债权投资仅属于以摊余成本计量的金融资产的一部分，主要包括企业持有的在活跃市场上有公开报价的国债、企业债券以及金融债券等。

（二）债权投资的质量分析

1. 盈利性分析

对企业购买国债、企业债券以及金融债券，应当根据当时宏观金融市场环境，判断投资收益的相对水平。一般来说，债权投资的收益率应高于同期银行存款利率，具体收益水平要视债券种类以及所承受的风险大小来定。

另外还要注意，债权投资的投资收益是按照权责发生制原则确定的，并不与现金流入量相对应，即无论投资企业是否收到利息，都要按应收利息计算出当期的投资收益。大多数情况下，投资收益的确认都先于利息的收取，由此会在一定程度上导致当期所确认的投资收益规模与现金收入金额不一致的情况发生。

2. 变现性分析

（1）根据项目构成及债务人构成分析债权投资的变现性。对债权投资而言，虽然投资者按照约定，将定期收取利息、到期收回本金，但是债务人能否定期支付利息、到期偿还本金，取决于债务人在需要偿还的时点是否有足够的现金。因此，有必要对项目构成及债务人构成进行分析，并在此基础上对债务人的偿债能力做出进一步的判断，从而评价该项目的变现性。分析时可参阅财务报表附注中债权投资明细表，并结合其他市场信息等因素来进行。

（2）根据债权投资的减值情况来分析其变现性。当债权投资发生减值时，应当将其账面价值减至预计未来现金流量的现值。因此，通过分析该项目的减值准备计提情况，便可直接判断债权投资的变现性。

3. 关注财务舞弊迹象

必须注意的是，一些企业有可能出于粉饰业绩的目的，通过少提或多提减值准备的方式来达到虚增或虚减债权投资账面价值和利润的目的。尤其是按照我国现行准则的规定，大部分长期资产，如固定资产、无形资产、长期股权投资以及采用成本模式计量的投资性房地产所计提的资产减值准备一经计提不得再冲回，而对债权投资计提减值准备后如有客观证据表明该项目价值有所回升，且客观上与确认该损失后的事项有关（如债务人的信用评级已提高）的，原计提的减值准备允许予以冲回。因此在财务报表分析时要提高警惕。

二、其他债权投资质量分析

（一）其他债权投资的概念与特征

1.其他债权投资的含义

其他债权投资是指以公允价值计量且其变动计入其他综合收益的金融资产。依据企业会计准则，金融资产同时符合下列条件的，应当分类为以公允价值计量且其变动计入其他综合收益的金融资产：

（1）企业管理该金融资产的业务模式既以收取合同现金流量为目标又以出售该金融资产为目标；

（2）该金融资产的合同条款规定，在特定日期产生的现金流量，仅为对本金和以未偿付本金金额为基础的利息的支付。

例如，企业持有的普通债券的合同现金流量是到期收回本金及按约定利率在合同期间按时收取固定或浮动利息的权利。在没有其他特殊安排的情况下，普通债券的合同现金流量一般情况下可能符合仅为对本金和以未偿付本金金额为基础的利息支付的要求。如果企业管理该债券的业务模式以收取合同现金流量和出售该债券为目标，则该债券应当分类为以公允价值计量且其变动计入其他综合收益的金融资产。

企业应当设置"其他债权投资"科目核算分类为以公允价值计量且其变动计入其他综合收益的金融资产。

2.其他债权投资的特征

其他债权投资与债权投资相比较，两者的区别在于：企业管理其金融资产的业务模式不同，或者说交易目的不同。以摊余成本计量的金融资产（即债权投资），其交易目的仅是收取合同现金流量；以公允价值计量且其变动计入其他综合收益的金融资产（即其他债权投资），其交易目的既以收取合同现金流量为目标又以出售金融资产为目标。这是划分这两类金融资产的依据。

（二）其他债权投资的质量分析

作为其他债权投资，企业可能打算随时变现，也可能通过长期持有来获取收益。因此，一般来说，该项目的周转性并不确定。

依据会计准则，其他债权投资应当按取得该金融资产的公允价值和相关交易费用之和作为初始确认金额。其他债权投资持有期间取得的利息或现金股利，应当计入其他综合收益。资产负债表日，其他债权投资应当以公允价值计量，且公允价值变动计入其他综合收益。当企业急需现金时，该项目尚有可能按照公允价值变现，转换为已知金额的现金，因此具有一定的变现性。

三、长期股权投资质量分析

（一）长期股权投资的概念与特征

长期股权投资，是指投资企业对被投资单位实施控制、重大影响的权益性投资，以及对其合营企业的权益性投资。

投资企业进行股权投资，目的不是单纯地为了取得被投资单位的投资收益，而是为了控制被投资单位，或为了对被投资单位施加重大影响，以达到控制原材料供应、控制销售渠道和达到规模效益等目的，以分散经营风险。

（二）长期股权投资的质量分析

长期股权投资的质量是指长期股权投资为企业带来价值增值的能力。长期股权投资相对于企业内部资产可控性较弱、风险较高。质量较好的长期股权投资能够为企业带来预期的利益，而质量较差的长期股权投资由于种种原因不但无法给企业带来预期的利益，其原始投资也一再缩水，甚至于全额计提减值，给企业带来严重的损失。随着我国上市公司规模的不断扩张，长期股权投资在公司总资产中所占的份额越来越大，因此，长期股权投资进行质量分析就显得至关重要。

影响长期股权投资质量的因素有很多，包括投资方向、投资的类型、获利能力、减值准备的计提等。

1. 投资方向分析

长期股权投资方向对投资企业未来整体的盈利性可能会产生重大影响。在考察长期股权投资方向时，应该主要考察投资企业的投资方向及构成与其核心竞争力之间的关系。

在投资企业属于在某个行业中有核心竞争能力的条件下，其对外投资如果与其自身的核心竞争能力相一致，则在投资的管理上，除对被投资单位有财务贡献外，投资企业会在技术、管理、市场等方面对被投资单位进行实质性贡献。在业绩方面，投资企业由于与被投资单位行业极有可能一致，因此，双方的业绩会经常呈同方向变化；反之，如果其对外投资与其自身的核心竞争能力不相一致，则可能是投资企业实现其行业的多元化战略的努力。此时，投资企业和被投资单位在某些时期的业绩上极有可能出现互补的态势。

以 KM 公司为例，从长期股权投资规模来看，无论是年初数还是年末数，长期股权投资规模占总资产比重均显得很小，分别占比 0.74%、0.79%，这意味着企业始终将自身的经营活动作为主业，坚持经营主导的盈利模式。

2. 投资的类型构成分析

根据企业会计准则的规定，按照投资企业对被投资单位的控制程度可以将被投资单位分为无控制、无共同控制且无重大影响，共同控制或重大影响，控制三种类型。在对长期股权投资进行深入分析之前，应当首先计算企业不同类型长期股权投资占全部长期股权投资的比例，以估算长期股权投资的集中度以及企业对长期股权投资的控制能力。投资较为集中、能够体现企业核心竞争力、控制程度较强的长期股权投资质量相对较高；反之，质量相对较差。

3. 获利能力分析

根据企业会计准则的规定，不同类型的长期股权投资采用不同的会计处理方法，所以在对上市公司长期股权投资的获利能力进行分析时，对不同类型的长期股权投资也需要采用不同的分析方法。

（1）对子公司的投资获利能力分析。对投资企业能够对被投资单位实施控制的长期股权投资效益性的分析，首先应当关注被投资单位的业务类型，考察该项投资是属于公司主业的扩张、上下游产业链的整合，还是公司主业成熟之后的多元化经营、是否与公司的战略相吻合。由于母子公司之间利益的一致性以及母子公司之间通常存在关联交易及内部转移价格，在分析对子公司的投资获利能力时，投资企业是否从子公司获得了现金红利以及获得了多少现金红利都不应当作为分析的重点。对子公司投资的效益主要体现在集团公司整体价值的提升、整体经营业绩的提高，以及子公司自身的获利能力。

根据会计准则规定，投资企业对子公司的长期股权投资，应当采用成本法核算。在成本法下，当被投资单位宣布当年损益时，投资企业无须做任何会计处理；只有当被投资单位宣布分配利润或现金股利时，投资企业才按自己应得的份额计入投资收益。在这种条件下，子公司整体所实现的损益只能通过财务报表合并利润中归属于母公司的净利润与子公司净利润的差额反映出来。由于子公司被纳入财务报表合并范围，分析时应重点关注合并财务报表数据并结合母公司报表进行对比分析。主要关注点包括母公司资产、负债、股东权益与相应的合并数相比所占的比例，母公司利润与合并利润相比所占的比例。由此可以推测出子公司的资产、负债、股东权益以及获利能力的总体状况，以对公司该类长期股权投资的整体获利能力做出判断。例如，有些上市公司的子公司相对于母公司拥有较高的资产份额，但却只能带来微薄的利润甚至是亏损，就说明该上市公司对子公司投资的效益性较差。分析时可以通过计算对子公司的投资报酬率（Return on investment，ROI）来衡量投资的获利能力。

当合并净利润中归属于母公司股东的净利润高于母公司净利润时，投资报酬率为正，差额越高，说明子公司的整体获利能力越强，投资报酬率越高。当合并净利润中归属于母公司股东的净利润与从子公司收到的现金红利之和低于母公司净利润时，投资报酬率为负，说明子公司整体获利能力较差，绝对值越大，说明其效益越差。

（2）对联营与合营企业的投资获利能力分析。根据会计准则规定，投资企业对被投资单位具有共同控制或重大影响的长期股权投资，应当采用权益法核算。采用权益法核算的长期股权投资，当投资企业根据被投资单位实现的净利润或经调整的净利润计算应享有的份额而确认投资收益时，所确认的投资收益不能带来现金回款的部分，将形成泡沫利润（投资收益）与泡沫资产（长期股权投资），从而降低企业长期股权投资的质量。在对这一类长期股权投资的获利能力进行分析时，应重点关注投资收益率以及投资收益的现金回款率。

在 KM 公司，根据报表附注，2017 年度长期股权投资全部为对联营企业与合营企业投资。其中对联营企业投资 516,877,860 元，2018 年度确认投资收益 49,240,949 元，投资收益率为 9.53%，确认其他综合收益 1,343,798 元；对合营企业投资 723,156 元，全部确认为投资损失。另外，本期没有新增长期股权投资减值准备，应该说，从盈利性角度来看，长期股权投资的质量还算不错。

4. 资产减值对长期股权投资质量的影响

由于现行企业会计准则规定长期股权投资减值损失一旦计提不允许转回，势必造成上市公司在业绩不好的年份对长期股权投资减值准备的计提过于保守，而在业绩较好的年份一次性大量计提减值准备。所以，在分析长期股权投资的质量时，必须考查其资产减值计提的合理性。

四、固定资产质量分析

（一）固定资产的概念与特征

固定资产是指企业为生产产品、提供劳务、出租或者经营管理而持有的、使用寿命超过1年的，价值达到一定标准的非货币性资产，包括房屋、建筑物、机器、机械、运输工具以及其他与生产经营活动有关的设备、器具、工具等。

固定资产是企业生产经营重要的劳动手段，是企业获取盈利的主要物质基础，在企业的生产经营过程中发挥着重要的作用。它有助于企业提高劳动效率、改善工作条件、扩大生产经营规模、降低生产成本。

通常情况下，企业的固定资产具有以下特征：

（1）企业长期拥有并在生产经营中持续发挥作用；

（2）固定资产在整体企业资产所占的比重较大，经营风险也相对较大；

（3）固定资产规模反映企业生产的技术水平、工艺水平，代表该企业在行业中相对的竞争实力和竞争地位。

（4）固定资产的质量对企业的经济效益和财务状况影响巨大；

（5）固定资产不是为了出售而持有的，变现性差。

（二）固定资产的质量分析

固定资产的质量分析主要可以从贡献性、周转性、配置的合理性、与其他资产组合的协同性、未来增值潜力进行。如果从长期偿债能力考虑，也可以分析固定资产的变现性。

1. 固定资产的贡献性分析

虽然固定资产不像存货那样直接对外销售产生盈利，但它为企业的存货的生产与销售以及企业对外提供其他服务提供保障，反映企业的技术装备水平和竞争实力。因此，固定资产的贡献会在很大程度上决定企业整体的获利能力。

衡量固定资产对企业的贡献可以通过三个指标：一是固定资产产值率；二是固定资产的利用程度；三是固定资产毛利率。

（1）固定资产产值率。固定资产产值率亦称"固定资产生产率"，是反映生产用固定资产利用效果的指标之一，可以用每百元固定资产完成的产值表示。它说明每百元固定资产一年内能有多少产值。固定资产产值率越大，说明固定资产利用得越好。在考核固定资产利用情况时，固定资产价值一般采用净值，它能反映其现存价值的实际情况。

计算公式如下：

$$固定资产产值率 = 总产值 \div 固定资产平均总值$$

其中，总产值＝当期成品价值＋当期劳务价值＋（期末在产品、半成品价值－期初在产品、半成品价值）。

（2）固定资产的利用程度。企业的生产规模与固定资产存在一定的关系，可以通过存货余额和销售成本的合计数与固定资产原价比较来评估。一般来说，该比值越高，说明固定资产利用越充分。

（3）固定资产毛利率。营业收入是产品价值的外部实现，在一定程度上可以反映出固定资产的生产工艺水平与市场需求之间的吻合程度；营业成本是产品生产的内部耗用，可以反映出固定资产技术装备的先进程度；两者之差即企业赚取的毛利，则反映了企业的市场竞争实力，进而决定企业整体的盈利水平；而固定资产的总体规模则反映了企业的行业选择和行业定位特征。因此，毛利与固定资产规模的比较，即固定资产毛利率，可以较为综合地反映固定资产的贡献性，计算公式如下：

$$固定资产毛利率 = （营业收入 － 营业成本）\div 固定资产原值平均余额$$

2. 固定资产的周转性分析

固定资产的周转性通常用固定资产周转率表示。固定资产周转率通常用营业收入除以固定资产平均余额加以计算。但营业收入中包含了与固定资产使用效率无关的外部价格因素，因而用产品生产成本取代营业收入可能会使得该指标更具有说服力。

3. 固定资产配置的合理性分析

固定资产配置的合理性分析，需要结合企业的生产特点、技术水平和发展战略，分析生产用、非生产用、闲置固定资产的构成。通常来说：生产经营用固定资产所占比重较大、获利能力强、质量高；非生产经营用的固定资产（如高档汽车、高档办公楼等），所占比重应尽量少些，避免占用企业过多资金，影响资金使用效率。对未使用、不需用的闲置性固定资产，应尽快进行处理，减少资金占用。

对新增固定资产，需要考虑以下 4 点。

（1）固定资产增长规模与销售收入增长是否相吻合，并且销售收入的增长速度是否快于固定资产的增长速度。对固定资产增速较快的，或者与同行业相比明显偏高的，异常增加的固定资产应当引起注意；要严格控制非生产用固定资产的增长速度。

（2）新增固定资产类型，是否有助于提高企业的生产能力。

（3）新增固定资产的技术水平，是否有助于改善产品结构、提高经济效益。

（4）新增固定资产是否得以充分利用。

4. 固定资产与其他资产组合的协同性分析

固定资产与其他资产组合的协同性，强调的是固定资产通过与其他资产适当组合，在使用中产生协同效应的能力。即使是相同物理质量的资产，在不同企业之间、在同一企业的不同时期之间，甚至是在同一企业同一时期的不同用途之间，都有可能会表现出不同的贡献能力，所以按不同时期的经济发展方向和市场变动来对企业的固定资产进行重新组合可以提高企业的价值，而在对固定资产进行质量分析时，也一定要强调其与其他资产组合的增值性。

企业的资产可以分为经营性资产和投资性资产。通常，一个企业的经营性资产大都是围绕固定资产做出安排的，而投资性资产与固定资产的协同效应并不明显，所以经营性资产的整体盈利水平便可以视为固定资产与其他资产组合的盈利性的最终体现。经营性资产的整体盈利水平可以将营业利润作为标准，固定资产与其他资产组合的增值性便可以通过经营性资产收益率加以衡量，公式如下：

$$经营性资产收益率 = 营业利润 \div 经营性资产平均余额$$

$$经营性资产平均余额 = 资产平均余额 - 投资性资产平均余额$$

需要指出的是，如果当年企业投资新的生产项目，或对以往的固定资产进行大规模的更新改造，会使得企业固定资产的原值大幅增加，进而可能会使上述指标受到较大影响。但这一结果至少可以得出以下结论：新建固定资产的生产能力在当年并没有得以充分释放，其进一步的利用效果尚存在一定风险。因此，当分析中遇到该项指标出现较明显变动时，一定要结合报表附注的相关内容做出深入分析，避免结论的片面性。

5. 固定资产的未来增值潜力分析

由于我国企业的固定资产大多是采取历史成本计价，对存续时间较长的固定资产，需要考虑不同时点取得资产的币值问题及未来增值潜力和趋势。具有增值潜力的固定资产，是指那些市场价值的未来走向趋向于增值的固定资产。这种增值，或是由特定资产的稀缺性（如土地）引起，或是由特定资产的市场特征表现出较强的增值特性（如房屋、建筑物等）而引起，或是由于会计处理的原因导致账面上虽无净值但对企业仍有可进一步利用的原因（如已经提足折旧、企业仍可在一定时间内使用的固定资产）而引起。

6. 固定资产的变现性分析

由于固定资产并非基于出售而持有，因此只有从长期偿债能力的角度来分析，才需要考虑其变现性。分析变现性时，也要考虑固定资产的专用性对其变现性造成的制约影响。专用性越高，其变现的风险就越大。

固定资产的变现性可以根据企业固定资产减值准备的计提情况做出初步判断，通过变现率指标加以简单衡量，公式如下：

固定资产变现率 = 固定资产净额 ÷ 固定资产净值

固定资产净额 = 固定资产原值 − 累计折旧 − 减值准备

固定资产净值 = 固定资产原值 − 累计折旧

KM 公司 2018 年度资产负债表及其报表附注如表 6-9 所示。

表 6-9　KM 公司 2018 年度资产负债表及其报表附注（固定资产）

金额单位：元

项目	房屋及建筑物	机器设备	运输工具	其他设备	合计
一、账面原值					
1. 期初余额	5,414,124,168.90	2,189,525,508.36	163,140,413.64	438,859,378.52	8,205,649,469.42
2. 本期增加金额	2,442,316,594.81	705,941,023.56	31,751,142.12	69,275,848.60	3,249,284,609.09
（1）购置	252,215,451.16	249,491,099.25	27,649,444.63	,64,323,705.59	593,679,700.63
（2）在建工程转入	886,210,477.30	456,258,564.49		399,238.14	1,342,868,279.93
（3）企业合并增加		191,359.82	4,101,697.49	4,552,904.87	8,845,962.18
（4）存货转入	1,303,890,666.35				1,303,890,666.35
3. 本期减少金额	12,823,188.55	9,194,033.16	4,412,861.11	3,378,368.49	,29,808,451.31
（1）处置或报废	509,347.00	9,194,033.16	4,412,861.11	3,378,368.49	17,494,609.76
（2）处置子公司转出					
（3）转入投资性房地产	12,313,841.55				12,313,841.55

项目	房屋及建筑物	机器设备	运输工具	其他设备	合计
4. 期末余额	7,843,617,575.16	2,886,272,498.76	190,478,694.65	504,756,858.63	11,425,125,627.20
二、累计折旧					
1. 期初余额	825,456,637.90	938,741,916.38	98,802,975.70	230,529,930.53	2,093,504,460.51
2. 本期增加金额	170,109,028.63	154,136,438.27	18,897,801.26	53,543,036.53	396,686,304.69
（1）计提	170,109,028.63	154,123,680.95	15,953,999.99	50,546,718.65	390,733,428.22
（2）投资性房地产转入					
（3）企业合并增加		12,757.32	2,943,801.27	2,996,317.88	5,952,876.47
3. 本期减少金额	6,163,848,97	8,627,013.40	3.692,156.20	2,757,493.17	21,240,511.74
（1）处置或报废	210,597.97	8,627,013.40	3,692,156.20	2,757,493.17	15,287,260.74
（2）处置子公司转出					
（3）转入投资性房地产	5,953,251.00				5,953,251.00
4. 期末余额	989,401,817.56	1,084,251,341.25	114,008,620.76	281,315,473.89	2,468,977,253.46
三、减值准备					
1. 期初余额		4,804,927.77	12,234.98	1,083,316.84	5,900,479.59
2. 本期增加金额					
（1）计提					
3. 本期减少金额					
（1）处置或报废					
4. 期末余额		4,804,927.77	12,234.98	1,083,316.84	5,900,479.59
四、账面价值					
1. 期末账面价值	6,854,215,757,60	1,797,243,229.74	76,457,838.91	222,358,067.90	8,950,247,894.15
2. 期初账面价值	4,588,667,531.00	1,246,005,664.21	64,325,202.96	207,246,131.15	6,106,217,529.32

根据表 6-9，我们可计算出以下数据。

（1）KM 公司固定资产中，房屋及建筑物固定资产所占比重最大，占 76.58%，这一部分固定资产相对来说未来增值潜力大，可变现性好。

（2）KM 公司 2018 年度固定资产新增 2,844,030,365 元，增长率为 46.58%，而同期营业收入增长率是 10.11%，固定资产增长速度明显过快。本期新增固定资产中，房屋及建筑物固定资产增加 79.66%，机器设备固定资产增加 19.38%，其他设备增加 1%，说明生产用机器设备固定资产所占比重较少，新增固定资产结构不太合理。

（3）KM 公司 2018 年固定资产周转天数为 140 天。与云南白药的 24 天相比，差距非常大。说明 KM 公司固定资产规模过大，固定资产利用率差，管理能力存在问题。

当然，我们还可以进一步计算 KM 公司的固定资产产值率、固定资产毛利率、固定资产变现率、经营性资产收益率（固定资产与其他资产组合的增值性），评价公司固定资产的质量。这里就留给读者去思考、计算。

五、无形资产质量分析

无形资产指企业拥有或控制的没有实物形态的可辨认非货币性资产，主要包括专利权、非专利技术、商标权、著作权、土地使用权、特许经营权、转让技术等。

无形资产质量具有特殊性，即表现为高度的不确定性，自身保值和增值能力不稳定。因此，衡量无形资产的质量，不取决于其账面资产质量，而取决于其被企业利用的质量。主要可以从以下三方面进行分析。

1. 盈利性分析

无形资产的盈利性与无形资产的类别、性质有关，主要体现在特定企业对无形资产内部的利用价值和对外投资或转让的价值上。无形资产属性不同，其盈利性也不同。有些无形资产如专利权、土地使用权等有明确法律保护时间的，其盈利性相对容易判断。有些无形资产如专有技术，因其不受法律保护，其盈利性就不容易确定，甚至可能产生资产泡沫。所以，在分析无形资产盈利性时，需要对无形资产的结构进行分析。

2. 变现性分析

无形资产可通过市场转让而变现。但由于它是一种技术含量较高或垄断性强的特殊资产，其变现价值的确认存在较大的不确定性。分析无形资产的变现性时，需要考虑三个方面：（1）是否为特定主体所控制；（2）是否可以单独进行转让；（3）是否存在活跃的市场进行交易。如果企业购入的无形资产不为特定企业所拥有或控制、不可单独转让，则其变现性就很差。

当然，还可以通过分析无形资产减值准备的计提情况来判断企业无形资产的变现性。

3. 与其他资产组合的协同性分析

无形资产是一项不具有实物形态的特殊资源，除非进行转让，否则其自身无法直接为企业创造财富，而必须依附于其他资产才能表现出它的内在价值，因此，分析无形资产与其他资产组合的协同性增值具有很重要的意义。企业可利用名牌效应、技术优势、管理优势等无形资产盘活有形资产，通过联合、参股、控股、兼并等形式实现企业扩张，达到资源的最佳配置。可以这样说，无形资产在与其他资产组合过程中所释放的增值潜力的大小，直接决定了无形资产的盈利性，进而在很大程度上决定了无形资产的质量好坏。

KM 公司 2018 年度资产负债表及其报表附注如表 6-10 所示。

表 6-10　KM 公司 2018 年度资产负债表及其报表附注（无形资产）

金额单位：元

项目	土地使用权	专利权	非专利技术	合计
一、账面原值				
1. 期初余额	2,085,714,850.05	98,871,477.60	31,727,342.00	2,216,313,669.65
2. 本期增加金额	108,047,000.00	91,390,123.09	10,364,509.91	209,801,633.00
（1）购置	108,047,000.00	30,079,995.68	609,922.87	138,736,918.55
（2）开发支出转入		61,310,127.41	9,754,587.04	71,064,714.45
（3）企业合并增加				
（4）存货转入				
3. 本期减少金额		10,294,702.29		10,294,702.29
（1）处置				
（2）处置子公司转出				
（3）转入存货 – 开发成本				
（4）其他减少		10,294,702.29		10,294,702.29
4. 期末余额	2,193,761,850.05	179,966,898.40	42,091,851.91	2,415,820,600.36
二、累计摊销				
1. 期初余额	186,499,562.34	47,338,843.40	18,920,266.16	252,758,671.90
2. 本期增加金额	47,718,718.32	13,804,895.30	4,008,652.54	65,532,266.16
（1）计提	47,718,718.32	13,804,895.30	4,008,652.54	65,532,266.16

项目	土地使用权	专利权	非专利技术	合计
3. 本期减少金额				
（1）处置				
（2）处置子公司转出				
（3）转入存货－开发成本				
4. 期末余额	234,218,280.66	61,143,738.70	22,928,918.70	318,290,938.06
三、减值准备				
1. 期初余额				
2. 本期增加金额				
计提				
3. 本期减少金额				
处置				
4. 期末余额				
四、账面价值				
1. 期末账面价值	1,959,543,569.39	118,823,159.70	19,162,933.21	2,097,529,662.30
2. 期初账面价值	1,899,215,287.71	51,582,634.20	12,807,075.84	1,963,554,997.75

注：本期末通过公司内部研发形成的无形资产占无形资产余额的比例为 3.39%。

在 KM 公司中，依据 2018 年度资产负债表及其报表附注（表 6-10），我们有以下发现。

（1）KM 无形资产中，有明确法律保护时间的可转让的土地使用权占 93.42%，由于土地使用权多数是按成本计量的，其实际价值可能会远远大于其账面价值，故其盈利性、可变现性以及与其他资产组合的协同性都比较好，资产质量比较高。

（2）2018 年年末通过公司内部研发形成的无形资产占无形资产余额的比例为 3.39%，本期新增加的无形资产中，属于开发支出转专利权的有 61,310,127,41 元，属于开发支出转非专利技术的有 9,754,587.04 元，自主创新能力得到提高。

（3）查询附注"所有权或使用权受到限制的资产"中，有 682,311,920 元的"无形资产——土地使用权"已经被借款抵押，占无形资产 32.53%，考虑到 KM 公司整体财务状况不是很好，这部分资产的可收回性会大打折扣。

六、其他非流动资产质量分析

（一）商誉的质量分析

商誉是非同一控制企业合并成本大于合并取得被购买方各项可辨认资产、负债公允价值份额的差额，其存在无法与企业自身分离，不具有可辨认性，不属于无形资产准则所规范的无形资产范畴，因而在资产负债表中单独列示。商誉的基本特征如下。

第一，商誉不能独立于企业而存在，不能单独产生现金流量。

第二，商誉只有基于非同一控制企业合并而入账。对在同一控制下的企业合并，现行准则规定相关资产和负债均以账面价值计量，合并溢价只能调整资本公积和留存收益，并不确认商誉。如果是企业自身在长期生产经营中形成的，则不作价入账，是企业的一项账外资产，其价值高低与企业获利能力成正相关关系。

第三，商誉不具备单独偿债的能力。商誉无法脱离其他资产要素单独计量，企业无法单独对其进行处置产生现金流量，其并不像固定资产等是可靠的抵押标的。由于其不具备内生的使用价值，可能在短期内出现数值的大幅变动，从而给企业造假带来了很大的操作空间。

第四，商誉有明显的行业特征，行业特征决定并购特征，并购特征决定商誉特征，轻资产且注重外延扩张的行业企业商誉占比更大。大量的研究发现，总体上商誉占股东权益比重较高的行业有传媒、计算机、医药生物等行业；占比较低的有钢铁、建筑装饰、交通运输等行业；部分行业本身具备更加显著的高商誉特征，如计算机行业。

商誉的质量分析可以从以下三个方面进行。

1. 分析并购方自身的获利能力

由于商誉不能独立于企业而存在，与企业名称、品牌之间有着不可分割的联系。因此，商誉的质量高低，很大程度上取决于并购企业并购整合完成后自身的整体盈利水平。也就是说，同是收购，同是巨额商誉，有的是"白马"，有的却是"黑天鹅"，怎么甄别，应重点关注上市公司自身质量[①]。上市公司如果本身做得就很不错，说明其经营管理能力很强，有能力把收购来的业务做好，实现"1+1>2"，这样的并购有益。而主业做得一塌糊涂的公司，不要指望他们能把收购来的公司经营好，造成损失计提减值的可能性很大。

2. 分析商誉是否合理减值

分析商誉是否合理减值，这主要看的是商誉的未来现金流量的情况。商誉作为一项资产，担负着为企业带来未来现金流入的任务，而这一点取决于企业收购

---

① 财富动力网.巨额商誉是"白马"还是"黑天鹅"关键看公司质量.和讯网，2019年1月8日。

的对象能不能盈利。如果被收购的企业业绩达不到预期，那么商誉应该相应减值，有的公司会通过高估被收购企业的未来现金流量和低估现金流量的贴现率来强行为不计提商誉减值找借口，这类企业存在未来大额计提商誉减值的隐患。另外，如同应收账款减值一般，商誉减值也可能是为了隐藏公司意外亏损或其他问题而引发的，很容易成为利润调节的工具。

2020 年 1 月 11 日，A 股首家卫星导航上市公司北斗星通披露，预计 2019 年净利润亏损 5.5 亿—6.5 亿元，这是公司上市以来首次出现年度亏损。北斗星通表示，亏损的主要原因不是经营性亏损，而是资产减值。2019 年，北斗星通的资产减值合计 6.5 亿元，其中商誉减值为 5.3 亿元。这已经不是北斗星通第一次商誉减值了。2017 年年底，北斗星通商誉达 20 亿元，2018 年商誉减值 4.5 亿元，2019 年商誉减值 5.3 亿元。减值以后，商誉的账面价值还有约 10 亿元。

3. 考虑商誉是否被操纵

商誉是否被操纵，主要通过少数股东权益的变化来反映。有时企业为了避免未来计提大额商誉减值损失，在收购的时候就通过交易结构设计减少计入商誉的额度。例如，企业可以分两次收购对象企业，先收购 50% 以上的股权以达到持股目的，将这部分的溢价计入商誉，再收购剩余少数股东权益。根据会计准则规定，这部分少数股东权益无须归为商誉，可以冲减资本公积或留存收益。对净资产价值较大的企业，这种方法可以成为一个调减商誉入账价值的手段。

在 KM 公司中，2018 年年末"商誉"资产总计为 568,846,334 元，不到总资产的 0.08%，对整体资产质量没有实质性影响。

（二）投资性房地产的质量分析

投资性房地产，是指为赚取租金或资本增值（房地产买卖的差价），或两者兼有而持有的房地产。投资性房地产主要包括已出租的土地使用权、持有并准备增值后转让的土地使用权和已出租的建筑物。

投资性房地产的后续计量，通常采用成本模式，只有在满足特定条件的情况下才可以采用公允价值模式。

分析投资性房地产的质量，主要是分析其盈利性与变现性。这两个问题的分析都与以下两个方面相关。

1. 投资性房地产所在的区域与地理位置

无论是赚取租金还是资本增值，投资性房地产的盈利性均与其所在的区域与地理位置密切相关。处于经济发达地区的投资性房地产，其租金收入肯定高于欠发达地区，其未来资本增值的空间肯定要大于欠发达地区。同一区域内处于地理位置好的地段的投资性房地产，其租金收入肯定高于地理位置偏僻的地段，其未来资本增值的空间肯定要大于地理位置偏僻的地段。

2. 投资性房地产的计量模式

对投资性房地产的质量进行分析，需要关注其会计计量模式。资产不同的计量方式会影响资产质量的高低，乃至资产的真实与否。

在成本法下，投资性房地产需要像固定资产一样进行折旧；但在公允价值计量下，投资性房地产则以公允价值为基准调整其账面价值，调整差额通过公允价值变动科目计入当期损益。由于房地产的价值在当前的形势下一般不会大幅度下降，所以采用成本法计量的企业投资性房地产的未来增值潜力大，其资产质量通常比以公允价值模式计量的投资性房地产的质量好。

在 KM 公司中，2018 年投资性房地产为 4,169,523,939.38 元，占非流动资产20.45%，应该说占比较高，如表 6-11 所示。

表 6-11　KM 公司 2018 年度资产负债表及其报表附注（投资性房地产）

金额单位：元

项目	房屋、建筑物	土地使用权	合计
一、账面原值			
1. 期初余额	1,205,721,329.19	121,124,710.96	1,326,846,040.15
2. 本期增加金额	2,950,455,706.46	30,360,296.91	2,980,816,003.37
其中：存货 / 固定资产 / 在建工程转入	2,950,455,706.46	30,360,296.91	2,980,816,003.37
3. 本期减少金额			
4. 期末余额	4,156,177,035.65	151,485,007.87	4,307,662,043.52
二、累计折旧和累计摊销			
1. 期初余额	84,723,164.70	6,306,082.40	91,029,247.10
2. 本期增加金额	43,758,526.56	3,350,330.48	47,108,857.04
（1）计提或摊销	37,805,275.56	3,350,330.48	41,155,606.04
（2）固定资产转入	5,953,251.00		5,953,251.00
3. 期末余额	128,481,691.26	9,656,412.88	138,138,104.14
三、减值准备			
四、账面价值			
1. 期末账面价值	4,027,695,344.39	141,828,594.99	4,169,523,939.38
2. 期初账面价值	1,120,998,164.49	114,818,628.56	1,235,816,793.05

说明：投资性房地产计量模式采用成本计量模式。

依据 2018 年度资产负债表及其报表附注，我们有以下发现。

（1）在投资性房地产中，大部分是房屋、建筑物，占比 96.60%。

（2）2018 年，投资性房地产新增 2,933,707,146.33 元（2,980,816,033.37-47 108,857.04），比年初余额增长了 237.39%。其中：房屋、建筑物增加 2 906,697,179.90 元，比年初余额增长了 259.30%；土地使用权增加 27,009,966.43 元，比年初余额增长了 23.52%。

考虑到 KM 公司的投资性房地产采用成本计量模式，其盈利性、变现性以及未来增值潜力都比较大，属于 KM 公司的优质资源。

（三）在建工程的质量分析

在建工程是指企业进行的与固定资产相关的各项工程，包括固定资产新建工程、改扩建工程、安装工程、技术改造工程、大修理工程等。

在建工程是一项固定资产形成前的状态，它占用企业的大量资金，却不能为企业当前带来盈利与现金流入，如果一旦出现工程延误，就可能造成企业资金周转困难，甚至导致企业资金链断裂。因此，对在建工程的质量进行分析，主要关注两点：

一是在建工程工期的长短是否正常，是否在预定的工期之内；

二是有无存在借款费用资本化的问题，将本应计入当期费用的借款利息资本化计入在建工程成本，从而虚增资产和利润。

在 KM 公司中，2018 年在建工程期末余额为 2,987,222,911 元，占非流动资产 14.65%，相比期初余额 1,716,119,920 元，增加了 1,271,102,991 元，增长率为 74.07%。增长的主要原因是原未完工工程项目的投入。由于报表附注中没有披露更多的信息，我们无法判断在建工程资产增长的合理性，但在营业收入增长率只有 10.11% 的情况下，大规模投入工程项目是有一定风险的。

（四）长期待摊费用的质量分析

长期待摊费用账户用于核算企业已经支出，但摊销期限在 1 年以上（不含 1 年）的各项费用，包括固定资产修理支出、租入固定资产的改良支出以及摊销期限在 1 年以上的其他待摊费用。

长期待摊费用属于一种沉没支出，无法转让，没有交换价值，也就没有变现性。至于其盈利性需要视具体情况而定。比如，固定资产的修理支出，如果不修理，固定资产则不能使用，也就不能为企业带来任何收益，更谈不上盈利。此时，如果进行了修理，一方面可以继续使用，另一方面还有可能提高固定资产的使用性能，当然可以为企业带来收益与盈利。这部分支出，没有计入固定资产，而作为长期待摊费用处理，所以具有一定的盈利性。

不过，一般来说，长期待摊费用较多，对企业未来的盈利会产生一定的负面影响。在分析过程中，需要关注是否有借"长期待摊费用"之名，将本应该计入当期费用的支出，列入"长期待摊费用"，从而达到虚列资产、虚增利润的目的。

在 KM 公司中，2018 年长期待摊费用期末余额为 242,975,608 元，仅占非流动资产 1.19%，相比期初余额 224,411,463 元，增长率为 8.27%，主要是装修费的增加。对 KM 公司整体资产质量分析没有什么实质性影响。

（五）递延所得税资产的质量分析

递延所得税资产，就是未来预计可以用来抵税的资产，递延所得税是时间性差异对所得税的影响，在纳税影响会计法下才会产生递延税款。递延所得税资产是根据可抵扣暂时性差异及适用税率计算、影响（减少）未来期间应交所得税的金额。通俗来说，递延所得税就是税务机关给企业计算所得税时，其认为企业的资产的账面价值大于会计的账面价值，要多交税，但是这个多交的部分在未来期间可以抵扣，税务机关不会让企业吃亏。

显然，递延所得税资产对企业而言，相当于先预付给税务机关的款项，现金流量已经流出。但递延所得税资产又与预付账款不同，税务机关不会主动还给企业，需要企业自身努力，将来赚钱了，需要交税了才可以抵扣。因此，递延所得税资产的确认，需要企业对未来进行判断，只有估计未来期间能够取得足够的应纳税所得额用以利用该可抵扣暂时性差异时，才能够以很可能取得用来抵扣可抵扣暂时性差异的应纳税所得额为限，确认相关的递延所得税资产。

分析递延所得税资产的质量时，可以关注以下几点。

（1）递延所得税资产越多，说明企业相关资产的账面价值在会计上被低估，相关资产的质量较高。

（2）递延所得税资产越多，未来实际缴纳的所得税会减少，增加企业未来现金流量。

（3）递延所得税资产的确认与企业对其未来经营判断有关。如果企业估计未来期间不能够取得足够的应纳税所得额用以利用该可抵扣暂时性差异时，应该对递延所得税资产计提减值准备。

（4）关注企业利用递延所得税资产进行财务舞弊的迹象。若递延所得税资产过多，则会使所得税费用为负，从而造成净利润大于利润总额、少数股东巨亏归属于母公司净利润巨大的现象。该现象也就是我们常说的粉饰公司经营业绩、财务状况，常见措施有关联方交易等。

在 KM 公司中，2018 年递延所得税资产期末余额为 333,864,057 元，相比期初余额 290,588,138 元，增长率为 14.89%。这将减少 KM 公司未来实际缴纳的所得税，增加企业未来现金流量。但由于其金额仅占非流动资产 1.64%，对 KM 公司整体资产质量分析没有什么实质性影响。

本章小结

通过本章知识的学习与理解，我们已经可以结合相关资料对目标公司具体资产的单个质量及整体质量做出一些基本判断，进而为相关信息使用者理解企业财务状况及进行投资决策提供有益的帮助。

关键术语

资产质量（Asset quality）；资产总体质量特征（General quality characteristics of assets）；资 产 质 量 特 征 层 次 框 架（Hierarchical framework of asset quality characteristics）；资产质量分析（Asset quality analysis）

自 测 题

1. 下列各项中，不属于反映资产质量分析效果的指标是（　　）。

A. 增值性指标　　　　　　　　　B. 盈利性指标

C. 获现性指标　　　　　　　　　D. 周转性指标

2. 存货的毛利率在很大程度上体现了企业在存货项目上的获利空间，也反映了企业在日常经营活动中的初始获利空间。因此，通过对存货的毛利率走势进行分析，可以考查存货的（　　）。

A. 周转性　　　　B. 变现性　　　　C. 盈利性　　　　D. 时效性

3. 通常情况下，固定资产的专用性在一定程度上决定固定资产的（　　）。固定资产的专用性越高，其市场价值的波动性越大。

A. 盈利性　　　　B. 周转性　　　　C. 变现性　　　　D. 时效性

4. 长期待摊费用实质上是按照权责发生制原则资本化的支出，本身没有交换价值，不可转让，因而根本没有（　　），盈利性的大小要视具体项目情况而定。

A. 周转性　　　　B. 变现性　　　　C. 盈利性　　　　D. 时效性

5. 资产质量的属性不包括（　　）。

A. 相对性　　　　B. 时效性　　　　C. 灵活性　　　　D. 层次性

6. 关于企业应收账款的分析，正确的是（　　）。

A. 企业应收账款规模取决于企业经营方式和所处行业特点

B. 企业的信用政策直接关系到应收账款规模

C. 账龄长的应收账款比重越高，说明其质量越高

D. 企业计提的坏账准备越多，说明企业应收账款风险越高

7. 无法直接通过资产负债表进行固定资产项目分析的是（　　）。

A. 固定资产规模　　　　　　　　B. 固定资产增长情况

C. 固定资产利用率　　　　　　　D. 固定资产新旧程度

参考答案：DCCBC，BC。

思考题

1. 如何理解资产质量的含义？有人说"资产的入账价值越高，资产的质量越高。"你同意这一说法吗？

2. 为什么说所有资产的质量均可从效果与效率两个角度进行分析？如何理解效益是效果与效率的均衡？

3. 如何分析应收账款的质量？

4. 如何分析存货的质量？

5. 投资性房地产的计量模式选择对该类资产质量分析有何影响？

6. 对固定资产的内部结构质量如何做分析？

7. 如何分析无形资产的质量。对表外无形资产质量应如何分析。

案例讨论及分析

一、资料：维业股份（证券代码：300621）

2019 年 4 月 25 日，深圳市维业装饰集团股份有限公司发布了《关于计提 2018 年度资产减值准备的公告》，主要内容如下。

深圳市维业装饰集团股份有限公司（以下简称"公司"）2018 年度计提资产减值准备合计人民币 18,641,974.65 元，现将具体情况公告如下。

（一）本次计提资产减值准备情况概述

1. 本次计提资产减值准备的原因

为客观反映公司财务状况和资产减值，根据《企业会计准则》等相关规定，公司对应收款项、可供出售金融资产、长期股权投资、固定资产、无形资产、商誉、其他流动资产、其他非流动资产、一年内到期的非流动资产等资产进行了减值测试，认为上述资产存在一定的减值迹象，基于谨慎性原则，公司对可能存在减值迹象的资产计提减值准备。

2. 本次计提资产减值准备的资产范围、总金额和拟计入的报告期间

经公司及子公司对 2018 年年末存在可能发生减值迹象的资产，范围包括存货、应收款项、其他应收账款、固定资产等，进行全面清查和资产减值测试后，2018 年度计提各项资产减值准备合计人民币 1,864.20 万元，明细如表 6-12 所示。

表 6-12 发生减值迹象的资产

资产名称	年初至年末计提资产减值准备金额（万元）	占 2018 年度经审计归属于上市公司股东的净利润的比例
应收账款坏账准备	1,226.13	17.83%
其他应收款坏账准备	52.25	0.76%
商誉	585.82	8.52%
合计	1,864.20	

注：上述数据均按四舍五入原则保留至小数点后两位数。

本次计提资产减值准备拟计入的报告期间为 2018 年 1 月 1 日—2018 年 12 月 31 日。

（二）本次计提资产减值准备的依据、数额和原因说明

1. 应收账款分类披露

应收账款分类披露如表 6-13 所示。

表 6-13　应收账款分类披露

			单项金额重大并单独计提坏账准备的应收账款	按信用风险特征组合计提坏账准备的应收账款	单项金额不重大但单独计提坏账准备应收账款
期末余额	账面余额	金额		1,695,348,462	
		占比		100%	
	坏账准备	金额		330,034,318	
		提取比例		19.47%	
	账面价值			1,365,314,144	
期初余额	账面余额	金额		1,476,905,958	
		占比		100%	
	坏账准备	金额		315,465,305	
		提取比例		21.36%	
	账面价值			1,161,440,652	

组合中，按账龄分析法计提坏账准备的应收账款如表 6-14 所示。

表 6-14　账龄分析法计提坏账准备的应收账款

账龄	期末余额		
	应收账款	坏账准备	计提比例（%）
1 年以内	923,810,836.52	46,190,541.83	5.00
1 至 2 年	382,113,068.45	38,211,306.85	10.00
2 至 3 年	125,415,797.44	37,624,739.23	30.00
3 至 4 年	73,067,978.69	36,533,989.35	50.00
4 至 5 年	97,335,199.09	77,868,159.27	80.00
5 年以上	93,605,581.68	93,605,581.68	100.00
合计	1,695,348,461.87	330,034,318.20	

2. 本期计提、转回或收回的坏账准备情况

本报告期计提坏账准备金额 12,261,340.91 元。

3. 本次计提资产减值准备的数额和原因说明

公司签署的装饰工程合同对进度款、结算款和质保金等款项的收取时点有相关明确约定，在项目管理中已到期应收款和未到期应收款在风险特征和管理实践方面存在显著差异。公司按照账龄分析法，对应收款项计提坏账准备并计入当期

损益，存在部分款项尚未达到与甲方约定的收取时点，但公司已经按账龄计提了较大额坏账准备。

本次计提应收账款坏账准备金额为人民币 1,226.13 万元，2017 年计提应收账款坏账准备金额为人民币 3,406.37 万元，同比减少 64.00%，主要原因系公司加强了应收账款的回收力度，计提坏账准备金额减少。

本次计提其他应收款坏账准备金额为人民币 52.24 万元，2017 年计提其他应收款坏账准备金额为人民币 68.89 万元，同比减少 24.17%，主要原因系公司加强了回收力度，计提坏账准备金额减少。

（三）本次计提资产减值准备对公司的影响

经会计师事务所审计，本次计提各项资产减值准备将减少公司 2018 年度净利润人民币 1,584.57 万元（扣除所得税费用），相应减少公司 2018 年年末股东权益人民币 1,584.57 万元。

（四）关于计提资产减值准备的合理性说明

本次计提资产减值准备符合《企业会计准则》和公司相关会计政策，依据充分，体现了会计谨慎性原则，符合公司实际情况。本次计提资产减值准备后能更加公允地反映截至 2018 年 12 月 31 日公司财务状况、资产价值及经营成果，使公司的会计信息更具有合理性。

二、要求

请根据上述公告，网上搜索维业股份其他相关资料，分析、思考以下问题。

1. 从维业股份应收账款计提的坏账比例看，上年度是 21.36%，本年度是 19.47%，应该是下降了。请结合该公司 2018 年度财务报告的相关信息，进一步分析计提比例下降的合理性。

2. 从本公告的信息看，维业股份是按信用风险特征组合，即账龄分析法对应收账款计提坏账准备的，而没有考虑"单项金额重大并单独计提坏账准备"的方法。请分析这两种方法的区别，并说明维业股份采用账龄分析法的合理性。

3. 结合同行情况，分析维业股份采用账龄分析法对各账龄段提取比例的合理性。

4. 公告中没有对商誉计提减值准备 585.82 万元进行说明，你能补充说明其原因吗？（请合该公司 2018 年度财务报告的相关信息及其他财务信息）

第七章
资本结构分析

知识框架

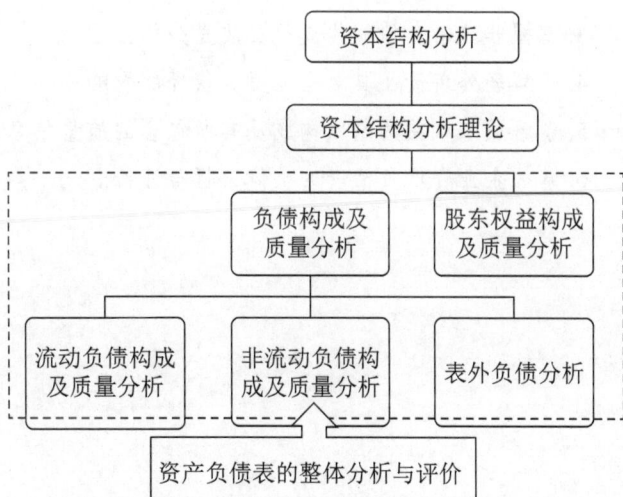

本章知识背景和学习目的

资本结构反映的是企业债务与股权的比例关系，它在很大程度上决定着企业的偿债能力和再融资能力，决定着企业未来的获利能力，保持合理的资本结构有利于提高企业价值。从战略的角度上讲，资本结构的优劣及其质量决定了企业发展战略的实现。本章将讨论企业的资本结构及其质量分析问题。

通过本章学习，结合第六章，我们就可以对资产负债表有一个较为完整的分析。

本章学习要点

1. 掌握资本结构质量分析理论；
2. 掌握流动负债的构成及其质量分析方法；
3. 掌握非流动负债的构成及其质量分析方法；
4. 了解表外负债及其对企业财务状况的影响；
5. 了解股东权益的基本构成及其所包含的质量信息；
6. 掌握企业资产负债表的整体分析与评价。

第一节　资本结构分析理论

一、资本结构的内涵

资本结构（Capital structure）是在企业管理、财务管理和财务分析中广泛应用的概念。但是，对资本结构的内涵却有着各种各样的理解。

（1）股权结构。将资本结构理解为股权结构。

（2）有代价的企业财务资源的来源结构。有代价的企业财务资源的来源结构主要是指企业股东权益与贷款（也包括融资租赁固定资产引起的负债）的结构和比例关系。

（3）负债与股东权益的结构。将企业的资本结构理解为企业资产负债表右方"负债和所有者权益（或股东权益）"的结构。

总体上，企业通过筹集债务资本和权益资本解决所需资金。因此，本书将企业的资本结构限定为企业资产负债表右方"负债和所有者权益（或股东权益）"的结构。

二、财务杠杆效应与资本结构效益

（一）财务杠杆系数

权益资本是由投资者提供的资本，其资本成本不是事先确定的，而是随着盈利情况的变化而变化；债务资本是由债权人提供的，企业不仅要有偿使用，而且到期要偿还，并且它的资本成本是事先固定的，不随企业盈利多少而变动。在企业总资本额不变的条件下，企业需要从营业收益中支付的债务利息是固定的，当息税前利润增大时，每1元息税前利润所负担的债务成本就会相应地减少，扣除所得税后给股东的利润就会增加，而且税后利润增长变动的速度会比息税前利润增长变动的速度更快；反之，若息税前利润减少时，每1元息税前利润所负担的债务成本就会相应增加，税后利润就会减少，并且税后利润减少的幅度远远大于息税前利润下降的幅度。这种在资本结构决策中由于债务资本的充分利用而引起的税后利润增减变动幅度大于息税前利润变动幅度的现象，称为财务杠杆（Financial leverage），由此给企业股东带来的额外收益就是财务杠杆利益（Benefit on financial leverage，BFL）。

财务杠杆的作用程度和财务杠杆利益的大小可以用财务杠杆系数这个指标来反映。财务杠杆系数（Degree of financial leverage，DFL）是普通股每股税后利润变动率相当于息税前利润变动率的倍数，其计算公式为：

$$DFL = \frac{\Delta EPS/EPS}{\Delta EBIT/EBIT} = \frac{EBIT}{EBIT-1}$$

其中：

ΔEPS——普通股每股税后利润变动额；

EPS——变动前的普通股每股税后利润；

$EBIT$——息税前利润（Earnings before interest and tax，EBIT）。

（二）财务杠杆效应

财务杠杆效应是指由于固定费用的存在而导致的，当某一财务变量以较小幅度变动时，另一相关变量会以较大幅度变动的现象。也就是指在企业运用负债筹资方式（如银行借款、发行债券）时所产生的普通股每股收益变动率大于息税前利润变动率的现象。财务标杆效应有正面效应和负面效应两种表现。

1. 财务杠杆正面效应

（1）利息抵税效应。一方面，负债相对于权益资本最主要的特点是它可以给企业带来减少上缴税金的优惠。即负债利息可以从税前利润中扣除，从而减少应纳税所得额，给企业带来价值的增加。另一方面，由于负债利息可以从税前利润中扣除，减少了企业上缴的所得税，也就相对降低了企业的综合资金成本。

（2）高额收益效应。债务资本和权益资本一样获取相应的投资利润，虽然债权人对企业的资产求偿权在先，但只能获得固定的利息收入和到期的本金，而企业所创造的剩余高额利润全部归权益资本所有，提高了权益资本利润率，这就是负债的财务杠杆效应。需要注意的是，财务杠杆是一种税后效用，因为无论是债务资本产生的利润还是权益资本产生的利润都要征收企业所得税。所以，财务杠杆的最终效用可以用公式来表示：

财务杠杆效应 ＝负债额×（资本利润率－负债利率）×（1-所得税税率）

在负债额、负债利率、所得税税率既定的情况下，资本利润率越高，财务杠杆效应就越大；资本利润率等于负债利率时，财务杠杆效应为零；资本利润率小于负债利率时，财务杠杆效应为负。所以，财务杠杆也可能给企业带来负效应，企业能否获益于财务杠杆效应、收益程度如何，取决于资本利润率与负债利率的相对关系。

2. 财务杠杆负面效应

（1）财务危机效应。负债一方面会增加企业固定的成本费用，给企业增加定期支付的压力。首先本金和利息的支付是企业必须承担的合同义务，如果企业无法偿还，还会面临财务危机，而财务危机又会增加企业额外的成本，减少企业所创造的现金流量。另一方面企业的负债总额过大，资不抵债，或者是无力归还到期的流动负债，都会引起债权人催要债务，甚至向法院起诉，最终导致企业的破产。

（2）利益冲突效应。利益冲突效应即过度的负债有可能会引起股东和债权人之间的利益冲突。一方面，债权人利益不受损害的一个前提条件是企业的风险程度要处于预测所允许的范围之内，而在现实的经济生活中，股东往往喜欢投资高风险的项目。因为如果高风险项目成功，债权人只能获得固定的利息和本金，剩余的高额利润均归股东，于是就实现了财富由债权人向股东的转移；如果高风险项目失败，则损失由股东和债权人共同承担，有的债权人的损失要远远大于股东的损失，这就是所谓的"赌输债权人的钱"。另一方面，企业为了获得新的债务资本，往往会给新债权人更优先的索偿权，也会损害原债权人的利益，使原债权人承担的风险加大。而债权人为保护自己的利益，把风险限制在一定的程度内，往往会要求在借款协议中写入保证条款来限制企业增加高风险的投资机会；为了防止发行新债，债权人也会在契约中加入回售条款，即如果发行新债，允许原债券持有者按面值将证券售还给公司。这样就限制了企业的正常投资和融资，给企业带来一种无形的损失。

三、最佳资本结构

一般认为，最佳资本结构是指能使企业资本成本最低且企业价值最大，并能最大限度地调动利益相关者积极性的资本结构。虽然学术界对最佳资本结构的标准仍然存在争议，但是股权融资与债权融资应当形成相互制衡的关系，过分偏重任何一种融资都会影响到公司经营的稳定和市场价值的提升。

确定最佳资本结构，就是通过权益资本和债务资本的某种组合，达到股东财富最大化的理财目标。在企业财务决策中，资本结构选择是一项涉及因素多、综合性强、影响时间长的重大决策，需要在收益性和流动性之间进行慎重权衡。

四、资本结构质量分析理论

资本结构质量，是指企业的资本结构与企业当前以及未来经营和发展活动相适应的程度。分析资本结构质量，可以从以下几个方面进行。

（一）企业资本成本与资产报酬率的比较

企业资本成本是指企业负债与股东入资成本的加权资本成本。资产报酬率是指息税前利润占平均资产总额的比率。

企业资本成本＜资产报酬率时，企业净资产增加，资本结构质量好；

企业资本成本＞资产报酬率时，企业净资产减少，资本结构质量差。

（二）企业资金来源的期限构成与企业资产结构的适应性

企业资金来源的期限构成分为长期与短期；企业筹集资金的用途分为永久性流动资产、长期资产、流动资产的波动部分。企业筹集资金的用途决定筹集资金的类型，增加长期资产应通过长期资金来源解决，流动资产中的波动部分应通过短期资金来源解决。

若企业资金来源的期限构成与企业资产结构不配比，长期资金来源支持波动的流动资产，资本成本高，短期资金来源支持永久性流动资产、长期资产，短期偿债压力大，则资本结构质量差。

（三）企业财务杠杆状况与企业承受的财务风险的适应性

企业财务杠杆的表现形式主要有三种：负债与资产的对比关系、负债与股东权益的对比关系、非流动负债与股东权益的对比关系。

企业财务杠杆比率越高，企业的财务风险就越大。企业对负债依赖程度较大，企业会面临两方面的压力：一是不能按时偿付本息；二是企业亏损时，侵害债权人利益，从而加大企业的财务风险。

（四）企业股东权益内部的股东持股构成状况与企业未来发展的适应性

企业股东权益内部的股东持股构成状况包括两个方面：一是普通股、优先股的比例；二是普通股中控制性股东、重大影响性股东和非重大影响性股东的构成状况。控制性股东、重大影响性股东决定企业未来的发展方向。

第二节　流动负债分析

一、流动负债的构成分析

对流动负债的构成分析，主要应关注流动负债的规模及增减变动情况、结构变动情况及变动趋势几个方面。

（一）流动负债的规模及增减变动情况分析

流动负债亦称短期负债，短期负债规模较大，说明企业在短期内需要偿还的债务任务较重，因此，短期负债规模是影响企业短期偿债能力的重要因素。

KM 公司流动负债增减变动情况如表 7-1 所示。

表 7-1　KM 公司流动负债增减变动情况分析

金额单位：元

流动负债	2018-12-31	2017-12-31	变动额	变动率（%）
短期借款	11,576,570,400	11,370,246,000	206,324,400	1.81
应付票据及应付账款	3,160,462,184	2,103,595,211	1,056,866,973	50.24
预收款项	1,572,425,131	1,727,719,773	-155,294,642	-8.99
应付职工薪酬	105,895,676	107,838,240	-1,942,564	-1.80
应交税费	400,632,870	691,950,009	-291,317,139	-42.10
其他应付款	2,470,507,406	2,296,770,441	173,736,965	7.56
其中：应付利息	785,721,737	502,768,572	282,953,165	56.28
一年内到期的非流动负债		2,500,000,000	-2,500,000,000	-100.00
其他流动负债	6,750,000,000	5,000,000,000	1,750,000,000	35.00
流动负债合计	26,036,493,667	25,798,119,674	238,373,993	0.92

从表 7-1 可知，虽然 KM 公司 2018 年年末流动负债总额比 2017 年年末增长了 0.92%，但"应付票据及应付账款"及"应付利息"却分别增长了 50.24% 和 56.28%，"其他流动负债"也增长了 35.00%。这部分负债的增加，如果在不影响公司信誉的前提下，可以解短期资本不足的燃眉之急，且降低综合资本成本，但同时说明公司资金可能比较紧张，未来偿债压力加大。

（二）流动负债的结构变动情况分析

从表 7-1 可知，KM 公司 2018 年年末流动负债中，所占比重最大的是短期借款，占 44.46%，其次是其他流动负债（注：短期融资券），占比 25.93%，第三是应付票据及应付账款，占比 12.14%。短期借款、多数应付票据及应付账款属于一种强制性流动负债，需要在一个年度内偿还，真正影响企业现实的偿债能力。预收账款、少数应付账款属于非强制性流动负债，虽然不必当期偿还，但也会影响企业的信誉。

具体分析时，还应深入了解流动负债各主要项目的变动原因，看看是正常交易的结果还是人为拖欠，是正常的商业信用还是利用关联方交易加大成本等。

（三）流动负债的变动趋势分析

为了分析流动负债的变动趋势，我们选取了 KM 公司 2014—2018 年年末主要流动负债的数据，如表 7-2 所示。

表 7-2　KM 公司 2014—2018 年主要流动负债的数据

金额单位：万元

项目	2018 年末期	2017 年末期	2016 年末期	2015 年末期	2014 年末期
短期借款	1,157,657.04	1,137,024.60	825,233.98	462,000.00	342,000.00
应付票据及应付账款	316,046.22	210,359.52	175,681.10	—	—
其他流动负债	675,000.00	500,000.00	750,000.00	550,000.00	100,000.00
流动负债合计	2,603,649.37	2,579,811.97	2,002,444.14	1,387,917.77	824,800.87

根据表 7-2 可以绘制 KM 公司 2014—2018 年主要流动负债的变动趋势，如图 7-1 所示。

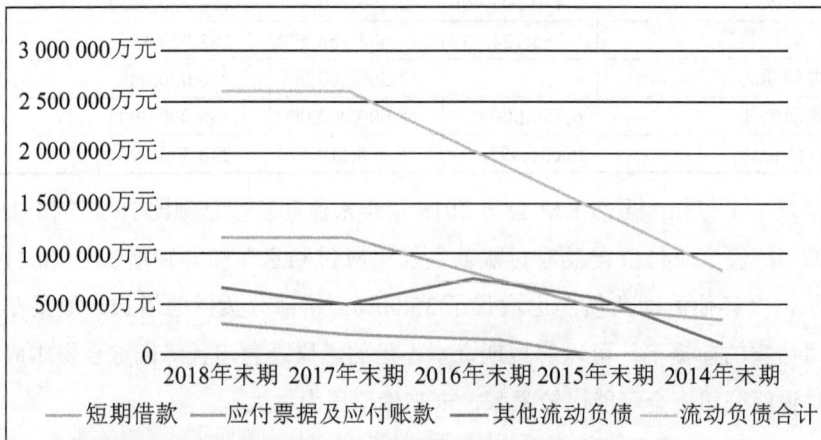

图 7-1　KM 公司 2014—2018 年主要流动负债的变动趋势

从图 7-1 可以看出，KM 公司除 2018 年的流动负债与 2017 年略有增加外，

2014—2017 年连续四年的流动负债比上年均有较大的增长趋势。其中，短期借款增长速度最快，其次是应付票据及应付账款。

二、流动负债的还债压力分析

负债的还债压力是指债务偿还的强制程度和紧迫性。企业流动资产的数量和质量超过流动负债的数量和压力的程度，说明企业的短期偿债能力强。

对流动负债的还债压力分析，主要应关注以下方面。

（一）流动负债周转率分析

流动负债各个构成项目的周转期间并不一致，流动性较差的短期负债会在无形中降低企业的流动性风险。有的项目流动性较强，在一年内甚至更短的时期内就要进行偿付（如短期借款）。有的项目流动性较差，在很长的时间甚至超过一年或超过一年的一个营业周期以上的时间内要进行清偿，如一些与关联企业往来结算而形成的其他应付款项。在判断一个企业的流动性风险时，应该把这些因素考虑在内。

（二）关注经营性负债的规模、结构及其变化所包含的经营质量信息

经营性负债主要包括应付票据、应付账款和预收账款。经营性负债的规模可以说明企业在市场博弈中的地位，尤其是预收账款，大额预收款项往往是少数市场强势上市公司的重要特征（但是注意，行业特点也会形成巨额的预收款项，如房地产公司）。在 KM 公司中，2018 年预收款项所占比重相当于应付票据及应付账款的 50%，应该说对缓解公司的资金紧张极为有利。由于应付票据和应付账款的财务成本并不相同（带息商业汇票是有成本的），因此，从企业应付账款和应付票据的数量变化，可以透视出企业的经营能力，即企业利用商业信用推动其经营活动的能力，缓解企业现金支付压力。

如果随着存货或营业成本的增长，应付账款相应增长，说明债务企业与供应企业在结算方式的谈判方面具有较强的能力，企业成功利用了商业信用来支持经营活动。

随着存货或营业成本的增长，应付票据相应增长，说明债务企业处于因支付能力下降而失去与供应企业在结算方式的谈判方面的优势，而不得不采用商业汇票结算方式。

根据 KM 公司 2018 年资产负债表和利润表，KM 公司 2018 年存货为 3,420,962.11 万元，较 2017 年 3,524,653.84 万元下降，增长率为 -2.94%，2018 年主营业务成本为 1,354,241.09 万元，较 2017 年 1,078,801.74 万元上升，增长率为 25.53%。2018 年的应付票据与应付账款总额 316,046.22 万元，占流动负债总额 2,603,649.37 万元的

12.14%；较 2017 年的 210,359.52 万元，增长率为 50.24%。以上数据表明 KM 公司应付账款和应付票据的规模增长幅度远远超出存货与主营业务成本的增幅；应付账款和应付票据的总体规模较高，且应付账款规模远远大于应付票据规模（在 KM 公司，2018 年年末"应付票据及应付账款"为 316,046.22 万元，应付票据为 8,250.51 万元，占比仅 2.61%），说明 KM 公司在结算方式谈判方面具有较强的谈判能力，利用商业信用筹集资金的能力较强，从而在一定程度上缓解公司流动资金支付压力。

（三）关注企业短期金融负债可能包含的融资质量信息

一般而言，企业的短期金融负债主要与企业的经营活动相关联，通常用于补充企业的流动资金。但是在实际中，企业资产负债表期末短期借款的规模很可能表现为超过实际需求数量。可通过比较短期借款与货币资金的数量关系来观察。出现上述现象的原因可能涉及：

第一，企业的货币资金中，包含了一部分由银行汇票引起的保证金（通常按照应付票据的一定百分比确定）；

第二，企业由于组织结构的原因，存在众多异地分公司，分公司的货币资金由各个分公司支配，汇集到一起在报表上表现出的规模并不能代表企业可支配的货币规模；

第三，由于融资环境和融资行为的原因，导致企业融入了过多的货币资金。

（四）关注企业税金缴纳情况与税务环境

分析企业应交税费中所得税缴纳情况，可在一定程度上透视企业的税务环境。由于在资产负债表中各项目之间存在重要的对应关系，因此，从应交所得税与利润表中的所得税费用之间的数量变化，就可以在一定程度上透视企业的税务环境。如果企业的应交所得税、递延所得税负债表现为增加的态势，表明在纳税方面有可以允许企业推迟缴纳税款的相对有利的税务环境。

第三节　非流动负债分析

一、非流动负债的构成

非流动负债是指偿还期在 1 年或者超过 1 年的一个营业周期以上的债务，包括长期借款、应付债券、长期应付款、预计负债、递延收益、递延所得税负债、其他非流动负债等。

　　非流动负债是形成企业的非流动资产和保持企业正常经营所必需的那部分流动资产（长期稳定部分）的重要资金来源之一。也就是说，企业的非流动负债，可能形成了企业的固定资产、无形资产、长期股权投资，也可能形成了企业的部分经营性流动资产。

二、非流动负债分析的一般要求

（一）非流动负债的总体结构分析

　　非流动负债的总体结构是指非流动负债与负债总额之比。其计算公式如下：

$$非流动负债占负债总额的比重 = 长期负债 \div 负债总额 \times 100\%$$

　　非流动负债占负债总额比重的高低反映了企业负债资金成本的高低和筹措非流动负债成本的水平。在企业资本需求量一定的情况下，非流动负债占负债总额的比重越高，表明企业在经营过程中借助外来长期资金的程度越高，相应地企业偿债压力也就越大。

　　短期负债筹资与长期负债筹资利弊不同，企业应统筹安排流动负债与非流动负债筹资的结构比例关系。

　　通常来说，长期负债筹资的成本高于短期负债筹资，这是由于企业的未来经营情况无法明确预知，债权人向企业提供长期负债要承担较大的风险，因而要求得到较高的风险报酬。同时，长期负债筹资较短期负债筹资在资金运用过程中缺乏弹性，长期负债筹资在债务存在期间，企业暂时不需要资金时也要支付利息，而且短期负债筹资也没有长期负债筹资那么多的约束性条约，筹资期限和数量不会受到过多的限制，因而能保持资金运用的弹性和灵活性。

　　但短期负债筹资的财务风险要大于长期负债筹资。短期负债筹资的利息成本具有不确定性，长期负债筹资利息成本在整个资金使用期限内基本稳定，而短期负债筹资在一次借款偿还后，下次利息成本则难于确定，其各个期间利率的波动也较大，因此，风险也就大，对企业利益也会产生影响。并且，对短期借款的企业来说，有可能因现金流量不足，不能偿还到期债务。当企业债务到期时，企业要么按原计划偿债，要么安排新的借款以偿还到期债务，然而短期借款的期限较短，企业有可能因各种意外事件的干扰不能如愿取得所需资金，这样就要加大财务费用，同时不能及时取得必要资金的风险也会加大。

相对来说，短期负债筹资的取得比较容易、迅速，长期负债筹资的取得却比较难。因为债权人在提供长期资金时，往往承担较大的财务风险，一般都要对借款的企业进行详细的信用评估，有时还要求以一定的资产做抵押。

什么样的负债结构是合适的，没有绝对的标准，但应以既不影响企业短期偿债能力又不致使资金成本过高为原则。因流动负债的资金成本和筹集难度一般小于非流动负债，实务中多数公司偏好流动负债占比大的负债结构。

在分析企业负债结构的适当性时，需要考虑以下因素。

1. 销售状况

如果企业销售稳定增长，则能提供稳定的现金流量，用于偿还到期债务。反之，如果企业销售处于萎缩状态或者波动幅度比较大，大量借入短期债务就要承担较大风险。因此，销售稳定增长的企业，可以较多地利用短期负债；而销售大幅度波动的企业，应少利用短期负债。

2. 资产结构

资产结构对负债结构会产生重要影响。一般而言，长期资产比重较大的企业应少利用短期负债，多利用长期负债或发行股票筹资；反之，流动资产所占比重较大的企业，则可更多地利用流动负债来筹集资金。

3. 行业特点

各行业的经营特点不同，企业负债结构存在较大差异。利用流动负债筹集的资金主要用于存货和应收账款，这两项流动资产的占用水平主要取决于企业所处的行业。

4. 企业规模

经营规模对企业负债结构有重要影响，在金融市场较发达的国家，大企业的流动负债较少，小企业的流动负债较多。大企业因其规模大、信誉好，可以采用发行债券的方式，在金融市场上以较低的成本筹集长期资金，因而，利用流动负债较少。

5. 利率状况

当长期负债的利率和短期负债的利率相差较少时，企业一般较多地利用长期负债，较少使用流动负债；反之，当长期负债的利率远远高于短期负债利率时，则会使企业较多地利用流动负债，以便降低资金成本。

20 世纪 70 年代，世界零售商沃尔玛流动负债占整体负债的比率约为 20%，随着沃尔玛在世界各地的店面扩展成功、营业收入快速增长，这个比率在 20 世纪 80 年代快速拉升至 60% 左右，并一直维持至今。这显示沃尔玛在维持总负债比率约 60% 的前提下，利用其"大者恒大"的议价优势及竞争力，压缩供货商资金，使其在负债中可以使用较多没有资金成本的流动负债。

KM 公司 2018 年资产负债表有关负债项目如表 7-3 所示。

表 7-3　KM 公司 2018 年资产负债表有关负债项目情况

金额单位：元

项目	2018 年年末		2017 年年末	
	金额	比重	金额	比重
流动负债合计	26,036,493,667	56.20%	25,798,119,674	70.15%
非流动负债合计	20,291,418,611	43.80%	10,979,472,884	29.85%
负债合计	46,327,912,278	100%	36,777,592,558	100%

由计算结果得知，KM 公司 2018 年年末流动负债占负债总额的比重比 2017 年年末下降了 13.95 个百分点，但从总额上看呈上升趋势，这说明该比重的降低是由于非流动负债的大幅度增加所致。因此，该公司 2018 年年末负债偿还的压力比 2017 年年末大大增加。

（二）非流动负债与非流动资产的匹配性分析

企业的非流动负债多数是有资金成本的资金来源，而非流动负债所形成的固定资产、无形资产又是为企业的经营活动创造条件的，因此，在财务关系上，就要求企业非流动负债所形成的固定资产、无形资产必须得到充分利用，并产生相应的增值能力。只有这样，企业的非流动负债才能够形成良性周转。有时企业的非流动负债被用于补充流动资金，从而形成流动资产。此时，相应流动资产的质量将直接决定企业非流动负债的偿还状况，财务分析时需要关注企业的流动资产中有无不良占用情况，典型的不良占用包括非正常其他应收款、呆滞债权和积压、周转缓慢的存货等。

（三）非流动负债的结构及变动趋势分析

非流动负债具有利率高、期限长和金额大等特点，一般来说适用于企业购建固定资产、进行长期投资等需要。企业非流动负债结构是指长期负债各项目占长期负债总额的比重，它反映了非流动负债的分布情况。非流动负债的增减变动分析是指非流动负债各项目在非流动负债总额中所占比重的增减变动情况，它反映了非流动负债的变动趋势。

表 7-4 是 KM 公司 2018 年 12 月 31 日非流动负债构成情况。

表 7-4　KM 公司 2018 年 12 月 31 日非流动负债构成情况

金额单位：元

项目	2018 年年末	2017 年年末
长期借款	690,000,000	0
应付债券	16,773,414,382	8,306,694,177
长期应付款	1,800,000,000	1,800,000,000
递延收益	1,027,289,819	872,778,707
递延所得税负债	714,410	0
非流动负债合计	20,291,418,611	10,979,472,884

从表 7-4 可以看出，该公司非流动负债资金主要来源于应付债券，2018 年年末"应付债券"比重为 82.66%，其次为"长期应付款"，比重为 8.87%。其中"应付债券"融资方式具有很强的约束性，附带条件多，财务压力或风险较大。综合来说，该公司非流动负债的静态结构表现为约束性强、财务压力或风险大的特点。

三、具体非流动负债项目的分析

（一）"长期借款"项目的分析

长期借款，是指企业从银行或其他金融机构借入的还款期在一年（不含一年）以上的款项。长期借款具有融资速度快、借款弹性大、借款成本相对较低和限制性条款较多等特点。

借款包括专门借款和一般借款。专门借款是指为购建或者生产符合资本化条件的资产而专门借入的款项；一般借款是指除专门借款以外的借款，相对于专门借款而言，一般借款在借入时，其用途通常没有特指是否用于符合资本化条件的资产购建或者生产。企业发生在资本化期间的、为购建或者生产符合资本化条件的资产而专门借入款项的借款费用，以及为购建或者生产符合资本化条件的资产而占用一般借款的借款费用，可以资本化，计入相关资产成本。

长期借款多为专门借款，其借款费用有按照规定计入财务费用或者资本化两种。借款费用处理方式不同，对企业当期利润会产生影响，在长期借款分析中要注意这一点。要防止企业将应计入财务费用的借款费用资本化，虚增资产价值和当期利润。

进行财务报表分析时，应对企业长期借款数额、还款期限、还款条件，及其对企业财务状况的影响进行详细分析，评价企业的长期偿债能力。

KM 公司 2018 年年末长期借款为 69,000 万元，均为 2018 年新增借款，其中 19,000 万元为质押借款（土地使用权），50,000 万元为抵押借款。报表附注没有说明借款资金使用情况，说明企业长期借款规模和结构在本年发生了很大的变动。

（二）"应付债券"项目的分析

应付债券，是指企业依照法定程序为筹集长期资金而发行的、约定在一定期限内还本付息的债券本金和利息。其特点是筹资范围广、市场大、成本高、风险大、筹资时间长、限制条件多，因此，如果债券到期，企业不能偿还，其社会影响大、社会压力大。进行财务报表分析时，应特别关注应付债券的偿还时间和数额，关注企业偿还债券的能力。就 KM 公司来说，该公司非流动负债资金主要来源于应付债券，2018 年年末"应付债券"比重为 82.66%，从财务报表附注信息来看，还款期限在 2021—2023 年，未来偿还压力很大。

（三）"长期应付款"项目的分析

长期应付款，是指企业除长期借款和应付债券以外的其他各种长期应付款项，包括融资租入固定资产的租赁费、以分期付款方式购入固定资产等发生的应付款项等。相对来说，长期应付款在非流动负债中偿还压力较轻。

（四）"预计负债"项目的分析

预计负债，是指企业确认的对外提供担保、未决诉讼、产品质量保证、重组义务、亏损性合同等预计负债。在资产负债表中，该项目是根据"预计负债"账户的期末余额填列的。

预计负债的分析，重点是企业预计负债的确认是否符合有关会计准则的规定，预计负债的计量是否准确。与或有事项相关的义务，同时满足该义务是企业承担的现时义务、履行该义务很可能导致经济利益流出企业、该义务的金额能够可靠地计量这三个条件时，应当确认为预计负债。预计负债的计量，应当考虑风险和不确定性、货币的时间价值、未来事项等因素。

（五）"递延所得税负债"项目的分析

递延所得税负债，是指企业确认的应纳税暂时性差异产生的所得税负债。在资产负债表中，该项目是根据"递延所得税负债"账户的期末余额填列的。递延所得税负债的分析与递延所得税资产分析基本相同，即递延所得税负债的主体是企业本身，它的基础和前提是企业持续经营并持续使用相关负债。如果企业将相关资产和负债进行处置，不论企业以何种方式（投资、出售、债务重组或核销）处理相关资产和负债，则相应递延所得税资产或负债都失去了存在的基础和前提，故应同时进行相应会计处理。从这个角度来讲，递延所得税资产和负债的价值只是对企业本身而言的价值，离开了企业本身它们是不能被视为资产或负债的。

第四节　表外负债分析

一、表外负债的含义

2001 年美国的能源巨头安然公司宣告破产，这个成立于 1930 年的天然气采购商及出售商，在它破产之前，曾是世界上最大的电力、天然气以及电讯公司之一。在其破产前一年，安然公司披露的营业额达 1,010 亿美元，然而就是这个拥有了千亿资产的公司，在 2001 年 10 月 31 日美国证券交易委员会宣布正式调查，到 2001 年 12 月 2 日安然公司就正式申请破产保护。导致安然公司能够在这么短时间内就破产的一个重要原因之一，就是表外交易产生的巨额的表外负债。

公司表外负债与公司表内负债是相对应的概念。首先它不同于表内负债在公司的资产负债表中有反映，表外负债并未在资产负债表中进行反映，但是这部分负债又很有可能成为公司的负债。从其范围上看，是除了在资产负债表、利润表和现金流量表以外的其他媒介中披露的负债都是表外负债，也就是这些负债会在财务报告中或者是财务报表附注中来披露。

狭义的表外负债指有可能在财务报告中呈现的负债，具体包括实际已经发生的负债、预计负债及或有负债等。表外负债之所以被称为负债，是因为它也会导致企业未来资金流出企业，但是什么时候流出企业却不知道，并没有满足会计准则对表内负债的规定，无法在企业的资产负债表中进行体现。

从广义上来讲，表外负债分为表外融资形成的负债和不确定性负债。

表外融资指的是一种债务融资方式，这种债务融资因为对其性质没有明确的界定，所以并没有在资产负债表中进行披露。这种融资方式具有以下两个特点：①灵活性和隐蔽性。企业通过表外融资，可以将表内负债转移，将企业真实的负债隐蔽，表外融资具有很大的隐蔽性。②风险性。由于表外融资将企业真实的负债隐蔽，有时企业已经背上了沉重的债务负担，但表内反映不出来，长期、巨额的隐匿负债会造成企业负债的恶性循环，侵吞企业的良性资产从而引发重大风险。所以我们要对它高度关注。

表外融资的具体形式包括租赁、售后资产回购、资产证券化、补偿贸易、未合并实体、附有追索权的应收账款出售等。

不确定性负债是指负债发生在将来，但是具体在将来的哪一个时间点发生是不确定的，要承担怎样的责任和义务也是不确定的。不确定性负债主要包括或有负债产生的表外负债、资产重组引发的负债、金融工具产生的表外负债、关联交易引发的负债、人力资源负债、环境负债、币值变动负债、无形资产负债、负商誉、可赎回的优先股、应付退休金等。

二、表外负债存在的意义及分析的重点

创新就是寻求和执行资源的新的组合。企业家的创新活动有多种不同的表现形式，既有生产性的，也有非生产性的，创新活动采取的形式对经济效率和经济发展有重大影响。企业创新包括技术创新和制度创新。制度安排之所以会被创新，就是因为有许多外在性变化促成了利润的形成，所以说，利润是制度创新的原动力。由于这些潜在的外部利润无法在现有的制度框架内实现，于是在原有制度安排下的某些人为获得潜在利润就会率先克服这些障碍，从而导致一种新的制度安排的形成。

表外负债的实质是一种财务和会计制度的创新，它是公司特别是上市公司为了达到它自身目的而进行的一种融资方式的创新。创新也是一把"双刃剑"，这种创新能给企业带来一些好处，也会导致一定的风险。

（一）表外负债的好处

1. 表外融资可以改善企业的负债权益比率，开辟融资渠道

表外融资通过掩盖企业资产负债的真实状况，使企业的负债没有全部反映出来，从而可以有效保持企业财务比率指标的优化，为企业再度举债提供了有利条件。特别是当企业的负债权益比率临近危险点时，企业会更多地希望进行表外融资，开辟融资渠道。

2. 表外融资可以达到加大财务杠杆作用，提高企业财务弹性的目的

只要表外融资的预计投资收益率大于成本率，表外融资方式就会使自有资金

利润率或每股净收益提高，从而加大企业的财务杠杆作用。可见，利用表外融资，可使企业始终保持较低的负债权益比率，从而提高企业的财务弹性，使企业在激烈的竞争中有较大的伸缩余地。

3. 表外融资可以达到掩盖投资规模，夸大投资收益率的目的

由于表外融资取得的收益反映在利润表中，而用表外融资形成的投资及负债却被排除在资产负债表外。所以，表外融资可以起到掩盖投资规模，夸大投资收益率的目的。

4. 表外融资可以部分抵消通货膨胀对企业的影响

在历史成本原则下，当发生通货膨胀的时候，企业资产负债表中的资产项目的账面价值必然低于它们的现值。今后企业要重新购置这些资产时，特别是如果企业要靠举债的方式取得这些资产，那它所必须支付的价款或承担的债务可能会大大高于原来资产的账面价值，其结果就会导致企业负债权益比率上升，这对企业的长期偿债能力是不利的。如果通过表外融资将融资引起的资产负债的变化置于表外，则有可能在一定程度上减轻来自通货膨胀的影响。

5. 表外融资可以降低企业的融资成本

在目前我国资本市场和债券市场尚不完善的情况下，企业向外融资的渠道主要还是集中在向银行贷款、对外发行股票和债券等几种方式上。但不管是直接融资，还是间接融资，审批程序都十分复杂，耗费时间长，融资成本高。而表外融资只需企业双方签订有关的租赁协议、出售协议等，企业即可筹措到自己想要的资金，交易成本较低。因此，操作方便、融资成本低的表外融资就成为越来越多企业选择的融资方式。

6. 表外融资可以增大企业反映获利能力的指标

通过表外融资就可使报表上的资产总额和固定费用额小于实际数，由报表数字计算的总资产利润率和固定费用利润率就会高于实际的总资产利润率和固定费用利润率，从而夸大企业的获利能力。

7. 表外融资可以提高企业管理人员的报酬

如前所述，表外融资通过粉饰报表，掩饰企业的真实财务状况，降低企业的负债与股东权益的比率。这样，企业的财务状况就会显示良好，从而一方面可以使企业能够以较低的成本筹措到资金，帮助企业顺利地实现融资任务；另一方面，还可以隐藏其股票中内含的风险，从而能够引导其股票价值在证券市场上朝着有利的方向发展。如果企业管理当局的报酬与财务指标或报告的净利润直接挂钩，则企业管理当局就可以通过从事表外融资活动提高管理人员的报酬。

（二）表外负债的风险

1. 误导股东对经营者的业绩评价

由于表外融资没有在资产负债表中反映，导致股东无法辨清企业经营前景，使得股东对经营者的业绩很难做出正确的评价。

2. 加大股东的投资风险

由于表外融资不受负债比例的限制，当企业投资收益率低于债务成本率时，经营者仍可能采用表外融资来筹集资金，以获得较宽松的财务环境，并由股东来承担最后沉重的债务负担，加大股东的风险。

3. 债权人本金的安全性受到威胁

表外负债加大了企业实际的负债比例，使股东投资对债权人投资的保护作用降低，债权人收回本息的可能性降低；表内债权人利益会受到表外债权人的侵害，因为表外债权人本金受法律保护的程度低、风险大，因而表外债权人往往通过提高资金使用费来补偿风险，从而加大了表内债权人收回本金的风险。债权人将是表外融资的主要受害者。

4. 误导潜在投资者

表外负债对潜在投资者也是很不利的。潜在投资者要通过报表信息来把握企业的财务现状和预测未来发展趋势，分析企业资产与获利能力，决定是否投资。但由于表外负债的存在，一方面，表外融资反映出较高的投资收益率，使得企业价值提高，从而吸引市场潜在投资者对企业投资；另一方面，表外融资的隐蔽性，使财务报表提供的会计信息缺乏完整性、真实性，歪曲了企业诸多财务指标，如资产负债率、投资收益率等。还有那些潜在的不确定负债所造成的潜在损失，更让那些潜在投资者无法知晓。所有的这一切都给潜在投资者提供了虚假乐观的信息，从而误导市场潜在投资者，损害其利益。

5. 影响供应商信用政策的制定

供应商在进行产品销售时，特别是在采用赊销方式时，他们特别关注企业偿还短期债务的能力。由于表外负债的存在，会粉饰企业偿债能力指标和经营能力指标，隐藏了企业现实和未来的真实财务状况，给供应商以被供货企业具有高收益水平和较强还款能力的错觉，从而影响供应商信用政策的合理制定。

6. 容易引起法律纠纷

利用表外负债进行筹资，虽然可以使表外债权人能够收取较高的资金使用费，但其本金却处于无保障的状态，因为对债权人来说，表外负债相比表内负债是一种处于"地下"状态的债务，故其受法律保护的程度就相对较低。

7. 加大政府监管的难度

由于表外负债的灵活性和会计准则的滞后性，使得监管者越来越难于应付日益复杂的而且是愈来愈巧妙的表外负债方式。加之表外负债的隐蔽性和不确定性，就更加大了市场监管的难度，使市场监管者在依据现有规则进行监管时，要么因情况不明而无从下手，要么因规则的限制而无可奈何。

总之，正如上述分析指出的那样，表外负债是一把"双刃剑"，如果操作不当很容易导致企业危机的发生。特别是当企业存在大量表外负债，但又没有及时进行披露的时候，将会使信息使用者无法正确做出决策，进而会导致重大的事故发生。安然公司的破产应该说就是公司高级管理层滥用表外负债的一个苦果。

（三）表外负债分析的重点

相比表外融资而言，不确定性负债由于其发生的时间、方法和导致后果等诸多方面的不确定，使得它不能完全为企业所控制。所以，分析者在分析表外负债给企业带来的有利方面时，主要应从表外融资的角度进行展开，适当关注或有负债。

第五节 股东权益的构成与质量分析

一、股东权益的构成

股东权益是指企业的资产中扣除企业全部的负债后的剩余权益，由股东的初始投入和盈余积累两大类构成。在财务报表中，股东权益可分为股本、其他权益工具、资本公积、其他综合收益、专项储备、盈余公积和未分配利润等部分。其中，盈余公积和未分配利润统称为留存收益。

（一）股本

股本是投资者按照企业章程或合同、协议的约定，投入企业的形成法定资本的价值。上市公司与其他公司比较，最显著的特点就是上市公司将全部资本划分为等额股份，并通过发行股票的方式来筹集资本。股东以其所认购股份对公司承担有限责任。股份是很重要的指标。股票的面值与股份总数的乘积为股本，股本应等于公司的注册资本，所以，股本也是很重要的指标。为了直观地反映这一指标，在会计核算上股份公司应设置"股本"科目。

股本是企业持续经营最稳定的物质基础，是企业债务清偿的有力保障。

（二）其他权益工具

其他权益工具是指企业发行的除普通股以外的归类为权益工具的各种金融工具，如优先股、永续债等。

1. 优先股

优先股是享有优先权的股票。优先股股东对公司资产、利润分配等享有优先权，其风险较小。但是优先股股东没有选举及被选举权，一般来说对公司的经营没有参与权。优先股股东不能退股，其持有的优先股只能通过优先股的赎回条款被公司赎回。

2. 永续债

永续债又称无期债券，是非金融企业（发行人）在银行间债券市场注册发行的"无固定期限、内含发行人赎回权"的债券。

（三）专项储备

专项储备，反映高危企业按国家规定提取的安全生产费的期末价值。

（四）资本公积

资本公积是企业收到投资者的超出其在企业注册资本（或股本）中所占份额的投资，以及直接计入股东权益的利得和损失等。资本公积包括资本溢价（或股本溢价）和其他资本公积。其中，资本溢价（或股本溢价）是企业收到投资者的超出其在企业注册资本（或股本）中所占份额的投资。形成资本溢价（或股本溢价）的原因有溢价发行股票、投资者超额缴入资本等。

（五）其他综合收益

其他综合收益，是指企业根据会计准则规定未在当期损益中确认的各项利得和损失，包括不能重分类进损益的其他综合收益和将重分类进损益的其他综合收益两类。

1. 不能重分类进损益的其他综合收益项目

其主要包括重新计量设定受益计划净负债或净资产导致的变动、按照权益法核算因被投资单位重新计量设定受益计划净负债或净资产变动导致的权益变动。投资企业按持股比例计算确认的该部分其他综合收益项目，以及在初始确认时，企业可以将非交易性权益工具指定为以公允价值计量且其变动计入其他综合收益的金融资产，该指定确定后不得撤销，即当该类非交易性权益工具终止确认时原计入其他综合收益的公允价值变动损益不得重分类进损益。

2. 将重分类进损益的其他综合收益项目

其主要包括以下 4 点。

（1）符合金融工具准则规定，同时符合两个条件的金融资产应当分类为以公允价值计量且其变动计入其他综合收益：①企业管理该金融资产的业务模式既以收取合同现金流量为目标，又以出售该金融资产为目标；②该金融资产的合同条款规定，在特定日期产生的现金流量，仅为对本金和以未偿付本金金额为基础的利息的支付。当该类金融资产终止确认时，之前计入其他综合收益的累计利得或损失应从其他综合收益中转出，计入当期损益。

（2）按照金融工具准则规定，对金融资产重分类按规定可以将原计入其他综合收益的利得或损失转入当期损益的部分。

（3）采用权益法核算的长期股权投资，按照被投资单位实现其他综合收益以及持股比例计算应享有或分担的金额，调整长期股权投资的账面价值，同时增加或减少其他综合收益。

（4）企业将作为存货的房地产转换为采用公允价值模式计量的投资性房地产时，应当按该项房地产在转换日的公允价值与账面价值的差额，增加或减少其他综合收益。

（六）盈余公积

盈余公积是指企业按照规定从净利润中提取的各种积累资金。盈余公积通常分为两种：一是法定盈余公积，按照税后利润的 10% 提取，法定盈余公积累计额已达注册资本的 50% 时可以不再提取；二是任意盈余公积，企业可按照股东大会的决议任意提取。

（七）未分配利润

未分配利润是企业留待以后年度进行分配的结存利润，也是企业股东权益的组成部分。相对于股东权益的其他部分来讲，企业对未分配利润的使用分配有较大的自主权。从数量上来讲，未分配利润是期初未分配利润，加上本期实现的净利润，减去提取的各种盈余公积和分出利润后的余额。

二、股权结构分析

股权结构是指股份公司总股本中，不同性质的股份所占的比例及其相互关系。

（一）股权结构的分类

1.按股权集中度分类

股权集中度，即前五大股东持股比例。从这个意义上讲，股权结构有三种类型：

一是股权高度集中，绝对控股股东一般拥有公司股份的 50% 以上，对公司拥有绝对控制权；

二是股权高度分散，公司没有大股东，所有权与经营权基本完全分离、单个股东所持股份的比例在 10% 以下；

三是公司拥有较大的相对控股股东，同时还拥有其他大股东，所持股份比例在 10%—50%。

2.按股权性质分类

股权性质，即各个不同背景的股东集团分别持有股份的多少。在我国，股权性质就是指国家股东、法人股东及社会公众股东的持股比例。

3.按控制权是否可竞争分类

按控制权是否可竞争分类，股权结构可以被区分为控制权不可竞争和控制权可竞争的股权结构两种类型。在控制权可竞争的情况下，剩余控制权和剩余索取权是相互匹配的，股东能够并且愿意对董事会和经理层实施有效控制；在控制权不可竞争的股权结构中，企业控股股东的控制地位是锁定的，对董事会和经理层的监督作用将被削弱。

（二）从股权结构看公司治理

股权结构是公司治理结构的基础，公司治理结构则是股权结构的具体运行形式。不同的股权结构决定了不同的企业组织结构，从而决定了不同的企业治理结构，最终决定了企业的行为和绩效。

1.股权结构对公司治理内部机制的影响

（1）股权结构和股东。在控制权可竞争的股权结构模式中，剩余控制权和剩余索取权相互匹配，大股东就有动力去向经理层施加压力，促使其为实现公司价值最大化而努力；而在控制权不可竞争的股权结构模式中，剩余控制权和剩余索取权不相匹配，控制股东手中掌握的是廉价投票权，他既无压力也无动力去实施监控，而只会利用手中的权力去实现自己的私利。所以对股份制公司而言，不同的股权结构决定股东是否能够积极主动地去实施其权利和承担其义务。

（2）股权结构与董事会和监事会。股权结构在很大程度上决定了董事会的人选，在控制权可竞争的股权结构模式中，股东大会决定的董事会能够代表全体股东的利益；而在控制权不可竞争的股权结构模式中，由于占绝对控股地位的股东可以通过垄断董事会人选的决定权来获取对董事会的决定权。因而在此股权结构模式下，中小股东的利益将不能得到保障。股权结构对监事会影响也如此。

（3）股权结构与经理层。股权结构对经理层的影响在于是否在经理层存在代理权的竞争。一般认为，股权结构过于分散易造成"内部人控制"，从而代理权竞争机制无法发挥监督作用；而在股权高度集中的情况下，经理层的任命为大股东所控制，从而也削弱了代理权的竞争性；相对而言，相对控股股东的存在比较有利于经理层在完全竞争的条件下进行更换。

总之，在控制权可竞争的股权结构下，股东、董事（或监事）和经理层能各司其职，各行其能，形成健康的制衡关系，使公司治理的内部监控机制发挥出来；而在控制权不可竞争的股权结构下，则相反。

2. 股权结构对公司外部治理机制的影响

公司外部治理机制为内部治理机制得以有效运行增加了"防火墙"，但即使外部治理机制制定得再完善，如果股权结构畸形，公司外部治理机制也会形同虚设。但有人认为，股权结构很难说明公司内外部的治理机制谁是因，谁为果。比如，在立法形式上建立了一套外部市场治理机制，随着新股的不断增发或并购，股权结构可能出现过度分散或集中，就易造成公司管理层的"内部人控制"现象，使得公司控制权市场和职业经理人市场的外部市场治理机制无法发挥作用；另一个例子是，由于"内部人控制"现象，公司的经营者常常为了掩盖个人的私利而需要"花钱买意见"，使得外部治理机制被扭曲。

（三）从股权结构看企业发展

一个合理有效的股权结构对企业发展至关重要。许多中小企业创业公司容易出现一个问题是在创业早期埋头一起拼，不会考虑各自占多少股份和怎么获取这些股权，因为这个时候公司的股权就是一张空头支票。等到公司的前景越来越清晰、公司的价值越来越高时，早期的创始成员会越来越关心自己能够获取到的股份比例，而如果在这个时候再去讨论股权怎么分，很容易导致分配方式不能满足所有人的预期，导致团队出现问题，影响公司的发展。有不少成名的公司就是因为股权设计不合理，导致创始人被踢出局。例如新浪创始人王志东，1号店创始人于刚等。再有真功夫股权纠纷，无数家企业都"死"在股权分配问题上。可见，股权结构对企业发展至关重要。

股权结构对企业发展的影响可以从两个角度进行分析。

1. 股权集中度与激励机制

公司的内部治理主要依靠公司内部激励机制和监督机制来完成，激励机制的建立和完善有助于实现委托代理双方利益函数的一致，而监督机制则可以有效地避免代理者的道德风险和中小股东的"搭便车"行为。

如果股权结构高度集中，此时绝对控股股东将拥有对公司绝对的控制权。绝对控股股东可以根据不同情况的需要，选择派出自己的代表行使权力，或直接由本人担当公司的董事长或首席执行官，从而确保其自身利益函数与股东的利益函数一致，并尽量避免现金流量净现值为负，从而强化对公司经营的激励。

对另一种情况，即股权结构较为分散的情况下，此时一般不存在绝对控股股东，因此公司的所有股东都没有直接完全控制公司经营的能力。在这种情况下股东能够影响公司经营的手段相对较少，而由于委托代理问题的存在，经营者的利益函数与股东的利益函数难以达到一致，此时简单的年薪制可能诱发经营者的懒惰，而股票期权等则可能诱发经营者的短期行为，都不具备较好的激励功能。更重要的是，此时董事长和经营者可以实现串谋，即利用股东相对于经营者的信息劣势，从而操纵信息、违规经营，导致道德风险和逆向选择的发生，最终将严重损害股东的利益。

对前两者之外的状况，即股权集中度相对平均化，此时上市公司的相对控股股东将具备相对较大的权利影响公司的运营，但这种情况则显得更加错综复杂。一方面，鉴于相对控股股东的股权已经达到了一定数量，因此对他们而言应当存在一定程度的激励。但是，正是由于其持股数量尚未达到很高，因此可以避免承担公司经营失败的全部损失。在这种情况下，相对控股股东将会进行权衡并做出选择，即存在某项经营活动一方面有利于相对控股股东的利益，但不利于整个公司的利益的情况，由此获得的个人收益与需要承担的公司损失的差额将会成为其决策行为的依据。如果该差额为正，则相对控股股东将可能同意从事该项经营活动，而不顾该经营活动可能导致现金流量净现值为负。不仅如此，相对控股股东也可能忽视债权人的利益，从而同意从事风险较高的经营活动。

2. 股权集中度与代理权竞争

在股权结构高度集中的情况下，公司的绝对控制权完全掌握在公司的第一大股东手中，而这种绝对控制权则表现为对公司经营人员的直接任免，此时绝对控股股东的意志将彻底左右股东大会和公司的经营管理者。由此不难看出，股权结构高度集中使得经理层的变更变得更加困难，经理层的错误和由此付出的代价随之被放大，代理权竞争的效用也将受到限制。

在股权结构高度分散的情况下，经理层更替的可能性仍然不大。持股比例微小的众多小股东并没有足够的激励和动力对经营者的错误和过失进行挑战，发起代理战。而且在公司内部信息方面的劣势也增加了小股东进行监督和挑战的成本，导致他们更倾向于通过"搭便车"的方式对待。

而若股权折中，即公司存在相对控股股东。相比于前两种股权结构而言，这种股权结构在实施对经营业绩不佳的经理层进行更换显得最为有效和及时。之所以能够取得这种效果，主要是因为相比于分散的股权结构，相对控股股东有足够的激励和动力关心和干预上市公司的经营状况，也愿意承担获取企业内部信息时发生的成本，而这些将有助于发现经营不佳的经理层所存在的潜在问题。另外，由于相对控股股东的地位并不稳固，很可能被其他股东超越，因此其他股东只要股权比例超过该相对控股股东，则其他股东联合提出的代理人更换方案将可以较为容易地实现，从而发挥代理权竞争的作用。

总之，建立合理的资本结构对企业组织具有至关重要的作用，这不仅体现在资本结构决策对最大化企业投资收益的重要性上，同时也是企业提高抗风险能力的需要。因此，财务报表分析中，需要着重关注这一点。

三、资本公积分析

资本公积包括资本溢价（或股本溢价）和其他资本公积。通常，资本溢价是最主要的。

通常，在企业创立时，出资者认缴的出资额即为其注册资本，应全部记入"实收资本"科目，一般不会出现资本溢价。而当企业重组并有新投资者加入时，为了维护原有投资者的权益，新加入的投资者的出资额就不一定全部都能作为实收资本处理。其原因主要如下。

1. 补偿原投资者资本的风险价值以及其在企业资本公积和留存收益中享有的权益

相同数量的投资，由于出资时间不同，其对企业的影响程度不同，所以其带给投资者的权利也不同，往往前者大于后者。所以新加入的投资者要付出大于原有投资者的出资额，才能取得与原有投资者相同的投资比例。另外，留存收益和资本公积属原投资者的权益，但没有转为股本。如果新投资者加入，则将与原投资者共享该部分权益，这显然不公平合理。因此为了补偿原投资者的权益损失，新投资者如果需要获得与原投资者相等的投资比例，就需要付出比原投资者在获取该投资比例时所投入的资本更多的出资额，从而产生资本溢价。

2. 补偿企业未确认的自创商誉

一个企业从创立、筹建、生产营运，到开拓市场，构造企业的管理体系等，都会在无形之中增加企业的商誉，进而增加企业的财富。但是在现行企业会计制度下，出于会计计量上的不确定性和会计稳健原则等的考虑，企业不能够确认自创的商誉。因此，在企业的股东权益中，并没有体现因自创商誉而使企业股东财富增加的部分。然而如果新投资者加入企业，将毫无疑问会分享到自创商誉的益处，那么新投资者就必须付出更多的投入资本，以补偿原投资者在自创商誉收益权方面的损失。在这种情况下，新投资者投入的资本，也会超过其按投资比例在实收资本中所拥有的部分，从而产生溢价。

3. 其他原因

在企业重组活动中，除了上述两个原因之外，新投资者为了获得对企业的控制权、为了获得行业准入、为了得到政策扶持或者所得税优惠等原因，也会导致其投入资本高于其在实收资本中按投资比例所享有的份额，从而产生资本公积。

衡量资本溢价的高低，可以通过下面的公式计算：

$$资本溢价度 = 资本公积（资本溢价）÷ 股本总额$$

显然，资本溢价越高的公司，市场吸引力越大，发展前景越好。

四、留存收益分析

留存收益包括盈余公积和未分配利润。

股本反映了企业股东对企业进行的累计投资规模，留存收益则大致反映了企业从最初成立以来的自身积累规模。因此，在企业没有大规模进行转增股本的情况下，通过计算留存收益与股本的比率，就可以揭示出企业主要的自有资金来源，由此评价企业自身积累和自我发展能力。

留存收益是一项累计数据，也就是说，每年新增的留存收益将被累加到以前年度的留存收益中。同样，如果公司发生亏损，将从公司过去所累积的留存收益中扣减当年的亏损额，如果公司亏损的金额比其累积的留存收益还要多，其留存收益将以负数显示。

在资产负债表上，所有能帮我们判断一家公司是否具有持续性竞争优势的指标当中，留存收益是最重要的指标之一。其原因是，如果一家公司不能保持其留存收益一直增加，它的净资产是不会增长的；如果公司的净资产不能增长，那么从长远来看，股东财富就不会增值。简而言之，公司留存收益的增长率是判断公司是否得益于某种持续性竞争优势的一项好指标。世界上那些具有持续性竞争优势的公司都具有较高的留存收益率。例如：可口可乐公司在过去 5 年一直保持留存收益为 7.9% 的年增长率；箭牌公司一直保持 10.9% 的留存收益增长率；而股神巴菲特所拥有的伯克希尔公司，其留存收益增长率高达 23%。

所以，对留存收益的分析，要了解留存收益的变动总额、变动原因和变动趋势；要对留存收益的组成项目进行具体的财务会计分析，评价其变动的合理性。因为留存收益的增减变化及变动金额的多少，不仅取决于企业的盈亏状况，还取决于企业的利润分配政策。如果企业留多分少，保持较高的留存收益增长率，说明股东对企业的未来发展充满信心，则留存收益增加的数额较多；反之，如果留少分多，留存收益增长率降低，则留存收益增加的数额就少。留存收益的增加，将有利于保全资本、增强企业实力、降低筹资风险、缓解财务压力。

五、股东权益变动分析

（一）股东权益变动分析的目的与内容

股东权益变动分析主要是通过分析股东权益的来源及其变动情况，了解会计期间内影响股东权益增减变动的具体原因，判断构成股东权益各个项目变动的合法性与合理性，为报表使用者提供较为真实的股东权益总额及其变动信息。

股东权益变动分析的具体目的如下：

（1）通过分析，可以清晰体现会计期间构成股东权益各个项目的变动规模与结构；

（2）通过分析，可以进一步从全面收益角度报告更全面、更有用的财务业绩信息，以满足报表使用者投资、信贷及其他经济决策的需要；

（3）通过分析，可以反映会计政策变更的合理性，反映会计差错更正的幅度，具体报告由于会计政策变更和会计差错更正对股东权益的影响数额；

（4）通过分析，可以反映由于股权分置、股东分配政策、再筹资方案等财务政策对股东权益的影响。

（二）股东权益变动表分析的主要内容

对股东权益变动的分析，主要通过分析所有者权益（或股东权益）变动表来进行。分析的主要内容包括股东权益变动表的水平分析、股东权益变动表的垂直分析、股东权益变动表的主要项目分析等。

1. 股东权益变动表的水平分析

股东权益变动表的水平分析，是将股东权益各个项目的本期数与基准进行对比（可以是上期数等），揭示公司当期股东权益各个项目的水平及其变动情况，解释公司净资产的变动原因，借以进行相关决策的过程。相关的主要分析指标如下。

（1）资本保值增值率。资本保值增值率是指企业期末股东权益与期初股东权益的比率，该比率是反映企业在一定会计期间内资本保值增值水平的评价指标，也是考核、评价企业经营效绩的重要依据。其计算公式为：

资本保值增值率 =（期末股东权益 ÷ 期初股东权益）×100%

对一个正常经营的企业，此比率应该大于1。也就是说，企业的股东权益每年应该都有适量的增长，企业才能不断发展。

（2）股东财富增长率。股东财富增长率是指在企业实收资本或股本一定的情况下，附加资本的增长水平。其计算公式为：

股东财富增长率 =[（期末每元实收资本净资产 − 期初每元实收资本净资产）÷ 期初每元实收资本净资产]×100%

其中，每元实收资本净资产 = 当期企业净资产 ÷ 股本总额。

股东财富增长率是企业投资者或潜在投资者最为关心的指标。与每股收益一样，该指标集中体现了股东的投资效益，也可作为对经营者的考核指标。

2. 股东权益变动表的垂直分析

股东权益变动表的垂直分析，是将股东权益各个子项目变动占股东权益变动的比重予以计算，并进行分析评价，揭示公司当期股东权益各个项目的比重及其变动情况，解释公司净资产构成的变动原因，借以进行相关决策的过程。相关的主要分析指标如下。

（1）股利分配率。要评价一个企业的利润分配水平和利润分配策略，就要看企业实现的净利润中，有多大比例用于分配给股东，通常用股利分配率指标来反映。其计算公式为：

股利分配率 =（普通股每股股利÷普通股每股净收益）×100%

在股利的分配上，通常有以下四种分配策略。

一是固定股利政策，即每年支付给股东的股利是一个固定值。这种股利分配政策不利于企业按其盈利的多少来派发股利，当企业处于亏损状态时，其股利分配压力比较大。

二是固定股利支付率政策，即以净利润的一定比例来派发股利。如果企业执行这一政策，由于各年的盈利会有波动，所以各年派发的股利波动也较大，这样不利于股价的稳定。

三是固定股利增长率政策，即在一定股利支付基数上，每年适量增加股利的分派。这样的好处是，给投资者传递的信息是企业盈利似乎是连年增长的，有利于股价的稳定和增长。需要注意的是，由于企业各年的盈利水平是波动的，而股利却并不随之做调整，在盈利较少或亏损时，企业派发股利的压力就会比较大。

四是固定股利加额外股利政策，即在低固定股利的基础上，依据企业的盈利状态，适当增加一些股利。这种分配股利的方式兼备良好信息传递和灵活的优点。由于每年都有固定股利发放，有利于股价的稳定，而这一固定股利数额较低，也不会给企业太大的压力。当企业盈利较好时，还可以增加派发股利。

（2）留存收益比率。要评价企业的资本积累水平，就是看其利润中有多大的比例用于扩大再生产，通常用留存收益比率指标来反映，其计算公式为：

留存收益比率 =（留存收益÷净利润）×100%

该指标反映了企业盈利积累的水平和由此产生的发展后劲。因为企业的净利润只有两种去向：要么以股利形式分配给股东，要么留存在企业内部作为发展用。

一般对成长初期的企业而言，为了满足扩大生产规模的需要，考虑到外部融资的成本和风险，企业可能会多留存收益少分派股利，所以其留存收益比率会比较高；对稳定发展的企业而言，该比例维持在 50% 左右；而对处于衰退期的企业而言，由于没有好的项目可以投资，故其留存收益比率可能会比较低，企业可能会倾向于把大部分的净利润直接分配给股东。

3. 股东权益变动表主要项目分析

股东权益变动表的主要项目分析，是将组成股东权益主要项目进行具体剖析对比，分析其变动成因、合理合法性、有无人为操控的迹象等事项的过程。

依据净利润与股东权益变动额的关系：

净利润＋会计政策变更和会计差错更正的累积影响＋其他综合收益＋股东投入资本和减少资本－提取盈余公积－向股东分配利润＋股东权益内部结转＝本期股东权益变动额

在这里，重点是要分析会计政策变更和会计差错更正对股东权益变动的影响。

（1）会计政策变更分析。对会计政策变更的累积影响数的分析，主要目的在于合理区分属于会计政策变更和不属于会计政策变更的业务或事项。

（2）前期差错更正分析。会计差错发生的原因主要有三类：会计政策使用上的差错、会计估计上的差错、其他差错。本期发现与以前期间相关的重大会计差错时：如果影响损益，应按其对损益的影响数调整发现当期的期初留存收益，财务报表其他相关项目的期初数也应一并调整；如不影响损益，应调整财务报表相关项目的期初数。

前期差错更正累积影响数分析的主要目的在于及时发现与更正前期差错，合理判断和区分相关业务是属于会计政策变更还是属于会计差错更正类别，以达到信息的准确性。

（三）分析股东权益变动需要特别关注的信息

资产负债表中股东权益项目的分析侧重于各个构成项目的静态比例关系，而股东权益变动表的分析应侧重于股东权益各构成项目的具体变动情况。为此，分析股东权益变动时，要特别关注以下财务信息。

1. 区分"输血性"变化和"盈利性"变化

这里的"输血性"变化是指企业因为股东入资而增加的股东权益，而"盈利性"变化则是指企业依靠自身的盈利而增加的股东权益。显然，这两个方面均会引起股东权益总额的变化，但对报表使用者来说有着不同的信息含义："输血性"变化会导致企业资产增加，但因此增加的资产其盈利前景是不确定的；如果是"盈利性"变化的盈利质量较高，则意味着企业可持续发展的盈利前景看好。

2. 关注股东权益内部项目互相结转的财务效应

股东权益内部项目互相结转，虽然不改变股东权益的总规模，但这种变化会对企业的财务形象产生直接影响，或增加企业的股本数量（转增股本），或弥补了企业的累计亏损（盈余公积弥补亏损）。这种变化，虽然对资产结构和质量没有直接影响，但可能会对企业未来的股权价值变化以及利润分配前景产生直接影响。

3. 关注股权结构的变化与其方向性含义

股权结构变化，既可能是原股东之间股权结构的调整，也可能是增加了新的投资者。这种变化对企业的长期发展具有重要意义。由于企业股权结构变化，可能导致企业的发展战略、人力资源结构与政策等方面发生变化。这样，按照原来报表信息来预测企业的发展前景就有可能失去意义。

4. 关注其他综合收益的构成及其贡献

其他综合收益是引发股东权益变动的不容忽视的因素之一。其他综合收益主要包括不能重分类进损益的其他综合收益和将重分类进损益的其他综合收益两类。其他综合收益毕竟不同于企业的营业利润，了解其他综合收益可以帮助信息使用者了解企业全面收益的状况。

5. 注意会计政策变更和差错更正对企业股东权益的影响

这种影响，除了数字上的变化以外，对企业的财务状况质量没有实质改变。需要警惕的是年度间频繁出现前期差错更正事项的情况，这很有可能是企业蓄意调整利润所导致的后果。

6. 分析股利决策对股东权益变动的影响

（1）派现对股东权益的影响。派现会导致公司现金流出，减少公司的资产和缩小股东权益规模，降低公司内部筹资的总量，既影响股东权益内部结构，也影响整体资本结构。

（2）送股对股东权益的影响。送股是一种比较特殊的股利形式，它不直接增加股东的财富，不会导致企业资产的流出或负债的增加，不影响公司的资产、负债及股东权益总额的变化，所影响的只是股东权益内部有关各项目及其结构的变化，即将未分配利润转为股本（面值）或资本公积（超面值溢价）。

（3）股票分割对股东权益的影响。股票分割不属于股利分配，但与送股在效果上有一些相似之处，即股票分割也不直接增加股东的财富，不影响公司的资产、负债及股东权益的金额变化。与送股不同之处在于送股使股东权益的有关各项目的结构发生变化,而股票分割则不会改变公司的股东权益结构。

(4)库存股对股东权益的影响。库存股是指公司收回已发行的且尚未注销的股票。库存股不是公司的一项资产,而是股东权益的减项,其变动不影响损益,只影响权益。

本章小结

通过本章知识的学习,我们已经明确了资本结构质量分析有关的内容,包括流动负债、非流动负债、表外负债等概念以及对企业的重要意义;明确了股东权益由企业股东的初始投入与盈利积累两大类构成及其对资本结构的影响等。

关键术语

资本结构(Capital structure);流动负债(Current liabilities);非流动负债(Non-current liabilities);表外负债(Off-balance sheet liabilities)

自 测 题

1. 通过对资产负债表各项目间的依存关系及各组成项目在总体中的比重进行对比分析,以深入了解企业某一时点的财务状况,这一分析方法称为(   )。

A. 差异分析法　　　　　　　　　　B. 百分比分析法

C. 趋势分析法　　　　　　　　　　D. 结构分析法

2. 短期借款绝对数的大小并不代表企业营业状况的好坏,关键是负债利率要小于(   )。

A. 总资产收益率　　　　　　　　　B. 净资产收益率

C. 销售毛利率　　　　　　　　　　D. 销售净利率

3. 对预收款项、部分应付账款、其他应付款等,由于某些因素的影响,不必当期偿付,实际上并不构成对企业短期付款的压力,属于(   )。

A. 非流动性负债　　　　　　　　　B. 非强制性负债

C. 非偿付性负债　　　　　　　　　D. 非付现性负债

4. 一般认为，应付票据和应付账款的规模代表了企业利用商业信用推动其经营活动的能力，也可以在一定程度上反映出企业在行业中的（　　）。

A. 经营规模　　　　　　　　　　B. 采购能力

C. 议价能力　　　　　　　　　　D. 发展潜力

5. 一般来说，企业资产的总体规模会在很大程度上反映出该企业的（　　）。

A. 行业选择　　　　　　　　　　B 行业定位

C. 经营风险　　　　　　　　　　D. 竞争优势

6. 从企业经营的现实情况来看，最终决定企业短期偿债能力的关键因素往往是（　　）。

A. 流动比率　　　　　　　　　　B. 速动比率

C. 营运资本　　　　　　　　　　D. 经营活动现金净流量

7. 保守型资产结构的特征是（　　）。

A. 适度的流动资产，大量的非流动资产

B. 较少的流动资产，较多的非流动资产

C. 较多的流动资产，较少的非流动资产

D. 适度的流动资产，适度的非流动资产

8. 某企业近年保持稳定的长期资产规模，但是流动资产的比重不断增加，这说明该企业采用的资产结构策略是（　　）。

A. 保守结构策略　　　　　　　　B. 适中结构策略

C. 激进结构策略　　　　　　　　D. 无法判断

参考答案：DABCB，DCA。

思 考 题

1. 如何理解资本结构对企业发展的重要性？

2. 怎样看待企业应收账款的规模变化和结构变化？

3. 怎样看待表外负债对企业财务状况的影响？

4. 如何从资本公积和盈余公积看企业的未来发展？

5. 如何对企业的资本结构进行质量分析？

第八章
利润质量分析

扫码即可观看
本章微视频课程

知识框架

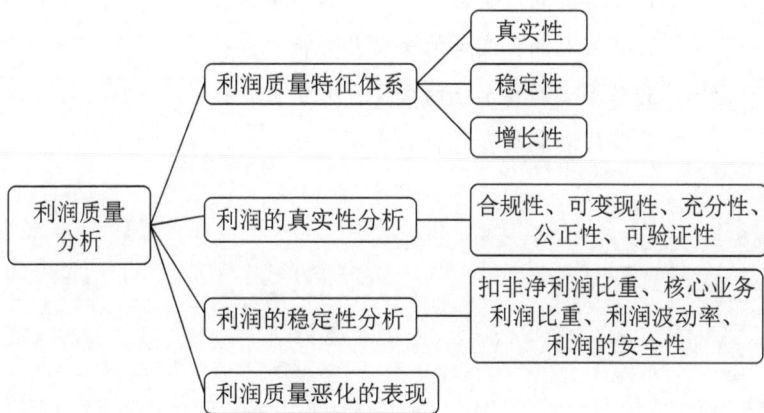

本章知识背景和学习目的

　　企业管理的目标是生存、发展、获利，这无可厚非。但有许多投资者认为企业财务管理的目标是追求利润最大化，甚至认为企业利润数量大就是企业业绩好，利润数量小就是企业业绩差，"企业利润"就是"企业业绩"，这一观点将利润绝对值指标大小等同于利润质量好坏，以至形成了错误的认识。实际上，"企业业绩"主要是由"利润质量"决定的，利润质量好的企业其业绩好，反之其业绩就差。因此，我们有必要正确认识"利润质量"的概念，对财务报告提供的数字做出正确分析，以便对企业业绩做出正确判断，为信息使用者进行决策提供更加准确的信息。

本章学习要点

　　1. 了解利润质量的含义与利润质量特征；
　　2. 掌握利润真实性的含义及分析方法；
　　3. 掌握利润稳定性的含义及分析方法；
　　4. 掌握利润质量恶化的主要表现。

第一节　利润质量特征体系

一、利润质量特征体系的内涵

利润是指企业在一定期间生产经营活动的成果，即收入与成本（费用）相抵后的差额，它是反映企业经营成果的最终要素。利润的质量是指利润信息的固有特性满足信息使用者要求的程度。这种满足程度又取决于两个方面：一是利润概念本身的判断标准，即利润信息本身固有的特性；二是信息使用者对利润信息的期望。

利润信息的固有特性，是指利润这一概念本身所固有的本质特性，主要包括利润的真实性、公正性、审慎性、可变现性等。信息使用者通过企业提供的利润信息，可以预测企业经营的未来前景，确定未来的投资决策。因此，企业提供的信息必须有用，尽可能满足信息使用者的要求。

信息使用者对利润信息的基本要求主要包括合规性（可理解性、可验证性）、及时性、稳定性（可预测性、可比性）、反馈性、充分性、可变现性、公正性（审慎性）。

因此，可以构建一个利润质量特征体系，该体系是一个由首要质量特征（真实性、相关性）、关键质量特征（合规性、可变现性……及时性等）、次级质量特征（可理解性、可比性等）、限制性标准（重要性）、约束条件（收益＞成本，即经济性）等诸多要素构成的有机整体。利润质量特征体系如图8-1所示。

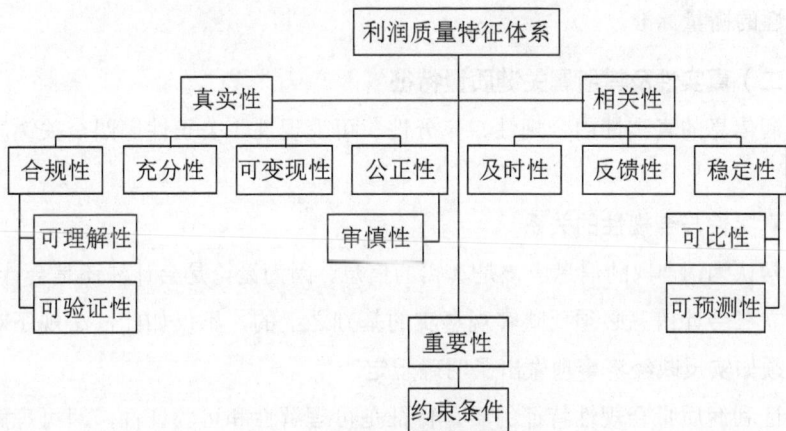

图 8-1　企业利润质量特征体系

（一）首要质量特征及其说明

利润信息的首要质量特征是真实性与相关性。之所以将利润的真实性和相关性作为利润质量的首要特征，主要是出于以下考虑。

第一，我国 2006 年颁布的《企业会计准则——基本准则》第二章 "会计信息质量要求" 中，即将真实性和相关性定为会计信息质量要求的前两项。《企业会计准则——基本准则》第十二条规定："企业应当以实际发生的交易或者事项为依据进行会计确认、计量和报告，如实反映符合确认和计量要求的各项会计要素及其他相关信息，保证会计信息真实可靠、内容完整。"另《企业会计准则——基本准则》第十三条规定："企业提供的会计信息应当与财务会计报告使用者的经济决策需要相关，有助于财务会计报告使用者对企业过去、现在或者未来的情况做出评价或者预测。"

第二，利润信息能否满足信息使用者的需要，关键在于利润是否 "真实"。会计信息真实性是会计工作的首要要求，会计工作所提供的信息是企业投资者及其利益相关者进行经济决策的重要依据，同时也是国家宏观调控、维护市场正常经济秩序的重要信息来源。如果会计信息不能如实反映企业的实际情况，不仅信息使用者的需求不能满足，而且还会误导其做出错误的投资经营决策，直接导致其经济利益受到巨大损失。

第三，利润的真实性和相关性是相互影响的。会计信息的相关性是会计信息使用者的需求属性，体现了会计信息供应者提供的会计信息与其使用者进行决策的关系，表现为会计信息对其使用者所做决策的影响程度。真实性是相关性的保证，只有真实的会计信息才能使信息使用者做出正确决策；同时，相关性也影响着真实性的衡量标准。

（二）真实性及其所属关键质量特征

利润信息的真实性由合规性、充分性、可变现性、公正性等四个关键质量特征构成。

1. 真实性与合规性的关系

通常认为，合规的信息应该是真实的信息。因为无论是会计法还是会计准则，都是建立在会计信息必须反映客观事实的基础之上的，不仅如此，法规还对会计核算必须如实反映经济事项做出了明确规定。

保证利润质量合规性特征的质量特征是可理解性和可验证性，即可理解性、可验证性是对合规性特征的强化，合规性对真实性的实现起到了支撑与保障的作用。如果会计人员对会计法规不能正确理解，会计法规就不能得到有效执行，就会大打折扣；如果企业所提供的利润不能被验证，就不能保证利润信息的合规性；如果企业不能提供利润核算的过程资料，或提供的核算资料经验证有问题，也不能保证利润的真实性。

2. 真实性与充分性的关系

对利润的质量要求，很难达到百分之百的真实，只要利润信息基本上反映了企业的实际情况，就可以被认作是真实的。那么，什么叫"基本反映"呢？怎样保证重要的信息不被忽略或遗漏呢？这里就涉及"完整性"与"重要性"问题，而这正好就是会计信息的充分性。

3. 真实性与可变现性的关系

在会计上，利润是收入与费用配比的结果。一方面，由于会计上记录的收入不一定表明能够百分之百收回，具有一定的不确定性；另一方面，由于费用的估计与分摊受人为因素影响较大，从而导致利润概念相对较虚。只有当企业的利润（即应计的现金净流入）成为实际的现金净流入时，才能表明利润的真正实现。可见，利润的可变现性是衡量企业利润真实性的重要指标。

4. 真实性与公正性的关系

公正性与真实性相辅相成，真实性是公正性的保证，公正性则是真实性最好的诠释。公正性作为会计信息质量要求的关键特征，是与会计自身的价值体现相一致的。我们选择会计信息质量的关键特征就像每一位公民所要坚持的人格道德底线一样，无论在任何情况下都要不惜代价坚持到底。在经济社会中，会计向社会、向公众所展示的应该是一种公正的形象，正如中国注册会计师协会的会徽图案中代表会计公正的符号——天平，发扬的是一种对公平、公允的价值追求，对构建和谐社会、维护正常的市场经济秩序，意义非凡。

（三）相关性及其所属关键质量特征

关于会计相关性的含义及概念，人们的认识也并非完全一致。FASB 认为，相关的会计信息是指能够通过帮助使用者预测未来事件的结果来坚持或更正先前的预期，并在决策中起作用的信息；信息对决策的影响是通过提高决策者的预测能力或提供对先前预期的反馈来实现的。由此，FASB 进而认为，一项信息是否具有相关性主要由三个因素决定。

一是及时性。如果将一项信息在失去影响决策能力之前提供给决策者，即具有及时性，及时的信息未必相关，不及时的信息则肯定不相关。

二是稳定性。稳定性的信息具有可比性与可预测性。可比性的信息能够与同期信息（以前年度同期）及其他类似企业信息进行比较。可预测性信息具有预测价值，如果一项信息能帮助决策者预测未来事项的可能结果，则此项信息就具有预测价值，决策者可根据预测的可能结果做出最佳决策，因此预测价值为会计相关性的重要因素。

三是反馈性。如果一项信息能使决策者证实或更正过去决策的预期后果，即具有反馈性。作为会计信息首要质量特征"相关性"的主要内容之一，会计信息的反馈价值对有效地实施会计控制至关重要。任何有用的会计信息反馈，如有关经济资源（资产）或债务现状的信息，或有关企业以往业绩的信息的提供，都会降低不确定性，对使用者（已有的或潜在的投资者、信贷者等）及其原有期望、所采取的决策行为与实施过程产生影响；或者证实其正确性，帮助信息使用者增强或加大实施这一行为的信心与力度，并最终达到预期目标；或者表明其原有偏差、行为的不当或实施过程中发生了不利于实现期望值的变异，促使决策者调整期望值，改变行为方式与方法，甚至中止行为过程，以达到预期目标或将原有决策的不利影响降至最低限度。

（四）限制性标准——重要性

重要性就像一道分水岭，对繁杂众多的会计信息进行取舍，加以分类，避免因数据信息量太大或过少而增加信息使用者识别、判断、决策的难度。例如，企业生产的某种产品，是其重要的利润来源，如果这一产品因某种原因而被要求停产或减产，企业就应该在财务报告中披露这一信息。反之，对某一商场，如果某种商品因某种原因断货，商场无须对此种商品断货信息进行披露。

重要性大小的判断方法有很多，可以选用定性标准、定量标准或混合标准，目前理论界、实务界并没有给出某一权威标准，这就对会计人员的职业水平和素质提出了较高要求，要求其根据从业经验进行职业判断，来直接决定会计信息的重要与否。

（五）约束条件——收益＞成本（经济性）

经济行为的发生，其初衷一定是出于收益大于成本的考虑，会计工作也不例外。提供哪些会计信息、如何提供，都必须满足这个约束条件。会计信息的披露成本主要包括采集信息、审核信息、处理信息、传送信息的成本，对已披露信息的质询和反馈处理成本、诉讼成本，以及因披露过量信息而导致的竞争劣势成本等；而会计信息所带来的收益主要由资本配置、资本计量收益以及维护社会公众利益等组成。这其中，有许多项目是难以确切计量的，而且许多成本项目也无法配比到具体的受益者，因此，成本效益原则更多的是一种价值判断，而非价值计量。但即便如此，会计信息的提供者和使用者，尤其是会计准则的制定者，都应当意识到这一约束条件。

二、利润质量评价的原则及指标体系设计

（一）利润质量评价的一般原则

科学合理的利润质量评价指标体系有助于促进企业利润信息质量的提高。在进行设计时，应当遵循以下原则。

1. 目标导向原则

利润质量的衡量标准应体现会计目标的要求。可以说，作为会计信息质量评价体系的核心内容的利润质量评价，是会计目标的具体化，是进行会计信息质量评价最直接、最有说服力的依据，它直接制约着会计信息质量评价的进行和会计目标在会计工作中的实现，具有很强的导向性。企业利益相关者是会计信息的使用主体，会计信息质量的优劣主要通过信息使用者的反映体现出来。因此，在设计指标时，应当站在会计信息使用者的立场，维护报表使用者的利益。

2. 客观性原则

影响利润质量的因素很多：既有外部因素（如坏账损失），又有内部因素（如资产减值准备的计提）；既有客观环境的因素（如市场景气状况），又有微观个体的因素（如产品的生产成本）；等等。因此，在设计评价指标时，应客观地、公允地反映利润质量的真实情况，使得评估结果具有更大的可信度，更有使用价值。

3. 全面性与重要性相结合的原则

利润质量评价是企业会计信息质量评价的重要内容，评价指标体系的设计应满足层次性、全面性的要求，要能够从多角度、多层面观察、分析、评价会计工作，不能遗漏关于会计工作的任何重要方面的情况，使得评价活动更具体、更完整、更有实用价值。

然而，过于全面的评价指标体系不仅会给评价工作带来不便，还会使会计信息质量评价变得模糊不清，不利于围绕核心问题展开评价。因此，所设计的评价指标应遵循全面性与重要性相结合的原则。

4. 结果与过程相结合的原则

会计工作的质量不同于其他产品或服务的质量，其好坏体现于结果（会计信息的有用性）和过程（会计信息生产过程）两方面：一方面，结果的质量绝不仅仅是指会计报告的质量，更是体现于被评价单位若干年后的财务、经营状况，其质量反映具有一定的滞后性；另一方面，会计信息质量体现于会计工作的全过程，因此，会计信息质量评价指标的设计既要能够反映出会计信息的有用性，又要能够反映出对会计工作即会计报告形成的全过程的控制。比如，评价利润的可变现性，就需要评价企业有关销售政策及账款回收环节的内部控制情况。

5. 定量分析与定性分析相结合的原则

定量分析是对事物数量的分析，它通过对财务指标数据的分析比较，评价利润的真实性、稳定性和盈利性；定性分析是对事物性质的分析，它通过一些评议指标，结合相关专家意见，综合分析评价企业未来获利能力。定性分析和定量分析是辩证统一的关系，任何事物都是质和量的统一体，它们的发展变化过程，都是质变和量变相互转化的过程。任何经济现象也都有质和量两方面的规定性。经济现象的质，是这种经济现象区别于其他经济现象的内部规定性；经济现象的量，是以它存在的规模、程度、速度等数量来表示的规定性。量达到一定界限，就会引起质的变化，因此，对经济现象需要进行定量与定性相结合的分析。对利润的质量进行分析也是一样，必须全面地坚持定量分析与定性分析相结合的方法，没有正确的定性分析，定量分析就会迷失方向。但是，如果只重视定性分析，而忽视定量分析，就无法全面而准确地把握数量变化。当然，在实际分析过程中，可以定量分析为主，定性分析为辅。

6. 可操作性原则

可操作性原则是设计利润质量评价指标体系必须考虑的重要因素，离开了可操作性，再科学、合理、系统的评价体系也是枉然。可操作性原则要求，制定利润质量评价指标体系时应注意以下两点：一是指标体系尽量做到条目简明，建立指标体系时要对影响利润质量的因素进行认真分析研究，找出评价的主要因素，并给予清楚、明确的表述。二是定量指标要可测量，即指标项目有关数据收集的可行性，可以通过一定的测量手段获得信息，取得结论。

（二）利润质量评价指标体系的设计

依据前面阐述的原则，我们认为，利润的质量评价可以从多个方面来进行，本书选择最重要的三个方面，从三维立体角度来进行，即真实性、稳定性、增长性。设计的利润质量评价指标体系如图 8-2 所示。

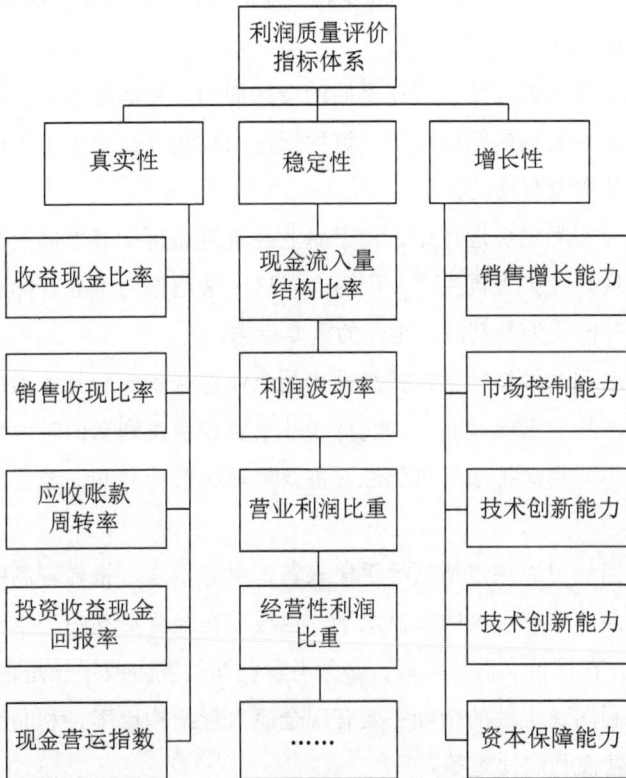

图 8-2　利润质量评价指标体系

1.利润的真实性是利润质量评价的基础

企业利润的核算必须以客观的、实际发生的经济业务为基础进行，在核算中必须严格遵循会计制度和会计准则，做到内容真实、数字准确、资料可靠，真实地反映公司的财务状况、经营成果和现金流量。利润的真实性是信息有用性的前提，因此，利润质量评价应以利润真实性分析为基础。利润的真实性取决于收入、成本、费用的真实性，由于收入、成本、费用的真实性的查证需要依据许多详细的原始凭证，外界信息使用者难以获得此类资料，因此，只能从报表反映的数据中进行粗略分析。能够大致反映利润真实性的指标主要有收益现金比率、销售收现比率、应收账款周转率、投资收益现金回报率、现金营运指数。

2. 利润的稳定性是利润质量评价的内在要求

利润的稳定性是指公司连续几个会计年度利润水平变动的波幅及趋势，它表明企业利润水平变动的基本态势，最终表现为关于企业盈利水平或利润总额的稳定性。利润的稳定性取决于公司业务结构、商品结构、服务质量等方面的稳定性，主要有三种表现形式。

一是指随着时间的延续或者在不同的会计期间，利润总水平总是围绕某一数值上下波动，而且波动的幅度极小。这种稳定的利润，在理论上表现为一种常数稳定性，数额基本没有变动。

二是在企业实际财务运作中，由于企业经营遵循可持续发展战略，即保持必要成长性来实现企业扩大再生产，因而，以这一常数作为企业目标利润的下限基础、螺旋式上升被认为是利润稳定性的重要标志。

三是指获取利润的持续性，持续性也是企业综合素质和竞争力的体现，利润的持续性越强，其质量就越高。利润持续性主要表现在利润的时效性结构上。利润时效性反映不同利润持续的可能性，主要体现在营业利润、经营性利润所占的比重。

公司管理当局可以通过造假等手段来粉饰财务报表，报告较高的收益，但却很难在较长时期内维持较高的收益水平，也很难在经营活动中产生较大的现金净流入量。因此，在评价利润质量时，必须考察利润的发生或增长是否具有稳定性。能够大致反映利润稳定性的指标主要有现金流入量结构比率、利润波动率、营业利润比重、经营性利润比重等。

3. 利润的增长性是衡量利润质量高低的标志

利润的增长性是指企业未来的获利能力。企业未来的获利能力是信息使用者最为重视的，尤其是企业的股东。股东重视对利润的分析，因为他们的股息是从盈利中支付的；对债权人来说，未来的获利能力也很重要，因为未来的获利能力是其决定是否与企业长期合作的依据。因而我们在评价企业的利润质量的时候，仅看当前获利能力的大小是远远不够的，不能为科学的决策提供更多的信息支持。一个企业虽有真实、稳定的收益，而没有利润的增长，仍然无法满足股东、债权人及其他信息使用者的要求。

第二节 利润的真实性分析

一、影响利润真实性的因素

影响利润真实性的因素有许多，如产权结构上的缺陷、绩效评价方法的不足、部门或个人利益驱动、会计准则上的弹性、企业面临的压力、会计人员职业判断问题。在这里，我们只是从利润核算的过程中去探讨利润的真实性。相关公式如下：

$$净利润 = 营业利润 \pm 营业外收支净额 - 所得税费用$$

$$营业利润 = 营业收入 - 营业成本 - 税金及附加 - 销售费用 - 管理费用 - 研发费用 - 财务费用 - 资产减值损失 + 信用减值损失 + 公允价值变动收益 + 投资收益 + 资产处置收益 + 其他收益等$$

从上面的公式中，我们可以得出影响利润真实性的因素主要有营业收入、营业成本、销售费用、管理费用、财务费用、资产减值损失、公允价值变动收益、投资收益、其他收益、营业外收支净额等。下面分别说明。

（一）营业收入与营业成本

营业利润的真实性主要取决于营业收入、营业成本的真实性。因此，分析营业利润的真实性，应该从营业收入、营业成本入手。营业收入、营业成本是否真实，虽然应该查看企业的销售合同、原始发票、成本资料，但由于这些资料外界一般难以获取，故此，评价时可以从企业的主营业务性质、企业规模、同行业比较进行大致分析。

（二）销售费用、管理费用、财务费用

销售费用、管理费用、财务费用，可以通过与企业历史数据进行对比，结合经营环境的变化进行分析。

（三）资产减值损失

资产减值损失，包括存货减值损失、固定资产减值损失、无形资产减值损失、在建工程减值损失等，多数情况下是企业估计的结果，与企业采用的会计政策与会计估计密切相关。由于企业会计准则对减值准备的提取采用未来现金流量折现法，而未来现金流量的多少及折现率的选择由企业自己判断，企业的自由裁量权

很大，故此，如何评价资产减值损失的真实性，确实是一道难题，我们只能从企业日后的会计调整去进行分析判断，当然也可以通过与同行业比较进行评价。

（四）公允价值变动收益

将公允价值变动收益作为利润的一个组成部分，主要是为了体现会计信息的相关性。公允价值的引入，对会计专业人员是一个很大的挑战，更不用说对一般的企业管理者、会计信息使用者了。引入公允价值后，企业会计核算将与复杂的资本市场和宏观经济环境更为紧密地联系在一起，市场环境的变化对企业财务状况的影响将会通过会计信息反映出来。当市场利率水平变化时，金融工具的重估价值随之产生变化，进而导致企业财务状况和获利能力的波动。因此，公允价值的引入要求企业对宏观经济和市场环境具有较强的预见能力，其具体反映为企业利率风险管理能力。从风险的角度看，公允价值计量属性的引入，不仅是一项会计准则的变化，而且会给企业风险管理观念、风险控制技术手段带来一次巨大的变革。

由于公允价值的变动具有高度的不确定性，在分析评价利润的真实性、稳定性时，当这部分数额所占利润比重较大时，我们必须予以高度的重视。

（五）投资收益

投资收益体现公司利用资金、多元化经营的能力，其中，股权投资收益又占据较大的份额，一些公司在进行资产重组时也多通过这一项目实现业绩的改善。《证券时报》2019年5月10日发布的报告《A股投资收益榜：23家公司投资收益十倍于净利，4家公司净利全靠炒房》显示，"去年（即2018年，笔者注）A股上市公司投资净收益达4,423.3亿元，略低于2017年，占剔除金融股后去年A股上市公司总利润的26.7%。这一比例仅次于2017年的27.36%，可见投资净收益成为上市公司带动利润的利器。……位居首位的为一汽夏利，去年投资净收益19.83亿元，其净利润仅0.37亿元，贡献率为53倍。中国高科（600730）、模塑科技（000700）、西部资源（600139）等23家公司去年投资净收益是其净利的10倍以上"[①]。

（六）其他收益

其他收益是针对2017年财政部下发《关于印发修订〈企业会计准则第16号——政府补助〉的通知》所新增的一个项目。对政府补助，基于经济实质性原

---

① 陈见南．A股投资收益榜：23家公司投资收益十倍于净利，4家公司净利全靠炒房．证券时报，2019年5月10日。

则，与企业日常活动相关的政府补助，计入其他收益或冲减相关成本费用。与企业日常活动无关的政府补助，应当计入营业外收支，并在利润表中的"营业利润"项目之上单独列报"其他收益"项目，计入其他收益的政府补助在该项目中反映。

（七）营业外收支净额

营业外收支净额是指与企业的生产经营活动无直接关系的各项收入与支出的差额。营业外收支虽然与企业生产经营活动没有多大关系，但从企业主体来考虑，同样带来收入或形成企业的支出，也是增加或减少利润的因素，对企业的利润总额及净利润产生直接的影响。

依据企业会计准则，营业外收入包括的项目有：①非流动资产处置利得；②非货币性资产交换利得；③债务重组利得；④政府补助利得；⑤盘盈利得（不包括固定资产）；⑥接受捐赠利得；⑦违约金；⑧滞纳金；⑨罚款；⑩股权投资贷方差额；⑪出售债权收益。与之相对应，营业外支出包括的项目有：①非流动性资产处置损失；②非货币性资产交换损失；③债务重组损失；④公益性捐赠；⑤非公益性捐赠；⑥非常损失；⑦盘亏损失；⑧罚款支出；⑨违约金；⑩滞纳金；⑪赔偿金支出；⑫出售债权损失。

从上面包括的项目可以看出，收款方如果是做营业外收入列账，支出方应该就是做营业外支出入账，因此，从社会整体角度来看，营业外收入与营业外支出是差不多的。作为社会缩影的一个大企业，营业外收支净额应该不会太多，或者说不可能总是收入大于支出，或者收不抵支。如果出现这种情况，说明企业的营业外收支存在问题。

二、利润真实性的初步分析

利润真实性的初步分析可以通过若干指标来进行，检验利润真实性的指标主要有：收益现金比率、销售收现比率、毛利率、应收账款周转率、投资收益现金回报率、流动比率与速动比率等。这里主要介绍收益现金比率、销售收现比率、投资收益现金回报率。其他指标前面已有介绍。

（一）收益现金比率

收益现金比率是指生产经营中产生的现金净流量与净利润的比值。计算公式为：

收益现金比率 = 经营活动产生的现金流量净额 ÷ 净利润

现金流量是根据收付实现制计算的，净利润是根据权责发生制计算的。比如一家公司收到大量预付款，没有确认收入，不计算利润，但是收到现金，那这个比例会非常高。

正常情况下该比率应该大于1。因为从公司持续经营角度分析，本期收入中的一部分会递延到以后各期才能收回现金，同时，本期收到的现金中也会包含一部分以前年度的应收款项，公司的销售业务通常不会出现大起大落的情形，而且正常经营活动中所产生的净现金流量还会包括一些从利润中扣除但又不影响现金流出的费用调整项目，如折旧费等。因此，正常情况下的每股现金流量应高于每股收益，即收益现金比率通常应该大于1。

若仅从一个会计期间看，当期实现利润中可能有相当部分未收回现金，或企业大量采用赊销方式，或发生大额购买货物或资本支出等，该比率可能会出现小于1的情况。

（1）其大于1，说明营业利润伴随着更大的现金流入，有足够的现金保证，营业利润质量好。

（2）其小于1，但大于0.5，说明营业利润伴随着一定的现金流入，有较高程度的现金保证，营业利润质量较好。

（3）其小于0.5，但大于0，说明营业利润虽伴随着一定的现金流入，但保证程度较低，营业利润质量较差。

（4）其小于0，说明公司只有账面上的营业利润，没有伴随营业利润的现金流入，反而是流出，营业利润质量很差，且负值越大质量越差。需要注意的是，若营业利润为负数，则不必计算该比率。

如果这个指标连续若干期远小于1，并且逐期递减，说明企业利润缺乏足够的现金保证，其质量很不理想。而且当这个比率小于1时，企业可能通过增加债务筹资来满足资金的需要，但这样做必将导致资产负债率和筹资成本提高，从而降低企业未来的获利能力。

由于人为的利润操纵并不能带来真正的现金流入，因而该比率可作为一个良好的警示性指标，若指标值太小则应当关注公司利润的真实性。因此，高盈利的公司不一定最具投资价值。判断公司投资价值不仅要看其账面盈利，更要看它能创造多少实实在在的现金流量。

在KM公司中，依据2018年利润表及现金流量表，KM公司2018年、2017年的净利润分别为1,122,600,582元和2,143,556,372元，而经营活动产生现金流

量净额分别为 -3,191,529,575 元和 -4,840,052,605 元，收益现金比率为负数，说明该公司净利润的现金保障水平较差，利润的质量也较差，并且 2018 年的利润比 2017 年下降了约 50%。

（二）销售收现比率

销售收现比率是指企业销售商品、提供劳务收到的现金与主营业务收入之间的比率。其计算公式为：

销售收现比率 = 销售商品、提供劳务收到的现金 ÷ 主营业务收入

该指标反映利润的可变现性，即公司每 1 元销售收入中，有多少实际收到现金的收益。

利润的确认是在权责发生制和会计分期的基础上，将某一会计期间的收入与其相关的成本、费用相配比核算得出的公司经营成果。由于权责发生制与收付实现制的差异，利润的多少并不一定等同于现金净流入的多少，只有当应计的现金净流入成为实际的现金净流入时，才能表明利润的真正实现。利润的现金保障性，是判断公司实现利润质量高低极为重要的参考指标。

一般地，该指标数值越大表明公司销售收现能力越强，销售质量越高。

（1）该比率等于或基本等于 1，说明本期销售收到的现金与本期的销售收入基本一致，没有形成挂账，资金周转良好。

（2）该比率大于 1，即本期销售收到的现金大于本期销售收入，不仅当期销售全部变现，部分前期应收款项也被收回，这种状况应与应收款项的下降相对应。

（3）该比率小于 1，即本期销售收到的现金小于当期的销售收入，说明账面收入高，而变现收入低，应收款项增多，必须关注其债权资产的质量和信用政策的调整。

（4）若该比率连续几期下降且都小于 1，则预示可能存在大量坏账损失，利润质量的稳定性会受到不利影响。可能有虚增收入，以达到虚增利润的目的。

在 KM 公司中，依据 2018 年利润表及现金流量表，KM 公司 2018 年、2017 年的营业收入分别为 19,356,233,375 元和 17,578 618,640 元，销售商品、提供劳务收到的现金分别为 21,050,617,208 元和 18,466,271,669 元，销售收现比率分别为 1.09 和 1.05。可见，KM 公司的销售质量应该是上乘的。可是这样一来，不是与上面计算出来的指标相矛盾了吗？原因在于 2019 年 5 月证监会坐实 KM 公司营业收入多计 88.98 亿元，营业成本多计 76.62 亿元，销售商品、提供劳务收到的现金多计近 103 亿元。此是后话。

（三）投资收益现金回报率

投资收益现金回报率是衡量投资收益质量的一个指标。该比率越大，说明公司所实现的变为现金的投资收益越多，投资收益的质量越高。其公式如下：

$$投资收益现金回报率 = \frac{投资收益收到的现金}{投资收益净额}$$

具体分两种情况。

（1）公司对外股权投资采用成本法核算，一般只在实际收到现金股利时才确认投资收益，故两者的适应性较好，此时该比率接近1；

（2）公司对外股权投资采用权益法核算，被投资公司只要实现税后利润，投资公司就按其持股比例确认当期投资收益，而不是收到现金股利时才予以确认，借助该指标可以观察公司投资收益中变现收益的含量。

就 KM 公司来说，其 2108 年取得投资收益收到的现金是 12,000,000 元，投资收益净额为 48,517,793 元，投资收益现金回报率为 0.25，说明投资收益的质量不高。

三、营业收入真实性的进一步分析

营业收入应该与企业的规模（固定资产、流动资产）具有正向关系。

营业收入与产量相关，而产量又与固定资产的生产能力有关，如果企业的销售量超过了固定资产的生产能力，销售收入就不真实。如果营业收入的增长与流动资产（尤其是与应收账款）的增长严重不成比例，说明营业收入有假；如果固定资产的增长与流动资产的增长严重不成比例，说明固定资产或流动资产有假。

在 KM 公司中，2018 年营业收入增长率为 10.11%，应收账款增长率为 26.57%，2018 年新增营业收入 1,777,614,735 元，2018 年新增应收账款 1,326,230,382 元，说明新增的营业收入中有 74.61% 属于新增的应收账款，可见，KM 公司 2018 年营业收入的真实性存疑，至少营业收入的质量较差。

KM 公司 2018 年流动资产为 54,240,974,646 元，较 2017 年的 52,388,821,675 元，增长了 3.54%，而固定资产却从 2017 年的 6,106,217,529 元增加到 2018 年的 8,950,247,894 元，增长率为 46.58%。固定资产的增长与流动资产的增长严重不成比例，说明固定资产或流动资产存疑。

KM 公司 2018 年营业收入、经营活动产生的现金流量净额和固定资产同步上升，其中，固定资产增长率（46.58%）大大超过营业收入增长率（10.11%），说明要么存在固定资产闲置，要么新增固定资产虚假，也可能二者都存在虚假。

四、成本费用真实性的进一步分析

（一）营业成本的深入分析

营业成本当然应该与营业收入相匹配。如果成本的增长与收入的增长不相匹配，那么"骗术"也太低了。但是，成本与收入是不是一定相匹配呢？那也不一定。依据 KM 公司 2018 年利润表，KM 公司的营业收入、营业成本情况如表 8-1 所示。

表 8-1　KM 公司 2017—2018 年营业收入、营业成本情况

金额单位：元

项目	2018 年	2017 年	增长率
营业收入	19,356,233,375	17,578,618,640	10.11%
营业成本	13,542,410,877	10,788,017,425	25.53%

应该来说，如果销售价格相对稳定，随着收入的增长、销售量的增加，单位产品成本应该下降，也就是说，营业收入的增长率应该大于营业成本的增长率。而 KM 公司的情况却是反过来的，这只能说明 KM 公司的销售价格在不断下降，市场遇到较大的阻力。

（二）期间费用的深入分析

期间费用主要包括销售费用、管理费用（包含研发费用）、财务费用，又称"三费"。报表使用者在阅读公司的财务报表时，应对期间费用出现大幅度下降的公司予以特别的关注，要结合公司财务报告中"经营情况的回顾与展望"一节，进一步分析其下降的原因，看其究竟是企业改善经营管理的原因，还是企业操纵利润的一种会计手段。事实上，有许多的公司，在营业收入增长难的情况下，认为缩减成本费用可能成为倒挤"利润"的一个良策。

利用期间费用操纵利润的手法很多，主要表现为少列费用或者虚列费用，重点是少列费用。在进行期间费用分析时，需要注意以下问题。

（1）改变费用的确认原则，混淆收益性支出与资本性支出的界限，将收益性支出作为资本性支出；不按权责发生制原则，将当期费用留待以后分摊；不按配比原则，当期实现的收入不结转与其相关的成本和费用，或者人为调节成本费用，少计或多计当期费用。

（2）修改费用的计量标准，不以实际发生的费用入账，不按规定的年限、折旧率和原值计提固定资产折旧，不摊或少摊无形资产价值及债券折溢价，待摊费用不按规定期限摊销，对已发生但尚未支付的费用不预提。

（3）违反费用的会计处理原则，应当在当期列支或摊销的费用不列支、期末不结转，而悬挂于资产项目中，应当于当期预提的支出、费用、税金、所得税等不予计提或不予提足；将费用直接抵冲收入，随意压低或提高产品或商品销售成本，混淆成本费用各项目之间的费用界限；或者损失和费用不预计充分，造成隐瞒、少列当期费用或者虚列、多列当期费用。

（4）利用母子公司进行费用分担与费用转嫁。由于企业与关联方之间存在千丝万缕的联系，关联方之间往往利用转嫁费用的方式在关联方之间转移利润，进行盈利管理。这一点在母子公司之间发生得最为明显。

（5）滥用借款费用资本化，将应计入当期损益的财务费用计入固定资产或在建工程。在实际工作中，不少企业就利用利息资本化规定终止时间的弹性进行利润操纵。例如在资产先交付使用、后办理竣工结算的情况下，为了增加利润，就以某资产还处于试生产阶段为借口，把办理竣工决算手续的时间作为资本化终止的时间，这样在借款费用继续资本化的同时，固定资产也可暂不提折旧，就可以达到虚增资产、虚增利润的目的。利用借款费用资本化进行盈利管理的更隐蔽的做法，是利用自有资金和借入资金难以界定的事实，人为划分资金来源和资金用途，将用于非资本性支出的利息资本化。

依据 KM 公司 2018 年利润表，KM 公司的期间费用情况如表 8-2 所示。

表 8-2　KM 公司 2017—2018 年期间费用情况

金额单位：元

项目	2018 年	2017 年	增长率
销售费用	974,137,006	1,237,745,488	-21.30%
管理费用	1,234,379,252	1,192,316,761	3.53%
财务费用	1,886,352,383	1,197,504,838	57.52%
三费合计	4,094,868,641	3,627,567,087	12.88%

从表 8-2 可知，KM 公司在营业收入增长 10.11%，营业成本增长 25.53% 的情况下，销售费用增长率竟然是 -21.30%，有些不可思议。三费合计增长率为 12.88%，其中财务费用增长率为 57.52%，说明公司负债比较严重，资金压力较大。

五、投资收益真实性的进一步分析

投资收益是企业以各种方式对外投资所获得的净收益，包括从联营企业分得的投资利润、购买金融资产应得的股利或利息、出售所持长期股权投资和金额资产的损益等。在操纵利润的手段中，最直接有效的方法是通过投资收益增加利润。报表使用者应对利润表中的投资收益给予重视。对投资收益占利润总额比重较大的企业，应该仔细分析投资收益的来源，辨别这种投资收益的长久性。如果一次性的投资收益，如出售股权投资所得的收益数量较大，这种投资收益的稳定性就很难保证。精明的信息使用者可以比较利润表中投资收益与资产负债表中长期股权投资与金融资产的合计额，如果比率过高（如高于20%），则说明有非正常的投资收益。因此，关注企业的营业利润与投资收益之间是否出现了互补性变化趋势是非常重要的。所谓互补性，即当营业利润不佳的时候，投资收益往往出现较好情况，而当营业利润改善之后，投资收益又变得稀松平常。当然，营业利润与投资收益之间出现互补性变化并不一定就是利润操纵的结果。但是，分析者有充分理由对营业利润低迷时的投资收益增长保持警惕。

案例：6亿股权投资不到一年收益超5亿，雏鹰农牧"神投资"被指财务造假

长江商报2018年6月15日报道，2018年一季度，雏鹰农牧（002477.SZ）营业收入下降，净利润却增长2倍至3.57亿元，其原因就是出让基金公司股权产生的投资收益高达5.27亿元，这笔发生在2017年5月的6亿元投资在2018年3月出手，投资时间仅为10个月。……类似让人惊奇的投资不在少数。2016年6月，雏鹰农牧出资1,250万元入股郑州牛师兄食品，持股比41.67%。2017年11月6日，又增资1亿元，持股比升至70.83%，一年估值从3,000万元升至2亿元。神奇的是，一个多月之后的12月25日，公司全部清仓，为公司当年贡献了2917万元投资收益。

六、会计差错分析

（一）会计差错的一般规定

会计差错就是指企业在会计核算时，由于会计确认、计量、记录等方面出现的错误。

会计差错更正就是企业对会计差错进行纠正。会计差错更正源于会计中的"追溯调整"，其实是一项正常的会计处理。追溯调整是指当企业对业务事项或交易的会计处理采用新的会计政策时，应当视同该交易或事项初次发生时就开始采用这项会计政策，并以此对相关会计数据进行调整。如果交易或事项是在以前年度发生的，理论上企业应当重新编写以前年度的财务报表并向投资者公布，但实务上这样操作的成本太高且会引起会计信息混乱。依据企业会计准则的规定，企业发现会计差错，应按以下情况处理。

（1）本期发现的与本期相关的会计差错，应调整本期相关项目。

（2）本期发现的与前期相关的非重大会计差错，如影响损益，应直接计入本期净损益，其他相关项目也应作为本期数一并调整；如不影响损益，应调整本期相关项目。

（3）本期发现的与前期相关的重大会计差错，如影响损益，应将其对损益的影响数调整发现当期的期初留存收益，财务报表其他相关项目的期初数也应一并调整；如不影响损益，应调整财务报表相关项目的期初数。

（4）年度资产负债表日和财务报告批准报出日之间发现的报告年度的会计差错及以前年度的非重大会计差错，应按照《企业会计准则第 29 号——资产负债表日后事项》的规定处理。对年度资产负债表日和财务报告批准报出日之间发现的报告年度的重大会计差错，应当调整以前年度的相关项目。

（5）在编制比较财务报表时，对比较财务报表期间的重大会计差错，应调整各该期间的净损益和其他相关项目，视同该差错在产生的当期已经更正；对比较财务报表期间以前的重大会计差错，应调整比较财务报表最早期间的期初留存收益，财务报表其他相关项目的数字也应一并调整。

（6）滥用会计政策、会计估计及其变更的，应当作为重大会计差错处理。即本期发现的与前期相关的重大会计差错，如影响损益，应将其对损益的影响数调整发现当期的期初留存收益，财务报表其他相关项目的期初数也应一并调整；如不影响损益，应调整财务报表相关项目的期初数。

（二）滥用会计差错的原因

虽然会计差错更正是企业财务处理中比较常见的方式，但也不排除一部分企业恶意进行上述财务处理以满足自身的利益需求。

在现实中，尽管上市公司运用"重大会计差错更正"必须承认自己在过去犯了错，现在进行更正，意味着负责前期财务报表审计的注册会计师也犯了没有发现报表披露错误的错，即"审计失败"，双方都留下了不光彩的记录，还可能引出"虚假陈述"的法律责任等问题，公司轻易不愿采用重大会计差错更正。但由于"重大会计差错更正"有金额大、操作快、运用广、不影响本期利润、没有后继的资产包袱等特点，当上市公司面临可能被 ST、申请恢复上市或其他的关键情况时，上市公司也常采用这种无奈的办法。另外，当上市公司在以前年度操纵利润、实现了盈余管理目标后，往往会留下资产"窟窿"，这时重大会计差错更正可以充当"清道夫"的角色，认个错就能够一次性解决前面的包袱，且不影响未来的业绩成长，这在企业更换经营团队或审计事务所时特别有效。

重大会计差错可以直接导致虚假陈述行为发生，按照我国现行的法律规定，证券交易所对发生重大会计差错的上市公司可以立即予以谴责，证监会可以立即对其进行处罚，一旦做出处罚，投资者就可以以虚假陈述为侵权事由状告上市公司，追究管理层"虚假陈述"的责任和注册会计师的审计责任。但尽管如此，"会计差错"还总是经常发生。

案例：上市公司重大会计差错，近2亿元利润、5亿元资产，瞬间消失……

2017年10月16日，白色家电制造商惠而浦（600983）发布《关于前期会计差错更正的公告》，称"经自查发现重大会计差错"。2015年、2016年，其因差错导致分别多算归属于母公司股东的净利润1亿元、8901.99万元，影响比例分别为22.8%、23.9%。

另外，此次会计差错更正还将分别累计减少公司2015年、2016年合并总资产1.82亿元、3.167亿元。

惠而浦公告披露，公司董事会和管理层认为会计差错的性质和产生原因：在销售折扣及销售费用方面，在2015年和2016年中，存在销售折扣少计、迟计和计提不足，原因包括不当行为及缺乏遵守相关操作流程的意识和注意。其中包括制作与销售折扣流程相关的与事实不符的调节表、公司未能及时与部分客户进行对账等。除上述之外，由于本部分业务相关流程的低效和部分内控的失效还导致少计2015年和2016年与电商平台业务相关的销售费用的会计差错。

案例：康美药业，会计差错货币资金少计299亿元！

2019年4月30日，康美药业发布了关于前期会计差错更正的公告。公告称：2018年12月28日本公司收到中国证券监督管理委员会（以下简称"证监会"）《调查通知书》（编号：粤证调查通字180199号），被立案调查。公司对此进行自查以及必要的核查，2018年之前，康美药业营业收入、营业成本、费用及款项收付方面存在账实不符的情况。通过企业自查后，对2017年财务报表进行重述，结果如下。

（1）由于公司采购付款、工程款支付及确认业务款项时的会计处理存在错误，造成公司应收账款少计641,073,222.34元，存货少计19,546,349,940.99元，在建工程少计631,600,108.35元；由于公司核算账户资金时存在错误，造成货币资金多计 29,944,309,821.45 元。

（2）公司在确认营业收入和营业成本时存在错误，造成公司营业收入多计 8 898 352 337.51 元，营业成本多计 7,662,129,445.53 元；公司在核算销售费用和财务费用时存在错误，造成公司销售费用少计 497,164,407.18 元，财务费用少计 228,239,962.83 元。

（3）由于公司采购付款、工程款支付以及确认业务款项时的会计处理存在错误，造成公司合并现金流量表销售商品、提供劳务收到的现金项目多计 10,299,860,158.51 元，收到其他与经营活动有关的现金项目少计 137,667,804.27 元，购买商品、接受劳务支付的现金项目多计 7 301,340,657.76 元，支付其他与经营活动有关的现金项目少计 3,821,995,147.82 元，购建固定资产、无形资产和其他长期资产支付的现金项目少计 352,392,491.73 元，收到其他与筹资活动有关的现金项目多计 360,457,000.00 元。

第三节　利润的稳定性分析

利润稳定性特征表明企业利润水平变动的基本势态，最终表现的是关于企业盈利水平或利润总额的稳定性。

影响企业利润稳定性的因素主要有行业性质、宏观环境、微观环境、企业战略、会计政策等。

利润的稳定性是指利润的波动性和风险性，具体分析时可以通过计算有关指标来进行。主要指标有扣非净利润比重、核心业务利润比重、利润波动率、安全性比率等。

一、扣非净利润比重

扣非净利润比重 = 扣非净利润 ÷ 净利润总额

扣非净利润就是扣除与企业经营无关的一切收入与开支后得到的利润，即企业净利润扣除非经常性损益后的数额。扣非净利润是证监会为了保护投资者推出的一项重大举措。为了更好地使投资者容易辨别企业的获利能力和可持续发展情况，证监会在 1999 年就提出了"非经常性损益"的概念，并在以后的相当长时间不断完善和细化"非经常性损益"的具体落实。

非经常性损益是指公司发生的与经营业务无直接关系，以及虽与经营业务相关，但由于其性质、金额或发生频率，影响了真实、公允地反映公司正常获利能力的各项收入、支出。证监会在《公开发行证券的公司信息披露规范问答第1号——非经常性损益》（2008）中特别指出，注册会计师应单独对非经常性损益项目予以充分关注，对公司在财务报告附注中所披露的非经营性损益的真实性、准确性与完整性进行核实。

非经常性损益通常包括以下项目：

（1）非流动性资产处置损益，包括已计提资产减值准备的冲销部分；

（2）越权审批，或无正式批准文件，或偶发性的税收返还、减免；

（3）计入当期损益的政府补助，但与公司正常经营业务密切相关，符合国家政策规定、按照一定标准定额或定量持续享受的政府补助除外；

（4）计入当期损益的对非金融企业收取的资金占用费；

（5）企业取得子公司、联营企业及合营企业的投资成本小于取得投资时应享有被投资单位可辨认净资产公允价值产生的收益；

（6）非货币性资产交换损益；

（7）委托他人投资或管理资产的损益；

（8）因不可抗力因素，如遭受自然灾害而计提的各项资产减值准备；

（9）债务重组损益；

（10）企业重组费用，如安置职工的支出、整合费用等；

（11）交易价格显失公允的交易产生的超过公允价值部分的损益；

（12）同一控制下企业合并产生的子公司期初至合并日的当期净损益；

（13）与公司正常经营业务无关的或有事项产生的损益；

（14）除同公司正常经营业务相关的有效套期保值业务外，持有交易性金融资产、交易性金融负债产生的公允价值变动损益，以及处置交易性金融资产、交易性金融负债和可供出售金融资产取得的投资收益；

（15）单独进行减值测试的应收款项减值准备转回；

（16）对外委托贷款取得的损益；

（17）采用公允价值模式进行后续计量的投资性房地产公允价值变动产生的损益；

（18）根据税收、会计等法律、法规的要求对当期损益进行一次性调整对当期损益的影响；

（19）受托经营取得的托管费收入；

（20）除上述各项之外的其他营业外收入和支出；

（21）其他符合非经常性损益定义的损益项目。

显然，扣非净利润比重越高，表明公司净利润质量越高；反之，表明公司净利润对非经常性损益依赖程度较高，净利润的稳定性和质量较差。

在 KM 公司中，其 2018 年净利润为 1,122,600,582 元，归属于上市公司股东的扣除非经常性损益的净利润为 1,020,992,906 元，扣非净利润比重为 90.95%，应该说指标值是比较高的。

二、核心业务利润比重

核心业务利润比重 = 核心业务净利润 ÷ 净利润总额

企业核心业务是与多元化经营相联系的概念，核心业务是指多元化业务中对企业而言最"核心"的业务，也即指企业在其多项经营领域中最擅长的、能创造高收益和高附加值、有发展潜力和市场前景、最具有竞争能力的业务。它与企业的经济效益密切相关、对企业的战略目标有重大影响，高效率的核心业务流程是形成企业核心能力的关键因素之一。具体来讲，核心业务是指：（1）对企业的利润有重大影响的业务；（2）对顾客所看重的价值有重大贡献的业务；（3）对企业的战略目标有重大影响的业务；（4）决定企业发展前景的业务；（5）对企业的持续竞争优势有突出贡献的业务。核心业务可以给市场和消费者一个明确的概念：企业主要是做什么的。所以，核心业务是企业的灵魂，是企业获得利润的主要来源，企业核心业务利润的比重，是评价企业核心竞争力的主要指标。

一个企业可有一项或多项核心业务。美国管理咨询专家克里斯·祖克（Chris Zook）根据贝恩公司对 2 000 多家公司长达十年的实证研究结果表明：在健康、可持续增长的企业中，78% 的企业拥有一项核心业务，3% 的企业拥有三项以上的核心业务[①]。分析核心业务，可以为企业找到集中力量的目标所在。

核心业务的识别有以下几种标准：关键目标分析、顾客价值分析、企业价值分析、知识特性分析和竞争优势分析。

① 克里斯·祖克（Chris Zook），詹姆斯·艾伦（James Allen）. 回归核心：持续增长的战略 [M]. 吴彤译. 北京：中信出版社，2012.

要认清企业的核心业务，得先确认以下五项资产，并加以仔细审视。

（1）谁是你最有利可图的顾客。

（2）什么是你最突出、最具战略意义的能力。

（3）什么是你至为关键的产品。

（4）什么是你最重要的销售渠道。

（5）任何有助于上述资产形成的其他关键性战略资产，如专利、品牌等。

正确理解这五种企业"资产"的内涵，是正确、清晰地界定企业的核心业务关键的开始。

经验表明，核心业务可能会产生重大的竞争优势，但其规模和范围也会因为外部因素和客户细分策略而收缩。一个企业要正确、清晰地确定核心业务，就必须对其核心业务、核心业务临近业务以及未来的竞争和经济前景有足够的意识和概念。对企业核心业务的临近业务的认识程度是在核心边界确定进攻和防守策略的关键所在。

尽管定义核心业务可能是一件非常困难的事情，但这却是一件必须要完成的工作。在本章中，核心业务界定为：企业为了以一种可持续的、有利可图的方式提高营业收入，因而需要具备或已经具备的要素，这些要素由企业的产品、能力、顾客、渠道和地域分布所组成。

三、利润波动率

$$利润波动率=\frac{本年度利润额}{近三年平均利润额}$$

该指标可以揭示本年度利润水平波动幅度，若波动幅度较大，说明利润稳定性较差，利润质量可能较低，应引起关注。

衡量利润的波动也可以通过计算利润的标准离差及标准离差率来分析。

标准离差（σ）是反映实际利润与平均利润偏离程度的一个数值。其计算公式为：

$$\sigma=\sqrt{\sum_{i=1}^{n}\left(X_i-\bar{E}\right)^2}$$

其中 X_i 是各年度实际利润，$\bar{E}$ 是平均利润。

标准离差率（V）是标准离差与平均利润之比。其计算公式为：

$$V=\frac{\sigma}{E}$$

标准离差与标准离差率越小，利润的波动越小，利润的稳定性越好。

KM 公司 2016—2018 年利润的波动性情况如表 8-3 所示。

表 8-3　KM 公司 2016—2018 年利润的波动性情况

金额单位：元

项目	2018 年	2017 年	2016 年
营业利润	135,877.06	288,559.66	395,749.43
净利润	113,518.85	214,983.63	334,040.36
扣非净利润	102,099.29	207,675.36	331,370.65

从表 8-3 可以看出，KM 公司 2016—2018 年营业利润、净利润、扣非净利润呈下降趋势，2018 年下降更为明显。

四、安全性比率

利润的安全性是企业经营活动面临风险大小的直接表现。利润的风险大，则说明企业适应内外经营环境的能力差，面临的经营风险大，取得收益的安全性差，利润的稳定性低；反之，取得收益的安全性好，利润的稳定性高。所以安全性比率也是评价利润稳定性的一个重要因素。衡量利润的安全性又有三个指标。

1. 经营杠杆系数

经营杠杆系数是企业息税前利润变动率为营业额变动率的倍数，表明息税前利润变动对营业额变动的敏感程度。经营杠杆系数是企业经营风险的放大器，它的大小取决于长期资产的投资结构和固定成本的比例。经营杠杆系数越大，说明取得利润的风险越大；反之，经营杠杆系数越小，说明取得利润的风险越小。

2. 财务杠杆系数

财务杠杆系数是每股收益变动率为息税前利润变动率的倍数，表明每股收益变动对息税前利润变动的敏感程度。财务杠杆系数的大小取决于企业的财务结构和债务比例，债务比例越高，财务杠杆系数越大，企业财务风险越大；反之，债务比例越低，财务杠杆系数越小，财务风险也越小。

3. 综合杠杆系数

综合杠杆系数是每股收益变动率为营业额变动率的倍数，说明每股收益变动对营业额变动的敏感程度。综合杠杆系数是财务杠杆系数与经营杠杆系数的综合，表明企业经营管理面临的全部个别风险。综合杠杆系数越大，表明企业面临的特有风险越大；反之，综合杠杆系数越小，表明企业面临的特有风险越小。

第四节　利润质量恶化的表现

前面我们已经从正面对企业利润的质量进行了分析。我们的结论是：高质量利润指标较好地反映了企业的目前状况和未来前景，同时表明管理层对企业经济现状的评价较为客观；反之，低质量利润指标表明管理层可能夸大了公司真实的经济价值，对企业状况进行了粉饰，或者表明管理层没有客观地反映企业目前的状况和未来前景。高质量的企业利润，应当表现为资产运转状况良好，企业所开展的业务具有较好的市场发展前景，企业有良好的购买能力、偿债能力、缴纳税金及支付股利的能力，高质量的企业利润能够为企业未来的发展奠定良好的资产基础；反之，低质量的企业利润，则表现为资产运转不畅，企业支付能力、偿债能力减弱，甚至影响企业的生存能力。利润质量上升表明管理层的决策越来越客观地反映了企业环境；反之，利润质量下降表明相对于过去，企业目前状况和前景正在恶化，管理层通过降低利润质量来增加收益，企图向外界传达比企业实际状态要好的经济状态信息。

下面，我们进一步明确当企业利润质量恶化时会有哪些表现，从而更好地帮助信息使用者快速、有效地判断企业利润的质量。

一、资产类

1. 应收账款规模的不正常增加或应收账款平均收账期的不正常延长

应收账款是因企业赊销而引起的债权。在企业赊销政策一定的条件下，企业的应收账款规模应该与企业的营业收入保持一定的对应关系，企业的应收账款平均收账期应保持稳定。但是，必须注意，企业应收账款规模还与企业在赊销过程中采用的信用政策有关（尤其对那些产品在市场上可替换性强、市场竞争激烈的企业）：放宽信用政策（放松对顾客信誉的审查、放宽收账期），将会刺激销售，增加应收账款的规模、延长应收账款平均收账期。因此，企业应收账款规模的不正常增加、应收账款平均收账期的不正常延长，有可能是企业为了增加其营业收入而放宽信用政策的结果。

过宽的信用政策，可以刺激企业营业收入的立即增长。但是，企业也面临未来大量发生坏账的风险。

2. 企业存货周转过于缓慢

存货周转过于缓慢，表明企业在产品质量、价格、存货控制或营销策略等方面存在一些问题。在一定的营业收入的条件下，存货周转越慢，企业存货占用的资金也就越多。过多的存货占用，除了占用资金、引起企业过去和未来的利息支出增加以外，还会使企业发生过多的存货损失以及存货保管成本。

3.企业无形资产规模的不正常增加

从对无形资产会计处理的一般惯例来看，企业自创无形资产所发生的研究和开发支出，一般应计入发生当期的利润表，冲减利润。在资产负债表上列入无形资产项目的无形资产主要是企业从外部取得的无形资产。如果企业出现无形资产规模的不正常增加，则有可能是因为收入不足以弥补应当归于当期的花费或开支，企业为了减少研究和开发支出对利润表的冲击而利用这些虚拟资产将费用资本化。

二、负债类

1.应付账款规模的不正常增加或应付账款平均付账期的不正常延长

应付账款是因企业赊购商品或其他存货而引起的债务。在企业供货商赊销政策一定的条件下，企业的应付账款规模应该与企业的采购规模保持一定的对应关系。在企业产销较为平稳的条件下，企业的应付账款规模还应该与企业的营业收入规模保持一定的对应关系。企业的应付账款平均付账期应保持稳定。但是，如果企业的购货和销售状况没有发生很大变化，企业的供货商也没有主动放宽赊销的信用政策，则企业应付账款规模的不正常增加、应付账款平均付账期的不正常延长，就是企业支付能力恶化、资产质量恶化、利润质量恶化的表现。

2.企业举债过度

企业举债过度，除了发展、扩张性原因以外，还有可能是企业通过正常经营活动、投资活动难以获得正常的现金流量的支持。在回款不利、难以支付经营活动所需要的现金流量的情况下，企业只能依靠扩大贷款规模来解决。

三、股东权益类

企业有足够的可供分配的利润，但不进行现金股利分配

企业的股东投资建立企业，或者出资购买企业的股权，主要目的有：获取现金股利；控制被持股企业以实现企业的战略目标；耐心持有以实现投资的增值；

等等。企业的经营者满足上述股东目标的主要手段就是支付现金股利。但是，企业要想向股东支付现金股利，必须具备两个条件：第一，企业应有足够的可供分配利润；第二，企业要有足够的货币支付能力。显然，企业如果出现有足够的可供分配的利润但不进行现金股利分配的情况，不论企业如何解释，我们首先应当考虑企业没有现金支付能力，或者表明企业的管理层对企业未来的前景信心不足。

四、损益类

1. 反常压缩酌量性成本

酌量性成本是指企业管理层可以通过自己的决策而改变其规模的成本，如研究和开发成本、广告费支出等。此类支出本来对企业的未来发展是非常有利的。如果企业相对于资产总规模或营业收入的规模而降低此类成本，应该属于反常压缩。这种压缩有可能是企业为了当期的利润规模而降低或推迟了本应发生的支出。

2. 企业计提的各种减值准备和折旧过低

从企业目前的会计实践来看，企业应当在其对外披露的资产负债表上为短期债权、短期投资、存货以及长期投资计提减值准备，此外，企业还要对其固定资产计提折旧。但是，企业计提减值准备以及计提折旧的幅度，取决于企业对有关资产减值程度的主观认识以及企业会计政策和会计估计的选择。在企业期望利润高估的会计期间，企业往往选择计提较低的减值准备和折旧。这就等于把应当由现在或以前负担的费用或损失人为地推移到企业未来的会计期间，从而导致企业的后劲不足。因此，以计提过低减值准备和折旧的方法使企业利润得到的增加，不应获得好评。

3. 企业利润表中的经营（销售）费用、管理费用等项目出现不正常的降低

企业利润表中的经营（销售）费用、管理费用等基本上可以分成固定部分和变动部分。其中，固定部分包括折旧费、基本工资、房租等不随企业业务变化而变化的费用，变动部分则是指那些随企业业务变化而变化的费用。这样，企业各个会计期间的总费用将随企业业务的变化而变化，不太可能发生随着企业业务的增长而降低费用的情况。但是，在实务中，经常会发现在一些企业的利润表中，收入项目增加、费用项目降低的情形。在这种情况下，信息使用者完全可以怀疑那是企业在报表中"调"出的利润。

4. 企业的业绩过度依赖非主营业务

一般来说，企业有主营业务利润、投资收益以及营业外收入形成企业利润总额的支点。在正常情况下，上述三类应当在利润总额中占有一定的比例，而这种比例的形成也应当反映企业各类活动的实际。但是，在企业主要利润增长点潜力挖尽的情况下，企业为了维持一定的利润水平，就有可能通过非主营业务实现的利润来弥补主营业务利润、投资收益的不足。例如，通过对企业固定资产的出售利得来增加利润，或大量从事主营业务以外的其他业务以求近期盈利等。显然，这类活动在短期内使企业维持表面繁荣的同时，还会使企业的长期发展战略受到冲击。

五、其他

1. 企业扩张过快

企业发展到一定程度以后，必然在业务规模、业务种类等方面寻求扩张。在企业的创业发展过程中，企业有自己熟悉的业务领域。正是由于对自己业务领域的熟悉，企业才有了发展的基础。但是，在走向多样化经营的过程中必然出现的一个问题就是，企业对开拓的其他领域不论从技术、管理还是市场等多方面的规律有逐步适应、探索的过程。如果企业在一定时期内扩张过快，涉及的领域过多、过宽，那么企业在这个时期所获得的利润状况可能发生恶化。

2. 非正常地变更会计政策和会计估计

按照会计的一致性原则的要求，企业的会计政策和会计估计前后各期应保持一致，不得随意变更。正常情况下的变更要么是基于法律或会计准则等行政法规、规章的要求，要么是这种变更能够提供有关企业财务状况、经营成果和现金流量等更可靠、更相关的会计信息。如果企业赖以进行估计的基础发生了变化，或者由于取得新的信息、积累更多的经验以及后来的发展变化，企业也可以对会计估计进行变更。但是，企业有可能在不符合上述要求的条件下变更会计政策和会计估计，此时变更的目的就有可能是粉饰报表利润。因此，在企业面临不良的经营状况，而企业会计政策和会计估计恰恰又有利于企业报表利润的粉饰状态下的会计政策和会计估计的变更，应当被认为是企业利润状况恶化的一种信号。

3. 注册会计师（会计师事务所）变更或审计报告出现异常

在所有权与经营权相分离的情况下，企业的经营者应当定期向企业的股东报送财务报表。企业的股东也将聘请注册会计师（会计师事务所）对企业的财务报表进行审计，并出具审计报告。应该指出的是，对企业的财务报表进行审计的注册会计师（会计师事务所）的任务主要在于向企业的股东就企业报表编制情况出具意见。对注册会计师（会计师事务所）而言，企业是其客户。注册会计师（会计师事务所）一般不轻易失去客户。只有在审计过程中，注册会计师（会计师事务所）与企业管理者就报表编制出现重大意见分歧、难以继续合作的情况下，注册会计师（会计师事务所）才有可能主动放弃客户。因此，对变更注册会计师（会计师事务所）的企业，会计信息使用者应当考虑企业的管理层在报表编制上的行为是否符合企业会计准则的要求。在注册会计师（会计师事务所）出具的审计报告方面，注册会计师（会计师事务所）将根据自己的审计情况出具无保留意见的审计报告、保留意见的审计报告、否定意见的审计报告或无法表示意见的审计报告之中的一种。应该说，注册会计师（会计师事务所）出具无保留意见的审计报告，表明企业会计信息的质量较高、会计信息的可信度较高。如果出现其他三种报告中的任何一种，或者审计报告异常的长、含有异常的措辞、提及重要的不确定性、公布日期比正常的要晚，或者指出审计人员发生变化，均表明企业管理者与注册会计师（会计师事务所）在报表编制上出现重大分歧，或者注册会计师（会计师事务所）难以找到相关的审计证据。在这种情况下，会计信息使用者很难对企业利润的质量做出较高的评价。

本章小结

通过本章知识的学习，我们了解了利润质量的基本特征，掌握了在财务报表分析中，利润的真实性和稳定性的意义，掌握了评价企业利润真实性与稳定性的主要财务指标及计算方法，掌握了利润质量恶化的主要表现，能够结合相关资料对目标公司的利润质量做出一些基本判断。

关键术语

利润质量（Profit quality）；利润质量恶化（Deteriorating profit quality）；收益现金比率（Earnings cash ratio）；扣非净利润比重（Proportion of non net profit deducted）；核心业务利润比重（Proportion of core business profit）

1. 下列各项中不属于利润关键质量特征的是（　　）。

A. 合规性　　　　　B. 可变现性　　　　C. 可理解性　　　　D. 及时性

2. 反映利润质量较高的事项是（　　）。

A. 利润的含金量较低

B. 利润没有较多的现金支撑

C. 利润来源于未来持续性较强的业务

D. 利润来源于未来具有可预测性的业务

3. 下列各项中，最接近核心业务利润的计算公式是（　　）。

A. 毛利 - 三项期间费用

B. 毛利 - 税金及附加 - 三项期间费用

C. 营业利润 - 营业外收支净额

D. 营业收入 - 营业成本

4. 经营主导型企业以自身经营活动为内容，以消耗经营性资产为基础，以产生（　　）和经营活动引起的现金净流量为主要业绩表现。

A. 营业利润　　　　　　　　　B. 核心利润

C. 利润总额　　　　　　　　　D. 息税前利润

5. 在分析股东权益变动表中"对所有者（或股东）的分配"金额的基础上，结合现金流量表中"分配股利、利润或偿付利息支付的现金"、资产负债表中"应付股利"项目的期初和期末余额，便可了解企业的（　　）。

A. 利润质量　　　　　　　　　B. 留存收益变动金额

C. 盈利能力　　　　　　　　　D. 股利分配政策

6. 下列各项指标中不能检验利润真实性的指标是（　　）。

A. 收益现金比率　　　　　　　B. 销售收现比率

C. 固定资产周转率　　　　　　D. 应收账款周转率

参考答案：CCBBD，C。

思 考 题

1. 影响利润质量的主要因素有哪些？
2. 如何界定企业的核心业务？
3. 分析企业核心业务利润的意义何在？
4. 如何评价企业利润的真实性？
5. 利润质量恶化有哪些特征？

案例讨论及分析

一、资料

A 公司是国内零售业领先的公司，A 公司成立于 1996 年，2004 年上市，经过 20 多年的发展，A 公司 2018 年总资产达到 1,994.67 亿元，与同期京东的资产规模相当（同期京东的总资产为 2,019.65 亿元）。

2018 年，A 公司利润表如表 8-4 所示。

表 8-4　A 公司利润表

报表类型：合并报表	2018 年	2017 年	报表类型：合并报表	2018 年	2017 年
一、营业总收入（亿元）	2,449.57	1,879.28	四、营业利润（亿元）	136.59	136.59
营业收入（亿元）	2,449.57	1,879.28	加：营业外收入（亿元）	5.06	4.05
利息收入（亿元）			减：营业外支出（亿元）	2.19	1.49
其他业务收入（亿元）			五、利润总额（亿元）	139.45	43.32
二、营业总成本（亿元）	2,459.34	1,884.80	减：所得税费用（亿元）	13.03	2.83
营业成本（亿元）	2,082.17	1,614.32	六、净利润（亿元）	126.43	40.50
研发费用（亿元）	22.62		（一）按经营持续性分类		
其他业务成本（亿元）			（二）按所有权归属分类		
税金及附加（亿元）	8.94	7.29	归属于母公司股东的净利润	133.28	42.13
销售费用（亿元）	260.67	206.36	少数股东损益	−6.85	−1.63
管理费用（亿元）	52.01	48.64	扣除非经常性损益后的净利润	−3.59	−0.88
财务费用（亿元）	12.35	3.06	七、每股收益		
其中：利息费用（亿元）	13.77		（一）基本每股收益（元）	1.44	0.45
利息收入（亿元）	−10.62		（二）稀释每股收益（元）	1.44	0.45

报表类型：合并报表	2018 年	2017 年	报表类型：合并报表	2018 年	2017 年
资产减值损失（亿元）	20.59	5.13	八、其他综合收益（亿元）	-116.57	94.93
三、其他经营收益			归属于母公司股东的其他综合收益	-117.46	95.43
加：公允价值变动收益（亿元）	2.92	0.19	归属于少数股东的其他综合收益	0.89	-0.50
加：投资收益（亿元）	139.91	43.00	九、综合收益总额（亿元）	9.86	135.43
其中：对联营企业和合营企业	2.97	0.88	归属于母公司所有者的综合收益总额	15.82	137.55
资产处置收益（亿元）	-0.33	-0.09	归属于少数股东的综合收益总额	-5.96	-2.13
其他收益（亿元）	3.86	3.86			

2018 年 A 公司实现净利润约 126 亿元，营业总收入约 2,450 亿元，根据 Wind 行业分类在可选消费共计 600 多家上市公司中分别居于第四位和第三位。看利润规模与营收规模，A 公司绝对是名副其实的"巨头"。

下面将以营业收入的内部结构之经营性收入为切入点，看看 A 公司利润的质量到底如何。

1. 经营性收入

营业总收入和营业总成本是公司在日常的经营中形成的，用前者减去后者得到 2017—2018 年的经营性利润，如表 8-5 所示。

表 8-5　2017—2018 年营业总利润情况

	2018 年	2017 年
营业总收入（亿元）	2,449.57	1,879.29
营业总成本（亿元）	2,459.34	1,884.80
营业总利润（亿元）	-9.77	-5.51

从表 8-5 可知，A 公司 2017 年、2018 年日常经营活动分别亏损 5.51 亿元和 9.77 亿元。

这里就出现了两个问题：其一，日常经营活动为亏损，净利润为正，那么是什么因素在影响净利润；其二，日常经营活动为什么会发生亏损，其背后可能是什么样的原因。

2. 非经营性收入

既然经营性业务为亏损，而最后的净利润为正，那么"玄机"自然在非经营性收入方面了。从利润表中我们看到 A 公司 2018 年非营业收入里面数字较大的是投资收益，2018 年为 139.91 亿元，2017 年为 43.00 亿元（而同期 A 公司净利润分别为 126.43 亿元和 40.50 亿元）。

这里可以判断 A 公司的日常经营可能已经"失血"，仅靠非经营性收入（变卖股权）来维持了。

于是，我们看了最近几年以及 2019 年前三季度公司利润表情况，将对 A 公司非经营性收入方面影响较大的几项单列出来，如表 8-6 所示。影响最大的两项收入竟然是营业外收入和投资收益。

表 8-6　影响非经营性收入情况

金额单位：亿元

项目	2014 年	2015 年	2016 年	2017 年	2018 年
营业外收支净额	24.31	14.99	8.99	2.56	2.87
投资收益	−0.30	16.55	14.45	43.00	139.91
利润总额	9.73	8.89	9.01	43.32	139.45

从表 8-6 可知，A 公司近年来投资收益与营业外收入成为公司创收主力。

翻看 A 公司近些年年报我们发现，营业外收入主要靠"变卖资产"获得，即 A 公司通过"创新资产运作模式"，把供应链的部分物业仓储转为企业"轻资产"。具体操作是，由出资人制订一个资产管理计划，部分仓储按照市价作价卖给资管计划①，最后再以每年固定租金返租仓储，而且约定在未来有优先回购仓储物业权利的模式；近两年的投资收益，则是出售所持有的阿里巴巴的股权。

当失去主营业务的利润支撑以后，A 公司的"造血"似乎已经要靠"变卖资产"了，这种利润模式，显然是不可持续的。

二、要求

阅读本案例资料，请回答以下问题。

（1）A 公司的经营活动是怎么一步一步亏损的？如果请你从效率与效果两方面进行评价，请问你将主要考虑哪些指标？

（2）为什么经营活动产生的利润对企业来说很重要？

（3）除了上面已有的分析外，你还可以从哪些方面来评价 A 公司利润的质量？

---

① 资管计划就是资管产品，是指获得证监会批准的证券公司或者公募基金管理公司，募集符合监管机构规定的特定客户的资金或通过担任资产管理人的形式接受特定客户的财产委托，由资产托管人托管并交由专业资产管理人来管理，是基金子公司为了委托人的利益，运用委托客户的资产进行投资的一种理财服务创新类的标准化金融产品。

第九章
现金流量分析

知识框架

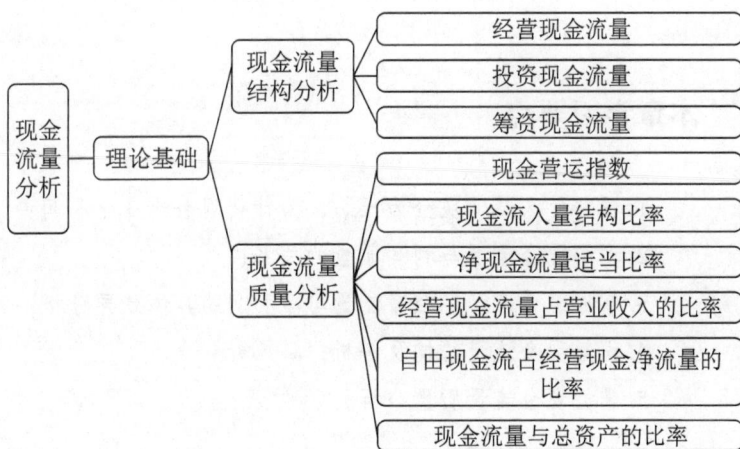

本章知识背景和学习目的

与企业资产相对应的是资金，这些资金的两个主要来源就是股东权益和负债，而收入和费用就是用来解释公司收益是如何产生的，公司通过经营资产就会产生相应的利润，同时也会产生相应的现金流量。公司净现金流量中的一部分用来回报将资本投入公司的投资者，另一部分则留在公司内部，用于公司的扩大与发展。在下一个会计年度里，公司的资源会相应增加，随着公司经营效率的逐步提高，会产生更多的利润和净现金流量，增加的净现金流量中的一部分又重新投入公司，这样的良性循环将周而复始。企业不断成长、壮大。

在企业的实际运行过程中，现金流量比利润更为重要。这是一个"现金为王"的时代，如果没有利润，企业就失去了存在的意义；但如果没有现金，企业则失去了存在的机会。可见，现金流量分析非常重要。本章主要阐述现金流量分析的基本内容与方法。

本章学习要点

1. 理解什么是"现金为王"，为什么现金流量比利润更为重要；
2. 理解现金流量与利润质量的关系；
3. 掌握经营活动现金净流量与净利润的具体差异分析；
4. 理解现金流量结构及分析；
5. 掌握现金流量质量分析。

第一节 现金流量分析的理论基础

一、现金流量分析的意义

企业经济活动的实质是从现金开始到现金结束的过程。这一过程包括三大经济活动：经营活动、投资活动、筹资活动。

经济活动主要就是资金活动，现金流量表以收付实现制为基本理论，从现金维度描述企业的三项经济活动，减少了资产负债表和利润表中人为主观估计的影响。因而现金流量表分析是财务报表分析，尤其是识别财务风险的重要环节。为了更好地说明这一点，我们先举一个 GD 公司的案例。GD 公司近几年现金流量情况如表 9-1 所示。

表 9-1　GD 公司近几年现金流量情况

金额单位：万元

年度	经营活动现金流量净额	投资活动现金流量净额	筹资活动现金流量净额	现金及现金等价物净增加额
2019-9-30	12,711.46	−67,320.40	1,489.98	−53,118.96
2018	38,825.20	−664,442.00	−394,732.00	−1,020,348.80
2017	125,317.90	−575,311.00	409,703.70	−40,289.40
2016	74,895.72	−332,093.00	1,592,403.00	1,335,205.72
2015	178,012.90	−419,567.00	1,103,112.00	861,557.90
2014	−101,755.00	−67,361.90	187,600.70	18,483.80
2013	−183,722.00	−225,025.00	644,171.00	235,424.00
2012	−46,699.30	−70,402.20	126,593.80	9,492.30
2011	−183.83	−22.61	770.00	563.56

通过表 9-1 我们得出以下信息。

筹资活动：2011 年筹资活动现金流量净额仅有 770 万元，2012 年起持续攀升，2016 年达到峰值约 159.24 亿元，之后 2017 年受国家调控的影响缩减至约 40.97 亿元，2018 年更是净流出约 39.47 亿元。

投资活动：随着筹资活动的进展，投资活动现金流量一直处于大额净流出状态，2018 年达到峰值约 66.44 亿元。

经营活动：经营活动现金流量净额在 2015 年之前一直为负值，2015 年突然扭转，达到峰值约 17.80 亿元后便逐年下滑，2019 年前三季度仅有约 1.27 亿元。

表 9-1 表明，GD 公司展现了超强的筹资能力，但筹资活动和投资活动并没有给企业带来相应的经营活动现金净流入。也就是说企业自身的"造血"能力没有形成，仅靠筹资维持企业的发展，本身就隐藏着巨大的风险。当经济下行、银根收紧，之前的"游戏"已经不可能再继续。高额的利息支出和巨额的本金偿付压力成为一颗"定时炸弹"，债务违约往往只是时间问题。

从表 9-1 看到，受国家调控影响，2017 年 GD 公司筹资规模下降至约 40.97 亿元，2018 年经济下行，银根继续收紧，当年筹资活动净流出约 39.47 亿元，投资活动净流出约 66.44 亿元，而经营活动净流入仅约 3.88 亿元。高额的利息支出和巨额的本金偿付压力成为一颗"定时炸弹"，终于在 2019 年 11 月、12 月导致 GD 公司债券相继违约，未能如期兑付应付利息及相关回售款项。

通过观察现金流量表，我们可以清晰地判断，GD 公司已经存在巨大的财务风险。但是如果只是看 GD 公司的利润情况（表 9-2），从利润表营业收入、营业利润、净利润、每股收益增速来看，GD 公司常年维持较高比例增长，2018 年营业收入增长 63.29%，净利润增长 25.05%。如此高的收益增速，是不是妥妥的成长股？如果只看利润表，是不是绝大多数人会踩坑？

可见，现金流量分析至关重要。

表 9-2　GD 公司近几年利润情况

金额单位：万元

年度	营业收入	营业利润	净利润	每股收益
2018	2,821,170.00	272,766.11	216,360.75	0.38
2017	1,727,696.90	225,597.33	173,017.46	0.32
2016	763,204.95	125,262.06	130,368.59	0.28
2015	465,020.84	107,320.89	132,623.37	0.48
2014	160,075.07	17,486.27	46,890.27	0.17
2013	93,190.07	39,890.80	36,929.73	0.17
2012	77,893.52	30,298.08	14,266.46	0.37
2011	10,442.55	1,486.62	1,185.04	0.03

现金流量分析主要是通过现金流量表，并结合资产负债表和利润表分析进行的。现金流量表是反映企业一定期间现金和现金等价物流入、流出信息的财务报

表，是企业财务报表四大主表之一。通过揭示企业获取现金和现金等价物的能力，可以评价企业经营活动及其成果的质量；通过现金及现金等价物流入流出结构的变化，可以评价和预测企业的财务状况。在市场经济中，现金与现金流量和一个企业的生存、发展、壮大息息相关，"现金为王"的观念名副其实。因此，现金流量分析非常重要。

现金流量分析的意义主要表现在以下几个方面。

（一）提供筹资方面的信息

现金流量表中的筹资活动所产生的现金流量，既包括股东权益性筹资的现金流入量和流出量，又包括债务性筹资的现金流入量和流出量。因此，在分析时，分析者不能仅仅看筹资活动产生的现金净流量是正还是负，而更应注意筹资活动产生的现金净流量是由权益性筹资活动引起的，还是由债务性筹资活动引起的。如果筹资活动现金净流量是正的，而且主要是由债务性筹资活动所引起的，则一方面说明企业的债务会增加，资金来源增加，资本结构中负债比例将会提高，当然，企业的财务风险也会增加，另一方面也预示着企业未来现金流出量将会增加。如果筹资活动现金净流量是负的，而且负值现金净流量主要是由于债务性筹资活动所引起的，通过比较现金流量表并结合资产负债表及其附注，就可说明企业是否处于债务偿付期。若如此，则说明一方面企业在近期可能会有大量的现金流出，另一方面还应结合经营活动的现金流量情况及企业生产经营情况，分析企业未来的资金需要量。通过分析，可以判明企业可能会有大量筹资的需求。

（二）提供投资方面的信息

企业对外投资情况及其效果也是投资者和债权人共同关心的问题。因为企业对外投资及其效益的好坏，直接关系到企业的盈利或损失。同时，投资收益质量的好坏，即投资收益收现比例的大小，也直接关系到投资者和债权人的经济利益能否实现。现金流量表中的投资活动所产生的现金流量信息，可以帮助投资者和债权人对企业投资活动及其效益进行评价，从而帮助他们做出正确的经济决策。

（三）提供与企业战略有关的信息

对投资活动产生的现金流量的分析，可以先从投资活动现金净流量开始。如果投资活动现金净流量是正值，除了收到的是利息收入及债权性投资的收回外，收到的现金是由于固定资产、无形资产等投资活动所产生的，则说明企业有可能处于转轨阶段，或有可能调整其经营战略等。若投资活动现金净流量为负值，而且主要是由于非债权性投资活动所引起的，则说明企业可能处于扩张性阶段。在一般情况下，预示着企业在将来会有相应的现金流入。但在分析时，还应结合企业投资的方向分析其投资风险，从而进一步确定投资活动现金流入的风险、时间和金额。

（四）提供纳税方面的信息

现金流量表对企业纳税信息的披露也较为充分。通过现金流量表，结合资产负债表中有关应付税金和利润表中的收入及税前净利润等指标，信息使用者可以分析了解：（1）企业实际纳税占全部应纳税的百分比，即了解企业实际缴纳税金情况，是否存有拖欠税金情况，如有，则会影响企业未来的现金流量；（2）将纳税现金流量与企业经营活动产生的现金净流量相比较，可以分析了解企业经营活动所产生的现金净流量能否满足纳税的需要，如若不能，则说明企业纳税现金还需其他资金来源。

（五）提供有关资产管理效率方面的信息

信息使用者可以通过对企业经营活动产生的现金流量进行分析，结合比较资产负债表中有关存货、应收账款等项目的增减变动情况，并分析现金流量表补充资料中的有关内容，判断企业应收账款管理效率和存货管理效率，从而预测企业未来的现金流入量和流出量。

（六）对未来现金流量的预测提供帮助

信息使用者分析现金流量表，与其说是为了了解企业过去各种活动所引起的现金流量的变动，不如说是为了了解企业未来的活动及所引起的现金流量情况。信息使用者可以从多方面进行分析，预测企业未来的现金流量。在分析时，尤其应注意对现金流量表补充资料所披露的与现金流量没有关系的投资及筹资活动的分析，因为这些活动信息有利于信息使用者评估企业未来的现金流量。

对企业未来现金流量的分析，可以从三个方面着手。（1）分析企业经营性应收项目及其占销售收入比例的变动情况。应收项目的增加，说明企业未来可能会有现金流入，但还应结合企业长期的收账政策及其效果进行分析，才能确定。如果应收项目占销售收入的比例较小，而且能够长期保持，只要企业有足够的销售收入，未来就会有足够的现金流入。（2）分析经营性应付项目及占销售收入比例的变动情况。应付项目的增加，预示着企业未来将有大量的现金流出。同时，应付项目占销售收入比例越高，未来现金流出的压力则越大。（3）其他如对投资支出、筹资增加和股利政策等进行分析，同样可以预测企业未来的现金流量情况。

（七）提供有关企业分配方面的信息

有关企业分配方面的信息主要是指利息和现金股利支付方面的信息，实质上是指企业支付能力的分析。企业有时虽有丰厚的利润，但未必就有较强的偿债能力和股利支付能力。因为偿还债务和支付股利必须要有足够的现金。因此，报表使用者通过对现金流量表的分析，可以获得企业用来偿还债务和支付股利的现金的信息。这种信息与其经济利益更具相关性，因为投资者和债权人将资金投入企业的目的就是获得盈利并保证其资金的安全。但是，他们所追求的是以现金形式表现的投资回报，而不是用货币计量的账面利润。

二、现金流量与利润的比较

为了说明现金的重要性，先讲一个故事：一位游客路过小镇，他走进一家旅馆给了店主 1,000 元现金，挑选一个房间上楼了，店主拿着这 1,000 元给了对门的屠夫支付这个月的肉钱，屠夫去养猪的农夫家里把欠的买猪款付清，农夫还了饲料钱，饲料商贩还清了赌债，赌徒赶紧去旅馆还了房钱，这 1,000 元又回到旅馆店主手里。可就在此时，游客下楼说房间不合适，拿钱离店了，但是全镇的债务都还清了，这就是现金流量带来的经济活力。

诚然，建立一个企业就是为了获取利润，如果企业长期不获利，也就没有存在的价值，从而追求利润是现代企业经营的主要目标。在企业财务管理中，通过对企业利润进行分析，可以发现改善经营成果、提高经济效益的各种途径和措施，并且利润代表了企业新创造的财富，利润越多则说明企业的财富增加得越多，越接近企业的目标，因此企业从事生产经营就是为了获得利润。但是企业的成功并不是依赖于其丰厚的利润，利润丰厚不一定能让事业成功，现代企业既需要利润也需要现金流量。若只有唯一的选择，"鱼和熊掌不可兼得"，一般认为现金流量更重要。海尔集团就对现金流量推崇有加，海尔集团的第 13 条管理规则指出：现金流量比利润更重要。把现金流量作为企业经营评价的重要标准，可见现代企业对"现金为王"的重视。

相对于会计利润，把现金流量作为评价企业经营状况的一个重要标准主要体现在以下几个方面。

（一）现金流量比利润更能真实地反映企业的收益质量

企业会计利润和现金流量的概念是不同的。会计利润是通过会计制度规范由会计人员按照权责发生制核算的，它只是一个账面的结果。以会计利润作为衡量企业价值的指标，虽然简明易懂，但在某些方面容易失去其真实的意义。例如企业实现的利润项目中大多数情况下都会包括许多应收未收项目，这些项目若长时间仍未能将款项收回，就存在一定的风险，可能会发生坏账损失，使其难以转化为现金。这不但会影响企业正常的生产经营活动，还会使其不能真实地反映企业收益的质量，某种程度上甚至会危及企业的生存。

现金流量是按照收付实现制核算的，只确认实际收到和支付的现金，不确认权利和义务的变化，能如实反映企业的实力。企业的会计人员容易受他人指使通过虚假销售、扩大赊销范围等不良行为操纵利润以便获得收益，但这种行为不能增加企业的现金流量，因此用现金流量反映企业的收益能避免这种违法操作行为。所以现金流量弥补了利润在反映企业真实获利能力上的缺陷，更能真实地反映企业的收益质量。

（二）现金流量比利润更不可缺少

有一位企业家曾说过："企业资不抵债不一定会破产清算，但如果没有现金流量就一定会破产清算。"因此没有现金的支持，利润就好比失去水的鱼，早晚会干渴而死。现金是一个企业必需的资源，如果没有现金周转，企业就会陷入破产清算的困境。会计利润是一个企业经过生产经营活动增长和积累的财富，它是企业生产经营活动过程之后的效果反映，是一个会计指标，不具有现实的支付意义，但现金是企业生产经营活动得以正常进行的前提条件。只有拥有现金，企业才能进行正常的经营；只有实现现金利润，企业才能持续运转。企业在进行生产经营活动的过程中如果现金流量断裂，即使有再多的盈利，企业也无法生存，企业的财务状况最终会恶化，后果可想而知。因此没有现金流量的利润是虚假的利润。

（三）现金流量比利润更能表明企业的偿债能力

利润不能从根本上反映企业的偿债能力。以收付实现制为基础的经营性现金流量既不受企业会计政策和会计估计的选择的影响，也不受流动资产变现能力的影响，因而可以直接反映企业经营活动创造现金流量的实际能力，相对流动比率和速动比率指标而言，更能准确反映企业短期债务的偿还能力。

（四）现金流量比利润更能决定企业的价值

投资者建立企业的重要目的在于创造尽可能多的财富，这种财富首先表现为企业的价值。现金是资本在企业中的货币表现形式，其本质就是增值。在企业的日常经济活动中，货币资金转化为非货币资金，又回到货币资金，这一过程循环往复，构成了企业的资金运动，以此实现企业价值的增值。企业现金流量的目标就是创造企业的价值，它反映企业的盈利质量，决定企业的生存能力并支撑企业的市场价值。因此企业应遵循"现金为王"这一卓越的财务管理理念，创造更大的价值来实现企业价值最大化这一目标。

企业追求市场价值最大化，有利于避免经营者为追求短期效益而牺牲长远利益，避免企业资源的不合理利用，避免企业在追求利润上的短期行为。因此企业财务管理的目标不是利润最大化，而是企业价值最大化，使企业不仅有利可图，更有钱可用。

可见，从一定程度上说，一个企业经营的好坏不能仅看利润表，现金流量表更值得关注和研究。在企业常见的三份财务报表中，可以将资产负债表形象地比喻为人体的"骨骼"，将利润表比喻为"肌肉"，现金流量表则为"血液"，信息使用者在进行财务报表分析时，一定要将这三份报表综合研究，方可全面揭示一个企业的真实面纱。

三、经营活动现金净流量与净利润的具体差异分析

经营活动现金净流量与净利润的具体差异可以从现金流量表补充资料中大致得到理解，如表 9-3 所示。

表 9-3　GD 公司 2018 年现金流量表补充资料

金额单位：万元

项目	2018 年	2017 年
净利润	112,260.06	214,355.64
资产减值准备	22,652.44	7,988.33
固定资产折旧、油气资产折耗、生产性生物资产折旧	42,853.87	37,664.00
无形资产摊销	6,888.26	6,292.59
长期待摊费用摊销	6,789.34	5,396.55
处置固定资产、无形资产和其他长期资产的损失	-9.63	-5,838.19

项目	2018 年	2017 年
固定资产报废损失	79.14	—
公允价值变动损失	—	—
财务费用	190,179.29	123,508.68
投资损失	−4,851.78	−8,372.65
递延所得税资产减少	−5,655.33	−7,969.14
递延所得税负债增加	71.44	—
存货的减少	−220,156.04	−593,858.68
经营性应收项目的减少	−543,468.17	−475,928.92
经营性应付项目的增加	70,271.18	208,867.13
其他	2,942.98	3,889.40
间接法－经营活动产生现金流量净额	−319,152.95	−484,005.26

从表 9-3 可知，导致经营活动现金净流量与净利润不一致的最主要的因素有两类：一类是影响净利润但不影响现金流量的，即利润表项目中的固定资产折旧、无形资产摊销、财务费用等；另一类是主要影响现金流量但是影响净利润较小的资产负债表项目因素，如存货的变动、应收账款和应付账款的变动。

（一）赊销导致的应收账款的增加

为了抢占市场份额、增加收入、追求利润，企业一般都会采用赊销的方式，造成企业大量的应收账款，一旦不能按期收回，现金净流量就会减少。

（二）存货的数量变化及其购买方式

对制造业企业而言，存货会在其流动资产中占很大比例，但存货的流动性很差，存货的增加主要是企业用现金购入原材料，而存货的减少是将库存商品转为营业成本。当某一会计期间的期末存货金额大于期初金额时，说明企业购买原材料的金额大于其计入营业成本的存货金额，有一部分支付现金购买的存货并没有反映到利润表中，最终导致利润与现金流量的差异。从采购企业的角度来说，使用赊购的方式进行采购，可以减少现金流出，在现金有限的情况下给企业的经营活动创造更大的价值。

（三）会计处理对利润的影响

在收入既定的情况下，利润表上的利润计算项中的固定资产折旧、资产减值损失、无形资产摊销等非付现成本都会导致利润与现金流量的差异。

1. 固定资产折旧

企业计算固定资产折旧时可以采用直线法或加速折旧法，由于加速折旧法在固定资产购置初期计提折旧较多，而以后期间依次递减，所以在现金流量没有变化的情况下，采用加速折旧法会使前期利润相对较少，而后期的利润相对较多。

2. 资产减值损失

企业对资产进行减值测试后，资产的可收回金额低于其账面价值的，应当将资产的账面价值减记至可收回金额，减记的金额确认为资产减值损失。所以当企业的一项资产发生减值后会反映到利润表的成本费用中，使得利润减少，但却不减少现金流量，因而在现金流量表中没有体现。

3. 无形资产摊销

与固定资产折旧一样，无形资产摊销会反映到利润表的成本费用中，但在现金流量表中却没有体现。

四、现金流量与利润质量的关系

现金流量与利润都是企业的经营成果，犹如一枚硬币的正反面，只不过是衡量的角度不同，一个是从收付实现制的角度衡量，另一个是从权责发生制的角度衡量。所以现金流量与利润质量存在着必然的联系。

（一）现金流量决定企业的生存与发展

企业以盈利为目的，其获利的基础是生存，只有生存才能赚取利润，生存是企业发展之根本，生存与发展是企业价值创造之基础。企业的发展必须要靠盈利来实现，企业的债务最终要靠现金去偿还，股东的收益最终需要现金分红来体现。所以，现金流量决定企业的生存与发展。

（二）现金流量反映企业的盈利质量

盈利是指收入减支出后的所得。企业作为一个营利性组织，需要整合各种生产资料，从事生产、销售或提供劳务等活动，在满足社会需求的同时，获取利润。每一个企业的情况可能不同，但无论它们的行业、规模、资本结构如何，其共同目的都是盈利。但盈利质量的高低取决于其所获得的利润中是否伴随相应的现金流入，即以权责发生制为基础确认的利润与收付实现制下收到的现金是否一致。如果企业获得的利润不能变为现实中的现金，那这种利润就只能算作画中的饼，是不能充饥的。所以，净利润必须以现金净流入为根本，每百元利润中收到的现金比例较大才说明企业盈利质量较高。

（三）现金流量决定企业的价值创造

资本循环与周转包括货币资本的循环与周转、生产资本的循环与周转和商品资本的循环与周转。从产业资本的循环与周转过程中，我们不难发现现金贯穿生产经营的全过程，而价值是在经营活动中创造的，所以企业的价值创造离不开现金的支持。

只有销售并且收回现金，才能实现价值创造。虽然价值创造的过程发生在生产过程中，但能否实现还要看生产的产品是否能够满足购买者的需求。只有得到社会承认，才能实现销售并收回现金。

对现金流量进行分析，可以从两个角度展开：一是现金流量结构分析；二是现金流量质量分析。

第二节　现金流量结构分析

一、现金流量表主要项目的运转规律分析

（一）经营活动现金流量

经营活动现金流量是短期内最稳定、最主动、最可以寄予希望的现金流量。正常情况下的经营活动现金流量除了要维持企业经营活动的正常周转外，还应该有足够的补偿经营性长期资产折旧与摊销，以及支付利息和现金股利的能力。所以，经营活动现金流量主要有下列用途。

1. 补偿固定资产折旧和无形资产摊销

补偿固定资产折旧和无形资产摊销取决于固定资产折旧速度和无形资产摊销速度。

2. 支付利息费用

利息费用本来属于筹资活动现金流出量。但筹资也是为了经营，所以，从根本上看，不能依靠筹资活动现金流入量（借款、股东投资）来支付利息，必须依靠经营活动。

3. 支付现金股利

经营活动现金流量应当对当期现金股利支付有较强的保障能力。

（二）投资活动现金流量

投资活动中的对外投资现金流量和经营性长期资产现金流量的补偿机制不同，在整体上反映了企业利用现金资源的扩张状况。

1. 对外投资现金流量补偿机制

（1）当期即出售投资变现（交易性投资），其现金流入量反映在本期投资活动现金流入量中。

（2）未来会计期间出售变现，其现金流入量反映在未来期间投资活动现金流入量中。

（3）长期持有投资，其现金流出依靠投资收益现金流入（现金股利、债权投资利息）来补偿。

从道理上讲，投资需要赚钱，对外投资现金流入量应该大于对外投资现金流出量。如果上述对外投资现金流出量大于对外投资现金流入量，则属于扩张型对外投资。

2. 经营性长期资产现金流量的补偿机制

经营性长期资产的补偿主要通过固定资产折旧和无形资产摊销来体现。特定期间内，若经营性长期资产引起的现金流出量大于处置经营性长期资产引起的现金流入量，说明企业主要在进行扩大再生产。

（三）筹资活动现金流量

筹资活动现金流量应该适应企业经营活动、投资活动的需要，在整体上反映企业融资状况及其成效。

二、现金流量的结构分析

（一）经营活动产生的现金流量

（1）经营活动产生的现金流量小于零，意味着企业的净利润肯定为负数，企业通过正常的经营活动（购、产、销）所带来的现金流入量，不足以补偿因上述经营活动而引起的现金流出。从企业的成长过程分析，在企业从事经营活动初期，由于在经营过程的各个环节都处于"磨合"状态，设备、人力资源的利用率相对较低，材料的消耗量相对较高。同时，为了开拓市场，企业有可能投入较多资金，采用各种手段将自己的产品推向市场，从而使企业在这一时期的经营活动现金流量表现为"入不敷出"的状态，这是企业在发展过程初期不可避免的正常现象。但是，如果企业在发展中期的正常生产经营期间仍然出现这种状态，则企业经营活动产生的现金流量的质量不高。

（2）经营活动产生的现金流量等于零，说明企业的经营活动现金流量处于"收支平衡"的状态。企业正常经营活动不需要额外补充流动资金，企业的经营活动也不能为企业的投资活动以及融资活动贡献现金。必须注意的是，在企业的成本消耗中，有相当一部分属于按照权责发生制原则的要求确认的摊销成本（如无形资产、递延资产摊销、固定资产折旧）和应计成本（如预提费用）。这两类成本可被统称为非现金消耗性成本。从长期来看，若经营活动产生的现金流量等于零，说明企业的利润为负数，根本不可能维持经营活动的货币"简单再生产"。因此，如果企业在正常生产经营期间持续出现这种状态，企业经营活动产生的现金流量的质量仍然不高。

（3）经营活动产生的现金流量大于零，但不足以补偿当期的非现金消耗性成本（如固定资产折旧），企业利润还是为负数。此时，企业虽然在现金流量方面的压力比前两种状态下的要小，但是，如果这种状态持续下去，则企业经营活动产生的现金流量从长期来看，也不可能维持企业经营活动的货币"简单再生产"。因此，如果企业在正常生产经营期间持续出现这种状态，则企业经营活动产生的现金流量的质量仍然不高。

（4）经营活动产生的现金流量大于零，并恰能补偿当期的非现金消耗性成本。在这种状态下，企业在经营活动中的现金流量方面的压力已经解除。但是企业还是没有利润，企业经营活动产生的现金流量从长期来看，刚好能够维持企业经营活动的货币"简单再生产"。而企业的经营活动为企业扩大投资等发展提供货币支持，只能依赖于经营活动产生的现金流量的规模继续扩大。

（5）经营活动产生的现金流量大于零，并在补偿当期的非现金消耗性成本后仍有剩余。应该说，在这种状态下，企业经营活动产生的现金流量已经处于良好的运转状态，企业有利润。如果这种状态持续，则企业经营活动产生的现金流量将对企业经营活动的稳定与发展、企业投资规模的扩大等起到重要的促进作用。

从上面的分析可以看出，企业经营活动产生的现金流量仅仅大于零是不够的。企业经营活动产生的现金流量要想对企业做出较大贡献，必须在上述第五种状态下运行。

经营活动现金流量的最大特点，在于它与企业日常经营活动的直接的密切关系。无论是现金流入量还是流出量，都体现了企业在维持目前生产能力和生产规模状态下对现金及现金等价物的获得与支出水平。所以，经营活动现金流量的分析是现金流量表分析的最主要的内容。

企业发展各阶段经营活动现金流量分析如表 9-4 所示。

表 9-4　经营活动现金流量阶段性分析

现金流量状态	萌芽期	成长期	成熟期	衰退期
经营活动产生的现金流量小于零	正常	长期持续状态说明回笼现金的能力很差		很差
经营活动产生的现金流量等于零	中等	长期持续状态说明回笼现金的能力很差		一般
经营活动产生的现金流量大于零但不足以补偿当期的非现金消耗性成本	较好	长期持续状态仍然不能给予较高评价		较好
经营活动产生的现金流量大于零并恰能补偿当期的非现金消耗性成本	好	较好	好	好
经营活动产生的现金流量大于零并在补偿当期非现金消耗性成本后仍有剩余	很好	很好	很好	很好

（二）投资活动产生的现金流量

在现金流量表中，投资活动包括两类：一类是对外投资，一类是对内投资（如固定资产、无形资产等）。在对内投资中，投资活动的现金流量是这样计算的：

处置固定资产、无形资产和其他长期资产收回的现金净额－购建固定资产、无形资产和其他长期资产支付的现金＝投资活动产生的现金流量净额

这样一来，对内投资部分的现金净流量肯定为负数，因为固定资产折旧、无形资产的摊销等金额已经通过销售收入补偿进入了经营活动的现金流入量，没有反映在投资活动产生的现金净流量中。所以我们在分析中必须注意这一点，最好的办法是将上述两类投资活动分开进行分析。

1. 对外投资部分分析

（1）对外投资活动产生的现金流量小于零，意味着企业对外投资方面所支付的现金，大于企业在收回投资、取得投资收益而收到的现金净额之和。企业上述投资活动的现金流量，处于"入不敷出"的状态。从长远来看，这应该是一种不正常的现象，因为企业投资总是想要赚钱的。

（2）对外投资活动产生的现金流量大于等于零，意味着企业在投资活动方面的现金流入量大于流出量。这种情况的发生，或者是由于企业在本会计期间的投资回收的规模大于投资支出的规模，或者是由于企业在经营活动与筹资活动方

面急需资金而不得不处理手中的长期资产以求变现，等等。因此，在这种情况下，应该对企业投资活动产生的现金流量进行具体分析。

2. 对内投资部分分析

由于固定资产折旧、无形资产的摊销等金额已经通过销售收入补偿进入了经营活动的现金流入量，没有反映在投资活动产生的现金净流量中。因此，在对内投资部分分析时，笔者建议将上述固定资产折旧、无形资产摊销加入对内投资活动现金流量分析。具体公式如下：

处置固定资产、无形资产和其他长期资产收回的现金净额＋固定资产折旧、无形资产的摊销－购建固定资产、无形资产和其他长期资产支付的现金＝投资活动产生的现金流量净额

此时：

（1）若对内投资活动产生的现金流量小于零，意味着企业在购建固定资产、无形资产、其他长期资产等方面所支付的现金，大于企业在收回投资收益（固定资产折旧、无形资产摊销），处置固定资产、无形资产和其他长期资产而收到的现金净额之和。在企业的固定资产等投资活动符合企业的长期规划和短期计划的条件下，这种现象表明了企业经营活动发展和企业扩张的内在需要，也反映了企业在扩张方面的尝试与努力。也就是说，即使在一定时期企业对内投资活动产生的现金流入量小于零，我们也不能对企业内部投资活动产生的现金流量的质量简单做出否定的评价。因为企业的固定资产、无形资产购建支出，将由未来使用有关固定资产和无形资产会计期间的经营活动的现金流量来补偿。

（2）若对内投资活动产生的现金流量大于等于零，意味着企业在对内投资活动方面的现金流入量大于流出量。这种情况的发生，或者是由于企业在本会计期间的投资回收的规模大于投资支出的规模，或者是由于企业在经营活动与筹资活动方面急需资金而不得不处理手中的长期资产以求变现，等等。也就是说，这种现象也不一定就是好现象，也可能表明了企业经营活动处于收缩的内在需要状态。

需要说明的是，总体来说，投资活动现金流量的最大特点在于：就当期而言，它与企业日常经营活动几乎没有多少直接的关系或影响，但是却对企业未来的现金流量产生一定的甚至有时是不容忽视的影响。目前的大量现金流入可能意味着未来相关现金流入的大幅度萎缩，而目前的大量该类现金流出，又可能蕴含着未来会产生或促使大量的相应的现金流入。

（三）筹资活动产生的现金流量

筹资活动的现金流量是经营活动、投资活动的"发动机"。当经营活动、投资活动需要现金支持时，筹资活动应及时、足额筹集相应资金；当经营活动、投资活动产生大量现金时，筹资活动应及时、足额清偿相应贷款，避免不必要的利息支出。筹资活动现金流量的最大特点在于它现时现金流量与未来现金流量在一定程度上的对应性：目前该类现金流入的发生，在一定程度上意味着未来存在相应的现金流出量；而目前该类现金流出量的存在，则是以往相应的现金流入量所引起的必然结果。所以，对筹资活动的现金流量的分析，关键在于理解企业所筹资金的来源渠道及其规模大小、推测企业所筹资金的用途或动机，以及可能对未来产生的资金压力等。

（1）筹资活动产生的现金流量大于零，意味着企业在吸收权益性投资、借款等方面所收到的现金之和大于企业在偿还债务、偿付利息和股利等方面所支付的现金之和。在企业处于发展的起步阶段、投资需要大量资金、企业经营活动产生的现金流量小于零的条件下，企业对现金的需求，主要通过筹资活动来解决。因此，分析企业筹资活动产生的现金流量大于零是否正常，关键要看企业的筹资活动是否已经被纳入企业的发展规划，是企业管理层以扩大投资和经营活动为目标的主动筹资行为，还是企业因投资活动和经营活动的现金流出失控而不得已的筹资行为。

（2）筹资活动产生的现金流量小于零，意味着企业在吸收权益性投资、借款等方面所收到的现金之和小于企业在偿还债务、偿付利息和股利等方面所支付的现金之和。这种情况的出现，或者是由于企业在本会计期间集中发生偿还债务、偿付利息和股利行为，或者是由于企业经营活动与投资活动在现金流量方面运转较好、有能力完成上述各项支付。但是，企业筹资活动产生的现金流量小于零，也可能是企业在投资和扩张方面没有更多作为的一种表现。

第三节 现金流量质量分析

一、现金流量的质量特征

现金流量的质量对利润的稳定性影响很大。只有能够收回现金的利润才是高质量的利润。如果现金流量的质量存在问题，企业未来利润也就不可能稳定。现金流量质量，是指企业的现金流量能够按照企业的预期目标进行运转的质量。

现金流量质量较高的表现应该如下。

第一，企业现金流量的总体结构与状态体现了企业发展战略的要求。

（1）企业对经营性资产的结构安排体现了企业战略发展的要求，现金流出量的结构应适应企业发展战略的要求。

（2）企业对外投资的结构与方向也体现了企业对外扩张、寻求发展的战略，现金流出量的结构也应适应企业对外扩张战略的要求。

第二，良性发展的企业经营活动现金流量应该远大于零。在稳定发展阶段，企业经营活动现金流量应该远大于零，并在补偿当期的非现金消耗性成本后仍有剩余。也就是说，在稳定发展阶段，企业经营活动的现金流量应当有足够的支付能力，并能为企业的扩张提供现金流量的支持。

第三，投资活动的现金流出能够体现企业长期发展的战略要求，投资活动带来的现金流入具有盈利性。

第四，筹资活动的现金流量适应企业经营活动现金流量、投资活动现金流量周转的状况，为实现企业发展战略服务，且无不当融资行为。

筹资活动现金流量在与经营活动、投资活动对现金流量的需求适应性方面表现为在时间上、金额上满足经营活动、投资活动对现金的需求。

在无不当融资行为方面表现为无超过实际需求的债务融资、无融资后被无效益占用（关联方占用）、无融资后长期闲置。

二、衡量现金流量质量的指标

衡量现金流量质量的指标主要有现金营运指数、现金流入量结构比率、净现金流量适当比率、经营现金流动负债比率、经营现金流量占营业收入的比率、自由现金流占经营现金净流量的比率、现金流量与总资产的比率等。

（一）现金营运指数

现金营运指数反映会计利润的现金实现程度。

$$现金营运指数 = \frac{经营活动现金净流量}{经营应得现金}$$

其中：经营应得现金 = 经营活动净利润 + 非付现费用。

而非付现费用主要表现为本年度计提的资产减值准备、固定资产折旧费用、无形资产摊销费用、摊销的待摊费用等非付现费用和属于筹资活动的财务费用。

经营活动现金流量净额来自现金流量表，反映收付实现制下企业经营活动取得的现金净增加额；净利润或营业利润来自企业利润表，反映权责发生制下的会计净收益。净利润或营业利润同经营活动现金流量净额主要区别是计算口径不同，其差异主要表现为经营性应收、应付项目的变动影响。如果将企业净利润或营业利润调整为经营应得现金，通过计算经营现金收现比率，就可以反映企业利润的现金保障程度。

该指标的正常值应该在 1 上下波动。有些项目如折旧、摊销、信用政策等虽不影响经营活动的现金流量，但会影响公司的损益，使当期会计利润与经营活动产生的现金流量不一致，但是两者应大体相近。因此，若现金营运指数大于或等于 1，说明会计利润的收现能力较强，收益质量较好。若该指数小于 1，说明会计利润可能受到人为操纵或存在大量的应收账款，一部分利润尚没有取得现金，停留在实物和债权形态，而实物和债权风险大于现金，因此未收现的利润质量低于已收现的利润质量；也说明营运资金增加了，反映公司为取得同样的利润占用了更多的营运资金，取得利润代价增加了，同样的利润代表着较差的业绩。

（二）现金流入量结构比率

$$现金流入量结构比率 = \frac{经营活动产生的现金流入量}{现金流入总量}$$

现金流入总量包括经营活动产生的现金流入量、投资活动产生的现金流入量以及筹资活动产生的现金流入量。该指标可评价公司自身经营创造现金的能力。

该指标值较高，说明公司通过自身经营实现现金能力较强，财务基础稳固，经营及获利的持续稳定性程度较高，利润质量较好；反之，说明公司通过经营活动实现现金能力较差，公司的现金获得在很大程度上依赖投资和筹资活动，财务基础和获利能力的持续稳定性程度较低，利润质量较差。

从 KM 公司财务报表计算可知，KM 公司 2018 年营业收入同比增长 10.11%，应收账款与应收票据合计同比增长 23.58%，经营活动产生的现金流入为 21,637,783,120 元，占总现金流入（56,414,818,152 元）的比例为 38.35%，说明 KM 公司通过自身经营实现现金能力较弱，利润的稳定性较差、利润质量较差。

（三）净现金流量适当比率

净现金流量适当比率是用于确定企业从经营活动中产生的现金能否充分用于支付其各项资本支出、存货净投资及发放现金股利的程度。其计算公式如下：

$$净现金流量适当比率 = \frac{经营活动现金净流量}{资本支出 + 存货增加额 + 现金股利}$$

如果该指标大于1，表明企业从经营活动中得到的资金足以应付各项资本性支出、存货净投资、现金股利等，不用再对外融资；反之，则表明企业来自经营活动的资金不足以满足目前营运规模和支付股利的需要。此外，该指标还可以反映出通货膨胀对企业现金需要的影响。

（四）经营现金流动负债比率

经营现金流动负债比率是用来显示企业的现金是否能够偿还到期债务的能力。其计算公式如下：

$$经营现金流动负债比率 = \frac{经营活动现金净流量}{流动负债}$$

经营现金流动负债比率越高，表明企业短期偿债能力越好；反之，比率越低，则表明企业短期偿债能力越差，财务风险比较高。一般认为该比率在40%以上比较理想。在KM公司中，由于其2017年、2018年经营现金净流量均为负数，表明企业短期偿债能力很差，财务风险比较高。

（五）经营现金净流量占营业收入的比率

经营现金净流量占营业收入的比率是反映企业经营活动所得的现金占其营业收入的比重。其计算公式如下：

$$经营现金净流量占营业收入的比率 = \frac{经营活动现金净流量}{营业收入}$$

经营现金净流量占营业收入的比率越高，企业营业收入面临的风险越小，企业营业收入的质量越高。如果经营现金净流量占营业收入的比率较低，则表明企业获利能力低，或有可能是通过增加应收账款为代价来实现的。

（六）自由现金流占经营现金净流量的比率

通常认为，自由现金流是指经营现金流量净额扣除资本支出后的余额[①]，即在不危及公司生存与发展的前提下可供分配给股东（和债权人）的最大现金额。

[①] 有的认为，还应该扣除正常的股息支出，尽管可能有人会认为股息支出并不是必需的，但是这种现金支出是股东所期望的。

自由现金流占经营现金净流量的比率，是自由现金流与经营现金流相比所得的值。计算公式：

自由现金流占经营现金流量的比率＝自由现金流÷经营活动现金净流量×100％

资本支出，即维持公司竞争力和效率的必要资金支出。扣除资本支出后剩余的现金流量被视为"自由"现金流，公司可用于扩张、收购或保持财务稳定。所以，公司经营现金流量中，自由现金流的比例越高，公司的财务实力就越强大。许多研究证实，机构投资将自由现金流作为衡量公司投资质量的唯一（最重要）财务指标，并排在利润之前。简单来说，自由现金流数值越大越好。

自由现金流是作为一种企业价值评估的新概念、理论、方法和体系，最早是由美国西北大学拉巴波特（Rappaport）、哈佛大学詹森（Jensen）等学者于20世纪80年代提出的，经过30多年的发展，特别在以美国安然、世通等为代表的之前在财务报告中利润指标完美无瑕的所谓绩优公司纷纷破产后，已成为企业价值评估领域使用最广泛、理论最健全的指标。美国证监会更是要求公司年报中必须披露这一指标。

（七）现金流量与总资产的比率

现金流量与总资产的比率反映企业营业所得现金占其资产总额的比重，反映以现金流量为基础的资产报酬率。其计算公式如下：

$$现金流量与总资产的比率＝\frac{经营活动现金净流量}{资产总额}$$

现金流量与总资产的比率反映企业总资产的运营效率。该指标越高，说明企业的资产运营效率越高。该指标应该与总资产报酬率指标结合运用，对总资产报酬率较高的企业，如果该指标较低，说明企业的销售收入中的现金流量的成分较低，企业的收益质量就会下降。

依据上面的阐述和财务报表数据，我们对 KM 公司 2014—2018 年与现金流量分析相关的主要指标进行了计算汇总，见表 9-5。

表 9-5　KM 公司现金流量分析主要指标（2014—2018 年）

科目年度	2018 年末期	2017 年末期	2016 年末期	2015 年末期	2014 年末期
收入现金比率	1.23	1.05	1.11	1.07	1.12
经营现金净流量占营业收入的比率	0.02	-0.28	0.07	0.03	0.07
净利润现金含量	0.38	-1.79	0.41	0.16	0.43
现金运营指数	0.09	-1.31	0.34	0.14	0.38

从表 9-5 可知，2014—2018 年 KM 公司收入现金比率一直是大于 1 的，说明 KM 公司不仅当期收入全部收到现金，而且还收回以前期间的应收账款，或者预收账款，说明 KM 公司市场影响力较好，市场话语权较大。但 2018 年 KM 公司经营现金净流量占营业收入的比率很低，仅为 0.02，说明其获利能力低。并且 KM 公司 2018 年净利润现金含量仅为 0.38，现金运营指数仅为 0.09，说明其利润的现金保障程度很低，但这一现象与收入现金比率大于 1 存在矛盾，说明 KM 公司的收入与现金流量或许存在造假的可能。

本章小结

本章我们主要介绍现金流量与利润的比较，现金流量与利润质量的关系，阐述了现金流量结构分析与现金流量质量分析的方法。通过对这些知识的学习与理解，我们就可以结合相关资料对目标公司现金流量及利润质量做出进一步的判断，进而为相关信息使用者更好地理解企业财务状况及进行投资决策提供有益的帮助。

关键术语

现金净流量（Net cash flow）　　　　经营现金流量（Operating cash flow）

自由现金流（Free cash flow）　　　　现金流量结构（Cash flow structure）

自 测 题

1. 下列各项中，有可能能使经营现金流量减少的项目是（　　）。

A. 无形资产摊销　　　　　　　　B. 出售长期资产利得

C. 存货增加　　　　　　　　　　D. 应收账款减少

2. 在企业处于高速成长阶段，投资活动现金流量往往是（　　）。

A. 流入量大于流出量　　　　　　B. 流出量大于流入量

C. 流入量等于流出量　　　　　　D. 不一定

3. 企业"经营活动产生的现金净流量小于零"这一现象出现在（　　）有可能会被认为是一种不可避免的正常状态，并不代表企业经营活动现金流量的质量差。

A. 成长期　　　　　　　　　　B. 成熟期

C. 衰退期　　　　　　　　　　D. 重组期

4. 在企业的成本消耗中，有相当一部分属于按照权责发生制原则的要求而确认的摊销成本（如无形资产摊销、待摊费用的摊销、固定资产折旧等），在经营活动产生的现金流量等于零时，企业经营活动产生的现金流量（　　）为这部分非现金消耗性成本的资源消耗提供货币补偿。

A. 不可能　　　　　　　　　　B. 有可能

C. 无法判断能否　　　　　　　D. 可以

参考答案： CBAA。

思 考 题

1. 现金流量表与资产负债表、利润表有何关系。

2. 经营现金流量与净利润差异的具体原因。

3. 如何评价经营活动现金净流量的变化？

4. 借助现金流量指标，如何透视盈利的质量？

5. 现金流量表结构分析的意义何在。

6. 如何分析现金流量的质量？

案例讨论及分析

B 公司 2019 年现金流量统计如表 9-6 所示。

表 9-6　B 公司现金流量表简表

金额单位：万元

年份	2019 年度	备注
经营活动现金流入	22,690	
经营活动现金流出	19,816	
经营活动现金净流量	2,874	

年份	2019 年度	备注
投资活动现金流入	16	
投资活动现金流出	810	
投资活动现金净流量	−794	
筹资活动现金流入	568	全部为借款支出
筹资活动现金流出	812	无分配股利或利润
筹资活动现金净流量	−244	
现金流入总量	23,274	
现金流出总量	21,438	
现金净流量	1,836	

要求：

（1）请分析 B 公司的现金流量结构，并说明其表现的特征。

（2）B 公司投资活动中，现金流入量为 16 万元，现金流出量为 810 万元，投资活动的现金流入流出比为 0.02，说明 B 公司正处于发展的什么阶段？

（3）B 公司的盈利质量是高还是低？为什么？

（4）综合评价 B 公司在未来企业扩大生产规模、创造未来现金流量的能力。

（5）分析 B 公司的筹资能力和偿债能力。

（6）事实上，2019 年 B 公司的营业利润为 820 万元，这说明什么问题，你有何建议？

第十章
发展能力分析

扫码即可观看
本章微视频课程

知识框架

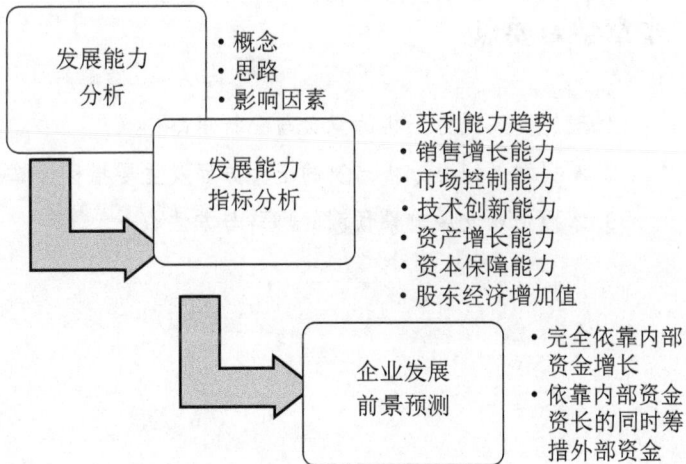

本章知识背景和学习目的

　　企业的目标是价值最大化。但企业价值在很大程度上取决于未来的盈利能力，取决于营业收入、收益及股利的未来增长，而不是企业过去或者目前所取得的收益情况。无论是增强企业的盈利能力、偿债能力，还是提高资产营运效率，都是为了企业未来的活力需要，都是为了提高企业的发展能力，也就是说发展能力是企业盈利能力、营运能力和偿债能力的综合体现。所以，要全面衡量一个企业的价值，就不应该仅从静态的角度分析其经营能力，而更应该着眼于从动态的角度出发，分析和预测企业的经营发展性水平，即发展能力。

　　对企业的发展能力进行分析有很强的现实意义，它不仅有利于企业改善经营管理、提高竞争力，而且进一步满足了财务报表使用者的需求，提供了决策有用的信息。

本章学习要点

　　1. 理解发展能力分析的意义与分析思路；
　　2. 掌握发展能力分析涉及的七个方面及主要指标计算；
　　3. 掌握企业发展前景预测的思路与方法。

第一节　发展能力分析概述

一、发展能力的含义

发展能力是企业持续发展和未来价值的源泉，是企业的生存之本、获利之源。企业是以营利为目标的，其一切生产经营活动的出发点都是营利。现代社会竞争日益激烈，企业面临的内外部环境瞬息万变，不进则退，甚至最终被社会淘汰。企业必须首先得以生存，才能求得发展；而要一直生存，则必须不断发展。生存能力是保证企业"生"的基础，生存能力又是企业发展的前提，只有企业生存着，具有一定的底线生存能力，考虑企业生命质量才有意义；企业发展是保障企业永续生存的条件，环境是变化的，它会给企业的生存带来挑战，企业只有不断发展，才能使企业保持动态生存，也只有不断发展，才能保证企业不断改善生存质量。可见，对企业本身的生存来说，发展能力非常重要，它不仅是企业的生存之本，也是企业的获利之源。

发展的标志是增长。企业的发展也表现为一系列的增长。从财务的角度来看，首先表现为各种投入的增长。由于投入可以分为资产投入、成本投入和费用投入，因此投入的增长也就具体表现为资产的增长、成本的增长和费用的增长。当然，这里所说的增长是指总额的增长，尤其对成本和费用来说，特指成本和费用的总额增长，并非成本和费用水平的增长。

其次表现为各种产出的增长。产出主要包括经营活动产出和投资活动产出。根据对产出考察角度的不同，可以将产出分为总产出和净产出两类。总产出是初级产出，具体表现为各种收入；净产出是最终产出，是扣除了各项投入后剩余的部分，即利润。可见，产出的增长具体表现为各种收入的增长和各项利润的增长。

企业最初投入的是资产，随着资产被消耗才转化为成本投入和费用投入，由此可见，企业最根本的投入是资产投入。由于资产是各种资金来源的具体表现形态，资产的增长只能是资金来源增长的结果，因此，企业的增长还表现为各种资金来源的增长，具体包括负债的增长和股东权益的增长（含净利润的增长）。

不过，根据很多企业因成长过快而破产的事实可知：增长率最大化不一定代表企业价值最大化，增长并不是一定非要达到最大化不可。在很多企业，保持适度的增长率，在财务上积蓄能量是非常必要的。也就是说，企业的发展必须具有可持续性的特征，即在不耗尽企业资源的情况下，企业具有增长的最大可能。

综上所述，从财务的角度来说，企业的发展首先表现为资产、负债、股东权益、收入、成本费用和利润的全面增长，即会计各要素的增长。其次，企业的发展应该是可持续的、均衡的增长。

会计各要素的增长程度通过增长速度来表示。会计要素的增长速度，从结果来看反映企业的发展程度，从过程来看体现企业的发展能力。

二、发展能力分析的意义

对企业的发展能力进行分析有很强的现实意义，它不仅有利于企业改善经营管理、提高竞争力，而且进一步满足了财务报表使用者的需求，提供了决策有用的信息。

（一）发展能力分析对企业经营管理的意义

从企业自身来看，首先，企业发展能力的分析可以克制经营者的短期行为，使经营者重视企业的持续发展，客观上促进改善企业经营管理。

企业股东和经营者的目标并不完全是一致的，前者期望企业价值最大化，后者更注重自身的经济利益、职位升迁及风险的避免。而根据委托代理理论，企业经营者所拥有的企业运营信息总是比股东要多，即他们之间的信息是不对称的。信息不对称导致经营者有可能会背离股东的利益，为了实现自身目标而产生短期行为。例如：经营者会为迅速提高当前企业经营业绩，以牺牲企业的长远利益和持续发展潜力为代价，利用其掌握的信息人为地提高当前的资本回报水平，将企业年度利润"做大"，或者采取各种手段"粉饰"收益；他们也可能为实现个人的升迁极力追求短期效益，短期生产经营规模的过度扩大，必然导致对短期投入的增加而减少对未来发展的资金技术投资，如会削减短期内无法取得收益的科研开发支出和人力资源投资支出，从而影响企业持续发展能力的培养；经营者还会选择保守的方式去经营管理，如他们不会为提高企业股价而冒险，因为股价上涨的好处归于股东，但若失败，他们的"身价"将下跌，所以经营者对风险的规避会导致保守甚至无效率的短期管理方式。而对发展能力的分析评价会使经营者逐渐关注企业持续发展能力的培养，特别是努力提高各项发展能力指标数值，在一定程度上防范经营者的短期行为，从而促进企业长期、稳定和健康的发展。

其次，发展能力分析可以促进企业提高竞争力。一个企业的价值和竞争力很大程度取决于其未来发展潜力，一个短暂强盛却没有未来发展空间的企业又何谈竞争力，它也不会受到社会公众的好评和投资者的青睐。对企业发展能力的分析将有助于提高企业持续发展能力和未来价值，使企业在未来市场占据有利地位，增强企业的形象意识，提高核心竞争力。

（二）发展能力分析对政府管理部门的意义

政府管理部门通过发展能力分析了解企业未来发展潜能，进行相应的宏观调控，并加强监督管理。政府管理部门转变职能后，主要履行宏观调控职能，对企业实行间接管理，不再参与企业的直接经营管理。通过发展能力分析，政府管理部门清楚地把握了企业的效益和发展前景，以及在未来发展中可能遇到的重点、难点问题，可以有针对性地制定税收及其他扶持政策，弥补企业在发展中的薄弱环节，从而通过政策支持有效地进行宏观调控，促进产业结构优化，鼓励支持企业的长远发展。政府管理部门还可以借助发展能力分析，完善对企业的绩效评价体系，对企业的发展过程进行监督引导。随着企业经营环境（包括内部环境和外部环境）的变化，影响企业发展能力的内外因素也日趋复杂，但是有些关键性的因素在现有绩效评价体系中未得到反映，也就是说发展能力指标所涉及的指标范围不能满足企业发展的要求，很大程度上影响了对企业发展能力的判断。可以说，企业环境的变化是企业绩效评价及其指标体系变化的根本原因，为进一步完善绩效评价体系，就要通过发展能力分析不断拓展其内涵和评价指标的范围和应用层次。

（三）发展能力分析对股东的意义

股东和债权人是主要的报表使用者，也是企业外部信息的最主要的需求者，他们更注重对企业发展能力的分析与评价。从股东角度来看，股东投资于企业，希望长期获得持续的回报，而不仅仅是眼前利益。所以，股东在关注企业当期投资回报水平的同时，需要更多地关注企业的生存能力和持续发展能力，只有未来具有发展潜能的企业才有可能真正带来高回报，才具有价值。

（四）发展能力分析对债权人的意义

从债权人角度来看，债权人在关注企业偿债能力的同时，同样也关注企业的持续经营状况，因为只有企业有良好的成长性，债权人的债权才有保障。发展能力分析对金融机构而言尤其重要，企业的发展能力越强，金融机构的信贷风险就越低。金融机构可根据不同的风险状况，制定相应的信贷政策和实施适当的管理。另外，发展能力分析为金融机构提供了现成的决策依据，从而减少了金融机构资信评级的繁重工作，节约了人力、财力等资信成本。

（五）发展能力分析对外部投资者的意义

发展能力分析为外部投资者提供了制订投资计划、安排投资资金等决策有用信息。证券市场发展初期，投机行为一度是大多投资者获利的有效手段，对效益再差的企业通过投机倒卖也能获取暴利。后来随着我国证券市场的不断发展，投机行为越来越不可行，外部投资者不再盲目投资，开始关注被投资企业本身的情况。他们关心企业的组织管理、技术水平和盈利状况，更注重企业的未来发展趋势和发展前景。而企业公布的财务报表并不能直观地反映企业的发展能力，外部投资者需要求助于专业人员的分析结果。发展能力分析就是通过对财务报表信息的解读，清晰地反映企业的持续发展能力和未来价值，这就满足了外部投资者的投资决策的需要。

三、发展能力分析的思路

企业发展能力分析的核心是企业的价值增长。因此，企业的发展能力分析的思路大致有两种。

一种思路是结果论，即以价值增长衡量企业发展能力，在实际工作中，通常用净收益增长率来近似地描述企业价值的增长。

净收益增长率是指当年留存收益增长额与年初净资产的比率。计算公式：

$$净收益增长率 = 留存收益增长额 \div 年初净资产$$
$$= 当年净利润 \times （1- 股利支付比率）\div 年初净资产$$
$$= 年初净资产收益率 \times （1- 股利支付比率）$$
$$= 年初净资产收益率 \times 留存比率$$

该公式表示企业在不发行新的权益资本并维持一个目标资本结构和固定股利政策条件下，企业未来净收益的增长率，它是年初净资产收益率和股利支付率的函数表达式。由于留存收益的缘故，企业未来净收益增长率不可能大于期初净资产收益率。

从上式可以看出，企业净资产收益率和留存比率是影响企业净收益增长的两个主要因素。净资产收益率越高，净收益增长率也越高。企业留存比率越高，净收益增长率也越高。

由于净资产收益率的重要作用，在实际运用中经常把净收益增长率扩展成包括多个变量的表达式，其扩展式为：

净收益增长率 = 年初净资产收益率 × 留存比率

　　　　　　 = 年初总资产净利率 × （总资产 ÷ 净资产）× 留存比率

　　　　　　 = 年初总资产周转率 × 销售净利率 × 年初权益乘数 × 留存比率

公式表明，要想提高净收益增长率，要么提高企业的经营效率（总资产周转率），要么增强企业的获利能力（销售净利率），或者改变企业的财务政策（权益乘数）。也就是说企业可以调整经营效率、获利能力及财务政策来改变或适应自己的增长水平。

以净收益增长率为核心来分析企业的发展能力：优点在于各分析因素与净收益存在直接联系，有较强的理论依据；缺点在于以净收益增长率来代替企业的发展能力存在一定的局限性，企业的发展必然会体现到净收益的增长上，但并不一定是同步增长的关系，企业净收益的增长可能会滞后于企业的发展，这使得我们分析的净收益无法反映企业真正的发展能力，而只能是近似代替。

第二种思路是过程论，即以影响价值变动的因素衡量企业发展能力。影响企业价值增长的因素有很多，但归纳起来大致分为两类，即资源和企业内部能力。

企业是资源和能力的结合体。资源有潜在的价值，是企业持续发展并获得超额利润的最基本条件。它又可分为内部资源和外部资源。

内部资源包括企业的人力资源、财力资源和物力资源。这些资源是支撑每个企业正常生产经营的基础。高素质的人才、充足的资金和必需的物资设备，三者缺一不可，无论少了哪个，其他两者都无法正常发挥其价值。企业的核心就是人，包括优秀的管理层和员工，他们各自发挥作用，形成了一个团队，是企业前进的引航者。财力和物力资源都属于企业资产，资产是取得收入和利润的保障，企业资产的增长是企业发展的一个重要方面，也是实现企业价值增长的重要手段，在总资产报酬率固定或增长的情况下，资产规模与收入规模之间存在同向变动的关系。

外部资源主要指顾客和供应商资源。顾客资源对一个企业的重要性不言而喻，企业所有的绩效必须通过顾客方能实现，没有顾客对企业所提供产品和服务的接受，企业就无法实现其产品的价值，无法获取利润，以至于难以生存，更谈不上实现持续发展。企业拥有的顾客越多，其产品的市场占有率就越大，这样企业在行业竞争中往往就处于有利地位。供应商是企业的生产经营活动价值链的源头，企业与供应商之间形成怎样的合作关系，对企业的运作成本有重要影响。顾客和供应商资源是企业生存的基本保证，促进了竞争优势的形成，进而关系到企业发展能力的获得。

内部能力是指企业掌握资源和使用资源创造竞争优势的能力，如战略规划能力，资源整合能力，技术创新能力，价值链管理能力等，即核心竞争力。笔者认为，这两种思路具有一定的逻辑关系，前者是从结果的角度看发展，后者是从过程的角度分析发展的原因。

四、企业核心竞争力对发展能力的影响

企业核心竞争力，即内部能力，涉及企业生产经营过程的各个方面，包括技术、创新、学习、组织管理等，形成了一个复杂的多元化系统。这个系统相当于企业的"软件"，和"硬件"资源相比，更多地扮演着企业核心竞争力的角色。企业是否有足够的发展潜力，很大程度上依赖于其核心竞争力的形成。如果一个企业在技术、创新、学习和组织管理等能力上建立了竞争优势，那么它就在未来的竞争中取得了先机，获得了发展能力。

企业核心竞争力主要是从以下几个方面来影响企业的发展能力的。

（一）技术能力

技术能力是企业形成核心竞争力的关键。它主要包括研究与开发（Research and development，R&D）能力和技术水平。R&D 是指为增加知识与技术总量以及应用这些知识去创造、更新而进行的系统性创造活动。R&D 包括基础研究、应用研究和技术开发三个方面。其中，基础研究既能扩大科学知识领域，又能为新技术的发明创造奠定基础，因此从长远发展角度应重视基础研究，大公司尤其如此。应用研究是为获得新知识而进行的有明确目的的创造性研究，是连接基础研究与技术开发的桥梁。技术开发则是利用前述的知识、研究，为生产新的材料、产品、装置，建立新的工艺、系统，以及对上述工作进行实质性改进而进行的系统性科技活动。技术能力的高低决定了企业将技术资源向技术优势进行转换的能力和水平高低。

（二）创新活力

创新是一个企业获得竞争优势的第一位因素，也是主要的推动力。创新可使企业的资源配置更趋合理，产生更好的整体效益，使企业在优势的基础上谋求更大发展。企业的创新活力是企业保持和提高竞争优势的动力源泉。创新的方法多种多样，但最基本的思路就是，以客户需求为中心，创造出自己的特色和品牌。主要包括以下两方面。一是销售的创新，包括网络销售、咨询销售、间接销售和行政主管销售。网络销售：通过互联网实现服务。咨询销售：以顾问的方式来了解客户的需求和满意度。间接销售：通过电话来实现服务。行政主管销售：董事长或总经理亲自拜访可能成为本企业大客户的另一企业的总裁并洽谈生意，或者出席重要的销售活动。二是技术的创新，包括产品创新和工艺创新。产品创新：在技术变化基础上实现产品商业化，可以是全新产品商业化，也可以是技术改进后的产品商业化。工艺创新：是商品生产技术上的重大变革，即新工艺、新设备、新的经营管理和组织方法的创新。

（三）转化能力

转化能力包括将现有资源转化为生产力的能力和将发明与创造的成果市场化的能力。企业的资源在经过有效的配置、合理的利用后才能为企业带来经济效益。而企业的发明和创造的成果只有实现生产和市场的销售为消费者所认可接受，才能算作成功。因此资源的转化能力和产品市场化能力也是核心竞争力评价的一个方面。

（四）应变能力

应变能力是指企业在恰当的时间内对重要事件、机会和外部威胁做出有意识的反应以获得和保持竞争优势的能力。企业应该随时根据市场供求状况的变化、消费倾向的改变和技术革新进展而及时调整产品结构，这种应变能力是使企业在复杂的竞争环境中得以取胜的关键。

（五）组织协调能力

组织协调能力涉及企业的组织结构、信息传递、企业文化和激励机制等诸多要素，它的作用在于通过管理过程的制度化、程式化，将企业的技术知识和生产技巧融入企业的核心竞争力，企业组织效率的高低决定了企业将技术优势向市场优势转化的效率。因此，我们在构建企业的发展能力的评价体系时可以按照上述核心竞争力的构成要素来构建，但是在这里我们还要结合一部分对企业发展能力质量的评价来更加客观、完整地构建发展能力的分析与评价体系。

技术能力、创新活力主要属于技术范畴，对整个企业业绩的提高、形成企业可持续发展的核心竞争优势有着至关重要的作用。如何客观、科学、有效地评价企业的技术，对企业科学地定位自身的技术创新状态，采取有效的技术创新策略，保持和提高企业竞争优势，获得最佳的企业绩效具有特别重要的意义。转化能力、应变能力和组织协调能力都属于企业管理技巧和能力的整合，使企业能有效地开发和整合企业的内部资源、外部资源和技术能力，使它们协调地运作并适应不断变化的市场，产生效益，以提高企业核心竞争力。

第二节　发展能力指标分析

从财务分析的角度上看，发展能力分析与获利能力分析不同。获利能力分析是对企业过去与目前的盈利水平与同行业相比较而做出的一种客观评价，它是一种静态分析；而企业发展能力分析则是一种动态分析，它是在获利能力分析的基础上，对企业未来发展趋势与价值增长的一种判断，是财务分析的真正目的。评价企业发展能力不仅要从销售能力、资产管理、股东回报等入手，更要从行业发展趋势、盈利增长点、在行业中所处的地位等入手；不仅要看企业的营运能力、获利能力，更要看企业的市场控制能力、技术创新能力。

分析企业的发展能力主要考查以下七个方面：①获利能力趋势；②销售增长能力；③市场控制能力；④技术创新能力；⑤资产增长能力；⑥资本保障能力；⑦股东经济增加值。

一、获利能力趋势

获利能力趋势主要分析、反映企业获利能力的指标，即销售毛利率、营业利润率、总资产收益率、净资产收益率、每股收益等这几个指标近三年来的变化趋势，并考虑净利润增长情况。如果上述指标值总体上呈稳定增长趋势，说明企业未来发展看好。

二、销售增长能力

反映销售增长能力的指标主要有两个：销售增长率和营销能力。

（一）销售增长率

$$销售增长率 = \frac{本年销售增长额}{上年销售额} \times 100\%$$

$$本年销售增长额 = 本年销售额 - 上年销售额$$

$$三年销售收入平均增长率 = \left(\sqrt[3]{\frac{本年销售收入总额}{三年前年度销售收入总额}} - 1 \right) \times 100\%$$

销售增长率指标反映的是相对化的销售收入增长情况，与绝对量的销售增长额相比，消除了企业规模的影响，更能反映企业的发展情况。销售增长率是衡量企业经营状况和市场占有能力、预测企业经营业务拓展趋势的重要标志，也是企业扩张增量和存量资本的重要前提。不断增加的销售收入，是企业生存的基础和发展的条件。例如世界 500 强企业就主要以销售收入的多少进行排序。

三年销售收入平均增长率就是为消除销售收入短期异常波动的影响，反映企业较长时期的销售收入增长情况而采用的分析指标。

利用销售增长率指标分析企业发展能力时应注意以下方面。

（1）销售增长率指标是衡量企业经营状况和市场占有能力、预测企业经营业务拓展趋势的重要指标，也是衡量企业扩张增量和存量资本的重要前提。不断增加的销售收入，是企业生存的基础和发展的条件。

（2）销售增长率指标大于 0，表示企业本年的销售收入有所增长，指标值越高，表明企业增长速度越快，企业市场前景越好，营销能力越强；如果销售增长率指标小于 0，表明企业产品销售不出去，市场份额萎缩，企业应从产品质量、等级、价格、售后服务等方面寻找原因，或者是产品不适销对路、质次价高。但是销售增长并非越快越好，增长过快，后期可能难以驾驭，因此，保持稳健、可控的自然增长速度，也许是最佳的选择。

（3）在实际分析时应结合企业历年的销售水平、企业市场占有情况、行业未来发展及其他影响企业发展的潜在因素进行前瞻性预测，或者结合企业前三年的销售收入增长率做出趋势性分析预测。同时还要注意：该指标作为相对指标，存在收入增长基数影响的问题，如果基数即上年销售收入额特别小，即使本年的收入额出现较小的增长，该指标值也会较大，不利于企业间的比较。因而在分析的过程中还需要结合使用销售收入增长额等指标进行综合判断。

（4）通常来说，一个成长性强的企业，这个指标的数值较大。处于成熟期的企业，这个指标可能较低，但是凭借其已经占领的强大的市场份额，也能够保持稳定而丰厚的利润。处于衰退阶段的企业，这个指标可能为负数。这种情况下通常是危险信号的红灯。该指标能反映企业未来的发展前景。

（5）分析中可以其他类似企业、企业历史水平及行业平均水平作为比较标准。

（二）营销能力

营销能力可以用定量指标与定性指标进行分析。

（1）定量指标。定量指标主要有营销队伍实力，用"销售人员占全体职工的比例"来表示。

（2）定性指标。可以通过问卷调查采集数据。主要考虑营销渠道（如直接销售、电话销售、电视销售、零售、代理销售、互联网络销售），营销网点（全球、全国、全省），品牌商标（拥有国际知名品牌个数、拥有国内知名品牌个数、拥有省内知名品牌个数），售后服务网点数量等。

三、市场控制能力

反映市场控制能力的指标主要有主导产品市场占有率、市场覆盖率、国际市场占有率、市场应变能力、顾客忠诚度等。

（一）主导产品市场占有率

主导产品市场占有率指标反映企业的主导产品或服务在市场上的占有深度。

$$主导产品市场占有率 = \frac{S_1 + S_2 + \cdots + S_n}{R}$$

其中：

S_i——表示企业第 i 种主导产品的市场占有率，其值等于该产品销售收入与同行业产品销售收入总额之比，$i=1，2，3\cdots\cdots，n$；

n——企业主导产品数目；

R——市场占有率修正系数。

$$R = \frac{\text{企业固定资产原值} + \text{企业年末流动资产平均余额}}{\text{行业固定资产原值} + \text{行业年末流动资产平均余额}}$$

（二）市场覆盖率

市场覆盖率指标反映企业主导产品或服务在市场上的占有广度。

$$\text{市场覆盖率} = \frac{\text{企业某种产品的销售地区数}}{\text{行业同类产品的销售地区数}}$$

在实际应用中，不同地区的权重值可以有所不同。发达地区的权重数应该大一些。

（三）国际市场占有率

国际市场占有率指标反映企业生产的产品在国际市场上的竞争力强弱。

$$\text{国际市场占有率} = \frac{\text{企业生产的某类产品出口总额}}{\text{该类产品的世界出口总额}}$$

（四）市场应变能力

市场应变能力指标反映企业对市场变化的应对能力。

$$\text{市场应变能力} = \frac{\text{企业新产品开发率}}{\text{行业新产品开发率}}$$

$$\text{新产品开发率} = \frac{\text{在研产品数} + \text{储备产品数} + \text{新产品投产数}}{\text{现有生产产品总数}}$$

（五）顾客忠诚度

$$\text{顾客忠诚度} = \frac{\text{每百名顾客向本公司购买的某种商品的数量}}{\text{每百名顾客从其他同类产品供应商处所购同种商品的数量}}$$

四、技术创新能力

衡量一个企业的技术创新能力可以从现有技术实力、研究与开发两个方面进行评估。

（一）研发支出占销售收入的比重

研发支出对公司保持并提高市场竞争能力至关重要，所以此处重点说一说。比如，美国苹果公司公告显示，2015年、2016年和2017年公司的研发支出分别是81亿美元、100亿美元和116亿美元。2017年苹果公司的研发支出折算成人民币超过700亿元，这是一个什么概念呢？2016年，贵州茅台的销售收入是400亿元，云南白药的销售收入是220亿元，苹果公司一年的研发支出比这两家行业龙头公司一年的销售收入之和还要多。

在对研发支出进行分析时，可以重点研究两个数据。

第一个数据是过去三年研发支出的绝对金额。我们希望看到上市公司的研发支出像苹果公司那样每年能保持一定幅度的增长。只要看到上市公司持续不断地进行研发投资，就不用太担心未来几年公司的收入和利润的增长。

第二个数据是研发支出占销售收入的比重。统计数据表明，这个比率在10%—30%比较健康，理想情况是在20%左右。如果比率太低，表明上市公司的研发投入不足；而比率太高，往往预示着公司的研发投入不可持续。

（二）人均技术装备水平

人均技术装备水平指标反映企业人均拥有固定资产程度。

$$人均技术装备水平 = \frac{生产用固定资产平均原值}{平均生产人员人数}$$

（三）设备先进程度

设备先进程度指标反映企业人均拥有的先进设备的程度。

$$设备先进程度 = \frac{期末达到国内先进水平以上设备数}{平均生产人员人数}$$

（四）技术创新投入率

技术创新投入率指标反映企业在技术创新活动中的资金投入情况。

$$技术创新投入率 = \frac{技术创新活动产生的总经费}{企业产品销售额}$$

（五）技术开发人员比率

技术开发人员比率指标反映企业在技术创新活动中的人力投入。

$$技术开发人员比率 = \frac{经常从事技术开发的人数}{年平均职工总人数}$$

（六）新产品开发成功率

新产品开发成功率指标从新产品开发成功的角度反映企业技术创新实力的强弱。

$$新产品开发成功率 = \frac{能够形成市场规模的新产品数}{开发的新产品总数}$$

（七）新产品产值率

新产品产值率指标从新产品创造的销售贡献的角度反映企业技术创新实力的强弱。

$$新产品产值率 = \frac{创新产品销售额}{企业产品销售总额}$$

（八）专利水平

专利水平指标从企业取得专利数的角度反映企业技术创新实力的强弱。

$$专利水平 = \frac{最近三年企业取得专利数}{最近三年企业申请专利数}$$

（九）信息技术拥有率

信息技术拥有率指标反映企业现已拥有的信息技术软、硬件的水平。

$$信息技术拥有率 = \frac{信息技术资产总值}{企业总资产价值}$$

（十）人力资本指数

一个企业的人力资本指数可以从企业高级管理人员综合素质指数、员工平均受教育程度、人力资本开发成本率（企业对员工的培训投入）等三个方面进行评估。

其中：

$$人力资本开发成本率 = \frac{用于人力资本开发的总费用}{企业总资产价值}$$

公式中，人力资本开发总费用包括在职教育费用、岗位培训费用、脱产培训费用、被培训员工误工损失费、顾客培训费等。

五、资产增长能力

资产是企业用于取得收入的资源，也是企业偿还债务的保障。资产增长是企业发展的一个重要方面，成长性高的企业一般能保持资产的稳定增长。资产增长能力可以用总资产增长率、三年平均资产增长率、固定资产成新率等指标来评价。

（一）总资产增长率

$$总资产增长率 = \frac{本年总资产增长额}{年初资产总额} \times 100\%$$

$$本年总资产增长额 = 年末资产总额 - 年初资产总额$$

总资产增长率越高，表明企业一个经营周期内资产经营规模扩张的速度越快，但是不能盲目扩张。要注意资产质和量的关系，真正从扩张上增强企业后续发展能力。通常来说，处于成长期的企业会运用各种渠道（权益性筹资，如新股发行、配股等；债务性筹资，如发行债券、举借各种借款等）来扩张资本规模，从而进行更多的投资项目获得回报。该指标较高反映了企业积极扩张，但是过高就包含了一些风险，因此需要进行综合分析。

除了计算总资产增长率对总资产的增长情况进行分析外，还可以对各类具体资产的增长情况进行分析。可以计算以下指标：流动资产增长率、固定资产增长率、无形资产增长率及员工增长率。计算时都是本年增长额除以年初数额。

（二）三年平均资产增长率

$$三年平均资产增长率 = \left(\sqrt[3]{\frac{年末资产总额}{三年前年末资产总额}} - 1\right) \times 100\%$$

三年平均资产增长率指标消除了资产短期波动的影响，反映了企业较长时期内的资产增长情况。

（三）固定资产成新率

$$固定资产成新率 = \frac{平均固定资产净值}{平均固定资产原值} \times 100\%$$

该指标是企业当期平均固定资产净值同固定资产原值的比率，反映了企业所拥有的固定资产的新旧程度，体现了企业固定资产更新的快慢和持续发展的能力。该指标高表明企业的固定资产比较新，可以为企业服务较长时间，对扩大再生产的准备比较充足，发展的可能性较大。

利用该指标分析应注意的问题。

（1）应剔除企业应提未提折旧对固定资产真实情况的影响。

（2）进行企业间比较时，注意不同折旧方法对指标的影响。

（3）该指标受周期影响大，评价时应注意企业所处周期阶段这一因素。

六、资本保障能力

可以用于评价资本保障能力的指标主要有资本保值增值率、净收益增长率、资本积累率、三年资本平均增长率、股利增长率等。净收益增长率前面已经介绍，此处略。

（一）资本保值增值率

资本保值增值率，是企业扣除客观因素后的本年末股东权益总额与年初股东权益总额的比率，反映企业当年资本在企业自身努力下实际增减变动的情况。其计算公式为：

资本保值增值率＝扣除客观因素后的本年末股东权益总额÷年初股东权益总额×100%

一般认为，资本保值增值率越高，表明企业的资本保全状况越好，股东权益增长越快，债权人的债务越有保障。该指标通常应当大于1。如果该指标小于1，表明企业资本受到侵蚀，没有实现资本保全，损害了股东的权益，也妨碍了企业进一步发展壮大，应予充分重视。

（二）资本积累率

资本积累率，是企业本年净资产增长额同年初净资产的比率，反映企业净资产当年的变动水平。较多的资本积累是企业发展强盛的标志，是企业扩大再生产的源泉，是评价企业发展潜力的重要指标。

$$资本积累率 = \frac{净资产增长额}{年初净资产} \times 100\%$$

该指标体现了企业资本的保全和增长情况。该指标值越高，表明企业的资本积累越多，企业资本保全越好，应付风险、持续发展的能力越强。该指标值如为负值，表明企业资本受到侵蚀，股东利益受到损害，要引起重视。

（三）三年资本平均增长率

净收益增长率指标有一定的滞后性，仅反映当期情况；为反映企业资本保全增值的历史发展情况，了解企业的发展趋势，需要计算连续几年的资本积累情况。

$$三年资本平均增长率 = \left(\sqrt[3]{\frac{年末所有者权益总额}{三年前年末所有者权益总额}} - 1 \right) \times 100\%$$

该指标越高，表明企业股东权益得到的保障程度越大，企业可以长期使用的资金越充裕，抗风险和连续发展的能力越强。

利用该指标分析时应注意股东权益各类别的增长情况。实收资本的增长一般源于外部资金的进入，表明企业具备了进一步发展的基础，但并不表明企业过去具有很强的发展和积累能力；留存收益的增长反映企业通过自身经营积累了发展后备资金，既反映企业在过去经营中的发展能力，也反映了企业进一步发展的后劲。

（四）股利增长率

股利增长率与企业价值（股票价值）有很密切的关系。戈登股利增长模型认为，股票价值等于下一年的预期股利除以要求的股票收益率和预期股利增长率的差额所得的商，即股票价值 $= \dfrac{DPS}{r-g}$（其中，DPS 表示下一年的预期股利，r 表示要求的股票收益率，g 表示股利增长率）。从该模型的表达式可以看出，股利增长率越高，企业股票的价值越高。

$$股利增长率 = \frac{本年每股股利增长额}{上年每股股利} \times 100\%$$

$$三年平均股利增长率 = \left(\sqrt[3]{\frac{本年每股股利}{三年前每股股利}} - 1 \right) \times 100\%$$

七、股东经济增加值

（一）股东经济增加值的内涵

股东经济增加值（Economic value added，EVA）是指扣除必要的权益资本成本后的净利润增加值。因此，股东经济增加值反映了股东财富的增加，其增长情况反映了公司的发展能力。一个增长型的公司必然是一个能够不断增加股东经济增加值的公司。

股东投资于公司，其权益的账面价值就是净资产。公司在经营中运用这些净资产从而实现股东财富的增加。但是，净资产价值的增加并不能反映公司的发展能力。因为净资产的增加仅仅扣除了债务资本成本，而忽略了对权益资本成本的补偿。一个企业只有在弥补了所有投入资本成本，包括债务资本成本和权益资本成本之后，剩下的才是真正属于企业股东所拥有的财富。也就是说，股东投入的资金是有成本的，如银行存款这样的无风险利率为权益资本成本，真正的收益是要将此资金成本扣减的。

（二）股东经济增加值的计算

股东经济增加值 =（净资产收益率 − 权益资本成本率）× 净资产

公式中，对净资产收益率有过论述，净资产一般采用期初与期末的平均值。而权益资本成本率的计算是个难题，需要进行测算。目前有多种方法来测算权益资本成本率，归纳起来有三种方法：折现股利法、资本资产定价模型法、债务资本成本加成法。由于计算比较麻烦，因此，《中央企业负责人经营业绩考核暂行办法》（2013）在"经济增加值考核细则"附件中明确规定，中央企业资本成本率原则上定为 5.5%；对军工等资产通用性较差的企业，资本成本率定为 4.1%；资产负债率在 75% 以上的工业企业和 80% 以上的非工业企业，资本成本率上浮 0.5 个百分点。

第三节　企业发展前景预测

企业的发展前景预测是一个很复杂的问题，需要考虑企业所处行业状况，企业与竞争对手的比较，企业当前的整体状况和未来的发展方向等。这里仅从财务的角度对企业的发展前景做一个简单的预测。

在第二节中我们已经得出结论，企业的发展是建立在收入增长基础之上的。只有收入增长，才有利润的增长；只有利润增长，企业才能形成更多的积累，才能给股东增加投资提供信心；只有股东权益增长，才能为债务筹资提供保障，从而扩大企业的筹资规模；只有筹资规模扩大，才能增加企业的资产规模，才能创造更多的收入。由此可见，收入增长是企业发展之源，预测企业的发展前景主要需要预测企业收入的增长。

一、资产、资金来源与收入之间的关系

在第一节中，我们已经阐述了企业的发展应该表现为资产、负债、股东权益、收入、成本费用和利润的全面增长，即会计各要素的全面增长。为了研究资产、资金来源与收入之间的关系，我们可以借助财务管理中"销售百分比法"预测资金需要量的方法进行分析。

在全部资产中，有些资产会随着收入的增加而增加，尽管不一定等比例增加，但确实或多或少具有这一特点，如货币资金、应收票据、应收账款、存货、预付账款以及与收入有关的其他应收款等。即使是固定资产，也不能完全摆脱收入增长的影响，因为当产量突破固定资产的生产能力时，只能增加固定资产。这些资产可以称之为与收入有关的资产。当收入增长时，要求这些资产必须随之增长。

在全部资金来源中，有些流动负债项目会随着收入的增加而自动增加，尽管不一定等比例增加，但确实或多或少具有这一特点，如预收账款、应付票据、应付账款、应交税金、与收入挂钩的应付职工薪酬和其他应付款等。另外，当年实现净利润的积累部分也是自动增加的资金来源之一。这些资金来源可以称之为与收入有关的资金来源。当收入增长要求相关资产随之增长时，这些资金来源能够形成一部分资产。当然，其余资产所需要的资金来源只能依靠外部筹资。

假定与收入有关的资产和资金来源随收入的增加而等比例增加，则：

公式（1）：

　　　　本年资产增加额 = 年初与收入有关的资产 × 本年收入增长率

公式（2）：

本年资金来源自动增加额 = 年初与收入有关的负债 × 本年收入增长率 + 本年与收

　　　　　　　　　　　入有关的股东权益增加额

　　　　　　　　= 年初与收入有关的负债 × 本年收入增长率 +

　　　　本年收入 × 本年收入净利率 × 本年利润积累率

公式（3）：

　　　　本年外部筹资额 = 本年资产增加额 − 本年资金来源自动增加额

　　　　　　　　= 年初与收入有关的资产 × 本年收入增长率 − 年初与收

入有关的负债 × 本年收入增长率 − 本年收入 × 本年收入净利率 × 本年利润积累率

　　　　　　　　=（年初与收入有关的资产 − 年初与收入有关的负债）

× 本年收入增长率 − 本年收入 × 本年收入净利率 × 本年利润积累率

由公式（3）可推导出公式（4）：

　　　　收入增长率 =（本年外部筹资额 + 本年收入 × 本年收入净利率 × 本年利润积

累率）÷（年初与收入有关的资产 − 年初与收入有关的负债）

　　　　　　　　=（本年外部筹资额 + 本年净利润 × 本年利润积累率）÷（年初

与收入有关的资产 − 年初与收入有关的负债）

　　　　　　　　=（本年外部筹资额 + 本年积累的净利润）÷（年初与收入有关

的资产 − 年初与收入有关的负债）

　　　　　　　　=（本年外部筹资额 + 本年盈余公积和未分配利润的增加额）÷（年

初与收入有关的资产 − 年初与收入有关的负债）

　　　　　　　　=（本年外部筹资额 + 本年内部筹资额）÷（年初与收入有关的

资产 − 年初与收入有关的负债）

　　　　　　　　= 本年资金来源增加额 ÷（年初与收入有关的资产 − 年初与收入

有关的负债）

　　　　　　　　= 本年资产增加额 ÷（年初与收入有关的资产 − 年初与收入有关

的负债）

从公式（4）可以看出，在年初资产、负债状况一定的前提下，收入的增长
速度取决于当年资产的增长情况。

同样，由公式（4）进一步变形，得公式（5）：

本年资产增加额＝（年初与收入有关的资产－年初与收入有关的负债）×收入增长率

从公式（5）可以看出，在年初资产、负债状况一定的前提下，资产的增长情况取决于收入的增长速度。

综上所述，由于收入和资产（或资金来源）之间存在相互关系，决定了它们之间必须全面增长。

二、企业发展前景分析

从前面的分析我们知道，收入的增长需要资金的增长来支撑。支持收入增长所需要的资金来源不外乎有两种解决方式：一是不从外部筹资，完全依靠内部资金增长；二是依靠内部资金增长的同时筹措外部资金。下面分别加以叙述。

（一）完全依靠内部资金增长

此时，外部筹资额＝0，则可对公式（4）进行简化，得公式（6）：

收入增长率＝本年收入×本年收入净利率×本年利润积累率÷（年初与收入有关的资产－年初与收入有关的负债）

＝本年净利润×本年利润积累率÷（年初与收入有关的资产－年初与收入有关的负债）

＝本年积累的净利润÷（年初与收入有关的资产－年初与收入有关的负债）

＝本年盈余公积和未分配利润的增加额÷（年初与收入有关的资产－年初与收入有关的负债）

＝本年内部筹资额÷（年初与收入有关的资产－年初与收入有关的负债）

＝本年资金来源增加额÷（年初与收入有关的资产－年初与收入有关的负债）

＝本年资产增加额÷（年初与收入有关的资产－年初与收入有关的负债）

如果我们假定所有的资产和负债都与收入有关，则公式（6）还可以进一步简化为公式（7）：

收入增长率 = (本年收入 × 本年收入净利率 × 本年利润积累率) ÷ (年初资产 − 年初负债)

= (本年净利润 × 本年利润积累率) ÷ 年初股东权益

= 本年积累的净利润 ÷ 年初股东权益

= 本年盈余公积和未分配利润的增加额 ÷ 年初股东权益

= 本年股东权益增加额 ÷ 年初股东权益

= 股东权益增长率

公式（7）表明，如果企业仅仅依靠内部资金的增长支持收入的增长，则收入最大可能实现的增长率等于股东权益增长率，一般称之为"内含销售增长率"或"内部销售增长率"。由此可见，企业无须借助外部筹资，仅靠内部积累也能实现销售增长。

但是，由于企业内部能够积累的财务资源是有限的，这将限制企业的发展速度，使收入的增长率限制在股东权益增长率的范围之内。

需要说明的是，内含销售增长率仅仅从理论上提供了在单纯依靠内部资金的情况下收入增长的最大可能性，至于收入的实际增长率能否达到这个水平则是另外一回事。

实际上，由于受到多种因素的影响，二者之间往往是不一致的。

以 KM 公司 2017—2018 年资产负债表和利润表的有关数据计算其内含销售增长率，如表 10-1 所示。

表 10-1　内含销售增长率计算

金额单位：元

项目	2018 年	2017 年	增加额	增长率
盈余公积	1,611,321,377	1,520,517,092	90,804,285	
未分配利润	7,378,131,915	7,727,605,196	−349,473,281	
股东权益合计	28,300,025,287	28,515,358,767		
留存盈余增加			−258,668,996	
内含销售增长率				−0.91%
营业收入	19,356,233,375	17,578,618,640		10.11%

从表 10-1 可以看出，2018 年 KM 公司留存盈余减少了 258,668,996 元，使股东权益减少了 0.91%。就是说，如果没有筹措其他资金，由此营业收入将减少。而 KM 公司的实际营业收入增长了 10.11%，说明很可能有其他外部资金加入。

（二）依靠内部资金增长的同时筹措外部资金

由于企业从外部筹资，所以外部筹资额 >0。如果我们假定所有的资产和负债都与收入有关，则公式（4）可以简化为公式（8）：

收入增长率 =（本年外部筹资额 + 本年收入 × 本年收入净利率 × 本年利润积累率）÷（年初资产 – 年初负债）

=（本年外部筹资额 + 本年净利润 × 本年利润积累率）÷ 年初股东权益

=（本年外部筹资额 + 本年积累的净利润）÷ 年初股东权益

=（本年外部筹资额 + 本年盈余公积和未分配利润的增加额）÷ 年初股东权益

=（本年外部筹资额 + 本年股东权益增加额）÷ 年初股东权益

=（本年外部筹资额 ÷ 年初股东权益）+ 股东权益增长率

=（本年外部筹资额 ÷ 年初股东权益）+ 内含销售增长率

从公式（8）可以看出，在外部筹资额的干预下，收入增长率肯定会超过内含销售增长率，超过的最大幅度为"本年外部筹资额 ÷ 年初股东权益"。

事实上，依据 KM 公司 2018 年资产负债表可知，KM 公司 2018 年负债合计 46,327,912,278 元，较 2017 年的 36,777,592,558 元，增加了 25.97%，可见，2018 年营业收入增长 10.11%，主要是外部筹资的结果。

企业外部筹资的方式包括增加债务和吸收股东直接投资。如果片面地增加负债，虽然能够充分利用债务资金的杠杆作用提高权益净利率，但会使企业的偿债压力增加，财务风险增大，同时从较长的时期来看，随着资产负债率的逐步提高，资产对负债的保障程度逐步下降，导致企业的债务筹资能力逐步下降，甚至完全丧失债务筹资能力。如果片面地吸收股东直接投资，就不能充分利用债务资金的杠杆作用，除非股东追加的投资能够获得更高的回报，否则必然导致权益净利率下降，遭到股东的反对和抵制。由此可见，单纯依靠债务筹资或权益筹资都不能使收入获得长期、稳定的增长。

解决上述问题的唯一办法是使债务资金和权益资金之间保持平衡增长。所谓平衡增长，就是根据企业自身的条件设定一个能够承受的资产负债率范围，并一贯地保持这一财务结构，将财务风险控制在能够承受的范围内。具体做法有以下两种。

第一种，不要求股东追加投资，仅仅根据留存收益引起的股东权益自然增长比例增加负债。

第二种，要求股东追加投资，但根据股东追加投资和留存收益共同引起的股东权益增长比例增加负债。

债务资金和权益资金的平衡增长不会影响企业的再筹资能力，从而确保收入能够持续增长。在债务资金和权益资金平衡增长的前提下形成的收入增长速度称为可持续收入增长率。

根据公式（8）推导可持续收入增长率的公式（9）如下：

可持续收入增长率 =（本年外部筹资额 + 本年收入 × 本年收入净利率 × 本年利润积累率）÷（年初资产 − 年初负债）

=[（本年外部债务资金筹资额 + 本年外部权益资金筹资额）+ 本年积累的净利润]÷ 年初股东权益

=[本年外部债务资金筹资额 +（本年外部权益资金筹资额 + 本年积累的净利润）]÷ 年初股东权益

=（本年外部债务资金筹资额 + 本年股东权益增加额）÷ 年初股东权益

由于债务资金和权益资金平衡增长，即新增部分的资产负债率与原来的资产负债率保持一致。所以：

本年外部债务资金筹资额 ÷（本年外部债务资金筹资额 + 本年股东权益增加额）= 资产负债率

据此，可以得到：

本年外部债务资金筹资额 = 资产负债率 ÷（1− 资产负债率）× 本年股东权益增加额

于是，公式（9）可以进一步推导为公式（10）：

可持续收入增长率 =[资产负债率 ÷（1− 资产负债率）× 本年股东权益增加额 + 本年股东权益增加额]÷ 年初股东权益

=1÷（1− 资产负债率）×（本年股东权益增加额 ÷ 年初股东权益）

=1÷（1− 资产负债率）× 股东权益增长率

从公式（10）可以看出，由于 "1÷（1− 资产负债率）" 必然大于 1，所以可持续收入增长率必然大于股东权益增长率。

如果股东不追加投资，股东权益的增长仅仅依靠本年积累的净利润，则据此计算的可持续收入增长率为最低的可持续收入增长率。

在 KM 公司中，由于其 2018 年的股东权益增长率为负数，则可持续收入增长率令人担忧。

需要说明的是，可持续收入增长率仅仅从理论上提供了收入增长的最大可能性，至于收入的实际增长率能否达到这个水平则是另外一回事。实际上，由于受到多种因素的影响，二者之间往往是不一致的。

本章小结

通过本章知识的学习，我们理解了发展能力的含义、分析意义，掌握了评价企业发展能力的主要思路、重要指标及计算方法，能够结合相关资料对目标公司的发展前景做出一些基本判断，为财务信息使用者进行决策提供有效的信息。

关键术语

发展能力（Capacity development）；可持续发展（Sustainable development）；净收益增长率（Net income growth rate）；核心竞争力（Core competitiveness）；获利能力趋势（Profitability trend）；销售增长能力（Sales growth capability）；市场控制能力（Market control）；技术创新能力（Technological innovation capability）；资产增长能力（Asset growth capability）；资本保障能力（Capital guarantee capacity）；股东经济增加值（Shareholder economic value added）

自 测 题

1. 可以反映股东权益账面价值增减变化的指标是（　　）。

A. 权益乘数   B. 股东权益增长率

C. 产权比率   D. 三年资本平均增长率

2. 下列项目中，不属于企业资产规模增加的原因的是（   ）。

    A. 企业对外举债   B. 企业实现盈利

    C. 企业发放股利   D. 企业发行股票

3. 如果企业某一种产品处于成熟期，其收入增长率的特点是（   ）。

    A. 比值比较大   B. 与上期相比变动不大

    C. 比值比较小   D. 与上期相比变动非常小

4. 下列指标中，不可以用来表示利润增长能力的指标是（   ）。

    A. 净利润增长率   B. 营业利润增长率

    C. 收入增长率   D. 三年利润平均增长率

5. 下列指标中，属于增长率指标的是（   ）。

    A. 产权比率   B. 资本收益率

    C. 不良资产比率   D. 资本积累率

6. 如果说生存能力是企业实现盈利的前提，那么企业实现盈利的根本途径是
（   ）。

    A. 发展能力   B. 营运能力

    C. 偿债能力   D. 资本积累

7. 下列计算公式中，属于净收益增长率指标的是（   ）。

A. 本期股东权益增加额 ÷ 股东权益期初余额

B.（净利润 + 对股东的净支付）÷ 股东权益期初余额

C. [净利润 +（股东新投资 - 支付股东股利）] ÷ 股东权益期初余额

D.（净利润 - 支付股东股利）÷ 股东权益期初余额

参考答案：BCBCD，DD。

思 考 题

1. 为什么说提升企业核心竞争力是提高企业发展能力的最关键因素？

2. 如何理解企业的发展首先表现为资产、负债、股东权益、收入、成本费用
和利润的全面增长？

3. 发展能力分析的主要思路有哪两种？如何理解两者的关系。

4. 企业核心竞争力是从哪些方面来影响企业的发展能力的？

5. 在财务报表分析中，应该从哪些方面分析企业的发展能力？

案例讨论及分析

甲公司是一家国有控股上市公司，采用股东经济增加值作为业绩评价指标，目前，控股股东正对甲公司 2020 年度的经营业绩进行评价，相关资料如下。

（1）甲公司 2019 年年末和 2020 年年末资产负债表情况如表 10-2 所示。

表 10-2　2019 年年末和 2020 年年末资产负债表情况

金额单位：万元

项目	2020 年年末	2019 年年末	项目	2020 年年末	2019 年年末
货币资金	405	420	应付账款	1,350	1,165
应收票据	100	95	应付职工薪酬	35	30
应收账款	2,060	2,040	应交税费	100	140
其他应收款	330	325	其他应付款	140	95
存货	2,300	2,550	长期借款	2,500	2,500
固定资产	4,600	4,250	优先股	1,200	1,200
在建工程	2,240	1,350	普通股	5,000	5,000
			留存收益	1,700	900
合计	12,035	11,030	合计	12,025	1,103

（2）甲公司 2020 年度利润相关资料如表 10-3 所示。

表 10-3　2020 年度利润相关资料

金额单位：万元

项目	2020 年度
管理费用	1,950
其中：研究与开发费	360
财务费用	220
其中：利息支出	200
营业外收入	400
净利润	1,155

（3）甲公司 2020 年的营业外收入均为非经常性收益。

（4）甲公司长期借款还有 3 年到期，年利率为 8%，优先股为 12 万股，每股面额为 100 元，票面股息率为 10%，普通股 β 系数为 1.2。

（5）无风险报酬率为 3%，市场组合的必要报酬率为 13%，公司所得税税率为 25%。

要求：

（1）以账面价值平均值为权数计算甲公司的加权平均资本成本；

（2）计算 2020 年甲公司调整后税后净营业利润、调整后资本和经济增加值。

（注：除平均资本成本率按要求（1）计算的加权平均资本成本外，其余按国务院国有资产监督管理委员会于 2013 年 1 月 1 日开始施行《中央企业负责人经营业绩考核暂行办法》的相关规定计算。）

第十一章
财务分析报告

扫码即可观看
本章微视频课程

知识框架

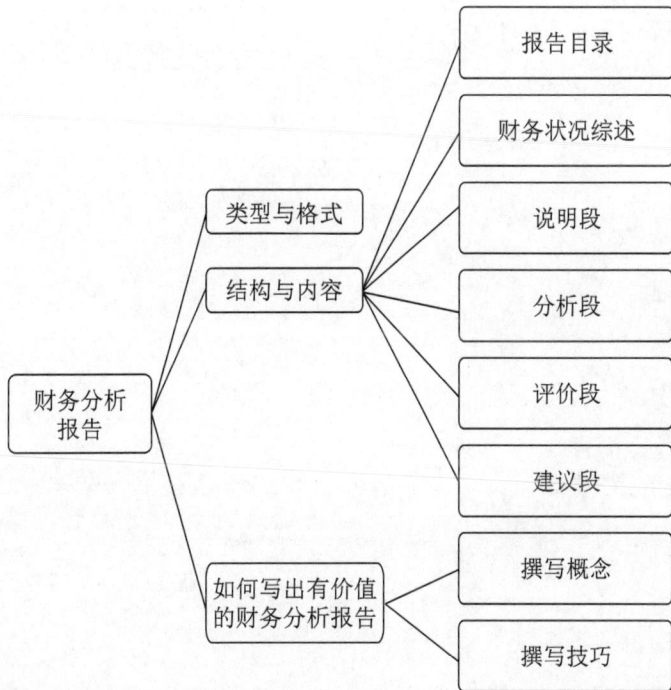

本章知识背景和学习目的

财务分析报告是财务分析的成果。财务分析是为别人做的。我们不仅需要进行财务分析，也需要报告财务分析的结果。了解报务分析报告的格式、结构与内容，掌握财务分析报告的写作技巧是非常重要的。

本章学习要点

1. 了解财务分析报告的类型与格式；
2. 了解财务分析报告的写作要求；
3. 掌握财务分析报告的结构与基本内容；
4. 掌握财务分析报告的写作方法与技巧。

第一节　财务分析报告的类型与格式

一、财务分析报告的类型

财务分析报告是在财务分析的基础上，对企业的经营特征、运营能力、盈利能力、偿债能力、发展能力等情况做出客观、全面、系统的分析和评价而形成的书面报告。

从编写的时间来划分，财务分析报告可分为两种：一是定期分析报告；二是非定期分析报告。定期分析报告又可以分为每日、每周、每旬、每月、每季、每年报告，具体根据公司管理要求而定，有的公司还要进行特定时点分析。

从编写的内容来划分，财务分析报告可分为三种。一是综合性分析报告。综合性分析报告是对公司整体运营及财务状况的分析评价，又称全面分析报告。二是专项分析报告。专项分析报告是针对某一时期公司经营管理中的某些关键问题、重大经济措施或薄弱环节等进行专门分析后形成的书面报告。它具有不受时间限制、一事一议、易被经营管理者接受、收效快的特点。三是项目分析报告。项目分析报告是对公司的局部或一个独立运作的项目进行分析而形成的书面报告。

二、财务分析报告的格式与要求

严格地讲，财务分析报告没有固定的格式和体裁，但基本要求是：

（1）事实清楚，客观公正；

（2）全面反映，突出重点；

（3）表述准确，格式规范；

（4）层次分明，结构合理。

此外，财务分析报告在表达方式上可以采取一些创新的手法，如可采用文字处理与图表表达相结合的方法，使其易懂、生动、形象。

第二节　财务分析报告的结构与内容

财务分析报告的基本结构与内容主要包括以下几个部分。

一、报告目录

报告目录是告诉报告使用者本报告所分析的内容及所在页码。

二、财务状况综述

财务状况综述是对财务分析报告内容的高度浓缩，概括公司经营、财务方面的综合情况，让财务报告接收者对公司财务状况有一个总括的认识。财务状况综述一定要言简意赅、点到为止。

三、说明段

说明段内容主要是对财务报表期间、重要项目、公司运营及财务状况的介绍。其中财务状况可以通过主要财务指标的完成情况来介绍。主要财务指标由反映企业财务效益状况、资产营运状况、偿债能力状况和发展能力状况四方面构成，如表 11-1 所示，并依据企业的具体情况进行修改。

表 11-1　企业效绩评价指标体系

评价内容	基本指标	修正指标
财务效益状况	净资产收益率 总资产报酬率	资本保值增值率 主营业务利润率 盈余现金保险倍数 成本费用利润率
资产营运状况	总资产周转率 流动资产周转率	存货周转率 应收账款周转率 不良资产比率
偿债能力状况	资产负债率 已获利息倍数	现金流动负债比率 速动比率
发展能力状况	销售（营业）增长率 资本积累率	三年资本平均增长率 三年销售平均增长率 技术投入比率

完成情况主要包括与本年计划（目标）相比、与上年同期实际相比、与行业平均相比、与目标企业相比。

四、分析段

分析段主要是通过会计数据来对公司财务状况、经营成果和现金流量进行分析研究。分析问题、发现问题的原因和症结，解释财务数据变化的真正含义，一般分重点报表项目进行分析研究。财务分析一定要有理有据，要细化分解各项指标（如可以按获利能力分析、偿债能力分析、发展能力分析、现金流量分析等细化），因为有些报表的数据是比较含糊和笼统的，要善于运用表格、图示，突出表达分析的内容。分析问题一定要善于抓住当前要点，多反映公司经营焦点和易于忽视的问题。

分析段是财务分析报告的核心内容。这部分的写作如何，在很大程度上决定了本次财务分析的质量和档次。要想使这一部分写得很精彩，首要的是要有一个好的分析思路。例如：某集团公司下设四个二级公司，且都为制造公司。财务分析报告的思路是：总体指标分析—集团总部情况分析—各二级公司情况分析；在每一部分里，按本月分析—本年累计分析展开；再往下按获利能力分析—销售情况分析—成本控制情况分析展开。如此层层分解、环环相扣，各部分间及每部分内部都存在着紧密的钩稽关系。

如果是外部财务分析报告，还需要对公司所处的行业背景及企业的优势与劣势情况进行分析。

五、评价段

做出财务说明和分析后，对企业的经营情况、财务状况、盈利业绩，应该从财务角度给予公正、客观的评价和预测。财务评价不能运用似是而非、可进可退、左右摇摆等不负责任的语言，评价要从正面和负面两方面进行，评价既可以单独分段进行，也可以将评价内容穿插在说明部分和分析部分。

六、建议段

建议段即财务人员在对经营运作、投资决策进行分析后形成的意见和看法，特别是对运作过程中存在的问题所提出的改进建议。撰写财务分析报告的根本目的不仅是停留在反映问题、揭示问题上，而是要通过对问题的深入分析，提出合理可行的解决办法，真正担负起"财务参谋"的重要角色。只有如此，财务分析的有用性或分量才可能得到提高和升华。值得注意的是，财务分析报告中提出的建议不能太抽象，而要具体化，最好有一套切实可行的方案。

第三节　如何写出有价值的财务分析报告

一、撰写财务分析报告的要领

（1）财务分析报告要客观。财务分析报告既要肯定成绩又要揭示存在的问题，关键体现在财务评价部分。评价要从正面和负面两方面进行，主要说明取得的成就和面临的挑战。评价既可以单独分段进行，也可以将评价内容穿插在说明部分和分析部分。

（2）财务分析报告一定要做到财务与业务融合，把财务分析与公司经营业务紧密结合，深刻领会财务数据背后的业务背景。因为财务数据是业务数据的一种结果体现，把财务数据还原到最开始的业务场景中，通过财务数据的分析，切实揭示业务过程中存在的问题。

（3）财务分析报告还需要反映基本的财务指标。例如资产负债率、流动比率、净资产收益率、净利润收益率、毛利率、销售费用率、管理费用率、应收账款周转率、存货周转率等，分析的方法主要是和同期比较（通常是近三年的分析比较），同时配以柱状图、趋势图、饼形图等，分析指标是否异常以及异常产生的原因，并进行说明及评价。

（4）财务分析报告的初稿可以征求多方面的意见，做分析的财务人员应尽可能征求多方面的相关意见，如生产、质量、市场、行政、投资、法务等各类情况，召开说明会议，听取各方面意见，与财务、业务等部门沟通确认每一个字段所代表的含义，财务指标的数据对业务和财务等是否有歧义，避免这些问题的产生，有利于财务分析和评价。

（5）财务分析报告也要说明财务分析报告的局限性。财务分析报告既是科学又是艺术，但很关键的一点就是受众多因素的影响，既要考虑宏观因素也要仔细斟酌微观因素。财务数据的分析比较，企业发展时期、发展阶段、公司背景有变化和差异，分析的逻辑性、可比性，都有可能会影响对企业财务状况的判断。

二、财务分析报告的写作技巧

财务分析报告的目的是为信息使用者进行经济决策时提供有价值的信息。这些目的能否实现，有赖于财务分析报告的写作质量和清晰程度。许多著作都谈到了写作清晰性的问题，很多专家都赞同以下原则，如图 11-1 所示。

图 11-1　财务分析报告的写作原则

1. 条理要清晰

提高财务分析报告价值的重点就是重要事项优先，以此类推，直到报告完毕，因为高层不会关注一些小问题，或者说是风险不大的问题。在写作中要说明在财务报表分析中发现了什么问题，这一问题的性质如何，对企业未来发展可能会产生什么影响（包括有利或不利影响，最好能说明金额、数量），等等。

2. 分析要详尽

财务分析就是让事实与数据说话，通过对发现问题的汇总与分析揭示问题，以寻找原因、界定事实。因此财务分析必须要详尽。为此，财务分析人员要做到以下 3 点。

（1）收集数据要具体。要注明数据来源，并对数据进行必要的甄别。数据越具体，对经营活动的分析和对比就越容易，结论就越准确，信息就越可信。

（2）分析思路要开阔。分析思路不能局限于项目之内、公司之内，而是要把分析过程中取得的数据放在更大的深度与广度分析。例如：部门数据要放到全公司、乃至集团公司范围来看；将市场信息与网上信息比较；将企业数据与竞争对手数据相比较。通过多方面、多维度的对比分析，财务数据隐含的信息就会逐渐明朗。

（3）了解原因要深入。针对财务数据分析中发现的问题要进行深入查证与思考，分析问题存在的根本原因及其对企业经营产生的影响。对问题了解越深入，越能得出一个比较合理的原因与解释，越能为信息使用者提供有价值的信息。

3. 归类要合理

在财务报表分析中可能发现问题较多且复杂，但财务分析报告是给别人看的，如果报告问题没有分类，各类问题交叉罗列，整篇报告读起来就会杂乱无章，无法让人掌握报告的重点及类别。例如，第一点讲企业对外部环境判断出现失误，第二点讲企业产品战略不明确……第五点又讲关于当前企业所面临的宏观环境问题，这样简单的罗列无法集中深入地揭示问题和剖析问题形成的原因，自然也就无法提出良好的对策和建议，报告使用者也难以归纳问题的要点，财务分析报告不能对报告使用者进行决策提供有益的帮助。

合理归类的一个较好的办法是，撰写报告时应该按分析的视角或问题重要性顺序来写作。例如，从经营环境的 SWOT 分析、财务指标的简单解读、资产质量、盈利质量、发展前景、存在问题与建议（如果有建议）等顺序分类报告。

4. 建议要可行

如果说分析是为了发现问题，那么建议就是为解决问题而出谋划策。财务分析建议是建立在"问题发现"和所作的"分析评价"的基础之上所提出的应对措施和办法。积极的财务分析报告往往意味着对存在的问题进行讨论，而不是一味地报告不足之处。建议方案水平的高低，直接影响到管理层对问题的解决速度与决策，直接影响到报告使用者对企业的判断与决策的形成。提出建议时最常见也最忌讳的问题就是针对性不强，问题分析部分与建议之间缺乏相关性，显然，这样泛泛而论的建议，没有明确的方案与做法，没有操作性，更不用说有效果了。例如常见的有"建议加强固定资产管理，提高固定资产使用效率""建议提高产品的市场竞争力，加强产品质量控制"等，都是泛泛而论的建议。

5. 词汇准确易懂

准确、易懂是选择用词的两个目标。分析者必须使用一些准确、易懂的词汇向报告使用者传达思想。比如，"我们注意到企业的财务状况正在恶化"，这句话可能就是不准确的，因为"注意到"这个词究竟是指注册会计师亲眼所见，还是从别处间接地了解的。准确的表达应该是"通过对近三年的财务数据的变化，并与同行业进行比较，我们发现到企业的财务状况正在恶化"。

6. 谈话式写作

在写作中存在的一个误区是：只有学术的、技术的和正规的写作方式，才能显示出权威性。但是，研究证明，当采用谈话式的写作方式时，报告更具准确性和易懂性。

很多人都有这样一种经历：在你与领导面谈时，轻松的语气使你能清楚地解释情况并引起领导的兴趣。然而，当你拿起笔或开始用电脑进行写作时，忽然间又变得严肃、正规和沉重。造成这一现象的原因是多方面的，但解决这一问题最简单的方法是采用谈话式写作。

著名的文学家梁实秋先生曾经就说过："写作要像谈话，谈话也要像写作。"即谈话的过程就是写作构思的过程，写作的过程就是人与人、人与心灵、人与文的对话过程。

在写作过程中，应尽量设想报告使用者的反应。请记住，报告使用者没有参与财务报表分析的过程，不可能像你一样在脑海中对被分析企业已形成一定的印象。

7. 避免专业术语

财务分析报告应具有反映分析师严谨的风格。财务分析报告中要避免使用行业术语以及华而不实、怪僻难懂的语言，因为这将分散报告使用者的注意力。我们应该明白，财务分析报告不是写给财务分析师的，而是为报告使用者而写的，报告使用者很可能不是一位训练有素的职业分析师。报告使用者对财务分析技术不感兴趣，而只对分析发现的问题及问题所产生的影响感兴趣，所以我们不必告诉他们详细的分析步骤和所遵循的分析程序，而只要告诉他们结论及判断依据。

8. 语句简单明了

有修养的作者深知简明表述的作用。简明要求有规范的思维。人们总是需要在脑海中先形成一个"主要和预计"的框架，以便找出合适的词语来构成想法。财务报表分析人员必须不断地对分析报告的措辞进行推敲，以求具体和准确，当你找不到一个准确、常见的词语，而必须用一个完整的句子时，就应该尽量简单明了，每一个没有价值的词语都是"错误"或"垃圾"，必须删掉。

报告使用者也不喜欢长篇大论，更喜欢短小精悍的段落。段落是读者可以休息和停顿的地方。报告中的各段内容，要层次分明，有逻辑联系。虽然一个段落可以只有一句话，但研究表明，6—12行的段落读者阅读起来是最轻松的。当然，财务分析报告既要简明扼要、文字简练，又要完整地表达分析师的观点；防止空泛的议论和对琐事进行阐述，力避行文冗长、令人费解。

9. 使用小标题

小标题，又称"提示"，它便于读者在报告中查找特定的信息。在财务分析报告中使用适当的小标题，能够加快查找的速度、方便浏览并有助于作者控制报告所披露的信息。小标题还提示主题间的转换，以便读者停顿、休息并理顺思路。小标题可以是一两个词语，也可以是两、三行语句，甚至更多。

虽然小标题的种类很多，但基本形式只有两种。

一是题目式标题。这类小标题用于阐明主要的想法和事实。当一个"问题发现"相对较长并包含某一主题的若干信息时，就应按顺序提炼出题目式标题，再为每一部分内容订出描述式标题。

二是描述式标题。这类标题容易掌握，常常更能影响读者的结论。它们抓住"问题发现"的重点，并首先摆明了分析人员所作的结论。

小标题对那些没有时间通读全报告的读者来说特别有用。对许多读者来说，没有标题的页面乏味，甚至令人疲倦。但是，过多的标题，又使页面看起来杂乱无章。一个指导原则是：在一个页面上应用1—3个标题最好。当然，这也需要具体问题具体分析，最终的目标是使阅读更容易，使观点更清晰。

10. 使用图表脚注

曲线图、表格、图画、数据图、照片，在财务分析报告中都起着很重要的作用。图表能增加灵活性、趣味性和更多的信息。有时，一个图表抵得上一千个字。但图表必须是相关的，它所占据的空间和编制时所花的时间，也必须是有价值的。

为避免写入一些读者可能不需要的（流水账式）详细文本信息，脚注将特别有用。当然，如果这一参考信息是必需的，则应直接列入正文，而不采取脚注的方式，以免打断读者的思路。

本章小结

本章我们主要介绍了财务分析报告的主要类型、基本结构与内容，以及财务分析报告的写作方法与技巧。通过对这些知识的学习与理解，我们可以在财务分析的基础上，写出一份有价值的财务分析报告，为信息使用者进行经济决策提供有益的帮助。

财务分析报告（Financial analysis report）

自 测 题

1. 上级主管部门或企业内部规定的每隔一段相等时间给予编制和上报的财务分析报告，这种报告属于（　　）。

A. 定期分析报告　　　　　　　B. 专题分析报告

C. 简要分析报告　　　　　　　D. 综合分析报告

2. 针对某一时期企业经营中的某些关键问题、重大经济措施或薄弱环节等进行专门分析后形成的书面报告，这种报告属于（　　）。

A. 专项分析报告　　　　　　　B. 定期分析报告

C. 简要分析报告　　　　　　　D. 综合分析报告

参考答案：AA。

思 考 题

1. 针对不同的信息使用者，可以发布不同的财务分析报告吗？

2. 在阅读财务分析报告时，股东关注的主要是哪些内容？债权人（银行）主要关注哪些内容？

3. 如何写出有价值的财务分析报告？

4. 结合本书介绍，请你写出一份关于 KM 公司 2018 年度的财务分析报告。